SINTOMAS MÓRBIDOS

A ENCRUZILHADA DA ESQUERDA BRASILEIRA

SINTOMAS

SABRINA FERNANDES
MÓRBIDOS

Dados Internacionais de Catalogação na Publicação (CIP)
(e DOC BRASIL, Belo Horizonte/MG)

Fernandes, Sabrina. F363s Sintomas Mórbidos.
São Paulo (SP): Autonomia Literária, 2019. 400 p. : 16x23cm

ISBN 978 85 69536 49 9

1. Brasil – Política e governo, 2. Ciência política,
3. Direita e esquerda (Ciência política), 4. Sociologia.

CCD 320.981

Segunda Impressão [1ª impressão: 7.350 — 2ª impressão 3.000]

Coordenação Editorial: **Cauê Seignemartin Ameni, Hugo Albuquerque & Manuela Beloni**
Revisão Ortográfica e Gramatical: **Lígia Magalhães Marinho**
Preparação Final: **Hugo Albuquerque**
Capa e Diagramação: **Maikon Nery**

AUTONOMIA LITERÁRIA
Rua Conselheiro Ramalho, 945
01325 001 São Paulo SP
autonomialiteraria.com.br
[11] 98237 701
autonomialiteraria@gmail.com

SINTOMAS MÓRBIDOS

13	AGRADECIMENTOS
15	PREFÁCIO
16	INTRODUÇÃO: MORBIDADES ABSTRATAS
21	O efeito Junho
23	Crise de práxis
27	Conflitos politizados sob despolitização
33	Atores e atuação fragmentada
	PARTE I — CRISE DE PRÁXIS
40	1. FUNDAMENTOS MARXISTAS DA PRÁXIS
41	Marxismo Humanista
55	Práxis: o conceito
59	O papel orgânico da práxis de esquerda como politização
62	Práxis radical, práxis revolucionária
65	2. A PRÁXIS DA ESQUERDA
70	Conflitos com a esquerda pós-moderna
73	Fetiches e democracia
89	A esquerda moderada e a esquerda radical
93	3. JUNHO DE 2013
96	É possível definir Junho de 2013?
99	4. INTERREGNO
107	A crise de práxis
113	Golpe
114	Desdemocratização
118	Anticomunismo
	PARTE II — AS ESQUERDAS BRASILEIRAS
130	5. A ESQUERDA MODERADA
132	O Partido dos Trabalhadores (PT)
144	Trasformismo: o estabelecimento da esquerda moderada
155	Crise partidária e reforma política como manutenção do poder
157	O enigma Lula (em) 2018
162	O Partido Comunista do Brasil
164	Nota sobre o Partido da Causa Operária
166	A CUT
170	O MST
174	Outros
176	6. A ESQUERDA RADICAL
180	Partidos políticos
185	Partido do Socialismo e Liberdade (PSOL)
190	Partido Socialista dos Trabalhadores Unificado (PSTU)

195	Partido Comunista Brasileiro (PCB)
198	O PCR e a Unidade Popular pelo Socialismo (UP)
199	Movimentos sociais
200	Movimento dos Trabalhadores Sem-Teto (MTST)
204	Brigadas Populares
207	Terra Livre
208	Centrais sindicais
210	A esquerda radical no contexto fragmentado

PARTE III — DESPOLITIZAÇÃO

214	7. PÓS-POLÍTICA
217	O que é pós-política?
225	Crise de representação e pós-política
236	Pós-política à direita
237	Corrupção
242	Ufanismo
246	Pós-política à esquerda
255	8. ULTRAPOLÍTICA
255	O que é ultrapolítica?
259	Instigadores ultrapolíticos
268	Falsas polarizações
271	A esquerda e a ultrapolítica

PARTE IV — LUTO E LUTA

286	9. A MELANCOLIA DAS ESQUERDAS
290	O que é a melancolia política?
297	A melancolia da esquerda moderada
300	A melancolia da esquerda radical
301	A traição do PT
303	Unidade: objeto perdido e incompreendido
308	A sombra do PT
313	Agitação e ansiedade
320	10. A LÓGICA DA FRAGMENTAÇÃO
321	A lógica da cisão
326	Fragmentação e despolitização
333	Uma esquerda dividida
344	A imprecisão dos guarda-chuvas

CONCLUSÃO: UTOPIAS CONCRETAS

350	Esquerda Mosaico
354	Campos semânticos
369	REFERÊNCIAS

> A CRISE CONSISTE PRECISAMENTE
> NO FATO DE QUE O VELHO ESTÁ MORRENDO
> E O NOVO NÃO PODE NASCER;
> NESTE INTERREGNO, UMA GRANDE VARIEDADE
> DE SINTOMAS MÓRBIDOS APARECE.
> —ANTONIO GRAMSCI

AGRADECIMENTOS

A jornada de pesquisa e finalização deste livro tomou vários anos e várias angústias. Não seria possível publicá-lo sem agradecer a algumas das pessoas que compartilharam desses anos e angústias comigo:

Aos meus pais, por terem apoiado meus anseios por estudos diante de todas as dificuldades. À minha irmã Sinara, por manter meus pés no chão e me lembrar da leveza da vida, e ao Samuel pelo curioso papel, porém maravilhosamente desempenhado, de irmão mais novo e debatedor ao mesmo tempo.

Aos amigos incríveis com quem pude contar nesse caminho de pesquisa e escrita: Nikhita Kujur, Steven Lecky, Mikhail Bullard, Brynne Sinclair-Waters, Patrícia Taguchi, Daniel Abreu, Luh Resende, Mariana Ava, Caroline Vargas, Bárbara Mesquita, Ananda Martins, Letícia Camargo, Rebeca Moreira, Camila de Souza, Késsia Oliveira, Guilherme Ziggy, Caio Almendra, Gabriel Tupinambá, Camila Mantovani, Victor Marques, Ben Fogel, Mácia Teixeira e Debora Baldin.

Aos incríveis e eternos mentores Justin Paulson e Marie-Eve Carrier-Moisan, que me treinaram, guiaram, e prepararam para o mundo da pesquisa, e ao professor Stefan Klein por me auxiliar a navegar o mundo acadêmico brasileiro.

À Editora Autonomia Literária, parceira nessa empreitada. Agradeço também a Gilbert Achcar por partilhar o nome do livro, Sintomas Mórbidos, comigo.

E ao Thiago Ávila, por tantas e tantas coisas, mas em especial pelos encorajamentos exagerados repetidos diariamente e com tanto amor. Eles funcionam.

PREFÁCIO

É possível que você, leitora ou leitor, tenha se interessado por este livro devido ao meu trabalho de divulgação de análises políticas nas redes, especificamente através do *Tese Onze*. Portanto, também é possível que haja uma expectativa de que o livro siga a metodologia dos meus vídeos e explicações militantes.

Todavia, acrescento estas palavras, mesmo antes da discussão, para alertar que tal não é o caso. Em *Sintomas Mórbidos*, eu tomo a liberdade de me aprofundar teoricamente, traçar conceitos desde a sua origem, adensar discussões e tornar a perspectiva da esquerda e da conjuntura mais complexas.

Há momentos em que é preciso complicar, com as mais variadas problematizações, para provocar a própria esquerda a pensar além de diagnósticos confortáveis. Onde possível, fiz o esforço de simplificar a linguagem e inserir repetições que favoreçam a didática, mas se torna óbvio, no decorrer das páginas, que a abordagem corresponde ao gênero acadêmico da obra: um livro de análise sociológica, focado nos últimos anos da realidade brasileira e inserido em debates teóricos que contornam os dados empíricos coletados desde 2013.

Busco fornecer uma base analítica que seja útil para explicações futuras, as quais, aí sim, nos mais variados gêneros de comunicação. A conjuntura nos esmorece, e tenho claro que outras ferramentas teóricas e mergulho empírico mais profundo se fazem necessários para compreender, no mínimo parcialmente, os sintomas mórbidos deste interregno. Espero que a leitura contribua de alguma forma para isso.

INTRODUÇÃO

MORBIDADES ABSTRATAS

Escrever e, eventualmente, publicar este livro não foi uma tarefa fácil. Já haviam me alertado sobre as estranhezas e pesos de se pesquisar um objeto em movimento contínuo, mas digo que nada se compara a tentar desvendar este objeto, que também é um sujeito.

A esquerda brasileira não para.

Ela cresce, diminui, cai na clandestinidade, ganha eleição presidencial, perde o governo, briga entre si, momentaneamente faz as pazes, mas ela não para. Tampouco para de se fragmentar, e tal processo é o tópico central deste livro baseado em alguns anos de pesquisa empírica com a esquerda brasileira, especialmente aquela denominada radical, sob crise e turbulências.

Embora eu soubesse que Junho de 2013 marcaria a conjuntura brasileira, de várias maneiras que ainda não se desdobraram inteiramente, foi só depois que percebi que havia muito mais a se levantar do que as hipóteses que eu, além de outros colegas pesquisadores da esquerda, tinha estabelecido.

Foi quando eu iniciei meu trabalho etnográfico de campo, em junho de 2014. Ali, eu percebi que a visão profunda da fragmentação ainda escapava aos olhos de muitas organizações que eu considerava importantes para a esquerda.

A fragmentação da esquerda brasileira não é novidade, tampouco tal fenômeno é recente ou estranho à história da esquerda mundial. Mesmo quando ela parece se unir, quando se levanta o manto dessa união, ali está a fragmentação.

Basta comparecer a qualquer encontro militante, seja do PT, do PCB, da Frente Povo Sem Medo e até mesmo de comitês de mobilização local que ouviremos em um mesmo pronunciamento que "a esquerda está fragmentada" e que "a esquerda precisa se unir". Isso é de conhecimento comum entre as organizações e movimentos estudados aqui.

Contudo, a interpretação dessa fragmentação e do anseio por unidade tem significados amplamente diferentes no todo dessa esquerda fragmentada. Cada ator tem sua interpretação da causa e sua proposta de solução. Embora haja similaridades, no geral, diagnósticos e prognósticos da esquerda também não são objetos fixos.

Eles são afetados pelas condições materiais. Até a esquerda não marxista, que parece ter abandonado o materialismo histórico como método, mede suas análises de acordo com seu posicionamento atual na conjuntura.

E a conjuntura, desde Junho de 2013, tem sido difícil de mensurar: ela é complexa, confusa e difusa, assim como contraditória. A diversidade de fatores afasta a possibilidade de análises simples e torna difícil a manutenção de interpretações demasiadamente confiantes.

Assim foram algumas análises imediatas dos significados de Junho de 2013: se Junho era de esquerda ou de direita, se Junho era uma ascensão de massas ou um acidente em forma de manifestações massivas, e o mesmo se deu com o exame do esfriamento sentido durante a Copa do Mundo de 2014, o mar de verde e amarelo de 2015, o golpe parlamentar de 2016, a desmobilização para uma greve geral em 2017, a prisão de Lula em 2018 e os desafios que identificamos sob um governo ilegítimo e impopular que esticou a corda – ao redor do pescoço da classe trabalhadora – sem titubear e sem medo de cair. Quem dirá o que vai acontecer sob o governo eleito após este livro ser liberado para impressão!

Por isso, sim, "complexo" é o adjetivo definidor dessa conjuntura. O substantivo seria "crise".

Já no começo da pesquisa, eu estava preocupada com as nuances da fragmentação da esquerda, a ponto de perceber, incomodada, que algumas organizações já haviam normalizado o cenário de fragmentação a ponto de tratar a situação como um campo de disputa interno, no qual a política aparenta ser um mero jogo para diversos atores.

O problema disso é que na medida em que a esquerda, historicamente e em seu mandato político, deve influenciar não somente a organização de trabalhadores – mas também a sua consciência – era perceptível como a consciência política das pessoas, no Brasil, também estava fragmentada.

Isso até mesmo para além do que havíamos identificado em Junho de 2013 como uma crise de representação. Essa crise de representação, percebi, foi jogada de lado por uma parte da esquerda radical na época como um problema meramente do Partido dos Trabalhadores (PT), o qual havia falhado com sua base.

Momentaneamente, essa esquerda radical também julgou irrelevante e frágil – em clara subestimação – um setor da direita que avançava sobre as multidões, pois, supostamente, ele nunca poderia representar a maioria social brasileira.

De fato, em termos de interesse de classe, a direita não poderia representar a classe trabalhadora; todavia, a representação política sob o capitalismo não se desenrola apenas de forma autêntica e politizada. Há políticas e propostas que podem seduzir uma classe cujas consciências, já dizia Antonio Gramsci[1], estão propensas à contradição sob o capitalismo e suas tensões.

De fato, algumas organizações viram a crise de representação como resultado progressivo das falhas do sistema e a reação popular de rejeição a esse sistema. Nessa leitura, viam uma oportunidade para a esquerda não petista preencher o vácuo de representação.

Foi essa a visão dominante na esquerda radical no momento *imediato* a Junho de 2013, com grandes expectativas para as mobilizações contra a Copa e durante as eleições de 2014. Não se trata de uma leitura errada, apenas incompleta, uma vez que olhou para Junho somente de dentro de Junho.

---

[1] Nota de Edição: Antonio Gramsci (Ales, Itália, 1891 – Roma, Itália, 1937) foi um pensador e revolucionário italiano de corte marxista, membro fundador do Partido Comunista Italiano, eleito deputado e depois perseguido pelo regime fascista de Benito Mussolini. Morreu ainda jovem, em razão de problemas de saúde causados e agravados pelas constantes passagens pelo cárcere em condições, obviamente, precárias e abusivas. Gramsci é responsável por uma enorme contribuição ao marxismo, o que se pode constatar por sua teoria da *Hegemonia Cultural*: isto é, a maneira como o Estado burguês se estrutura, não apenas sob a força das armas e do poder econômico mais direto, mas sim pela construção de um aparato de simbólico e cultural que o legitima perante as massas que ele, ironicamente, oprime – noção a qual, é preciso sublinhar, tem uma inegável influência de Nicolau Maquiavel, seu compatriota longínquo, que ainda nos séculos XV e XVI já argumentava sobre a dimensão subjetiva do poder, recorrendo aos clássicos.

Essa visão foi motivada por um sentimento de euforia que abraçava a esquerda que aplaudia a aparente redescoberta popular das ruas, após tantos anos de desmobilização vertical. E, com tanta euforia, muitos de nós, enquanto pensadores, esquerda, intelectuais orgânicos e tantos outros nos propusemos a pensar Junho de 2013.

No entanto, nos equivocamos nas predições de que isso traria uma grande oportunidade para a esquerda, dada a crise de representação. Deixamos passar elementos que apontavam que essa crise poderia, por seu turno, também ser sintomática de uma desconexão maior, e duradoura, entre pessoas e atores da esquerda, tanto a moderada quanto a radical.

Por conta disso, a esquerda não petista se polarizou no entendimento dos gritos de "Não me representa". Enquanto parte ouvia um clamor progressista por justiça e democracia radical, outra, minoritária, debatia Junho como um momento ideologicamente pequeno-burguês por sua rejeição a partidos de esquerda, sindicatos e movimentos sociais, que deveriam ter sido reconhecidos, de imediato, como participantes legítimos de qualquer ato de ocupação das ruas.

A primeira subestimava o antipetismo, já presente ali, e não considerava que ele pudesse dar lugar a uma ampla rejeição de todos os setores da esquerda, bem como crescer e abraçar abertamente políticas conservadoras que ganhariam apoio posteriormente, através de populismos de direita, até em setores populares.

A segunda se irritava com a prepotência presente em Junho, caracterizada pela rejeição da liderança da esquerda, petista e não petista, e corria para uma caracterização desdenhosa das sementes progressistas e da capacidade das manifestações de formar militantes e não apenas manifestantes.

É possível, ainda, mencionar uma terceira parcela, a da esquerda petista enraizada no poder institucional e preocupada com um levante de massas sob sua gestão (local e federal). Não é de se surpreender que essa preocupação promoveu, anos depois, uma narrativa simplista e linear entre Junho de 2013 e as manifestações pelo golpe parlamentar (2015-2016).

Para essa terceira parcela, é como se Junho tivesse sido uma erupção reacionária, e não um evento de múltiplas dimensões e plural, no sentido de ser um marco conjuntural, como se as suas contradições não se originassem da vantagem da direita em se apossar de certas narrativas da multidão – e que tal vantagem era fluída com as formas de despolitização que parte da esquerda nutriu e outra parte não soube reconhecer.

O EFEITO JUNHO

De todos esses momentos, Junho de 2013 ainda é o evento fundamental para todas as hipóteses e análises apresentadas aqui e por outros autores que teorizam a esquerda. Mesmo para quem não o estuda, Junho é, de certa maneira, um ponto de partida. E embora aqui não haja uma análise única dedicada a explicá-lo, dada a multiplicidade de trabalhos acadêmicos e políticos empenhados em decifrar esse período de mobilizações de massa,[2] ele permeia este estudo em todos os seus meandros.

Junho é um tanto controverso. Seu impacto e importância sobre a sociedade e história brasileira recentes são inegáveis, mas os diferentes significados dados a esses aspectos variam de acordo com a leitura dos anos anteriores, os próximos anos e o estado da esquerda brasileira como um todo.

Diante disso, encontramos organizações que são entusiastas declaradas de Junho e consideram seu impacto altamente positivo, enquanto outras se concentram nos elementos cooptados mais despolitizados, fragmentados e de direita das mobilizações para promover o entendimento de que Junho não respondeu à esquerda porque simplesmente não era de esquerda.

---

[2] As fontes citadas seguem muitas leituras feitas em inglês. Aqui encontrarão essas fontes em inglês, mas as citações reproduzidas no texto partem de. traduções feitas pela autora Paulo Gajanigo, "Junho Como Enigma, Ainda | Blog Junho," Blog Junho, 2016, <http://blogJunho.com.br/Junho-como-enigma-ainda/>; Marcelo Badaró Mattos, "De Junho de 2013 a Junho de 2015: Elementos Para Uma Análise Da (Crítica) Conjuntura Brasileira," in *A Onda Conservadora*, ed. Felipe Demier & Rejane Hoeveler (Rio de Janeiro: Mauad, 2016); Rudá Ricci & Patrick Arley, *Nas Ruas: A Outra Política Que Emergiu Em Junho de 2013*, ed. Editora Letramento (Belo Horizonte, 2014); a. Saad Filho, "Mass Protests under 'Left Neoliberalism': Brazil, June-July 2013," *Critical Sociology* 39, no. 5 (2013): 657–69, <https://doi.org/10.1177/0896920513501906>; André Singer, "Rebellion in Brazil: Social and Political Complexion of the June Events," *New Left Review* 85, no. Jan-Feb (2014): 19–37; Alexander Martins Vianna, "As Multidões de Junho de 2013 No Brasil: O Desafio de Explicar e Compreender," *Revista Espaço Acadêmico*, no. 146 (2013): 36–48.

Em outras palavras, não era a classe trabalhadora que se levantou. Este estudo entende que nenhuma dessas perspectivas está errada ou absolutamente certa. Prefiro me voltar para a característica mais importante de Junho, do ponto de vista da fragmentação: sua complexidade diante de uma conjuntura também complexa, uma conjuntura nascida e exposta em uma crise de práxis.

Junho não é a resposta à crise de práxis, mas inaugura uma era política que expõe os problemas de organização que a esquerda enfrenta na esperança de promover a busca por respostas, mesmo que os elementos negativos, conservadores, despolitizados e fragmentados da conjuntura sejam aumentados.

Há alguns pontos sobre Junho que valem a pena ser mencionados, e também sua influência na análise geral, haja vista que ela foi enorme; esse movimento instaurou novas formas de pensar e fazer política; alertou a esquerda brasileira, a moderada e a radical, quanto à despolitização e à fragmentação; organizações de esquerda reagiram de maneira diferente; a esquerda assumiu responsabilidade e atribuiu falhas de maneira diferente também; tem havido mais expressões abertas de mobilização desde então.

Essas expressões ainda dependem de questões atuais e de resistência; a maior parte do seu potencial ainda é bastante espontâneo; maiores esforços de mobilização ainda são lentos; protestos e manifestações trouxeram uma nova estética que se choca com eventos tradicionais da esquerda; mais pessoas estão envolvidas em ativismo regular, mas a maioria dessas adições ainda constituem uma vanguarda; a maioria da população ainda se liga a Junho principalmente por indignação, que, como significante, pode ser facilmente esvaziado.

É fato que a direita conseguiu capturar alguns (nem todos) dos sentimentos de Junho a seu favor; e, embora a política esteja novamente na ponta da língua de todos, a pós-política e a ultrapolítica sequestraram grande parte da linguagem e do conteúdo do debate. Finalmente, a esquerda ainda está coletivamente intrigada com Junho, apesar de qualquer reivindicação de organizações individuais acerca disso. Mais intrigada do que com o golpe parlamentar de 2016, pois ali as interpretações dividem a esquerda, mas com maior convicção.

Parte desse enigma relaciona-se com a forma como a esquerda lutou para produzir respostas imediatas a Junho. Como encorajar a mobilização e politizar ainda mais um processo cuja crise de representação respinga injustamente sobre a esquerda radical? E apontar justamente a enorme diferença entre ela e a maioria da população ainda presa na polarização do PT e da direita?

Como demonstrar que a esquerda tinha estado nas ruas o tempo todo quando a esquerda moderada havia cooptado as ruas para fins de governabilidade há tanto tempo? Como mobilizar-se ainda mais com uma identidade de esquerda quando o PT passou a década promovendo desmobilização?

Como reafirmar e dar sentido a essa identidade de esquerda se o antipetismo também promoveu o fenômeno antiesquerda? Como mediar a relação com o PT para também combater o antipetismo e permitir a diversidade de pensamento e crítica de esquerda?

Como responder à pós-política em Junho sem criar mais rejeição à politização da esquerda ou cair na ultrapolítica? E como mostrar que as principais demandas feitas pelas multidões, em toda a sua cacofonia, seriam mais bem respondidas pela esquerda se a representação em si fosse rejeitada por todos os lados?

As armadilhas posteriores e ultrapolíticas já estavam em Junho: reconhecer a rejeição da representação poderia dar lugar à pós-política, enquanto delinear as posições da esquerda poderia favorecer a ultrapolítica e ajudar a direita a fechar mais portas para a politização. As vozes eram fragmentadas, assim como a consciência das pessoas, muitas apenas unidas pela insatisfação.

Essa insatisfação, que foi facilmente sequestrada pela hegemonia, através do moralismo e das bandeiras (principalmente anticorrupção e ufanistas) que criaram essa falsa unidade, apesar de alguns resultados favoráveis para a esquerda conectada para lutas feministas, por exemplo. Sendo também fragmentada, a esquerda continuou lutando e ainda faz isso.

CRISE DE PRÁXIS

É por isso que comecei a trabalhar com uma tese complementar: a crise de representação era um sintoma, visto da base, de um problema maior, de uma crise de práxis de organização e programa.

A noção de crise de práxis pode inclusive ser estendida para tratar da esquerda latino-americana, até mesmo global, mas abordo aqui quase que exclusivamente o contexto brasileiro, pela necessidade de analisar mais a fundo nossas dinâmicas internas. Não descarto a influência do imperialismo norte-americano nessas dinâmicas, nem mesmo a das esquerdas vizinhas e os acúmulos e perdas da Maré Rosa.

Também não devemos negligenciar as características peculiares da burguesia nacional brasileira diante do capitalismo dependente. É importante manter todo esse contexto em mente durante a leitura e usá-lo para refletir sobre as análises que apresento e mesmo questioná-las.

Todavia, olhar para a crise de práxis sob uma lente preferencialmente brasileira permite desvendar as particularidades da conjuntura que apresento como um interregno repleto de sintomas mórbidos.

A crise de práxis trata não somente da fragmentação da esquerda, mas também como esta reflete em uma estrutura de politização que permeia toda a sociedade – e, na situação atual, mostra que todo o campo de esquerda (e não apenas o PT!) tem responsabilidade sobre o grau de consciência de classe e despolitização que afeta a sociedade brasileira.

A esquerda tinha sido incapaz de conciliar a consciência teórica e prática das massas, dos oprimidos, e agora essa consciência fragmentada coletiva deu lugar à despolitização de dois tipos: pós-político e ultrapolítico.

Despolitização esta que não deve ser confundida com a classificação geralmente derrogatória de uma simples alienação, manipulação e uso do povo como massa de manobra. Trata-se, ao contrário, de uma análise gramsciana pela perspectiva da práxis e da unificação das consciências em contradição na sociedade sob hegemonia capitalista.

Aqui, vemos que a pós-política e a ultrapolítica favoreceram a renovação hegemônica por meio da percepção da perda de relevância de atores de esquerda além dos envolvidos em nichos tradicionais de politização (por exemplo: sindicatos, movimentos estudantis, etc.).

Assim, a própria práxis foi se fragmentando. Essa fragmentação se estendeu à consciência, ao bom senso, à capacidade de politizar, à construção de bases e ao estado das próprias organizações, ainda presas em cisões, diálogos rasos, dificuldades para estabelecer uma síntese comum e combater as contradições, tentando descobrir o que fazer com os fragmentos do PT em seu apego à hegemonia de esquerda, do poder e da consciência política.

Eu trabalho com o conceito de "crise de práxis" para escapar da visão dicotômica da crise de representação exposta em Junho de 2013 como uma crise boa (com oportunidades para a esquerda capturar os frustrados) ou como ruim (como abertura para a direita se apropriar de pautas e, posteriormente, mobilizar multidões contra um governo de esquerda sob o pretexto da luta anticorrupção).

Em vez disso, minha intenção é analisar as raízes dessa crise de representação e como ela se relaciona com os desafios de organização da esquerda e o potencial revolucionário. A noção de práxis é essencial aqui. Práxis implica ação e pensamento em dialética, e, como tal, formulações políticas, táticas e estratégias que ressoam e alcançam a classe trabalhadora para se organizar e se mobilizar efetivamente em direção a objetivos revolucionários.

Embora uma crise de representação trate de capacidades formais e institucionais de representar as classes, a crise de práxis ocorre em muitas camadas, sendo que apenas uma é representação. Este estudo explica a crise de práxis a partir de dois eixos: a despolitização e a fragmentação da esquerda.

Esses dois elementos trabalham juntos e se reproduzem nesta crise de práxis. Sob eles, a esquerda, cuja práxis deve estar em coerência com seus objetivos, acaba presa em um ciclo de prática e pensamento incompatíveis – exatamente como o processo que ocorre na consciência contraditória da classe trabalhadora.

Essa consciência contraditória afeta as perspectivas da classe se tornar um sujeito político efetivo. Do ponto de vista da politização e da despolitização propostas aqui, enraizada na visão gramsciana de que a politização implica na unificação da consciência teórica e prática,[3] a forma de politização da direita é, de fato, uma despolitização de questões e é preocupante quando a esquerda faz o mesmo ou se acostuma com tal prática.

O referido processo transforma a grande política em uma pequena política e reveste o pensamento político de significantes confusos, vazios ou deturpados do senso comum. A despolitização desencaminha as pessoas de se tornarem sujeitos e criarem a realidade política coletivamente e por suas próprias mãos.

Apesar de precederem a conjuntura atual, as características particulares do processo de fragmentação e despolitização que marcam a atual conjuntura despontaram com os primeiros sinais de declínio do PT como agregador e representante das aspirações antissistêmicas

---

[3] Antonio Gramsci, *The Antonio Gramsci Reader: Selected Writings, 1916-1935*, ed. David Forgacs, *New York University Press* (New York: New York University Press, 2000), 333.

na esquerda, sendo que muito disso se deve à governabilidade e à conciliação de classe como alicerces da política lulista.

A fragmentação da esquerda em uma ala moderada e outra radical aumentou na medida em que o PT, que anteriormente representava as esperanças de uma esquerda mais unificada, começou a se dedicar à despolitização: dessa forma, também, se impedia a subjetivação, como forma de dissuasão da mobilização que poderia interromper o partido e o seu projeto político do governo.

O PT, também desmobilizado por meio da cooptação, cedeu à burocratização, abafou esforços de produzir críticas de dentro de suas próprias fileiras e campos aliados, trocando valores importantes para a consciência de classe por ideais neoliberais de empoderamento e inclusão através do mercado.

Tudo isso foi mascarado e legitimado por políticas sociais (cujos benefícios não podem ser negados por qualquer historiador ou sociólogo, apesar de todas as falhas resultantes do contexto ambíguo em que tais políticas eram inseridas).

Tal processo contribuiu para o estado presente da fragmentação da esquerda, através de cisões, divisões, novas formulações, esforços para combater o setor da direita e o governismo petista, bem como uma consciência fragmentada geral. À medida que a consciência de classe se tornava mais fragmentada, a despolitização crescia, e isso permitiu um novo enraizamento da disputa entre o até então governismo e a direita no contexto brasileiro.

Aqui, cabem algumas classificações essenciais para a compreensão e a definição de escopo deste estudo. Primeiro, eu abordo o sujeito político como a classe trabalhadora, mas isso não significa que esta classe seja naturalmente um sujeito político pronto, mesmo que na perspectiva marxista ela seja um sujeito político nato.

Ela deve ser politizada e interpelada, especialmente quando se apresenta fragmentada em meio a múltiplas multidões. Quando digo base, acabo por me referir à porção do sujeito político alvo interpelado pela esquerda, embora essa interpelação possa ocorrer por despolitização e desmobilização, como o PT fez no passado.

E, principalmente, quando trato das esquerdas moderada e radical, faço um recorte preciso entre vários atores que poderiam ser classificados como esquerda de acordo com a perspectiva teórica aplicada.

Por isso, específico que o objeto de estudo foi e é a esquerda que se organizou e/ou se organiza a partir do projeto socialista, advindo da perspectiva marxista, e que, reformista ou revolucionária, diferencia-se no seu horizonte da esquerda assumidamente social-democrata, liberal, e tudo que se classifica como centro-esquerda (aquela cuja existência está sempre atrelada à ordem burguesa).

O PT se enquadra na esquerda moderada por sua história e até mesmo por suas contradições e seu reformismo. Importante também mencionar que o escopo acaba, por consequência, excluindo tanto experiências e organizações de orientação autonomistas quanto aquelas de orientação anarquista, mesmo que sejam mencionadas de forma passageira aqui e ali. O foco é marxista.

CONFLITOS POLITIZADOS SOB DESPOLITIZAÇÃO

Quando situações nas quais a sociedade percebe as falhas da representação democrático-liberal são narradas por significantes vazios, bem como conceitos deturpados do senso comum, se chega a um quadro de despolitização que afasta a sociedade da ideia de auto-organização. Diante disso, muitos na esquerda radical afirmaram em nossas discussões: falta trabalho de base. Falta mesmo. Mas o que seria esse tal trabalho de base?

Uma vez que a noção de práxis que emprego é dialética e dialógica, minha ideia inicial era que o trabalho de campo poderia se tornar uma oportunidade para fazer tal pergunta, criar pontes de diálogo entre organizações e talvez até ajudá-las a concentrar-se em suas convergências, e não em suas divergências.

Esse diálogo poderia levar a alianças capazes de afetar a consciência política, pelo menos de forma contra-hegemônica (a conjuntura era e mantém-se muito sombria para pedir consciência revolucionária de uma só vez).

Mesmo com essas nuances, era ingênuo de minha parte pensar assim. Afinal, essas organizações geralmente se sentavam juntas, muitas vezes falavam. Seus militantes trabalhavam e estudavam juntos, bebiam cerveja juntos, levavam suas próprias bandeiras em reuniões juntas. A falta de diálogo não era uma questão de pontes insuficientes.

Havia muitos problemas mais profundos debaixo da superfície; problemas que têm mantido a esquerda fragmentada e provavelmente continuarão a fazê-lo por um período muito mais longo do que eu esperava. O buraco é mais embaixo.

Por sinal, a fragmentação também é afetada por dois estados diferentes: em primeiro lugar, uma melancolia que a liga ao declínio e às falhas do PT e se reflete na necessidade de se manter em poucas vitórias em um mar de derrotas (nacional e internacional) e, em menor grau, uma ansiedade que pode priorizar agitação e propaganda durante a crise (política, social e econômica) sobre o lento e doloroso processo de politização que pode não render retornos duradouros por décadas.

Aqui encontramos uma esquerda radical que está pronta para ser realizada em Junho, mas limitada pelo aspecto incompleto e as contradições de Junho, enquanto a direita reafirma sua parte na disputa (à medida que a esquerda moderada se enfraquece). As probabilidades de arranjos e conflitos entre a teoria e a prática em uma crise de práxis não são simplesmente ideológicas.

Essas probabilidades se referem às novas subjetivações no período político pós-Junho de 2013, às dificuldades de criar uma política com a qual politizar e canalizar indignação de conteúdo e fontes variadas, à contradição entre a sobrevivência da organização sob fragmentação e à criação de sínteses na desfragmentação/recomposição que exigem algum nível de autoabdicação para promover unidade que supera as visões pontuais de frentes temporárias e/ou eleitorais.

A despolitização ocorre por conta de esforços tanto conscientes (cumprindo um objetivo político) e inconscientes (por abandono de pautas e sucumbência ao senso comum), e pode depender diretamente da conjuntura política (isto é: quem está no poder e qual é o estado da economia e das políticas sociais) ou não.

O estado atual de despolitização no Brasil segue um período anterior de politização e mobilização em massa que marcou o início da redemocratização pós-ditadura, as lutas pelos direitos e a democracia direta, bem como a resistência aos representantes que governam o povo (e o entendimento geral de que se podia, e devia, protestar contra o governo sempre que necessário).

O período anterior de politização foi marcado por forte ação e liderança por parte da esquerda brasileira, principalmente o Partido dos Trabalhadores (PT), a Central Única dos Trabalhadores (CUT) e movimentos sociais como o Movimento dos Trabalhadores Sem Terra (MST), com destaque para o partido por ter se consolidado como agregador não só de organizações de esquerda, mas também de consciência de massa através de elementos de classe.

Mas a politização não é um conceito monolítico. Para muitos, o politizado é simplesmente o espaço ou ator envolvido no debate político. Por isso mesmo se faz necessário tratar politização diferentemente de política e qualificá-la não como termo, mas como conceito.

Mais especificamente, politizar significa, no sentido mais amplo, conscientizar a arena política e seus eixos de atuação coesa e/ou conflituosa (por exemplo, classe, opressão, exploração, antagonismo, conflito social, etc.). No entanto, para os propósitos de um livro com pretensões teóricas, e fundado no pensamento marxista e gramsciano, a consciência do que é político não pode ser destacada das razões para promover a politização e a intenção da ação política.

A politização e a despolitização como fenômenos sociológicos precisam ser avaliados pela sua capacidade de transformar a relação das pessoas com o espaço político; mais propriamente, se a relação entre as pessoas e o espaço político é de dominação ou subversão, se é como sujeitos ou como objetos.

Trata-se de uma política de mudança progressiva, mesmo radical, ou de uma política da ordem? Essa intenção está relacionada à manutenção do *status quo* e o conhecimento obscurecido sobre a própria realidade ou sobre a apresentação de um projeto político alternativo para a sociedade?

Há intelectuais e pessoas politizadas à esquerda e à direita, mas quando, neste livro, faço referências ao projeto de politização da direita como inerentemente despolitizador, é por conta do interesse que a classe dominante tem de evitar o surgimento de sujeitos políticos que compreendam a realidade cada vez mais vividamente, especialmente sob a lente do materialismo histórico.

Assim, a intelectualidade e as organizações de direita "politizam" as multidões com despolitização. Isso é feito para reafirmar a hegemonia, o *status quo* e o senso comum que mantém a ordem das coisas a favor do capitalismo e seus modelos ideológicos complementares, como o conservadorismo e o neoliberalismo, os quais podem andar juntos ou separados de acordo com o que oferecem na conjuntura.

Essa despolitização mascara fenômenos sociais, manipula informações e produz consentimento através da promoção de uma forma artificial, unidimensional (como aborda Herbert Marcuse), de enxergar a realidade.

Mesmo quando o direito liberal pode se politizar em torno de questões de gênero, por exemplo, a falta de compromisso com a libertação de toda opressão, especialmente o sistema capitalista que beneficia e melhora o patriarcado, exige a despolitização de outros aspectos do direito.

De fato, a existência do direito como direito burguês não faz parte de uma conjuntura de golpe, ou do antipetismo como alguns afirmam por aí. O direito, como o conhecemos, é burguês e seu papel na renovação hegemônica da burguesia é interpelado de acordo com a necessidade da época.

Em contraste, a politização, como explorada aqui, é um dever da esquerda, e a despolitização é um impedimento fundamental para a organização e a mobilização de esquerda. Mas, mesmo como dever, não há garantias de que a esquerda se empenhará em politizar as lutas, as demandas, o choro e o suor.

É argumento deste livro que a esquerda hegemônica se apropriou da despolitização como ferramenta para garantir o consentimento popular para medidas ambíguas e projetos contraditórios, sendo o de conciliação de classes o mais farsante de todos.

Afinal, a conciliação é uma ilusão que a elite concede aos progressistas sob tempos de abundância, de modo a contra-atacar para cobrir perdas e extrair os maiores ganhos possíveis assim que a esquerda da conciliação não consegue mais oferecer o mesmo de antes.

Há também a desmobilização, tanto pela influência direta nas lideranças dos movimentos quanto através do apaziguamento de ânimos e da política do medo que internaliza que nada pode ser feito e que tudo pode ser perdido no enfrentamento.

Vale ressaltar, já de antemão, que períodos de levantes espontâneos – ou liderados pelos nichos de politização militantes já mencionados (como sindical e estudantil) – não desqualificam uma tese de desmobilização.

Basta analisar a sociedade para além do alcance militante e disciplinado da esquerda, em um país de mais de 200 milhões de pessoas, para ver como a maioria, mesmo perturbada com a política, não se sente compelida a tomar as ruas, e as praças, e os prédios, e o Congresso, e o poder assim tão bem quanto a esquerda organizada deseja. Daí o entendimento que a esquerda precisa compreender o verbo "mobilizar" para além da ação de convocar.

Lideranças convocam, mas o poder de convocatória vem da base, o que depende do que ensinamos à base sobre como mobilizar, pelo que mobilizar e contra o que mobilizar, não importa os ocupantes do poder institucional.

A relação entre a despolitização e a desmobilização também se manifesta na forma pela qual a primeira afeta tanto o conteúdo quanto as perspectivas de mobilização de atividades, especialmente em termos de capacidade de interpelar multidões mobilizadas para um sujeito político organizado.

A despolitização e a desmobilização frequentemente ocorrem juntas, independentemente de qual processo está sendo consciente e principalmente conduzido por atores políticos em determinado lugar e hora.

A perspectiva aqui proposta mostra porque a pós-política é uma forma de despolitização, ao mesmo tempo em que, por outro lado, também se promove como uma solução aparente para uma despolitização "ideológica", a saber, a ultrapolítica.

A pós-política é sintoma e causa da despolitização precisamente porque suprime o político. Enquanto isso, a ultrapolítica se despolitiza por falácias e polarizações essencialistas que favorecem a ordem conservadora – valendo-se de maniqueísmos e cristalização de inimigos na consciência popular que marcaram as relações de real antagonismo e exploração na sociedade.

Ambas criam novos mitos, distorcem ou negam a história e tentam separar a consciência de sua leitura prática da realidade. Apesar de cada possuir um *modus operandi* diferente, as duas oferecem soluções falsas aos problemas causados pela despolitização e, em vez disso, acabam por servir à restauração dos elementos básicos do *status quo*.

A despolitização pós-política dá permissão passiva para a ultrapolítica, que, por sua vez, militariza conflitos ao ponto de promover caricaturas da luta de classes que afastam a base potencial da esquerda.

Em vez de apatia, paralisia ou anestesia, a pós-política promove a ação política como ineficaz em sua "ideologização da realidade", enquanto a ultrapolítica promove um circuito de confrontos que dão a importância de guerra para batalhas facilmente mediadas pelo status quo.

Isso permite um estado de desmobilização mesmo quando a esquerda e seus militantes se engajam sem parar, principalmente quando se repete que "fazer política é tomar as ruas" sem o devido cuidado de reforçar a razão pela qual se toma as ruas e com quem. Ademais, a despolitização também colabora para a renovação imperativa do senso comum. O senso comum é percebido por Gramsci como:

> [...] NÃO ALGO RÍGIDO E SEM MOBILIDADE, MAS QUE ESTÁ CONTINUAMENTE SE TRANSFORMANDO, SE ENRIQUECENDO COM IDEIAS CIENTÍFICAS E OPINIÕES FILOSÓFICAS QUE ENTRARAM NA VIDA ORDINÁRIA. O "SENSO COMUM" É O FOLCLORE DA FILOSOFIA, E ESTÁ SEMPRE ENTRE SER FOLCLORE NO SENTIDO PADRÃO E SER A FILOSOFIA, CIÊNCIA E ECONOMIA DOS ESPECIALISTAS. O SENSO COMUM CRIA O FOLCLORE DO FUTURO, OU SEJA, COMO UMA FASE RELATIVAMENTE RÍGIDA DO CONHECIMENTO POPULAR EM CERTO MOMENTO E ESPAÇO.[4]

Um terreno de despolitização, seja pós ou ultrapolítico, é fértil para a direita, por apresentar uma miríade de desafios para a esquerda. Esse é o caso do Brasil, apesar de novas faíscas de politização e interesse político (que não são a mesma coisa) surgidos de Junho de 2013 em diante. Afinal, essas mesmas faíscas podem ser capturadas pela direita em um processo de manipulação do consentimento para o senso comum.

Repolitizar ou politizar de novo, no entanto, é um assunto muito mais complicado. Tal processo se relaciona com os processos dialéticos entre consciência e prática do sujeito coletivo em relação, por sua vez, às estruturas e superestruturas que compõem e governam o *status quo*.

Mais do que isso, tal processo se relaciona principalmente com a habilidade da esquerda de desenvolver e apresentar um projeto político para fora – e não apenas para construção e disputa interna.

As respostas simplesmente baseadas na promoção ou restauração da democracia, por exemplo, como prevalentes de 2015 até hoje, caem nessa armadilha, pedindo mais do mesmo, uma vez que a democracia é demasiado restrita no Brasil, como analisada por Florestan Fernandes – repleta de heranças do período ditatorial através de figuras e estruturas dominantes.

Some-se isso a um contexto no qual os artefatos democráticos foram manipulados para retirar direitos e, ainda, promover perseguição política no âmbito da consolidada seletividade penal brasileira. Portanto, se vê que a esquerda é vulnerável à despolitização também e que, ao adentrar na disputa viciosa com a direita, ela acaba por incorrer

---

[4] Antonio Gramsci, "Selections From the Prison Notebooks of Antonio Gramsci", *Elec Book* 73, no. 3 (1999): 630, https://doi.org/10.2307/479844.

na substituição do seu projeto por pulsões eleitorais – situando-se, por conseguinte, em uma encruzilhada, ou mesmo em uma crise.

ATORES E ATUAÇÃO FRAGMENTADA

Para entender a fragmentação no Brasil, eu tive que buscar os vários fragmentos da esquerda brasileira, que consistiam em muitas organizações, e até mesmo em fragmentos dentro delas. Por conta do acentuado nível de fragmentação, não seria possível ir atrás de todas elas.

Uma vez que a maior parte do trabalho teórico e analítico sobre a esquerda brasileira se concentra no Partido dos Trabalhadores e sua base aliada, o que ajuda a explicar muitas das questões aqui abordadas, busquei focar o levantamento de dados primários na esquerda radical.

Em razão da presença da esquerda radical em manifestações que ocorreram sob o governo petista – muitas vezes desencorajadas ou atacadas pela base política desse governo –, ao final ajustei inteiramente minhas entrevistas e trabalho etnográfico em direção a essa esquerda.

Em 2014, mesmo durante o trabalho etnográfico de campo como militante, quando eu esperava estar mais em contato com a esquerda moderada, a maioria das organizações presentes e envolvidas na construção dos processos políticos além das aparências pertenciam à esquerda radical, especialmente quando se tratava de esforços de politização.

Em 2015, contudo, isso foi mudando de corpo por conta da ameaça dos movimentos de direita pedindo o *impeachment* de Dilma Rousseff. No entanto, nesse ponto, eu já havia decidido que este trabalho contribuiria mais se buscasse elementos originais sobre a muito debatida, mas pouco estudada, esquerda radical.

Além de dois anos de coleção etnográfica (2014-2016), entrevistei pessoas de várias organizações de esquerda radical ao longo de seis meses, em 2015. Alguns exemplos são: o PSOL (APS, MES, Insurgência – incluindo participantes que hoje estão na Comuna, e Esquerda Marxista que a princípio ainda estava em rompimento com o PT), o PSTU (incluindo participantes que hoje estão na Resistência ou saíram da esquerda organizada) e o PCB.

Em termos de movimentos sociais, estive próxima e/ou entrevistei a militância do MTST, Terra Livre, Brigadas Populares e o Movimento

Passe Livre. Quanto aos sindicatos, lidei com mais frequência com csp-Conlutas e Intersindical-Central.

Os coletivos de juventude que estavam mais presentes eram rua, Juntos, ujc e anel. É importante mencionar outros coletivos e instâncias de luta, inclusive os de frente ampla, como os Comitês Populares da Copa, mas também uneafro, Coletivo Retomadas e vários outros.

Esses são apenas os grupos que tive a oportunidade de abordar mais diretamente, tanto na etnografia quanto nas entrevistas, mas, por estar nas ruas como pesquisadora (e sempre, simultaneamente, militante de esquerda – pois da luta não me retirei), também pude observar e ter contato com uma militância verdadeiramente ampla, da centro-esquerda ao que poderia ser classificado como extrema-esquerda.

Embora a etnografia tenha sido o método escolhido para a coleta de evidências, este livro, definitivamente, não é uma etnografia da esquerda radical. Em vez disso, a evidência age ao lado do material da entrevista como pano de fundo para produzir análises teóricas das questões de fragmentação e despolitização, mas principalmente para orientar formulações teóricas sobre o estado atual da esquerda brasileira.

Trata-se de uma pesquisa imersa no movimento contínuo de teoria-prática-teoria (com a esperança de que o próximo movimento de prática seja o do leitor).

O coletivo das organizações listadas acima indica não apenas o nível de fragmentação e separação na esquerda brasileira, mas também como não é apenas uma questão de fragmentação dualista entre a esquerda moderada e a radical, pois é composta por muitas camadas.

De fato, é comum ouvir que a unidade de esquerda ocorre quando se junta pt, PCdoB, psol e pcb, por exemplo, no mesmo espaço. A fragilidade desses arranjos é confrontada especialmente quando abordo as configurações de colaboração sob fragmentação na esquerda, como a visão de espaços guarda-chuva.

Na verdade, pode-se argumentar que, embora a esquerda moderada seja composta por múltiplas organizações, seu nível de coesão e coordenação é alto e corresponde a um pequeno número de organizações com um grande número relativo de militantes, membros e a maioria da base da esquerda brasileira.

Por exemplo, enquanto o Partido dos Trabalhadores (pt) é um grupo de tendências como o psol, o poder hegemônico da direção do pt leva a mais coesão entre suas tendências.

Embora este exemplo demonstre que o nível de fragmentação é menor na esquerda moderada, essa menor incidência não é necessariamente positiva: uma vez que quanto mais fraca a disputa interna dentro do PT, maior a capacidade do partido intervir sozinho – e sem a qualidade que decorreria da ação produto da discussão interna – na conjuntura política, o que, como sabemos, foi um enorme fator de despolitização em detrimento de toda a esquerda no Brasil.

Esse cenário faz com que a fragmentação do interior do PT se mova, a partir de cisões e rompimentos, em direção à esquerda radical pesquisada aqui. Os fragmentos são vistos não apenas como um grande número de organizações, mas em diferenças de programa e estratégia, táticas e abordagens, números de cisões e fusões (em suas muitas expressões), táticas predatórias, vanguardismo e práticas sectárias.

Esses fragmentos assumem o desafio de ser uma alternativa ao PT que poderia resgatar sua base, mas também chegar à base que deixou o PT rumando à direita ou à abstenção. Tanto quanto as novas mobilizações desde Junho de 2013 (e algumas anteriores) indicam um progresso para a esquerda radical. Para o trabalho para a mudança social no Brasil, os esforços ainda estão contidos nos espaços mais politizados onde a esquerda estava presente desde antes.

Momentos pesados para toda a esquerda, como o da prisão de Lula em 2018, demonstram que, mesmo sob fogo contínuo, a esquerda mobiliza mais internamente do que pra fora, e mesmo quando o faz é a vanguarda, composta pela liderança e por aqueles com convicção de pertencimento militante, que dá as caras com maior intensidade.

A sensação reportada com frequência pelos militantes com quem conversei é de que a esquerda como um todo é um "quadradinho" que passa mais tempo disputando espaço no quadradinho do que investindo em táticas para seu crescimento e sustentabilidade.

No fundo, a maior parte da esquerda radical esperava que Junho de 2013 fosse um marco para um novo período de ascensão das massas, enquanto isso, a esquerda moderada temia Junho.

Todavia, o melhor testemunhado até agora é um sentimento de resistência mais forte e convicto na esquerda organizada. Isso se manifesta em uma nova adesão à vanguarda e um crescimento da capilaridade em lugares-chave no qual a resistência é obrigatória face aos contra-ataques de direita, como a educação, os direitos dos trabalhadores e o direito à cidade.

O frustrante é que a direita também teve expectativas quanto a Junho e, mais efetivamente soube interpelar e capturar discursos. Esses discursos foram canalizados pela força material do campo da direita e investidos pelo *impeachment*, assim como no período pós-*impeachment*, com as contrarreformas de Michel Temer, e também durante os ataques antipetistas sofridos por Lula em relação à Lava Jato.

A tentativa de reconstrução de Lula em um mito (não-humano, uma ideia) visaria não somente salvar Lula, mas recuperar a imagem do PT dentro da esquerda, e fora dela, como uma organização que lotava ruas e arrastava multidões Brasil afora – mesmo não sendo isso o ocorrido na ocasião infortunada da prisão. O interessante é que, naquele momento, até a esquerda radical, já tradicionalmente melancólica, parecia esperar o mesmo.

A aparência é de uma esquerda que aguarda o estopim que faça o verdadeiro "gigante acordar". Se o papel do gigante é restabelecer a ordem hegemônica de esquerda (nos limites do reformismo fraco ou da conciliação de classes) ou fazer a revolução, aí, depende de a quem você pergunta.

Enquanto isso, nós lidamos com a realidade concreta do senso comum conservador e de um novo presidente para o Brasil com ambições prometeicas. Bolsonaro e seus aliados podem não ser aqueles a trazer fogo à Terra, mas certamente se apresentam dispostos a banir a esquerda e o comunismo daqui.

Como este livro aborda a continuidade de um período de delicados conflitos políticos, eu identifico que, dada a necessidade de uma resistência em massa contra-ataques de todos os lados, há um sentimento geral de que a recomposição está atrasada. Esse sentimento é positivo e pode ser realizado ao reconhecer a característica mais contundente de Junho e dessa conjuntura: as portas estão, sim, abertas para a política de esquerda, e é essencial que a esquerda brigue por seu espaço.

É, portanto, objetivo deste livro trazer e recuperar análises que orientem formulações e práticas políticas, especialmente onde estas cobram autocrítica, para garantir que qualquer caminho tomado pela esquerda para fora da crise seja realmente um caminho à esquerda.

PARTE I

CRISE DE PRAXIS

A crise de práxis corresponde à multiplicidade de crises conjunturais que abraçam a questão da crise de representação, o golpe e o estado da esquerda brasileira. A esquerda é fundamental ao conceito, porque a própria noção de práxis aqui aplicada se embasa na construção do que deve ser uma política de esquerda comprometida com a superação do sistema vigente. Assim, a visão da crise de práxis nos permite compreender, por meio da lente da sociologia marxista, na qual a esquerda se localiza no cenário de politização e despolitização, a fragmentação da esquerda, a melancolia generalizada e o interregno da crise de autoridade/hegemonia atual.

Embora o conceito mais exato de práxis seja comumente empregado nos círculos marxistas, especialmente em referência à terceira tese de Marx sobre Feuerbach, ela tende a ser definida de forma ampla demais para enquadrar um conjunto de práticas políticas. Portanto, cabe traçar o significado do conceito a partir das fronteiras marxistas para chegar ao que chamo de "crise de práxis", que apresentarei de fato tanto como a base da fragmentação da esquerda no Brasil atual quanto como a característica central da esquerda no interregno brasileiro.

CAPÍTULO 1 FUNDAMENTOS MARXISTAS DA PRÁXIS

O conceito de práxis é a base para entender a crise da esquerda na política brasileira. O termo práxis tem sido empregado em uma variedade de contextos, oferecendo significados um pouco diferentes, de acordo com a perspectiva epistemológica em questão. Numa visão aristotélica, por exemplo, práxis significa prática que é guiada por algo, como ação informada tanto pela reflexão quanto pelo comprometimento.

A discussão sobre essa distinção feita por Joseph Dunne lança luz sobre uma compreensão da práxis em relação à *phronesis*, uma forma de sabedoria prática que é também um "estado racional da capacidade de agir".[5] Alguns autores, mesmo os do campo da pedagogia crítica, tendem a misturar a práxis aristotélica com a discutida por Paulo Freire[6], esta última favorecida aqui.

---

[5] Joseph Dunne, "Theory, Techne, and Phronesis: Distinctions and Relations," in *Back to the Rough Ground: "Phronesis" and "Techne" in Modern Philosophy and in Aristotle* (Notre Dame and London: University of Notre Dame Press, 1993), 244.

[6] N. de E.: Paulo Reglus Neves Freire (Recife, 1921 – São Paulo, 1997) foi um educador e filósofo brasileiro cuja obra maior é a *Pedagogia do Oprimido*, na qual explana sobre sua revolucionária visão de pedagogia, assentada no método dialético e imersa na práxis da educação popular por um viés emancipatório. Perseguido pela Ditadura Militar (1964-1985) por suas bem-sucedidas iniciativas de alfabetização popular, algumas delas transformadas em política pública pelo então presidente João Goulart, que foi deposto pelo golpe, chegou a passar mais de setenta dias no cárcere acusado de ser subversivo – em um gesto simultaneamente jocoso e sintomático do regime; passou anos no exílio, de onde só pode voltar com a Anistia de 1979, radicando-se em São Paulo onde lecionou na Pontifícia Universidade Católica local ainda sob os ventos do Concílio do Vaticano II e do progressismo da Arquidiocese local, à época comandada por Dom Paulo Evaristo Arns. Influenciado tanto pela tradição da Teologia da Libertação, do socialismo cristão, marxismo e existencialismo, Freire foi autor de diversas outras obras publicadas em incontáveis países, o que o torna um dos intelectuais brasileiros mais citados em trabalhos acadêmicos pelo mundo. Muito embora partes salutares da sua obra jamais tenham sido aplicados no Brasil, vide a gravíssima crise na educação do país reconhecida tanto por especialistas quanto pela sociedade em geral, a obra de Freire foi eleita como uma espécie de heresia pela extrema-direita do país, passando a ser vítima de uma campanha de difamação e calúnia recorrente – o que, novamente, é jocoso e sintomático ao mesmo tempo.

Na medida em que a práxis aristotélica se refere a uma forma de ação comprometida, sem a qual o teórico não teria horizonte, essa conexão pode de fato ser feita. Dunne escreve que a práxis tem um fim que "se realiza no próprio fazer da própria atividade" e termina em si mesma.[7]

Embora essa noção também esteja presente na práxis freiriana, com base marxista, o seu componente dialético também faz dela um meio para um fim, especialmente no contexto de imaginários políticos e da influência da cognição no processo.

Trata-se de práxis que compreende e faz a realidade, e que faz a realidade de acordo com a compreensão. A *tese onze de Marx, sobre Feuerbach*, serve de guia para que a práxis seja a consumação da transformação do mundo.

Outra distinção importante diz respeito ao modo como a práxis aristotélica é uma forma de conduta cujo conteúdo é informado não apenas teoricamente, mas também moralmente, enquanto a práxis revolucionária, com a qual nos preocupamos ao examinar a práxis da esquerda e uma crise de práxis na totalidade política, também tem a ver com a erradicação da separação entre as formas de conduta prática e teóricas.

A principal diferença é que a práxis freiriana não trata a teoria como separada, mas como complementar à prática, e assim as une dialeticamente.

MARXISMO HUMANISTA

Emprego neste estudo uma visão particular de práxis que acredito ser, como demonstrarei a seguir, o reflexo mais preciso da práxis revolucionária na esquerda. Ela remonta aos *Manuscritos Econômicos e Filosóficos de 1844,* de Karl Marx (MEF). Os MEF não são de fato manuscritos, mas anotações privadas de Marx em um momento crucial de seu desenvolvimento teórico.

Ali vemos seu distanciamento gradual da perspectiva dos Jovens Hegelianos a partir de um estudo inicial da economia política.

---

[7] Oded Balaban, "Praxis and Poesis in Aristotle's Practical Philosophy", *The Journal of Value Inquiry* 24, no. 3 (1990): 191, <https://doi.org/10.1007/BF00149432>; Dunne, "Theory, Techne, and Phronesis: Distinctions and Relations," 244.

Todavia, também notamos uma forte influência, embora temporária, do materialismo sensorial de Feuerbach. Dado o contexto, é preciso considerar os MEF como fundamento incompleto da perspectiva marxiana e considerar cuidadosamente os pontos da análise filosófica que são coerentes com a análise econômica.

De certa forma, se trata de evitar o equívoco comum partilhado, por um lado, por uma linha do Marxismo Humanista quanto, por outro, por vozes proeminentes do Marxismo Estruturalista (ou anti-humanista), o qual frequentemente enxergavam os MEF como uma obra completa para ser abraçada, pelos primeiros, ou descartada, pelos segundos.

A relevância das anotações de Marx publicadas como manuscritos está em fornecer a base para uma análise da natureza da sociedade humana que considera potencialidades e, por conseguinte, o comunismo como estágio de humanização.

Kevin Anderson aponta que tais temas são desenvolvidos mais rigorosamente em toda a vida de Marx, como no *Grundrisse* e no volume III de *O Capital*[8], embora eles tenham sido abordados pela primeira vez nos MEF.[9]

É também nos *Manuscritos* que se pode evidentemente ver que a motivação de Marx: fornecer um entendimento completo do capitalismo o levaria a desenvolver uma análise material e econômica bastante apurada, superando eventualmente os limites de um estudo simplesmente filosófico.

Daí a relevância dos MEF, da forma não-romantizada que julgo adequada para um Marxismo Humanista centrado no materialismo histórico: as anotações servem como um alerta das intenções marxianas, pois apontam que as contradições históricas do capitalismo possibilitam compreender – e, assim, desenham uma teoria da libertação humana no comunismo.

Marx considera o trabalhador, por meio da classe trabalhadora, o protagonista da história. Seu argumento é baseado na relação da humanidade com a natureza e a capacidade produtiva, bem como a conclusão histórica do papel central das lutas de classes.

---

[8] Karl Marx, *Grundrisse* (Middlesex: Penguin Books, 1973), 488 [1939]; 117, 182, 959 Karl Marx, *Capital: Volume* III (London: Penguin Books, 1981) [1894].

[9] Kevin B. Anderson, "Sources of Marxist-Humanism: Fanon, Kosik and Dunayevskaya" *Quarterly Journal of Ideology*, 1986, 15.

Esse argumento também é feito a partir da perspectiva da abolição positiva da propriedade privada, e sua apropriação da existência humana, como a abolição de toda alienação. Assim, há uma conexão entre as análises de alienação de exploração por Marx, dos *Manuscritos* ao *Capital*, e assim por diante.[10]

Para Marx, é a possibilidade de uma unidade de pensamento e ação na humanidade que diferencia os humanos de outros seres na natureza. Marx fala da consciência da espécie humana que é, por sua vez, confirmada pela vida social.

Isso torna os seres humanos indivíduos únicos e comunais, em uma conexão inseparável entre a existência livre e a atividade social. O resultado é "a existência subjetiva da sociedade como *pensada* e *experienciada*".[11]

O problema da alienação e a questão da revolução devem ser considerados por meio do pensamento e da prática, cuja unidade (empreendida por mim mesma como práxis) é fundamental para superar o idealismo de Hegel:

A RESOLUÇÃO DAS CONTRADIÇÕES *TEÓRICAS* SÓ É POSSÍVEL ATRAVÉS DE MEIOS PRÁTICOS, ATRAVÉS DA ENERGIA *PRÁTICA* DO HOMEM. SUA RESOLUÇÃO NÃO É, PORTANTO, DE MODO ALGUM, APENAS UM PROBLEMA DE CONHECIMENTO, MAS É UM PROBLEMA *REAL* DA VIDA QUE A FILOSOFIA FOI INCAPAZ DE RESOLVER PRECISAMENTE PORQUE VIU AÍ UM PROBLEMA PURAMENTE TEÓRICO.[12]

Baseado nisso, Marx complementa sua crítica ainda latente à dialética hegeliana, estabelecendo não apenas seu conceito de humanidade – que "se autentica tanto no ser como no pensamento".[13]

Marx retomou a questão da práxis revolucionária e do núcleo materialista de seu método logo depois em suas *Teses sobre Feuerbach*

---

[10] Recomendo a discussão de Löwy e Sayre acerca da base dos *Manuscritos* para o pensamento marxista humanista, e também marxiano, no capítulo 3 de Michael Löwy e Robert Sayre, *Revolta e Melancolia: O Romantismo na Contracorrente da Modernidade* (São Paulo: Boitempo Editorial, 2015).

[11] Marx em Erich Fromm, *Marx's Concept of Man* (Mansfield Centre: Martino Publishing, 2011), 131 (minha ênfase).

[12] Marx em Fromm, 135 (ênfase no original)

[13] Karl Marx, *Economic and Philosophic Manuscripts of 1844*, ed. Erich Fromm, trans. T. B. Bottomore, *Marx's Concept of Man* (Mansfield Centre: Martino Publishing, 2007).

(1845), fazendo eco à fundação da revolução como uma atividade prático-crítica e exortando a humanidade a não simplesmente interpretar o mundo, mas a fazê-lo a fim de mudá-lo.[14]

Dentre os marxistas humanistas, há uma tendência a superestimar a contribuição das anotações filosóficas dos MEF. Isso deve ser observado sempre que utilizarmos autores como Herbert Marcuse e, principalmente, Erich Fromm (talvez o mais influenciado pelo materialismo feuerbachiano dos *Manuscritos*).

Todavia, para o entendimento de práxis como conceito central para a organização do sujeito histórico revolucionário e a transformação do mundo, é possível analisar várias considerações dentro dos debates do Marxismo Humanista.

Analisando as contribuições dos MEF, Herbert Marcuse vê que Marx está preocupado com a essência humana e sua consequente perda devido à alienação do trabalho na propriedade privada, que, embora sejam categorias econômicas, são empregadas ali, por Marx, em uma "estrutura filosófica".[15]

Uma revolução comunista não requer uma nova moral, mas o rompimento com a alienação causada pela lógica da propriedade privada e acumulação que individualiza e coisifica a humanidade.

Marcuse aponta com clareza o elemento da práxis como central para o conceito revolucionário marxiano, mesmo argumentando que o materialismo histórico é fundamentado em uma crítica *filosófica* da atividade *econômica*, revelando o peso desproporcional que ele dá a anotações que antecedem a real formulação do materialismo histórico por Marx: "uma teoria cujo significado imanente (exigido pela natureza de seu objeto) é uma prática particular; só a práxis particular pode resolver os problemas peculiares a essa teoria".[16]

Nesse sentido, Raya Dunayevskaya afirma que o método de Marx consiste em um movimento da *teoria para a prática*, bem como um movimento da *prática para a teoria*[17]. Muito embora esse último movimento se torne um ponto de discórdia entre ela e Marcuse, dado

---

[14] Karl Marx, "Theses on Feuerbach", in *Selected Writings* (Hackett Publishing Company, 1994).

[15] Herbert Marcuse, "The Foundation of Historical Materialism", in *Studies in Critical Philosophy* (Boston: Beacon Press, 1973), 8.

[16] Marcuse, 40.

[17] Raya Dunayevskaya, *Marxism and Freedom: From 1776 until Today* (Amherst: Humanity Books, 2000), 31, 37.

o seu pensamento sobre a unidimensionalidade da classe trabalhadora cuja relação prática com o capitalismo se tornou mais afirmativa e menos revolucionária.[18]

Essa divergência está ligada à preocupação de Marcuse com o fato de o controle tecnológico ter enfraquecido a capacidade negativa da classe trabalhadora, tornando a posição desta em relação ao capital menos contraditória (relativa à identidade de consumo) e ainda mais passível de exploração, como um efeito colateral de uma melhora relativa nos padrões de vida.[19]

Essa posição é parcialmente compartilhada por Erich Fromm, pois enfatiza que até mesmo Marx não previu até que ponto uma *alienação afluente* poderia ser tão desumanizadora quanto o tipo empobrecido.[20]

No entanto, a abordagem de Dunayevskaya sobre os MEF é semelhante à de Marcuse na maneira como enfatiza a crítica e apropriação de Marx do método dialético hegeliano, "a dialética da negatividade", para estabelecer o trabalho não alienado como uma categoria essencial à natureza humana, uma atividade na qual os humanos percebem-se como espécie-ser.

Assim, o trabalho é uma categoria econômica, filosófica e antropológica que contém um juízo de valor na diferenciação entre trabalho autoexpressivo, livre, criativo e criador e o tipo de trabalho autonegativo alienado sob o capital.[21]

Neste ponto cabe integrarmos Antonio Gramsci, cujo pensamento influencia profundamente todas as análises conjunturais aqui apresentadas. De fato, ele é o pensador marxista que mais influencia os fundamentos do conceito de práxis como um fator-chave na sociedade e atividade humanas.

---

[18] Dunayevskaya, xvi; Herbert Marcuse, *One-Dimensional Man* (Boston: Beacon Press, 1991), 8; Kevin B. Anderson & Russell Rockwell, eds., *The Dunayevskaya-Marcuse-Fromm Correspondence, 1954-1978: Dialogues on Hegel, Marx, and Critical Theory* (Lexington Books, 2012), 59.

[19] Herbert Marcuse, "Socialist Humanism?," in *Socialist Humanism: An International Symposium*, ed. Erich Fromm (Garden City: Anchor Books, 1966), 110; Marcuse, *One-Dimensional Man*, 31.

[20] Erich Fromm, "Preface," in *Socialist Humanism: An International Symposium*, ed. Erich Fromm (Garden City: Anchor Books, 1966), ix.

[21] Fromm, *Marx. Concept Man*; Marx, *Economic and Philosophic Manuscripts of 1844*.

A visão de Gramsci sobre a hegemonia, a pedagogia e a formação dialética do bom senso (versus senso comum) é elementar para ver a práxis como uma força política, especialmente quando esses mesmos temas são repetidos e expandidos por Paulo Freire no pensamento pedagógico crítico, coisa que muitos estudiosos identificam como um quadro gramsciano-freiriano.[22]

A emancipação, de acordo com uma visão gramsciana, não é apenas de caráter econômico, mas também contém a emancipação da existência total do homem.

Mesmo tendo Gramsci claramente seu foco na classe trabalhadora, que pode dar origem a uma interpretação economicista, não nega que o poder totalizador do capitalismo esteja ligado à opressão num sentido mais amplo.

Essa tensão é negociada pela sugestão de Gramsci de que, ao se emancipar, a classe trabalhadora, por meio de seu papel histórico revolucionário, também colaborará na emancipação de todos os outros grupos dominados.[23]

Paulo Freire argumenta de maneira semelhante ao dizer que "a grande tarefa humanista e histórica dos oprimidos é libertar a si mesmos e a seus opressores".[24] Nas palavras de Gramsci no *L'Ordine Nuovo*: "O proletariado, tendo conquistado o poder social, terá que assumir o trabalho de reconquista, para restaurar plenamente para si e para *toda a humanidade* o reino devastado do espírito."[25]

---

[22] Jacob P. K. Gross, "Education and Hegemony: The Influence of Antonio Gramsci," in *Beyond Critique: Exploring Critical Social Theories and Education*, ed. Bradley Levinson (Boulder: Paradigm Publishers, 2011); Magaret Ledwith, "Community Work as Critical Pedagogy: Re-Envisioning Freire and Gramsci," *Community Development Journal* 36, no. 3 (2001): 171–82, https://doi.org/10.1093/cdj/36.3.171; Peter Mayo, "Transformative Adult Education in an Age of Globalization: A Gramscian-Freirean Synthesis and Beyond," *The Alberta Journal of Educational Research* 42 (1996): 148–60; Peter Mayo, "Antonio Gramsci and His Relevance to the Education of Adults," in *Gramsci and Educational Thought*, ed. Peter Mayo (West Sussex: Wiley-Blackwell, 2010), 21–37; Giovanni Semeraro, "Da Libertação à Hegemonia: Freire e Gramsci No Processo de Democratização Do Brasil," *Revista de Sociologia e Política*, no. 29 (2007): 95–104, https://doi.org/10.1590/S0104-44782007000200008.

[23] Gramsci, The Antonio Gramsci Reader: Selected Writings, 1916-1935.

[24] Paulo Freire, Pedagogy of the Oppressed (New York: The Seabury Press, 1970), 28.

[25] Antonio Gramsci, The Modern Prince & Other Writings (New York: International

Em várias ocasiões, ao longo de suas obras, Gramsci insiste que o marxismo é de fato uma filosofia, uma filosofia da *práxis*,[26] e que esse aspecto não pode ser descartado a fim de favorecer uma abordagem mais "científica". De fato, a visão de filosofia da práxis de Gramsci sugere uma unidade entre a análise econômica e a análise filosófica no desenvolvimento da obra marxiana.

Gramsci não teve amplo acesso aos *Manuscritos* em seu tempo, o que indica que ele baseou sua compreensão dos fundamentos filosóficos e econômicos de Marx nos outros textos disponíveis. A síntese dessa interpretação é importante, pois permite que Gramsci reconheça a transformação a partir das condições materiais, todavia, sem negar que fundamentos filosóficos estabelecem utopias a serem testadas.

Ele argumenta que a compreensão filosófica da revolução é um requisito para sua realização, pois elimina a contradição entre a consciência intelectual (teórica) e a atividade prática de alguém.[27] Essa visão das consciências em contradição, resultantes da hegemonia capitalista, é central para pensar politização e despolitização como veremos aqui.

Essa abordagem estabelece que a classe intelectual (lideranças programáticas, comunicadores e não apenas ou mesmo os acadêmicos), em particular os intelectuais orgânicos do partido, tem uma responsabilidade para com a classe trabalhadora em auxiliar na eliminação dessa contradição, de tal forma que mais intelectuais possam surgir da base e expandir o processo hegemonicamente.

O aspecto pedagógico vem à luz na natureza dialética dessa interação entre intelectuais e massas, assegurando que tal processo não seja de doutrinação, mas de livre troca e diálogo que contribua para o crescimento do grupo intelectual em número e em qualidade.

Raya Dunayevskaya percebe a eliminação da consciência contraditória como um movimento da prática para a teoria. Isso mostra algum otimismo com relação às atividades espontâneas da classe trabalhadora, embora ela esteja atenta ao potencial da contrarrevolução dentro da revolução – que pode tomar a forma de um comunismo grosseiro totalitário.

Publishers, 2007), 20.

[26] Essa referência foi útil para Gramsci para se referir ao marxismo sem censura direta quando estava na prisão.

[27] Gramsci, The Antonio Gramsci Reader: Selected Writings, 1916-1935, 328; 333.

Herbert Marcuse também argumenta que a consciência da classe trabalhadora procura se desenvolver a partir da opressão, em uma necessidade urgente de eliminar sua fonte.[28] O progresso técnico, argumenta ele, mudou a relação entre as classes e a estrutura capitalista ao suprimir alternativas na forma de uma afirmação autônoma do modo de existência no modo de produção capitalista; o resultado é um padrão de vida em ascensão que mascara a exploração enquanto melhora seu alcance.[29]

O consentimento capitalista via consumo, concessões de direitos e valorização de sua forma de desenvolvimento econômico esconde o antagonismo de classe entre explorados e exploradores – e pode até mesmo encorajar uma sensação de dívida/gratidão dos explorados para com os exploradores quando estes promovem melhorias de vida pontuais.

Assim, em vez de usar o antagonismo de classe para revitalizar a luta, a classe trabalhadora se encontra em uma posição fatalista cultural e materialista devido à ilusão de progresso no crescimento da capacidade produtiva (e potencial de consumo). Esse ponto é extremamente importante quando se considera como o potencial de mudança social está inevitavelmente ligado ao nível e tipo de politização das pessoas.

As verdades que ganham tal natureza ao serem reproduzidas no senso comum determinam quais portas políticas se abrem. Se o senso comum é a média do projeto ideológico da classe dominante, essa classe consegue manter sua hegemonia na base do consentimento.

Para eles não é interessante que os explorados assim se enxerguem e, muito menos, que aprendam a identificar os seus exploradores. Por isso, o projeto de hegemonia dos capitalistas envolve a despolitização da luta de classes, o antagonismo e a realidade das lutas sociais.

Trata-se de despolitização porque se utiliza de distorções tidas como verdadeiras no senso comum para evitar o surgimento de um movimento formador de sujeitos políticos em si e para si. O projeto requer que lhes seja inviável tomar consciência de sua situação material – a isso, Marx chamava de consciência de classe.

Esse modelo de dominação que se sustenta para além da coerção, afirmando-se como hegemonia por conta do fator de consentimento,

---

[28] Marcuse, "Socialist Humanism?", 116-17.
[29] Marcuse, 116.

passa por tentativas de renovação durante crises próprias do sistema capitalista (de recursos, competição, conflitos (re)distributivos, bolhas financeiras, etc.) e crises políticas (mediante politização da classe trabalhadora ou mesmo crises de representação nutridas pela despolitização).

Isso aponta para a necessidade de fazer mais do que uma disputa contra-hegemônica com o capital, mas sim a construção de uma nova hegemonia. O senso comum entra em disputa. Num projeto politizador a questão passa por transformá-lo em bom senso, em que haja atividade crítica-prática, ou seja, um projeto de hegemonia é um projeto de práxis.

Mesmo os momentos de revoltas em massa podem, eventualmente, se diluir em reivindicações fracas e em várias expressões de autoindulgência, se a perspectiva dominante de mudança estiver entrelaçada com uma visão afirmativa do capitalismo.

A preocupação de Marcuse com o fato da classe trabalhadora ter se tornado fatalista e acomodada, em sua falta de liberdade, realmente torna a liberdade inseparável da consciência – e da prática – em um processo dialético.[30]

Faz-se então necessário falar de Karel Kosik, um dos autores que mais explicitamente lidam com a perspectiva da práxis, ao lado de Paulo Freire, cujas influências teóricas acabam por conectar sua práxis a Gramsci. Kosik vê a cognição como uma grande capacidade humana de superação da consciência ingênua[31] quando confronta materialmente a realidade histórica.[32]

Isso significa que tanto o trabalho quanto a capacidade do homem de decodificar a realidade e engajar-se criticamente com ela são atividades que indicam a potencialidade humana. A cognição, como elemento dialético no nexo teórico-prático/sujeito-objeto, auxilia na formação da realidade objetiva e na autoformação da humanidade como sujeito histórico– o que Kosik chama de processo de "humanizar o homem".[33]

---

[30] Marcuse, One-Dimensional Man, 222.

[31] Paulo Freire também usa esse termo, *consciência ingênua*, para indicar uma forma de senso comum (de modo gramsciano) que estabelece a causalidade como fato e reproduz "verdades" não verificadas (Freire, 2010, p. 113).

[32] Karel Kosik, *Dialectics of the Concrete: A Study on Problems of Man and World* (Boston: D. Reidel Publishing Company, 1976), 26.

[33] Kosik, 30.

Uma práxis revolucionária baseia-se numa cognição autêntica da realidade, a qual permite ao sujeito se engajar criticamente com uma totalidade tanto no campo teórico quanto no prático. Kosik estabelece que a totalidade concreta é uma teoria da realidade estruturada dialeticamente, segundo a qual o homem é sujeito e objeto.

Esse quadro é diferente daquele apresentado pela economia clássica na forma do "homem econômico", pois a humanidade só é retratada como objeto nesse contexto e, portanto, está localizada fora da práxis.

A cognição se torna um dos elementos importantes que conectam essa relação, especialmente a cognição da utopia. Para Leszek Kolakowski, a utopia é um elemento necessário no processo de criar um movimento revolucionário e pensar nas ferramentas para uma revolução.

Utopia não significa aquilo que é impossível – como propagado tendenciosa e ingenuamente por aqueles que acusam o comunismo de ser apenas teoria, mas não prática –, mas sim não-lugar.

Utopia é aquilo que ainda não tem lugar na nossa sociedade. Portanto, a utopia nos move para a construção do lugar. Ela traz o conteúdo e orienta a construção hegemônica de mudanças estruturais e revolucionárias necessárias para a execução desse conteúdo.

Utopia influencia a teoria e o imaginário consciente do movimento a fim de estabelecer uma direção de ação proposital.

Em *O Espírito da Utopia* (publicado pela primeira vez em 1918), Ernst Bloch explora como a cognição do processo revolucionário, o qual busca uma consciência desperta, só é possível por meio de uma utopia que forma a associação entre o primeiro sonho (uma percepção interna de nossa vontade) e a restauração dessa vontade na realidade.[34]

Assim, a utopia não é um sonho que recorda o passado. Pelo contrário, é "apenas aquele anseio que traz consigo o que não foi realizado, o que não poderia ter absolutamente nenhuma realização terrena, o desejo desperto do que por si só é correto para nós".[35]

Para Bloch, mesmo um estado de alienação profunda não pode impedir o pressentimento de uma potencialidade humana oculta, que é precisamente o que alimenta a capacidade de utopia.[36]

---

[34] Ernst Bloch, *The Spirit of Utopia* (Stanford: Stanford University Press, 2000), 145.
[35] Bloch, 156.
[36] Bloch, 168.

Portanto, a utopia não é o mesmo que um sonho ou uma esperança desengajada, e sim o fruto de uma posição dialética entre a esperança e a escuridão.[37] É a esperança que surge das trevas e, como tal, da opressão e da alienação, pois há pouca razão para continuar a esperar quando a potencialidade otimista que a carrega já foi realizada.

Se o negativo está contido no positivo, o mesmo ocorre no contrário, como uma centelha que contraria a percepção inevitável de uma totalidade opressora.

A cognição histórica se prepara para a revolução na medida em que determina a primeira negação total do sistema que se opõe à utopia. A segunda negação (*aufheben*[38]) ocorre quando a utopia é abolida em seu ato de fruição. Aquilo que se torna real não é mais uma utopia, mas deve gerar novas utopias no movimento contínuo da visão humanista.

Desse modo, a utopia é, sim, uma característica central do comunismo, mas também deve ser de toda esquerda que se propõe como alternativa ao *status quo*. Utopias não devem ser abandonadas ou rifadas, pois sua ausência cria um vácuo que é facilmente preenchido pela ordem capitalista, com distopias de um mundo fraturado, por exemplo, em que alguns dominam uma maioria cada vez mais explorada.

Essa discussão colocada por Bloch é importante também porque resgata o termo utopia do significado negativo que lhe foi atribuído até então (e que prevalece em muitos círculos até hoje). Trata-se de um resgate porque retoma a utopia como "ideal social legitimamente oposto ao estado de coisas vigentes".[39]

O que faz da utopia importante no marxismo será o materialismo histórico, pois, como filosofia da práxis, o marxismo oferece o caminho material para que se faça a ponte entre a utopia e o lugar concreto.

Utopias alimentam teorias que, por sua vez, alimentam práticas que devem resultar na realização (e assim *suprassunção*) da utopia. A teoria contribui para o processo de cognição, mas, se for

---

[37] Bloch, 201.

[38] *Aufheben* é uma palavra do alemão de difícil tradução, porém central para a compreensão da visão revolucionária marxista. Quando traduzida, tende a corresponder às palavras sublação (assimilação de algo menor em algo maior) ou suprassunção (elevação ao grau de essência máxima). Na discussão dialética, *aufheben* está frequentemente associada à segunda negação.

[39] Löwy and Sayre, Revolta e Melancolia: O Romantismo Na Contracorrente Da Modernidade, 239.

fetichizada e promovida instrumentalmente, seu potencial revolucionário será anulado.

Se percebida como parte de um movimento dialético comprometido com uma perspectiva materialista histórica, em vez dos interesses individuais das organizações, a teoria pode reenergizar intelectualmente o partido político e também construir uma ponte entre o pensamento e a realidade das decisões tomadas.[40]

A esquerda deve evitar a tendência à autopreservação, em sua forma de organização política, substituindo-a pela responsabilidade moral de reconhecer (e agir) contra a alienação e a opressão.

Isso requer a visão da utopia como objetividade, mesmo quando a possibilidade parece ser mínima; isto é, "o excesso de esperanças e demandas sobre as possibilidades é necessário para forçar a realidade a produzir todos os potenciais que ela contém e explorar todos os recursos ocultos nela".[41]

Também é importante ver a classe trabalhadora, ou o proletariado, de um modo inclusivo e não-economicista. Como a classe consiste em relações humanas, bem como em localizações de classe mediadas,[42] pode-se falar da "classe trabalhadora" sem negar as experiências heterogêneas de pessoas que trabalham em diferentes setores.

Isso é, especialmente, importante quando consideramos o impacto material das estruturas de dominação sobre diferentes corpos e como nunca foi possível separar na prática as demandas anticapitalistas daquelas de emancipação humana – faz-se necessário que se mantenham unidas teoricamente também.

As contingências criadas na relação de um trabalhador com outro bem como suas experiências de exploração são, ambas, reveladas em unidade pela consciência de classe, uma vez que ela expressa "uma identidade de interesses entre todos esses grupos diferentes de trabalhadores e contra os interesses" de outras classes.[43]

A consciência de classe assegura que as pessoas mantenham sua agência em sua própria elaboração da história, em vez de seguir uma

---

[40] Leszlek Kolakowski, Toward a Marxist Humanism (New York: Grove Press, 1968), 163, 166, 171.

[41] Kolakowski, 151.

[42] Erik Olin Wright, Understanding Class (London: Verso, 2015), 155.

[43] Edward Palmer Thompson, *The Making of the English Working Class* (London: Penguin Books, 1991), 212.

receita determinista dada por condições estruturais anteriores. É essa consciência que determina quanto os seres humanos podem fazer história modificando condições que foram dadas historicamente.

Na medida em que a consciência de classe surge da experiência unificada de intensa exploração, também arma a classe trabalhadora contra o processo de instrumentalização que ocorre enquanto a exploração capitalista se desenvolve e se adapta.

A exploração também é uma relação que varia em intensidade de acordo com o contexto, mas à medida que o capitalismo se desenvolve tende a progredir em uma direção onde os humanos são totalmente reduzidos "ao *status* de um 'instrumento'" (Thompson, 1991, p. 222).

Ela transforma a classe trabalhadora em uma "coisa" desprovida de potencialidade humana e nada mais que a mercadoria preciosa que vendem à classe capitalista com o único propósito de sustentar a acumulação.

Aqui, devo apontar sobre o uso de classe trabalhadora como uma categoria central não economicista, ou seja, que reconhece a proletarização como fenômeno central capitalista que gera sua própria contradição ao explorar a maioria da sociedade – a mesma maioria que pode derrubar o capital.

É importante mencionar que, quando falamos de povo e da massa, os significados podem ser bem diferentes, mas eles se aplicam, quando referentes a um sujeito antissistêmico como fundamentalmente semelhantes, sob a opressão.[44]

É frequente a insistência em colocar um tipo particular de opressão como mais relevante do que outro, o que nos distrai da importância de reconhecer a opressão como o conceito central na desumanização, perda e sofrimento que une todos os sistemas de desapropriação.

Voltando aos *Manuscritos Econômico-Filosóficos*, vemos que a exploração capitalista é uma forma de opressão particular do capitalismo e que opera como eixo central do sistema.

Todavia, não é suficiente pensar em revolução e contrarrevolução simplesmente do ponto de vista de uma mudança na propriedade dos meios de produção (propriedade privada), uma vez que uma ampla gama de processos, que Marx conecta a uma estrutura, chega

---

[44] Alguns termos explorados posteriormente, como base, multidões e massa, são usados em contextos específicos para se referir a frações da classe trabalhadora e/ou sujeitos-em--formação maiores/menores que a classe trabalhadora.

à materialidade por meio da atuação da superestrutura, do domínio da consciência, da subjetividade e do conhecimento.

Uma perspectiva puramente estruturalista deixaria de explicar esses processos e, portanto, sugeriria uma análise mais mecanicista da fragmentação de esquerda no Brasil que reduziria os problemas atuais ao dano político efetuado pelo Partido dos Trabalhadores ou às diferentes linhas partidárias ideológicas dentro da esquerda (stalinista, marxista-leninista, trotskista, etc.).

Se alguém tentasse fornecer uma explicação puramente estruturalista para a fragmentação da esquerda brasileira, e os muitos desafios para mobilizar a classe trabalhadora sob um projeto revolucionário, elementos importantes que serão destacados ao longo desses capítulos seriam perdidos: politização e despolitização, a constituição de multidões e movimentos sociais, os desafios da construção de bases, a variedade de interesses partidários em contextos institucionais ou não, melancolia política, dificuldade de síntese, pós-política e ultrapolítica, a mobilização de afetos negativos e o desafio da vontade coletiva.

Afinal, tudo isso equivale à verdadeira práxis da esquerda e ao que deveria ser uma práxis revolucionária do povo.

A conquista da libertação depende de uma revolução, porque ela não consiste simplesmente na negação do sistema atual, mas na negação da negação – uma abolição no sentido hegeliano de suprassunção (*aufheben*), o que requer a restauração do trabalho humano, das relações humanas e interação humana com a natureza para a sua essência *livre* que fora pretendida ontologicamente.

Isso é, evidentemente, contrário às reivindicações populistas de esquerda de mudar o mundo sem tomar o poder ou, também, transições democráticas não revolucionárias.[45] Embora os aspectos que levam a uma revolução possam surgir espontaneamente na luta diária contra a alienação, o processo revolucionário requer organização e percepção teórica da segunda negação.

Para Kolakowski, isso é um conhecimento utópico.[46] Já para Marcuse, é a orientação da consciência prática pela consciência teórica

---

[45] John Holloway, *Change the World Without Taking Power*, vol. 0 (London: Pluto Press, 2002); Ernesto Laclau & Chantal Mouffe, *Hegemony and Socialist Strategy: Towards a Radical Democratic Politics*, 2nd ed. (New York: Verso, 2001).

[46] Kolakowski, *Toward a Marxist Humanism*, 70–71; 80.

porque a primeira está frequentemente em contradição com o objetivo de uma existência humana livre.[47] E para Gramsci, trata-se da unificação da dupla consciência e do aproveitamento da vontade coletiva.

Assim, se o processo revolucionário requer o trabalho de um partido político, intelectuais orgânicos ou o acompanhamento de impulsos proletários pelos oprimidos, não há desacordo sobre a natureza dialética da relação entre teoria e prática no desenvolvimento de uma *prática revolucionária*. A negação da negação que gera a libertação do trabalho mercantilizado, da alienação e da reificação[48] é inerentemente dialética e pressupõe uma atividade "prática-crítica".[49]

PRÁXIS: O CONCEITO

A *práxis*, entendida aqui não simplesmente como prática dentro da dialética, mas como *a unidade dialética da teoria e prática no movimento da negação*, é uma pré-condição para o livre exercício das potencialidades humanas.

É dentro da dialética que encontramos a negação da negação, que são dois estágios diferentes do mesmo processo histórico encabeçado pela humanidade em direção à liberdade e à restauração daquilo pautado como essência humana por Marx: emancipada e criativa.[50]

O princípio de duas negações é fundamental para uma práxis da esquerda revolucionária, mas também na esquerda como um todo devido ao objetivo emancipatório. Como a razão dialética deve guiar esse processo, Kosik adverte sobre os perigos de tentar abolir a filosofia

---

[47] Marcuse, *One-Dimensional Man*, 48; 100.

[48] Reificar significa tornar algo abstrato em algo mais concreto. Também é frequentemente usado no sentido de coisificar. No debate empregado aqui, dentro do contexto marxista, a reificação consiste na retirada dos elementos abstratos e subjetivos dos agentes políticos e da política; ou seja, a reificação desempodera o agente e o coisifica de acordo com o propósito da ordem hegemônica.

[49] Herbert Marcuse, *Reason and Revolution: Hegel and the Rise of Social Theory* (New York: Oxford University Press, 1941), 401; Marx, "Theses on Feuerbach," 99.

[50] Marcuse, *Reason and Revolution: Hegel and the Rise of Social Theory*; Marx, *Economic and Philosophic Manuscripts of 1844*.

do marxismo, porque eles promoveriam uma prática estática que não é mais dialética e, portanto, não mais humanizadora.[51]

Até mesmo a possibilidade de uma revolução depende da concepção dialética, pois "apenas ela pode fornecer uma orientação adequada para a prática revolucionária" ao impedir que essa prática seja controlada por uma filosofia oportunista.[52]

O argumento de Kosik de que a práxis transformadora é dialética se baseia na perspectiva que toma teoria e prática como uma unidade, e não apenas como elementos vagamente conectados nas tentativas da humanidade de explicar e mudar a realidade.[53]

De fato, qualquer esforço para separar a teoria da prática, no marxismo, negligencia os próprios argumentos de Marx em sua crítica a Feuerbach, pois ele fornece declarações intransigentes sobre a natureza da atividade revolucionária como atividade histórica "prática-crítica" que une interpretação e mudança própria.[54]

É por isso que Kosik é compelido a refutar uma noção de práxis que é fortemente baseada na prática humana e uma primazia da prática sobre a teoria (muitas vezes instrumentalizando a teoria no processo) na erudição materialista.[55] Ele estabelece que a práxis é um modo de ser que "permeia todo o homem."[56]

Como a práxis não é uma atividade isolada, mas sim de ser, a prática e a teoria devem formar uma unidade dialética para não forçar a humanidade a escolher uma em detrimento da outra.

Isso se deve a duas questões: a prática que domina a teoria pode estagnar devido à incapacidade de reconhecer o enrijecimento da realidade opressora sobre nós mesmos. Por outro lado, a teoria que domina a prática impede a realização da subjetividade da humanidade; ambas as fontes de desequilíbrio impediriam a transformação positiva da realidade.

Revoluções só são possíveis enquanto a teoria e a prática se informam mutuamente, porque "o homem só conhece a realidade na medida em que *forma* uma *realidade* humana e age primordialmente como um ser prático".

---

[51] Kosik, *Dialectics of the Concrete: A Study on Problems of Man and World*, 106.
[52] Marcuse, *Reason and Revolution: Hegel and the Rise of Social Theory*, 401.
[53] Kosik, Dialectics of the Concrete: A Study on Problems of Man and World, 136.
[54] Marx, "Theses on Feuerbach."
[55] Kosik, Dialectics of the Concrete: A Study on Problems of Man and World, 135.
[56] Kosik, 137 ênfase no original.

Portanto, é de importância primordial que a teoria seja entendida como construída na cognição, e não na contemplação. A práxis revolucionária deve estar ligada à verdade da realidade em uma qualidade fundamental, o que implica que a prática seguiria a teoria porque a última "preservará a verdade mesmo que a prática revolucionária se desvie de sua trajetória".[57]

É aí que a noção de práxis se torna ainda mais significativa, pois explica não apenas como a posição dialética da humanidade na história é, continuamente, ameaçada pelo poder alienador do senso comum na ausência da própria práxis: ela elucida também como a restauração da atividade teórico-prática dá uma certa permanência à nossa capacidade inquisitiva – como reflexão sobre o mundo e sobre nossa experiência no mundo.[58]

Esse estado reflexivo não é mera contemplação, pois é impulsionado pela necessidade de alinhar nossa consciência teórica com a nossa consciência prática em meio à sua relação contraditória na realidade.[59]

De fato, esta é a relação que sustenta o controle hegemônico, pois sua capacidade de renovação é alimentada pela desconexão imobilizadora entre a consciência e a atividade material cotidiana. O estabelecimento da práxis como um elemento fundamental na atividade transformadora e, também, na investigação permeia toda a pedagogia crítica freiriana.

Isso tudo na crença de que a educação e qualquer outra prática pedagógica devem ser fundamentadas na visão materialista histórica da humanidade, pois homens e mulheres só podem viver como homens e mulheres *reais* quando eles adquirem consciência do que os impede de ser assim e, imediatamente, procedem contra a opressão através da expressão positiva do processo de libertação.

O poder do capitalismo vem de sua capacidade de impedir o acesso a uma visão histórica da existência e, por consequência, da agência da criação e da subjetividade que diferenciam os humanos.

A cognição da própria humanidade e as potencialidades históricas que se seguem são um passo para se tornar consciente de como alguém é oprimido.

---

[57] Marcuse, *Reason and Revolution: Hegel and the Rise of Social Theory*, 322.

[58] Marx, "Theses on Feuerbach," 99.

[59] Antonio Gramsci, *Prison Notebooks: Volume* III, ed. and trans. Joseph A. Buttigieg (New York: Columbia University Press, 2007), 330 <169>.

Enquanto a utopia surge de nosso desejo de nos reafirmarmos como seres humanos, seu desenvolvimento ocorre na luta contra a opressão, pois quanto mais as pessoas sofrem, mais se tornam ansiosas por escapar, mesmo que a compreensão de como fazê-lo possa ser afetada pela unidimensionalidade e pela despolitização.

Essa compreensão não ocorrerá se a utopia retiver a qualidade estática de um sonho esperançoso e enquanto seu conhecimento estiver separado de nossa atividade prática e realidade.

Para a utopia evoluir da maneira como argumenta Kolakowski, realizando o trabalho de progresso social entre momentos de ilusão e desilusão,[60] ela deve ser a força motivadora por trás de uma práxis, cujo movimento dialético contínuo entre o que é imaginado e experimentado, trazendo à utopia o *status* de uma objetividade.

Isso é diferente do tipo de pensamento utópico que Kolakowski criticou anos depois, cuja visão da sociedade socialista, em termos de fraternidade e igualdade, negava os processos de diferenciação e discordância que transparecem nas relações humanas em favor de um conformismo agradável.[61]

Antes, a utopia deve ser concebida como um *desejo consciente de liberdade que inclui dar passos em direção à sua realização*,[62] mesmo que o resultado final seja continuamente desafiado por mudanças na interação humana.

Isso quer dizer que, com o comunismo, a sociedade não passa a ser perfeita: enquanto alguns problemas são resolvidos por meio de sínteses, outros surgem. O movimento dialético é contínuo e característico da realidade social.

É importante salientar que a ação para a realização é também uma questão de consciência por causa da lógica dialética da libertação, onde "os escravos devem estar livres para sua libertação antes que possam se tornar livres, e que o fim deve ser operativo nos meios para alcançá-lo".[63]

---

[60] Kolakowski, *Toward a Marxist Humanism*, 151.

[61] Barbara Epstein, "The Rise, Decline and Possible Revival of Socialist Humanism," in *10th Annual Historical Materialism Conference* (London, 2013), 36.

[62] Georg Lukács, *History and Class Consciousness: Studies in Marxist Dialectics* (Cambridge, Mass: MIT Press, 1971), 315.

[63] Marcuse, *One-Dimensional Man*, 41. Marcuse primeiro usa o termo "pensamento" em 1941 (*Razão e Revolução*) e depois "consciência" em 1964 (*O Homem Unidimensional*) ao

Tal luta não pode ser feita por meio da imputação de um tipo específico de conhecimento pseudorrevolucionário nas massas, em tentativas de simplesmente dirigi-las, ou por consistentemente reafirmar que a revolução acontecerá por ser a progressão natural da história.

Para Freire, o confronto da opressão deve ocorrer em um contexto pedagógico. Ele afirma que: "Não há outro caminho senão o da prática de uma pedagogia humanizadora, em que a liderança revolucionária, em vez de se sobrepor aos oprimidos e continuar a mantê-los como quase 'coisas', com eles estabelece uma relação dialógica permanente." [64]

Essa consciência é o princípio móvel de uma pedagogia política voltada para a superação da despolitização e para a reprodução do *status quo* que ocorre pelo senso comum, porque existe como algo que não é, e que está fora dele.[65]

No entanto, a consciência por si só significaria não mais do que uma transcendência idealista momentânea que não pode, por sua própria natureza, ser revolucionária e transformar a concretude da opressão.

Marx explica essa necessidade afirmando que, no caso das *ideias* comunistas, elas podem ajudar a superar a ideia da propriedade privada, mas a atualidade exige *atividade* comunista para substituir a propriedade privada real – mesmo que a última enfrente desafios históricos, pois "o desenvolvimento que já reconhecemos no *pensamento* como autotranscedente envolverá, na realidade, um processo severo e prolongado".[66] Enquanto o pensamento/consciência fornece os impulsos críticos na pedagogia política/crítica como *conscientização*, a transformação da realidade se alimenta da consciência crítica na práxis.

O PAPEL ORGÂNICO DA PRÁXIS DE ESQUERDA COMO POLITIZAÇÃO

Se a despolitização representa um grande desafio em uma sociedade de unidimensionalidade, então se deve entender que politizar não pode

---

combiná-los com "prática" e "ação" em contextos similares. Embora pudessem ser considerados conceitos diferentes de acordo com o paradigma empregado, acredito que Marcuse os empregou quase como sinônimos em suas contribuições.

[64] Paulo Freire, *Pedagogia do Oprimido*, 49th print (Rio de Janeiro: Paz e Terra, 2005), 63.
[65] Freire, 63.
[66] Marx em Fromm, *Marx. Concept Man*, 149, ênfase no original.

significar, simplesmente, trazer uma forma nova e crítica de política para o povo, mas incluir as pessoas como atores do fazer político.

Para realizar tal tarefa, a agência deve ser fortalecida, desafiando a dicotomia entre a liderança política e a base (dicotomia muito parecida com a visão tradicional artificial do ensino e da aprendizagem como duas funções e fenômenos separados).

A perspectiva pedagógica crítica estabelece que a práxis é a humanização e que a humanização só pode ocorrer na práxis para evitar uma mistificação excessivamente otimista do potencial humano. Os seres humanos apenas afirmam sua capacidade progressiva quando transformam consciência e realidade concomitantemente.

A liberação da humanidade da alienação só é autêntica quando é "humanização em processo", e não algo que pode ser "depositado" em indivíduos passivos.[67] A consciência crítica não pode ser imputada, apenas adquirida, de modo que qualquer ação subsequente se torne a materialização do pensamento e da vontade humana.

Como expressão da razão dialética, orienta a ação para a mudança e, dessa forma, já opera como realidade transformada. Para esse efeito, Marcuse argumenta que um socialismo baseado na emancipação precisa fazer parte da consciência e ação daqueles envolvidos no processo revolucionário.[68] Por isso, ele nos exorta a ver a necessidade da práxis revolucionária, que depende da politização de todos os tipos, quando se envolve em projetos revolucionários.

Por meio de uma pedagogia dialógica, os indivíduos aprendem a questionar sua própria alienação não porque lhes é dito, mas porque se tornam conscientes de sua existência dentro das circunstâncias da alienação.

Tais indivíduos são capazes de se afastar criticamente para descobrir que sua luta contra a exploração existe, na verdade, por causa da forma como a opressão se apresenta para as escolhas humanas.

Quando Marx menciona a mortificação dos trabalhadores, ele o faz porque sua posição consiste em tal morte que eles são incapazes de ver além dela – ou de tal morte que requer que a classe trabalhadora procure respostas fora dela.

Em vez de simplesmente se concentrar em sua própria morte, a consciência crítica os leva a uma compreensão da totalidade, onde eles

---

[67] Freire, *Pedagogia Do Oprimido*, 77.
[68] Marcuse, *One-Dimensional Man*, 41.

descobrem que a alienação é um fenômeno social que experimentam uns com os outros.[69]

Uma vez que essa consciência esteja embutida na práxis, na esperança de restabelecer sua humanidade, torna-se uma negação da opressão na forma como os trabalhadores pensam, agem, reagem e socializam (o que solidifica a consciência de classe e a solidariedade de classe).

E, assim, a ação e a reflexão interagem, formando uma unidade dialética, cujo movimento revolucionário é guiado pela influência da teoria revolucionária, estruturada em torno da agência humana na complexidade do caráter totalizador do capitalismo.

Em *Teses sobre Feuerbach*, Marx afirma que a práxis é a coincidência entre a atividade humana e a mudança da realidade e que essa transformação implica também na conquista da verdadeira consciência.[70]

Como a práxis envolve essa transformação dupla, ela é fundamental tanto na preparação quanto no cumprimento da atividade revolucionária e, como tal, é de especial interesse para a organização política.

Como forte defensor de uma conexão deliberada entre a pedagogia e as ações do partido político revolucionário, o pensamento político de Gramsci pode estar ligado à visão educacional de Freire e vice-versa.[71]

No pensamento gramsciano, a revolução não é um processo mecanicista, mas envolve a autocapacitação orgânica do oprimido por meio do reconhecimento e da vontade de mudar (expressa em um desejo coletivo) feito junto com os representantes intelectuais orgânicos desse grupo.[72]

Essa tarefa é executada tanto como trabalho educacional ou escolar direto como, também, na relação dialógica entre os líderes e o grupo que representam. O objetivo é fazer com que o senso comum produzido – reproduzido – sob a hegemonia possa ser confrontado, algo que demanda o alinhamento da consciência teórica e prática do grupo e, por conseguinte, resulta na agregação de outros tantos para uma posição questionadora e crítica.

Isso tem muito a ver com a estratégia política da esquerda. Lukács afirma que a organização para a revolução já é uma forma de mediação

---

[69] Freire, *Pedagogia Do Oprimido*, 116–17.

[70] Fromm, *Marx. Concept Man;* Marx, "Theses on Feuerbach".

[71] Mayo, "Transformative Adult Education in an Age of Globalization: A Gramscian-Freirean Synthesis and Beyond," 149–50.

[72] Gramsci, *The Antonio Gramsci Reader: Selected Writings*, 1916-1935, 310; 312.

na relação dialética entre teoria e prática.[73] A educação do trabalhador deveria ter um propósito, o objetivo de se tornar uma autoeducação em um marco libertador. O papel dos intelectuais é aproveitar sua liberdade de pensamento para promover o desenvolvimento da consciência, pois é sua responsabilidade levar a consciência teórica da classe trabalhadora a uma postura crítica.[74]

Também é importante que os intelectuais sigam os impulsos dos trabalhadores, pois sua experiência com a exploração os torna os mais adequados para informar a direção da mudança social.[75] Isso sugere uma relação solidária em que a liderança revolucionária pensa *com* a classe, e não em *torno* da classe ou *sobre* a classe.[76]

Essa solidariedade não apenas torna a relação entre a esquerda organizada – a liderança e a base – mas também embaça essas categorias de modo que não se percebe que se está em um quadro separado do outro.

No geral, uma perspectiva pedagógica da organização política se opõe à relação doutrinária por "detentores do conhecimento", e estabelece o diálogo entre atividade intelectual e atividade prática, mesmo que seja importante ter indivíduos cuja função primária na sociedade seja intelectual ou organizacional. Ela encarna a prática precisamente porque renuncia à separação entre teoria e prática que sempre manteria a classe trabalhadora em posição de subserviência, seja para o capitalista, seja para o líder partidário.

PRÁXIS RADICAL, PRÁXIS REVOLUCIONÁRIA

Minha tarefa de promover o conceito de uma crise de práxis me leva a extrair algumas diferenças entre três outras noções que são comumente mencionadas à esquerda, embora de modo geral confuso. Isso se refere ao que é radical, ao que é contra-hegemônico e ao que é revolucionário.

As três noções pertencem à esquerda e à atividade da esquerda e, portanto, tendem a ser usadas como sinônimos ou muito semelhantes entre si. Eu prefiro tratá-las como um *continuum* determinado (e

---

[73] Lukács, *History and Class Consciousness: Studies in Marxist Dialectics*, 299.
[74] Kolakowski, *Toward a Marxist Humanism*, 171.
[75] Dunayevskaya, *Marxism and Freedom: From 1776 until Today*, 287.
[76] Freire, *Pedagogia Do Oprimido*, 145; 151.

interrompido) de acordo com a natureza organizativa e sua direção política comum (como embutida em um horizonte ou utopia).

A revolução é a marca de um tipo específico de utopia, então o que é revolucionário requer também um tipo particular de esforço que é guiado pela necessidade revolucionária.

O que é contra-hegemônico[77] é importante porque pode causar danos efetivos contra o *status quo*; no entanto, somente a contra-hegemonia não torna uma política radical. Vista como enfrentamentos pontuais, o contra-hegemônico é facilmente desmontado na renovação hegemônica da ordem, é colocado fora da necessidade revolucionária, ou seja, foram do *continuum*.

O risco de reversão enfrentado devido à renovação hegemônica é mais forte (e contrarrevolucionário).

Isso significa que nem sempre o que é contra-hegemônico é necessariamente radical. Por exemplo, uma política de resistência se contrapõe ao sistema, muitas vezes por necessidade, mas não necessariamente se estabelece para a ruptura e a transformação desse sistema.

Nesse caso, a resistência é contra-hegemônica, mas o elemento radical só se agrega a partir de organização e programa.

O que é radical incluirá o contra-hegemônico, como é o caso do anticapitalismo (e o antissistêmico), mas o seu fator radical está no aspecto organizativo: organizar a indignação, organizar a resistência, e assim pautar novas hegemonias. A perspectiva pode ser revolucionária ou reformista, mas será radical desde que seja movida por utopias concretas.

Por isso mesmo, tudo que é revolucionário é radical, mas nem tudo que é radical é revolucionário. Isso quer dizer que o que é revolucionário também é radical e vai além do contra-hegemônico; o que é radical tende a incluir o contra-hegemônico, mas não necessariamente o revolucionário; e o que é contra-hegemônico pode fazer parte de políticas radicais e até mesmo moderadas.

---

[77] O contra-hegemônico conecta o radical e o revolucionário. Apesar de Gramsci ter sido o principal responsável pela elaboração do conceito de hegemonia, ele não propôs a existência de uma contra-hegemonia em seus próprios escritos. Acredito que isso se deva aos limites temporais da contra-hegemonia, quando a hegemonia já está em constante renovação. A resposta à hegemonia, portanto, deve ser uma nova hegemonia. A contra-hegemonia, então, desempenha um papel temporário ao enfatizar a importância da primeira negação e está bem estabelecida em contextos de resistência.

No caso da esquerda, a moderada e a radical trabalham com políticas contra-hegemônicas, apesar dos governos petistas da esquerda moderada terem tentado conciliar com a hegemonia – já a centro-esquerda trabalha totalmente dentro da ordem, mesmo promovendo políticas importantes e consideradas progressistas.

O que separa a esquerda moderada da radical, nesse sentido, é a orientação no *continuum*: enquanto a esquerda radical organiza em cima da contra-hegemonia, a esquerda moderada ainda busca conciliações entre as resistências e as necessidades do *status quo*.

A contra-hegemonia pautada pela esquerda moderada é pontual e visa resistências específicas, e não a organização de ruptura. A ruptura pode até ser desejada pelos moderados, mas não está no horizonte como está para a esquerda radical. É a perspectiva de ruptura que separa a política moderada da radical, respondendo à pergunta: o que fazer com a luta contra-hegemônica?

Vale dizer que a promoção singular da contra-hegemonia sem a construção de uma alternativa de longo prazo pode transformar o radical em uma espécie de radicalismo que favorece uma política defensiva e reformista.[78]

O desejável, então, é o radical orientado para um movimento revolucionário, o qual, por seu turno, emprega táticas hegemônicas para erradicar e abolir o sistema de opressão. Na práxis de esquerda, uma política radical deve fazer parte de um horizonte revolucionário, especialmente no que tange à politização e despolitização num processo de organização.

---

[78] John D. Holst, *Social Movements, Civil Society, and Radical Adult Education*, 1st ed. (Westport: Bergin & Garvey, 2002), 67.

CAPÍTULO 2   A PRÁXIS DA ESQUERDA

A esquerda não tem medo da história. Ela acredita na flexibilidade das relações sociais e da natureza humana – na possibilidade de modificá-las. (Kolakowski) [79]

Qualquer tentativa de homogeneizar completamente a esquerda fracassa assim que a história e a diversidade de atitudes, posições e ideologias encontradas entre aqueles que se identificam com uma determinada "esquerda" são consideradas. De certa forma, se pode dizer que existem muitas "esquerdas" e que elas estão em relação com uma "característica de esquerda" geral.

Apesar da tendência autoproclamatória ser relativamente comum no Brasil e no mundo, mesmo um movimento político organizado não pode afirmar, além da agitação, ser "a Esquerda." Até o mais vanguardista e autoproclamado revolucionário vai se decepcionar, em algum momento, com os seus por enxergar neles posições e comportamentos mais ou menos à esquerda, de acordo com os parâmetros que escolheu. [80]

Então, para se manter uma objetividade na análise, minha escolha foi entender a esquerda como múltipla e enxergar a radicalidade, a qual define o objetivo deste livro – para além da dicotomia entre reformista e revolucionário que tanto marca, e até aprisiona, as análises sobre a esquerda brasileira diante das ambiguidades do PT e de seus governos.

Em termos diretos, a análise deste livro trata da esquerda como um espectro com caminhos tortuosos que rumam, ou não, à revolução. A esquerda radical ganha destaque não por ser revolucionária por definição, mas porque o tensionamento geral radical abre espaço para uma esquerda revolucionária além do autoelogio, e sim por ser uma construção dedicada que paute e trace o horizonte revolucionário (enfoque o trabalho árduo de traçá-lo).

Por isso, nessa qualificação, estou bem menos preocupada com a autoidentificação de cada organização – francamente motivadas, também, por orgulho e melancolia na disputa fragmentária – e mais para o conjunto da práxis (teoria e prática em dialética) como observadas

---

[79] Kolakowski, *Toward a Marxist Humanism*, 76.
[80] Kolakowski, 77.

com toda etnografia e pesquisa-militante que deram origem a este trabalho. O que proponho é: Tudo que é radical é de esquerda.

Nem tudo que é de esquerda é radical. Tudo que é revolucionário é, por natureza, também radical. Nem tudo que é radical é necessariamente revolucionário – e aqui está a minha proposição de que até organizações de pauta reformista podem compor o radical se orientadas para uma construção coletiva e de contraponto constante à ordem.

O radical mantém a utopia viva – seja por métodos revolucionários, seja por reformistas. É por isso que o Partido dos Trabalhadores não se encaixa no espectro da esquerda radical – não pelo seu reformismo, mas pelo seu fechamento à possibilidade de alternativas à ordem.

Isso ficou bem evidente nos seus discursos quando governo, mas também posteriormente, como em entrevistas de Lula afirmando categoricamente que teria sido impossível fazer mais do que ele fez ou de forma diferente.

É como se Lula se referisse à esquerda que fez oposição aos governos petistas como "utópica" – todavia, no sentido pejorativo e vulgar frequentemente empregado pela direita, e não no sentido elogioso e desejável que empregamos na discussão de práxis revolucionária.

Com base nisso, entendo que o Partido Socialismo e Liberdade, com toda sua fragmentação interna e caráter reformista (apesar de organizações internas ditas revolucionárias), configura-se (ainda) como esquerda radical.

Ali ainda se pautam alternativas, e não cabe a mim aprová-las ou reprová-las, mas analisar como esse posicionamento expande a esquerda em vez de fechá-la. Tais leituras são conjunturais e não se aplicam ao PT quando de sua fundação, tampouco ao que poderá vir a ser o PSOL dos próximos anos.

As tarefas intelectuais de análise de esquerda vez ou outra flertam com a futurologia, mas esse é um caminho que não pretendo trilhar aqui.

É importante também mencionar que, no que tange a este livro, o objeto central é a esquerda organizada, especialmente em termos de orientação de classe: a esquerda que se dobra ao capital por não mais enxergar nada além dele, a esquerda que se opõe ao capital, a esquerda que constrói, efetivamente, o enfrentamento ao capital e, por que não, a esquerda que brada oposição ao capital, mas espera que a revolução venha até ela, e não o contrário.

O que excluo do escopo é a esquerda que simplesmente não se dobra ao capital, mas transita de mãos dadas com ele na prática e no discurso. Essa centro-esquerda internaliza suas contradições e não cogita projeto além delas, enquanto a esquerda moderada negocia suas contradições de modo a garantir vitórias limitadas e esparsas para o interesse popular.

A primeira já é submetida ao capital, a segunda se submete na expectativa de negociar um acordo – porém, faria melhor se admitisse que mais perde do que ganha nas negociações.

Essa conversa é importante para destacar que os atores da esquerda podem trabalhar de forma coesa assim como podem estar em conflito uns com os outros. Não há nada mais distante da realidade do que as caricaturas despolitizadas, pintadas pela direita, de uma esquerda não somente homogênea no Brasil, mas também completamente comunista!

Talvez se pareçam, apenas, com as caricaturas que a esquerda também faz da direita, a qual, apesar de mais coesa em sua defesa dos interesses burgueses que a esquerda quanto a alternativas, também se fragmenta, em certo grau, ideológica e metodologicamente.

A fragmentação da esquerda é algo sério e crônico, e não pode ser resumida, de modo algum, à mera quantidade de organizações de esquerda, assim como uma frente eleitoral única não pode ser tomada como símbolo de unidade, tal qual a natureza provisória e efêmera de frentes, especialmente as formadas por necessidade de defesa.

Na esquerda fragmentada, a diferença entre períodos de conflito e diálogo é mediada por padrões de organização que ditam a relação entre teoria e prática em relação à consciência das pessoas.

A organização de esquerda diz respeito à sua função – e responsabilidade – política de representar e existir como expressão dos interesses da classe trabalhadora, a qual tende a maior êxito prático quanto maior for a composição dessa classe em sua base.[81]

---

[81] Isso não significa que o grupo ou partido deva excluir de suas fileiras membros da pequena-burguesia, por exemplo, mas incluí-los em uma política de representação autêntica da classe trabalhadora. Afinal, no combate ao que chamo de "identitarismo liberal" – aquele tão criticado na esquerda que chega até confundir pautas materiais contra a opressão com suas versões liberais – é importante frisar que não basta que uma organização tenha uma base popular se as políticas tocadas não representam os melhores interesses da classe trabalhadora. Em outras palavras, é possível que um líder operário represente interesses da burguesia e é isso que faz da sua política moderada, da ordem. Combatamos aqui todos os essencialismos

A organização não compreende apenas estruturas hierárquicas (ou não) de liderança, embora elas, certamente, existam de formas complexas e importem no nexo entre partidos políticos, movimentos sociais, grupos de justiça social de base e aqueles que afirmam representar.

A teoria, também, pode orientar a prática dialeticamente ou determinar a prática dogmaticamente. Essa distinção na aplicação teórica afeta dramaticamente a maneira como as diferentes organizações de esquerda se relacionam entre si.

O sujeito da esquerda é a classe trabalhadora. O quanto uma organização de esquerda incorpora e assume esse sujeito na centralidade de sua práxis vai determinar sua posição como esquerda moderada ou radical.

E por classe trabalhadora é importante qualificar que parto da premissa de que as relações capitalistas de exploração, na apropriação da função humana básica do trabalho em estados de alienação e reificação, informam também várias outras formas de opressão – as quais estão embutidas nas relações de gênero, raciais e coloniais, dentre outras, e que elas ainda tomam formas distintas e até mesmo independentes em seu desenvolvimento.

É isso que permite que uma mulher burguesa seja vítima de machismo, mas estabelece que o combate ao patriarcado, tal como opera hoje, só é realmente efetivo a partir do desmantelamento da estrutura capitalista que ajuda na sustentação das estruturas patriarcais.[82]

Trata-se de superar teorias que concebem sistemas separados, e fazê-lo principalmente por compreender a análise de Marx, desde, principalmente, os *Manuscritos Econômico-Filosóficos de Paris*, do capitalismo como desumanização e do comunismo como a superação

---

então: tanto os que atribuem erroneamente uma autoridade epistemológica cega a vozes de certas identidades, quanto os que o fazem com populismo ou manipulação preguiçosa das pautas de senso comum que crescem na base trabalhadora quando a esquerda se abstém das tarefas de politização.

[82] O que não quer dizer que basta combater o capitalismo que o patriarcado, que a supremacia branca racial, e tantas outras estruturas que estratificam a sociedade em formas diferentes de dominação, todavia juntas, serão eliminadas. Significa que a luta contra o patriarcado passa necessariamente contra o capitalismo e que a luta contra o capitalismo só contemplará realmente a totalidade das relações sustentadas pelo capital se também combater as estruturais patriarcais que se articulam de forma entrelaçada à exploração capitalista.

dessa lógica. Ao sujeito da esquerda é imposta a desumanização, diversa como é e aplicada como controle e exploração de corpos no decorrer da história.

Também é por conta dessa questão do sujeito da esquerda é que excluo deste estudo aquelas organizações normalmente reconhecidas como de centro-esquerda ou do centro progressista.

Apesar de não duvidar de que dentro dessas organizações existam indivíduos e subgrupos de esquerda (assim como confio que haja comunistas no PT), quando o assunto é práxis, partidos como o PDT e suas principais figuras públicas não buscam mais uma identificação com a classe trabalhadora como sujeito, algo que o PT, apesar da estratégia de conciliação de classes lulista, ainda promove e constrói (mesmo que mais enfraquecidamente).

Não nego que o PDT se encaixe na esquerda, ainda mais o trabalhismo histórico. Todavia, não se encaixa na esquerda que convém à análise do livro.

Quanto à Rede Sustentabilidade,[83] convido os leitores a acompanhar as análises posteriores sobre pós-política de modo a compreender a dificuldade que tantos encontram em classificar o partido, e sua principal liderança, Marina Silva, como esquerda ou direta.

Outras organizações menores podem ser discutidas de passagem no decorrer das análises, mas tenho confiança de que o leitor poderá inferir suas próprias conclusões a partir do paradigma que é posto.

Fato é que trato de esquerda nas suas espécies moderada e radical, pois ambas têm o dever de se posicionar, quanto a uma característica

---

[83] A Rede Sustentabilidade é um partido idealizado pela ex-senadora e ex-candidata à presidência, Marina Silva. Marina passou a maior parte de sua carreira política no PT, depois migrou para o Partido Verde (PV) após desentendimentos com o partido sobre política ambiental e a repercussão de escândalos de corrupção relacionados ao PT. Em 2014, ela foi candidata presidencial pelo Partido Socialista Brasileiro (PSB), enquanto esperava que a Rede fosse legalizada como uma plataforma eleitoral. Enquanto alguns membros da Rede se identificam como esquerda, incluindo representantes eleitos, a plataforma geral do partido gira em torno da gestão do capitalismo através da sustentabilidade, governabilidade e princípios gerais social-democratas. Deve-se notar que, apesar de portar um nome socialista, o PSB é conhecido por promover a política neoliberal e, muitas vezes, se aliou à oposição de direita durante os governos do PT, sendo popularmente definido como centro ou até mesmo centro-direita.

genérica, a de antítese da totalidade capitalista e de todas as formas de opressão que prosperam dentro – e através – de tal ambiente explorador.

Em outras palavras, com a característica de esquerda que é dada de acordo com "o movimento real que abole o presente estado de coisas".[84] Justamente por isso, todo o debate sobre a esquerda feito aqui passa pelo marxismo e sua contemplação e emprego como filosofia da práxis.

Não que a esquerda brasileira não esteja sujeita também aos "pós--ismos" (como chamarei), mas porque, quando a esquerda moderada e a radical se submetem aos "pós-ismos" – seja por vontade de se reinventar, seja por abandono do materialismo histórico como método orientador da tática e da estratégia –, ela corre o risco de estagnação e de retrocessos em sua construção.

Assim é a dita esquerda moderna que enxergo capaz de enfrentar os desafios do capitalismo para superá-lo, em um movimento que exige a análise concreta de fatos concretos.

CONFLITOS COM A ESQUERDA PÓS-MODERNA

As tendências para o pós-modernismo, pós-marxismo e pós-capitalismo se tornaram uma subcultura tanto acadêmica quanto política. David Harvey fala dessa subcultura como a prevalência do "pós", apesar da incapacidade do debate de definir o "pré", e que isso está frequentemente ligado à resistência recente em falar sobre Marx e marxismo em certos círculos radicais.[85]

O marxismo é tido como superado devido a interpretações rasas acerca de um determinismo histórico ou supostas lacunas de análise que ignoram que ele é vivo, pois trata da aplicação de seu método, o materialismo histórico.

O pós-modernismo tende a ganhar *status* na intelectualidade de esquerda, mas também nas demandas referentes a identidades além da classe, em parte devido à sua aparência revigorante em momentos de melancolia e/ou estagnação da esquerda. O pós-modernismo francês, em particular, surgiu numa época de forte desilusão com os principais

---

[84] Karl Marx and Friedrich Engels, *The German Ideology* (Amherst: Prometheus Books, 1998), 57.

[85] David Harvey, *Spaces of Hope* (Berkeley: University of California Press, 2000).

locais de resistência por parte dos atores marginalizados envolvidos na política radical.[86]

Em seus primeiros períodos, os pós-ismos parecem estimular o debate radical. Argumentos que ressoam com o pós-capitalismo e o pós-estruturalismo têm circulado amplamente no Brasil após o consenso de que as estruturas atuais de representação não estão incorporando as lutas populares em caminhos de ação – um problema de interesse especial para os partidos políticos, como explorarei mais tarde.

Antes que uma crise de representação seja finalmente tomada pelos elementos da pós-política e da ultrapolítica em uma conjuntura, é comum que ela seja usada como evidência para a necessidade de visões pós-marxistas e pós-modernas na esquerda – visões estas que podem contribuir para empoderar a pós-política e ultrapolítica.

Em vez de radicalizar a organização política, os grupos que rejeitam a política organizacional marxista e o capitalismo, ao mesmo tempo, optam por promover a resistência e a luta através da reconceituação do discurso, em vez de fazê-lo pela transformação.

Os pós-ismos tendem a permanecer empolgantes até o esgotamento material de suas formulações, porque se apresentam como a maneira perfeita de abordar uma melancolia de esquerda sustentada pela culpa e pelo derrotismo.[87]

Esse foi o caso de uma das campanhas contra a Copa do Mundo da FIFA de 2014, que afirmou "Não vai ter Copa!". Eventualmente, a negação se fez mais importante na resistência que a articulação da Copa do Mundo como local de conflito. O "Não vai ter Copa!" não articulava uma alternativa de organização, mas se manteve atraente, até certo ponto, pelo potencial de confronto discursivo da palavra de ordem.

Como realmente teve Copa, essa linha do movimento perdeu sua capacidade de mobilização. Isso foi diferente da movimentação do "Copa pra quem?", que vinha sendo articulado por comitês populares da Copa mesmo antes de 2013. Essa articulação, apesar de ter sofrido com a desmobilização geral vista durante o evento, muito devido ao medo da repressão que crescia nos últimos meses, conseguiu um certo acúmulo e pôde realizar diagnósticos que foram publicados posteriormente em um dossiê.

---

[86] Barbara Epstein, "Postmodernism and the Left", *New Politics* 6, no. 2 (1997).

[87] Jodi Dean, *The Communist Horizon* (London: Verso, 2012), 170.

É no foco dos processos e verdades múltiplas do "pós" que está a excitação; é um apelo vago, mas esperançoso, para a solução de um problema que se alinha com o pessimismo teórico.

Para Harvey, essa transformação no pensamento se assemelha à afirmação de Gramsci sobre "o pessimismo da razão e o otimismo da vontade", ponto com o qual discordo de Harvey, afinal, diferente de Gramsci, os "pós" negam a tensão produtiva e dialética entre o intelecto pessimista e a ação otimista.[88]

No pós-marxismo, o otimismo é reduzido a múltiplas celebrações do particular justamente pela carência, e desistência, da análise e disputa daquilo que é universal.

Ocorre que, uma vez que as celebrações otimistas carecem de substância pela falta de direção adequada para a vontade, elas não vão muito longe em fornecer soluções abrangentes para os problemas que a esquerda deveria resolver, e, assim, o pessimismo prevalece.

Quando alguém resiste apenas por resistir, o mérito não está mais na superação, mas na celebração do ato particular de resistência.

Parte disso se dá no fetiche do espetáculo pela esquerda. Muito se diz de "fazer política nas ruas", e, principalmente, desde Junho de 2013, manifestações são tratadas como ápice do fazer político. Isso trouxe à esquerda uma rotina de manifestações que ocorrem simplesmente para ocupar as ruas, sem intuito político concreto ou objetivo alcançável de imediato.

Essa prática parte de um deslocamento em que a manifestação é vista tanto como um começo quanto como um fim político, quando, na verdade, é um meio. Isso foi muito vivenciado nos últimos anos, com poucas manifestações trazendo o resultado desejado pela esquerda, ainda mais sob sua carência de trabalho de base.

Seria importante considerar que talvez a política não se faça nas ruas, mas sim no cotidiano. As ruas deveriam apenas expressar elementos concretos do cotidiano a partir da organização do povo, especialmente sob objetivos claros.

A rua é meio, raramente é fim, quase nunca é começo. Quando algo começa nas ruas, ainda mais de forma espontânea, o começo tende a marcar novas conjunturas. Foi o caso de Junho no Brasil, de Gezi na Turquia, de *Occupy* nos Estados Unidos e de Tahrir no Egito.

---

[88] Harvey, *Spaces of Hope*.

Escapar da lógica da rua como processo que substitui a tarefa de organização é essencial para evitar celebrações do particular que se distanciam dos objetivos coletivos e políticos concretos em uma conjuntura.

FETICHES E DEMOCRACIA

Atualmente, o Brasil vive um momento delicado e perigoso. Durante o maior período de pesquisa para este livro, a situação era de crise de práxis e crise política (características do interregno do qual tratarei em breve), mas, ao final, nos deparamos com o crescimento do fascismo.

O fascismo atual no Brasil não se caracteriza apenas pela figura e pelos discursos de Jair Bolsonaro, presidente eleito em 2018, mas pelo movimento nacionalista, chauvinista, autoritário, capitalista e violento.

Esse cenário nos obriga a fazer demandas de garantia da democracia liberal (e burguesa), mesmo sabendo que ela é insuficiente para construir alternativas emancipatórias que atendam ao poder popular.

O problema, todavia, é que, mesmo quando não havia tal ameaça, a esquerda brasileira se adequou muito facilmente à lógica de uma política progressista nos moldes de inclusão política na democracia liberal.

Esse contentamento se juntou a um recuo nas pautas econômicas de classe e que transformou as disputas entre esquerda e direita no Brasil em meras diferenças de oposição, em vez de embasadas no antagonismo material de projetos de sociedade diametralmente opostos.

Ironicamente, o resultado de se contentar com a democracia liberal como horizonte é justamente lidar com o contra-ataque da direita antidemocrática, a ponto de ser necessário defender a democracia liberal como garantia mínima de liberdade política e de oposição.

Aqui eu trato do problema original do foco na democracia liberal e nos processos, embora posteriormente, especialmente na discussão sobre o golpe e a ultrapolítica, foque especificamente na necessidade de demandas democráticas no combate ao fascismo.

No que tange à crise de representação, especialmente a deflagrada em 2013, houve um crescente interesse no processo e no formato de decisões que obscureceu a importância da conexão entre a política radical e a política revolucionária na esquerda.

Impulsionada pelas tendências da política pós-moderna, pós-marxista e pós-capitalista, a esquerda radical despertou uma série de fetiches, e destaco o fetiche com a democracia pura.

Trata-se do apego à possibilidade de democracia real e aprofundada sob o capitalismo, como se a radicalização da democracia fosse capaz de substituir o trabalho de organização política rumo à ruptura total.

Isso tende a ocorrer justamente em períodos em que coincidem o fechamento de vias de atuação democrática pela direita (no poder) e o déficit organizacional da esquerda para a formação de alternativas reais.

Passa-se a acreditar, então, que uma política democrática superior é o que abrirá as portas para o poder popular em tempos de baixa organicidade da esquerda na classe trabalhadora. A democracia se torna a personificação ideal da política radical.

Então, não se vê a democracia como consequência da criação de poder popular, e sim o contrário, reduzindo o poder popular ao mero resultado de métodos e instâncias inovadoras de consulta e decisão no processo democrático.

O fetiche implica no reconhecimento de que vivemos sob uma democracia limitada e autocrática, como colocou Florestan Fernandes, mas peca por enxergar a democracia ampliada como *forma* de restauração, e não como necessariamente *conteúdo* de instauração democrática que é informado pela ruptura estrutural que se faz presente no horizonte da democracia socialista.

Isso parece ser comum em um grupo que Bruno Bosteels chama de "esquerda especulativa", que se equivoca ao atribuir à democracia liberal e às noções contemporâneas de sociedade democrática uma visão intrínseca de radicalidade[89].

Tal processo também pode ser o caso das lutas contra as ofensivas de direita e/ou fascistas semelhantes às experimentadas nos movimentos de *impeachment* no Brasil após as eleições de 2014 e na conexão entre o antipetismo e o fenômeno antiesquerda cada vez mais evidente em 2018.

São esses os momentos em que a esquerda moderada se mobiliza em nome da democracia, todavia não o faz radicalmente por meio do uso do antagonismo de classes.

---

[89] Bruno Bosteels, "The Speculative Left," *The South Atlantic Quaterly* 104, no. 4 (2005): 752.

Por consequência da posição defensiva de toda a esquerda na conjuntura pós-golpe, o discurso sobre a democracia apela à sua restauração, como mencionei há pouco, o que cria a falsa ilusão de que vivíamos em uma democracia real antes do golpe ou que a crise de representação nasce em 2013, em vez de ter emergido em 2013.

Aqui é importante tratar de dois elementos. O primeiro corresponde às paixões desenvolvidas especialmente após Junho de 2013 e as mazelas da crise de representação, e a métodos de aperfeiçoamento da democracia e como estes poderiam aproximar a esquerda do povo novamente.

O segundo trata da dificuldade da esquerda em defender a democracia, mesmo nos seus limites liberais, como uma garantia diante do ladrar fascista sem cercar seus próprios horizontes revolucionários.

Quanto ao primeiro quesito, vale mencionar como o filósofo Slavoj Žižek[90] trata do "fetichismo da democracia", que também denomina como "fundamentalismo democrático"[91]. O fetichismo da democracia (e da política deliberativa) faz da democracia não uma estrutura maleável que coexiste facilmente com o capitalismo, mas um agente político capaz de substituir a falha e/ou rejeitada agência política da esquerda.

Se as pessoas rejeitam a esquerda como representante, talvez possam se orientar pela democracia; se as ideias de esquerda não estão em voga, melhor pautá-las então como democráticas. E a partir disso se postula que as formas e métodos de uma democracia aprofundada contêm a resposta para a questão de como realizar nossos objetivos.[92]

---

[90] N. de E.: Slavoj Žižek (Liubliana, Eslovênia, ex-Iugoslávia, 1949) é um filósofo, sociólogo e intelectual público esloveno, nascido ainda sob a existência da Iugoslávia socialista, mundialmente conhecido por suas incansáveis, bem-humoradas e ácidas intervenções midiáticas sobre temas como política e cultura pop, além de inúmeros livros publicados em incontáveis países. Žižek se aventurou, ainda como estudante de filosofia nos anos 1960, no estudo e tradução dos estruturalistas e pós-estruturalistas franceses daquela época. Ao mesmo tempo, ele seguiu a particular leitura de Božidar Debenjak, seu compatriota e mentor intelectual, buscando compreender Marx sob o prisma do Hegel da *Fenomenologia do Espírito*. Igualmente, Žižek avança sob o campo da psicanálise pela trilha de Jacques Lacan e aplica isso ao campo da política.

[91] Jodi Dean, "Žižek against Democracy," *Law, Culture and the Humanities* 1, no. 2 (May 1, 2005): 154–77; Slavoj Žižek, *Welcome to the Desert of the Real* (London: Verso, 2002).

[92] Jodi Dean, Democracy and Other Neoliberal Fantasies: Communicative Capitalism and

As decisões recebem importância de acordo com o processo que as produziu, em vez de seu conteúdo e valor pedagógico. O resultado é preocupante, pois o que poderia ser o desenvolvimento material de uma democracia plena pautada pelo poder popular (povo empoderado coletivamente, politizado e organizado por si e para si) acaba se esvaziando.

O que poderia realmente ser capaz de contrapor os avanços da direita não democrática – e os ataques fascistas – se reduz a processos, plataformas, métodos decisórios que embora inovadores terminam na formação de coletivos sem coletividade orgânica.

Por exemplo, vejamos a celebração do processo radical de orçamento participativo em vários municípios, um processo nativo no Brasil, e como ilustra bem esse problema no contexto do localismo.

O exemplo é importante por também abrir uma janela para entender porque o Partido dos Trabalhadores recentemente perdeu terreno em algumas das cidades "progressistas" onde havia introduzido o processo.

O inovador método tem bons resultados enquanto a consciência coletiva dos participantes está orientada para a justiça social e a esquerda prossegue com seu trabalho organizativo. Todavia, encontram-se vários desafios.

Um consiste no fato de a legitimidade desses resultados vir do processo e não exatamente da política popular sendo pautada, o outro, de como a centralidade do processo delimita questionamentos e cresce como substituto de instâncias de vivência democrática além da institucionalidade.

Mesmo que não seja intencional, forma e conteúdo colapsam um no outro. Por consequência, processos radicais são substituídos por um radicalismo do método, de modo que decisões e alocações que não contemplam a política progressista, redistributiva, baseada em direitos sociais para todos, podem acabar legitimadas simplesmente porque o método é coletivo.

Os laços entre o radicalismo e o pós-modernismo são fortes em momentos em que a política se torna "cada vez mais uma questão de gestos ou proclamações" [93]. No caso do radicalismo de comemoração em torno de uma democracia participativa pluralista, as políticas radicais são reduzidas ao processo e à metodologia.

A agência do povo só é considerada secundariamente e em relação à forma como é concedida pela agência global do processo. Não

---

Left Politics (Durham: Duke University Press, 2009), 78.
[93] Epstein, "Postmodernism and the Left".

surpreende que muitos atores de esquerda, frustrados com o pouco trabalho de base, tratem dos métodos de inovação democrática como se fossem solucionar a ausência desse trabalho, e não o engajamento direto com a base que se deseja com o intuito de desenvolver a consciência de classe.

Mais preocupante ainda que alguns suponham que falar de democracia basta, como se o povo associasse diretamente o entendimento de democracia com o poder popular, e não com a visão padrão e republicana.

Tal argumento se aflora em obras recentes de autores como Boaventura Sousa Santos, o qual se autossitua no debate marxista, mas é criticado por posições antimarxistas, pós-marxistas, e/ou leituras errôneas de conceitos fundamentais da visão marxista da realidade.

Sobre essa polêmica com Sousa Santos, posso encaminhar a leitora à crítica travada por José Paulo Netto, especialmente no que diz respeito às leituras de Sousa Santos sobre Marx no livro *Pela mão de Alice*[94].

No mais, o que se vê no trabalho recente do autor e que muito tem influenciado lideranças importantes da esquerda brasileira em movimentos sociais e partidos (como o PT e o PSOL) é um crescente elogio à "democratização da democracia" como solução para a esquerda e a sociedade[95].

Estranhamente, tal elogio passa por entusiasmo com experiências como a do Podemos e a da coalização eleitoral de esquerda em Portugal – que o autor frequentemente equaliza com a noção de unidade de esquerda – ao mesmo tempo que Sousa Santos afirma não existir populismo de esquerda (sem embasar tal afirmação).

Por que estranho? Porque são essas mesmas experiências elogiadas de "democratização da democracia" e "unidade de esquerda" na Europa que se informam pelas vias do populismo laclauniano[96],

---

[94] José Paulo Netto, "Relendo a Teoria Marxista Da História," in *Anais Do IV Seminário Nacional* HISTEDBR, 1998, 74–84.

[95] Boaventura de Sousa Santos, *Esquerdas Do Mundo, Uni-Vos!* (São Paulo: Boitempo Editorial, 2018), 38.

[96] N. de E.: A autora se refere ao populismo segundo a obra do teórico político argentino Ernesto Laclau (Buenos Aires, Argentina, 1935 - Sevilha, Espanha, 2014) e também de sua companheira, a cientista social franco-belga, Chantal Mouffe (Charleroi, Bélgica, 1943), o qual influencia o partido espanhol Podemos e a nova esquerda radical francesa, a France

criticado por mim mais adiante por se tratar do populismo como estratégia e não como tática.[97]

O interessante é que a mesma crítica parece se encaixar no fetiche da democracia promovido por Sousa Santos e a esquerda, já que a democracia passa a ser estratégia e não tática fundamental para a construção do poder popular, este sim se alinhando aos objetivos estratégicos de uma sociedade radicalmente diferente e não apenas melhorada.

É por isso que quando a direita avança sobre a democracia liberal, a ponto de nos questionarmos se existe realmente uma direita democrática no Brasil, ainda mais uma disposta a se contrapor ao fascismo em vez de negociar ganhos caso o fascismo avance, a esquerda não tem tido sucesso em defender a democracia.

Parte disso se deve a suposições equivocadas de que o povo brasileiro entende por democracia o mesmo que a esquerda, e que as memórias da recente ditadura militar são as mesmas para quase toda a população.

A questão da ditadura, por exemplo, paira por conta da insuficiência de um projeto de verdade e reconciliação para que todo o povo viesse a conhecer o que realmente ocorreu no período da ditadura militar a ponto de não ceder às mensagens do oligopólio midiático que molda muito da memória popular acerca de qualquer coisa.

Outra parte se deve à falta de análises que tratem de como o discurso do antipetismo atrelado ao combate moralista à corrupção faz com que a população não se indigne automaticamente com violações democráticas.

Outra, ainda, corresponde ao impacto da despolitização e desmobilização promovida pelos próprios governos petistas quanto ao significado e experiência de democracia pelo povo, de modo que termos

---

Insubmisse, o que representa tanto uma alternativa que tem sido aplicada como, ainda, uma enorme celeuma no interior do pensamento político contemporâneo como a Autora exporá mais adiante.

[97] Ao contrário de Boaventura Sousa Santos que exclamou sobre a impropriedade de se considerar a existência de um populismo de esquerda (todavia sem demais elaborações que justifiquem tal exclusão conceitual), argumento não somente que há populismo de esquerda, mas também que ele não é algo ruim. Não há necessidade de se defender das acusações da direita sobre o populismo de esquerda se, quando aplicado como tática, o populismo não é um defeito: talvez uma forma de apoiar pautas de grande apelo popular, desde que estas sejam compatíveis com os objetivos e princípios políticos da esquerda além de abordadas de forma politizada.

como "democracia radical" e "aprofundamento da democracia" não tenham as referências materiais necessárias para despertar significados fortes no imaginário popular.

Há também o apego em denunciar o sistema e sua exploração como essencialmente não democráticos, quando é completamente possível que o capitalismo empregue suas várias versões de democracia para perpetuar a si mesmo e a exploração.

As armas de denúncia ao sistema acabam moldadas pela dicotomia entre muita democracia e pouca democracia, quando deveriam ser o anticapitalismo, o socialismo e o comunismo a dar significado ideológico à disputa por democracia – o que é importante até mesmo para atrelar um ao outro e evitar que experiências socialistas sejam menos exploradoras porém pouco democráticas.

E, por fim, a esquerda incorre no erro de atrelar todo esse aspecto do discurso na luta contra o fascismo à mobilização, na prática, pelo aspecto processual da democracia criticado até então.

Sob tempos normais (ou seja, sem uma crescente ameaça/levante fascista), o forte enfoque na democracia liberal como horizonte é, geralmente, acompanhado por tendências voluntaristas e autonomistas.

A política "pós-capitalista" ou orientada para tal processo tendem a se concentrar em, apenas, rearranjar as facetas da sociedade e nossas vidas sem o capitalismo, como se seu domínio fosse superado nesses círculos, negligenciando que todos os outros aspectos da atividade humana ainda são determinados pela lógica do capital.

O trabalho de JK Gibson-Graham visa promover uma política pós-capitalista, pois pressupõe que é possível ter modos de pensar (que se traduziriam naturalmente em prática) sobre a economia sem os assuntos "confusos" da luta anticapitalista definida pela classe e o desenvolvimento de uma política revolucionária.[98]

Embora seja importante considerar a micropolítica, o *insight* que ela oferece à resistência local seria mais bem compreendido em termos dos espaços desiguais de reificação (espaços nos quais a esperança é possível, como Harvey se expressaria) que brotam da diversidade e das diferenças em nossa sociedade quanto às nossas experiências em relação ao capital.[99]

---

[98] J.K.Gibson-Graham, *Postcapitalist Politics* (Minneapolis: University of Minessota Press, 2006).

[99] Justin Paulson, "The Uneven Development of Radical Imagination" *Affinities: A Journal of Radical Theory, Culture, and Action* 4, no. 2 (2010): 33.

Leituras localistas mesmo de lutas, a priori, locais padecem de um defeito grave: ao imbuírem ao local particular uma capacidade extraordinária, ou elas ignoram o tamanho da luta, ou desvaloriza que as políticas radicais em nível local ainda estão sujeitas a contrarreações e à renovação hegemônica nas escalas macro e global.

A proposta de Gibson-Graham de "trazer o desejo à linguagem" como uma forma de resistência ilustra os fundamentos frouxos do empoderamento através da afirmação,[100] pois incorpora o conjunto de proclamações destacadas da materialidade da luta que Epstein destacou como uma ligação do pós-modernismo ao radicalismo.

Seria tolo ignorar os benefícios de uma prática *prefigurativa* que tende a seguir essas inclinações, pois tais empreendimentos podem ser exercícios de imaginação radical e experimentação para uma alternativa real que, além de tudo, promove benefícios materiais reais a um círculo de pessoas na escala local.

A prefiguração pode ser pedagógica e contribuir para a práxis. No entanto, o autonomismo se limita perigosamente em razão da crença pragmatista pós-moderna, segundo a qual podemos lutar contra o capitalismo um dia de cada vez, fingindo que ele não está ali[101]. Isso se deve à ausência de organização de um projeto coletivo, por parte do autonomismo, o qual busque eliminar positivamente o capitalismo por meio de um movimento real de esquerda

Declarações como as que afirmam ser possível mudar mundo sem tomar o poder são, por seu turno, limitadas por uma visão da mudança social como a "socialidade consciente e confiante do fluxo do fazer" defendida por John Holloway[102].

Tal perspectiva emana da celebração do processo que permite conceber, ingenuamente, "a busca de esperança na própria natureza do capitalismo e em seu 'poder ubíquo [ou pluriforme]', ao qual se opõe uma 'resistência ubíqua [ou pluriforme]', como uma resposta apropriada".[103]

---

[100] J. K. Gibson-Graham, "An Ethics of the Local," *Rethinking Marxism* 15, no. March 2014 (2003): 70, https://doi.org/10.1080/0893569032000063583.

[101] Peter Mclaren & Nathalia E Jaramillo, *Pedagogy and Praxis in the Age of Empire: Towards a New Humanism* (Rotterdam: Sense Publishers, 2007), 45; Justin Paulson & Rebecca Schein, "Justin Paulson and Rebecca Schein's Response to 'the Left after Politics,'" *Studies in Political Economy*, no. 89 (2012): 134.

[102] Holloway, *Change the World Without Taking Power*, 0:210.

[103] Daniel Bensaïd, "On a Recent Book by John Holloway," *Historical Materialism* 13,

Tal pensamento desarma a esquerda, fazendo alegações de justiça social sobre como cada um de nós escolhe viver nossas vidas em desafio às estruturas que geram a injustiça social sem, no entanto, dar mais atenção ao valor real de se promover a justiça social em grupos fragmentados e ainda dominados por um sistema poderoso maior.

É como a questão do que se consome sob o capitalismo: enquanto visões como a de Holloway se limitam à conscientização do consumo e à criação de pequenas bolhas de produção autônoma, a esquerda socialista deve enxergar que, por mais que o consumo consciente seja importante, será consumo sem exploração somente se eliminarmos essa exploração dos eixos de produção do capital em sua totalidade.

Bolhas locais podem trazer esperança e inspiração, mas não deixam de ser bolhas e, como tais, são frágeis. O papel do socialismo é de construção de hegemonia, e, portanto, é necessário abordar mais que formas, mas também conteúdos, precisamente o do poder: sua tomada, sua destruição, sua reconstrução.

É possível que a esquerda esteja cada vez mais preocupada com a forma como a política é feita, deixando seu conteúdo em segundo plano para ser resolvido depois que o modo de ação for resolvido.

O trabalho dos pós-marxistas Ernesto Laclau e Chantal Mouffe ilustra parte dessa confusão: em seu argumento por uma prática hegemônica democrática imbuída de uma democracia radical pluralista. A aplicação da hegemonia dentro dos limites da prática política e isolada das questões de classe pressupõe que uma "prática democrática da hegemonia" cumpre o papel de contra-hegemonia na contestação da opressão, quase como se essa articulação política já substituísse o poder hegemônico opressivo pela mudança e as regras do jogo[104].

O problema dessa perspectiva é que, enquanto a totalidade capitalista informa e permeia as práticas hegemônicas, nem todas as regras terão mudado, e as questões de acesso e participação promovidas pelo pluralismo serão limitadas.

Essa limitação não é uma preocupação aparente para Laclau e Mouffe, porque sua revolução democrática, concentrada no processo, visa desafiar a subordinação e a desigualdade dentro da estrutura

---

no. 4 (2005): 176.

[104] Laclau & Mouffe, *Hegemony and Socialist Strategy: Towards a Radical Democratic Politics*, 57.

política, em vez da dinâmica da proletarização do capitalismo que rege a estrutura política[105].

Portanto, não surpreende que tentativas posteriores de Mouffe, ao criticar as implicações negativas da democracia deliberativa, acabem sendo capturadas pela noção de política agonística – a qual trata o antagonismo como uma força inerente à democracia, em vez de identificar o antagonismo como fruto das tensões materiais das contradições dos meios de produção da realidade[106].

Isso dá a impressão de que o antagonismo, que os marxistas enxergam no capitalismo como inerente à relação material contraditória entre burguesia e proletariado, nada mais é que a busca pela resolução de conflitos na democracia e não combustível na abolição do sistema que gera tais conflitos e a contradição em si. O conteúdo político, novamente, está subordinado à metodologia democrática desejada.

Há outros temas que não focarei, mas que valem a menção, como a crítica de Holst à apropriação errônea que Laclau e Mouffe fazem do conceito de hegemonia de Gramsci[107]. No que tange ao tema das esquerdas, é preferível gastar mais um parágrafo ao menos na abordagem laclauniana sobre populismo.

Žižek alerta para o risco de um populismo que opera como dublê da institucionalidade da pós-política, ou seja, uma forma de enraizar a negação do antagonismo material como informante das ideologias que afetam a disputa política sob o capital[108].

Em suma, Žižek argumenta que é possível defender o populismo como solução pragmática de curto prazo em algumas situações, mas não como fundamental para a política, especialmente a de esquerda.

O populismo ganha peso por conta de seu apelo radical para a voz do povo, onde a legitimidade daqueles que governam não se baseia no regime político em vigor, qualquer que seja ele, mas na vontade do povo.

Em um contexto em que os regimes democráticos liberais apresentam suas falhas até mesmo quanto às garantias mínimas esperadas de uma democracia, o populismo surge como aparente alternativa legitimada pela maior parte da sociedade.

[105] Laclau & Mouffe, 153.
[106] Chantal Mouffe, *Agonistics: Thinking the World Politically* (London: Verso, 2013).
[107] Holst, *Social Movements, Civil Society, and Radical Adult Education*.
[108] Slavoj Žižek, *In Defense of Lost Causes*. (London: Verso, 2008), 268, https://doi.org/10.1037/h0037882.

Assim, nos parece, na esquerda, impossível denunciar o populismo, já que qual liderança ou intelectual ousaria questionar o empoderamento através da vontade do povo? O problema, porém, não é a localização do poder na vontade do povo, mas o que vem a ser o povo, a relação da esquerda com ele e o que se propõe como alternativa às formas antigas de democracia.

O problema, argumento, está justamente em como o populismo deveria ser ferramenta tática de diálogo com o povo nos momentos em que a democracia liberal lhe falha e proporciona, além do normal da sociedade capitalista, ganhos anormais, provenientes de ataques, para a classe dominante.

Um exemplo é justamente quando, em tempos de crise econômica, a classe dominante se utiliza do aparato estatal para transferir as perdas para os trabalhadores, assegurando para si a maior leva de ganhos possíveis.

É esse o cenário que assolou os Estados Unidos quando o movimento Occupy passou a tomar ruas e praças, e quando os Indignados se levantaram na Espanha. A resposta da esquerda a esses movimentos, em ambos os países, é a mesma: uma dose de populismo.

Todavia, enquanto Bernie Sanders,[109] apesar de seus defeitos, e os

---

[109] N. de E.: Bernard "Bernie" Sanders (Nova Iorque, 1941) é um político e ativista americano, autodeclarado socialista democrático e senador pelo estado de Vermont, além de ser pré-candidato à presidência dos Estados Unidos da América pelo Partido Democrata para as eleições de 2020 – nas prévias democratas para as eleições presidenciais de 2016, protagonizou uma disputa acirrada com a senadora Hillary Clinton, mas acabou sendo derrotado. De todo modo, Sanders surpreendeu os analistas políticos, sendo o primeiro político em mais de cem anos, e certamente o mais competitivo da história de seu país, a pleitear a Casa Branca com um discurso assumidamente socialista. Sanders é judeu tanto por ascendência paterna quanto materna, filho de um imigrante polonês e de uma mãe americana de família polonesa e russa, tendo nascido no Brooklyn em Nova Iorque onde cresceu num lar de classe média baixa. Ele foi estudar na Universidade de Chicago onde se formou em ciência política em 1964, participando ativamente do movimento pelos direitos civis nos anos 1960. Mais tarde, retornou ao seu estado natal até se radicar no Vermont em 1968, tendo iniciado sua carreira política em 1971. Foi prefeito de Burlington, maior cidade do Vermont, de 1981 a 1989, deputado federal entre 1991 e 2007 e senador desde então – sendo um dos senadores americanos mais populares. Sua carreira política se deu na maior parte do tempo como independente, com filiações esporádicas ao Partido Democrata com o qual, no entanto, esteve aliado em diversas situações.

militantes da *Democratic Socialists of America* (DSA) abraçam o populismo como uma tática para lembrar aos 99%, a quase totalidade da sociedade, que eles podem reivindicar direitos sociais contra o 1% das oligarquias globais, Pablo Iglesias[110] e sua turma no Podemos apelam para discursos pós-políticos que casam o populismo como estratégia: novas formas de ouvir o povo são a revolução democrática que é necessária para mudar a realidade.

Nenhuma dessas visões, no entanto, se enquadra no questionamento tradicional socialista das formas de dominação capitalista.

Todavia, Sanders consegue mobilizar quadros de antagonismo com muito mais destreza e acúmulo de organização, como Jeremy Corbyn[111] no Reino Unido, do que o Podemos na Espanha.

---

[110] N. de E.: Pablo Iglesias Turrión (Madrid, 1978) é um cientista político, apresentador televisivo, foi eurodeputado entre 2014 e 2015 e é deputado nas Cortes Gerais, o parlamento espanhol, desde 2015. É fundador e secretário-geral do partido Podemos, o qual surgiu em 2014 no contexto das manifestações que sacudiram a Espanha poucos anos antes. Iglesias ganhou notoriedade na televisão, seja como âncora ou polemista carismático no início da década de 2010, exercendo, no entanto, uma liderança apontada por muitos como personalista em seu partido, que atualmente vive um período de disputas internas, incertezas estratégicas e eleitorais bem como contestações de seus entusiastas. O Podemos atraiu a atenção de ativistas e analistas ao redor de todo mundo, teve uma ascensão meteórica e foi a primeira ameaça, desde a redemocratização espanhola, à hegemonia do Partido Socialista Operário Espanhol (Psoe) no campo da esquerda – o que, no entanto, acabou não se consolidando, com o partido terminando em terceiro lugar nas eleições de 2015 e de 2016 – e quarto lugar nas eleições de 2019, todas elas abaixo dos socialistas com os quais o Podemos poderá cooperar em escala parlamentar.

[111] N. de E.: Jeremy Bernard Corbyn (Chippenham, Reino Unido, 1949) é um político britânico, líder do Partido Trabalhista e, por consequência, da Oposição no Parlamento Britânico desde 2015, onde é deputado pelo distrito eleitoral londrino de Islington North desde 1983, tendo vencido nove eleições ininterruptas. Corbyn se dedicou a uma incessante militância internacionalista no final dos anos 1960, passando pela atuação sindical nos anos 1970, antes de iniciar sua carreira parlamentar, na qual sempre esteve ligado à esquerda do seu partido, tendo sido oposição interna ao New Labour, a ala de terceira via e centrista dos trabalhistas, dos ex-premiês britânicos Tony Blair e Gordon Brown. Ele, igualmente, se declara socialista democrático, ascendendo à liderança do seu partido por força de votação democrática das bases, o que surpreendeu os analistas políticos. Sua ascensão, ironicamente, precede em pouco o redemoinho do Brexit em 2016, referendo mediante o qual os britânicos decidiram abandonar a União Europeia, criando uma enorme crise política ainda não resolvida – e na

Mesmo tendo criado uma mobilização fundada na idéia de "nós contra eles", o Podemos submeteu esse antagonismo à necessidade de ocupar o Estado. Assim, o partido aceitou fazer concessões pragmáticas e, gradualmente, mudou o foco do combate a "eles" não em divisão de renda, mas pelo combate à corrupção que seria a causa das mazelas neoliberais na Espanha[112].

De fato, tal ponto de vista influenciou discursos de lideranças do Podemos no sentido de que não era questão de esquerda contra a direita, mas sim de problemas de atuação da esquerda e da direita no Estado.

Essa conciliação do populismo com a pós-política se traduz no populismo como estratégia – e é a ele tanto o que Žižek se refere em sua crítica original quanto ao que também me refiro, por minha vez, quando aponto para os problemas do populismo como negação de um horizonte de ruptura com a ordem vigente.

As novas formas de comunicar e fazer política são importantes e devem ser consideradas em momentos em que um populismo de esquerda se faz necessário como tática – como faz Jeremy Corbyn, por exemplo.

O perigo está na consolidação do populismo como estratégia, consequentemente fechando horizontes e rupturas pela necessidade de garantir apoio contínuo independente do estado de politização e consciência coletiva.

É quando se confunde o emprego de discursos populares mais acessíveis e a determinação de vias de construção coletivas mais abertas, com o contínuo manuseio do senso comum que garanta a presença da esquerda em espaços normalmente dominados pela direita.

Como Laclau e Mouffe lidam com uma revolução democrática que envolve o socialismo em vez de uma revolução socialista que

---

qual a posição oficial do Partido Trabalhista saiu derrotada. No entanto, isso não abalou a liderança e a popularidade de Corbyn: depois de uma tentativa de removê-lo do poder pela ala direita de seu partido, ele venceu o novo pleito interno que seus adversários propuseram. Possivelmente, isso se deve ao programa de Corbyn e de seu grupo, o qual foca tanto menos na questão europeia para mirar nos direitos dos trabalhadores e minorias e no bem-estar social.

[112] Iban Diaz-Parra, Beltran Roca & Silvina Romano, "Political Activists' Frames in Times of Post-Politics: Evidence from Kirchnerism in Argentina and Podemos in Spain", *Contemporary Social Science* 10, no. 4 (2015): 386–400, https://doi.org/10.1080/21582041.2016.1218042.

transforma a democracia na transição comunista[113]. Assim, as noções gramscianas de hegemonia e vontade coletiva são privadas de seus direitos na relação dialética com teoria e prática, fixando articulações apenas no campo das construções práticas.

O populismo laclauniano, tal como advogado em *A razão populista*, acaba como substituto de significados essenciais para a canalização do antagonismo em ação política, pois esse antagonismo é apenas instrumentalizado quando pode cumprir objetivos de formação de consenso.

De fato, a proposta de Laclau é, frequentemente, despir as contribuições de Gramsci de sua preocupação fundamental com uma luta baseada em classes.

Isso é o que John Holst afirma ser parte da conexão entre o pós-marxismo com a celebração de Novos Movimentos Sociais (NMSs) como essencialmente pós-capitalistas, equívoco que resulta de uma leitura errada do surgimento de novos atores e seus locais de luta como lutas diferentes da classe trabalhadora.[114]

O declínio da proeminência da política sindical como ponto de resistência no Brasil, por exemplo, não significa que a luta de classes tenha se tornado menos importante.

Em vez disso, fala-se do assalto ao trabalho formal pelo neoliberalismo[115] e da fragmentação de interesses que acompanha a diversificação das experiências proletárias sob o capital, demonstrada no processo de proletarização.

Essa fragmentação é agravada pela força da reificação em espaços configurados de acordo com o mercado e que suprime a consciência de classe coletiva, especialmente uma vez que favorece as relações economicistas entre sindicatos e trabalhadores que às vezes resultam em sindicatos negociando contra interesses de sua classe (os denominados pelegos).

Também se refere a distorções na política de classe pela esquerda moderada e processos de burocratização que distanciam as lideranças da base de trabalhadores.

---

[113] Laclau & Mouffe, *Hegemony and Socialist Strategy: Towards a Radical Democratic Politics*, 156.

[114] Holst, *Social Movements, Civil Society, and Radical Adult Education*, 40–41.

[115] Susan Spronk, "Neoliberal Class Formation(s): The Informal Proletariat and 'New' Workers' Organizations in Latin America," in *The New Latin American Left: Cracks in the Empire*, ed. Jeffery R. Webber and Barry Carr (Lanham: Rowman & Littlefield Publishers, 2013), 81.

Portanto, a suposta novidade dos "novos movimentos sociais", bem como políticas de identidade, não reflete o declínio nas questões de classe, mas as dificuldades particulares encontradas na articulação de classes através delas – incluindo como as experiências de classe estruturam as lutas por direitos e reconhecimentos propostos pelos movimentos.

Ademais, é fato que a classe trabalhadora se encontra mais precarizada no contexto urbano. Por isso que o Movimento dos Trabalhadores Sem Teto no Brasil aposta em ocupações urbanas por meio da suposição que devemos buscar organizar os trabalhadores a partir também de outros locais.

O importante nessa formulação é compreender que, mesmo assim, há uma grande diferença qualitativa na (i) mobilização de classe entre organizar trabalhadores ao redor do antagonismo da venda de sua força de trabalho e (ii) organizar trabalhadores por direitos sociais, os quais o próprio capitalismo é capaz de oferecer em cenários de um forte Estado de bem-estar social – o que pode ser garantido pela posição vantajosa desse mesmo Estado na economia global, seja, muitas vezes, por meio do imperialismo e da dominação financeira de outros países.

A situação de fragmentação exposta em Junho, a dificuldade de promover ação conjunta além da vanguarda e sua base imediata em 2015, 2016 e mesmo em 2018, apesar de declarações conjuntas e articulação entre lideranças, faz com que a esquerda confronte a si mesma.

Nesse processo de autorreconhecimento, algumas verdades amargas são reveladas, porém a busca por remédios adocicados prevalece.

É por isso que é importante pontuar que enquanto este livro não trata da esquerda pós-moderna em si, entretanto, em muitos momentos será possível identificar a influência da política pós-capitalista e pós-marxista na esquerda – e que visa classificar os problemas que, aqui, chamo em conjunto como uma crise de práxis como se fossem problemas simplesmente de método e forma.

Não nego que a esquerda tenha problemas de método e forma, afinal estes também explicam a ausência do elemento democrático no centralismo democrático de algumas organizações, ou o demasiado vanguardismo.

Todavia, sugiro que método e forma rígidos e desconectados da realidade do século XXI e dos desafios enfrentados hoje são consequências de um conjunto de problemas políticos, de práxis, da esquerda.

Isso requer enxergar a base além do imediatismo e não confundir populismos táticos com o populismo estratégico.

Isso incorre em compreender a rejeição a partidos em Junho de 2013 como, na verdade, um problema de partidos-legenda no Brasil e do distanciamento dos partidos de esquerda do trabalho de base nos últimos 20 anos, e não jogar fora a forma partido para satisfazer o senso comum das multidões.

Enquanto a esquerda deveria abraçar críticas, especialmente as vindas de dentro, o apelo moral da celebração da "política popular sem política" afeta a possibilidade de avançar o debate no seio da esquerda, escolhendo o impulso proporcionado por uma nova maneira de ser político acima da capacidade de trabalhar para um objetivo coletivo.[116]

Embora a maioria dessas tendências carregue em si uma sugestão de política anticapitalista, o resultado é "um oceano de movimentos oposicionistas muito diversificados e que carecem de coerência política global".[117]

A tradução disso em políticas dos próprios partidos. Muitos que, por medo de reivindicar o anticapitalismo abertamente em um cenário ultrapolítico (e fazê-lo dialogicamente, e não por autoproclamação revolucionária que pouco diz sobre seu próprio potencial de realização), abraçam bandeiras amplas sem o cuidado de politizá-las.

Aqui mora o desafio, posto sob a ultrapolítica em que está a esquerda em defesa do PT e de Lula e em nome da democracia, da mesma forma que a direita criminaliza o PT e Lula também em nome da democracia (contra a corrupção ou a "ameaça do comunismo").

Enquanto a esquerda moderada já está acostumada com esse jogo, por ter se submetido à ordem, vide seu transformismo[118] a ser analisado

---

[116] Dean, *The Communist Horizon*.

[117] David Harvey, *Rebel Cities: From the Right to the City to the Urban Revolution* (New York: Verso, 2012), 119.

[118] *Transformismo* é um termo empregado por Antonio Gramsci para se referir a um deslocamento de demandas revolucionárias durante uma revolução passiva, que envolve o enfraquecimento do protagonismo de classe através da cooptação de seus líderes, vide Carlos Nelson Coutinho, *Gramsci's Political Thought* (Leiden: Brill, 2012), 161; Gramsci, *The Antonio Gramsci Reader: Selected Writings, 1916-1935*, 249–50; Chris Hesketh & Adam David Morton, "Spaces of Uneven Development and Class Struggle in Bolivia: Transformation or Trasformismo ?", *Antipode* 46, no. 1 (January 6, 2014): 150, https://doi.org/10.1111/anti.12038.

em breve, a esquerda radical corre o risco de não ganhar efetividade por tentar simular modelos de reivindicação e de interpelação das multidões sem se atentar ao conteúdo.

Em momentos como esse, caracterizado pela melancolia, como veremos, a tendência é, cada vez mais, priorizar quantidade em detrimento da qualidade, em vez de colocar tanto a esquerda moderada quanto a radical para se debruçar sobre o desafio de crescer tanto em números como em projeto.

A ESQUERDA MODERADA E A ESQUERDA RADICAL

Jeffery R. Webber e Barry Carr argumentam que os recentes desenvolvimentos na esquerda latino-americana podem ser analisados como pertencentes a uma esquerda radical ou a uma *esquerda permitida* (ou esquerda autorizada).[119]

Como uma dicotomia, a divisão simplifica o campo das contestações em que partidos, movimentos sociais e grupos da sociedade civil interagem entre si e com a estrutura da direita e capitalista.

Como um *continuum* teórico, no entanto, ela fornece uma estrutura prática útil para entender essas contestações e como a presença ou a falta de diálogo na esquerda, especialmente com relação àqueles grupos que estão em desacordo sobre teoria (utopia, estratégia, planejamento, explicação) e prática (experiência, solidariedade, antagonismo, descontentamento, consciência de classe e identidade) podem criar ou resolver uma crise de práxis.

Prefiro usar esse quadro em vez de outras distinções comuns à literatura sobre a complexidade da expressão à esquerda, como socialista *versus* social-democrata, porque transmite melhor algumas das características que ajudam a distinguir a esquerda latino-americana que vão além do projeto autodeclarado.

Afinal, não é incomum que uma esquerda socialista promova alguns projetos similares aos da social-democracia de outros lugares, ou que haja a presença de organizações revolucionárias dentro de partidos reformistas, dada a tática deliberada de participação de sua Internacional.

---

[119] Jeffery R. Webber & Barry Carr, "Introduction: The Latin American Left in Theory and in Practice", in *The New Latin American Left: Cracks in the Empire*, ed. Jeffery R. Webber and Barry Carr (Lanham: Rowman & Littlefield Publishers, 2013), 5.

A noção de *esquerda permitida* é importante nesse contexto, pois envolve a influência herdada da colonização e do imperialismo no modo como uma esquerda *moderada* responde aos interesses capitalistas do exterior —já que a realidade econômica na América Latina é frequentemente uma "realidade burguesa estrangeira".[120]

Isso também segue as interpretações da Teoria Marxista da Dependência quanto ao caráter dependente da burguesia brasileira, o que, não podemos esquecer, certamente influencia também as respostas à esquerda e, principalmente, a da esquerda que tenta se movimentar dentro da ordem.

Aqui, trato da *esquerda permitida* como uma esquerda moderada, cuja moderação é enquadrada por meio de negociações e subordinação aos interesses da elite nacional e internacional.

Mais sobre o que caracteriza esse aspecto moderado ficará claro no decorrer da análise. De qualquer forma, é bom enfatizar que se trata, sim, de uma esquerda, e uma com apego aos trabalhadores como sujeitos, apesar da estratégia falha (nem mesmo reformista) de conciliação de classes.

Apesar das organizações aqui classificadas como esquerda moderada serem identificadas em outros espaços como centro-esquerda, mantenho aqui a distinção justamente porque na centro-esquerda, e em espaços gerais centristas, também se encontram organizações com viés progressista, mas cuja visão política não se atrela ao antagonismo da luta de classes.

É a razão de muitos setores do Partido Democrata dos Estados Unidos serem de centro-esquerda, mas seria exagerado identificá-los como esquerda moderada.

Por último, o uso do termo "esquerda moderada" traz a qualificação necessária para tipo de relação que essas organizações têm com a burguesia e organizações de direita sem cair no equívoco de classificá-las diretamente como direita.

A esquerda crítica ao PT, por exemplo, deve tomar o cuidado de não cair em generalizações, pelo seu valor agitativo, que despolitizam o entendimento de direita e esquerda na sociedade. Inclusive porque a direita já muito se engaja nessas tentativas, ao colocar o PT como uma organização revolucionária comunista.

---

[120] Frantz Fanon, *The Wretched of the Earth* (New York: Grove Press, 2004), 122.

Considerando a esquerda que está, em geral, à esquerda da moderada, temos a esquerda radical. Como elaborado no começo desse capítulo, radical não é empregado como termo de valor político ou moral, como muitas organizações utilizam em suas autoclassificações – afinal, em um contexto de disputa da esquerda fragmentada, até os moderados gostam de ser vistos como radicais quando em conversa com a própria esquerda.

A esquerda radical opõe-se ao capitalismo e se empenha na luta contra ele através dos explorados e oprimidos, enquanto a esquerda moderada opera sob as regras do neoliberalismo e frequentemente divide e coopta grupos radicais para neutralizar suas atividades.[121]

A esquerda radical contesta a ordem, mas também é plural em seu interior quanto a táticas e estratégias. Ela é, de fato, bastante fragmentada não somente em números de organizações, mas também em projetos, e essa fragmentação assume protagonismo na análise deste livro, já que a esquerda moderada, apesar de divida, é mais coesa internamente.

Dito isso, essa tipologia não visa extinguir as visões de classificação da esquerda e na esquerda. Não existe uma ambição, neste livro, de se extinguir o debate sobre qualquer coisa, e inclusive rechaço qualquer tentativa na esquerda de trazer a palavra "definitiva" para qualquer assunto – até porque o definitivo é normalmente imposto, não simplesmente trazido ao debate.

Trata-se de uma tipologia que nos ampara a entender como uma esquerda maior numericamente, com maior adesão institucional, que passa por um transformismo no último período, e mesmo assim se mantém mais coesa entre si, interage com essa outra esquerda.

Essa outra esquerda, a radical, tem um nível de fragmentação maior em todos os quesitos e lida com a dificuldade constante de disputa com a esquerda moderada sem enfraquecer a esquerda geral.

A divisão entre a esquerda moderada e a radical não é necessariamente de projetos. Não é a moderada social-democrata e a radical revolucionária. Trata-se, em vez disso, de quão diferentes são suas visões de poder dentro do capitalismo e além e quais princípios regem suas táticas. É uma questão de práxis.

---

[121] Jeffery R. Webber and Barry Carr, eds., *The New Latin American Left: Cracks in the Empire* (Lanham: Rowman & Littlefield Publishers, 2013), 5.

O entendimento sobre a esquerda radical também se fará mais efetivo com o decorrer da análise, já que conceitos se prestam melhor a demonstrações do que a definições.

Grupos radicais e moderados existem dentro da esquerda em um país ou região ao mesmo tempo; no entanto, é a força obtida por meio de alianças capitalistas que normalmente garante que os grupos menos radicais dominem os grupos mais radicais. No Brasil, o sistema pluripartidário e o pluralismo dos movimentos sociais levam a uma ampla distribuição de organizações entre os espectros de esquerda moderados e radicais que serão abordados diretamente em breve.

CAPÍTULO 3   JUNHO DE 2013

Junho, como um marcador político, sofreu com o efeito diluído dessa forma de política na justaposição da mobilização massiva e das estratégias confinadas e sectárias de partidos políticos tradicionais e movimentos sociais.

O resultado foi um sujeito político dividido entre a ideia de povo como uma versão rígida da nação, o que apaga relações antagônicas complexas (e desconfortáveis), a fim de se opor a um mal geral corporificado em muitas coisas e fatores: o Estado, o fiasco da política representativa, a corrupção e o PT, o que resulta em um fenômeno antiesquerda generalizado.

A noção dos desapropriados, explorados e oprimidos, cuja ênfase em sua existência marginalizada inicialmente reintroduzia divisão e desconforto na luta esteve presente, mas não prevaleceu.

De fato, poderíamos argumentar que tal noção fracassou diante do poder esmagador do voluntarismo e unidade despolitizada.

Esse sujeito dividido entre a despolitização e a presença de demandas radicais levou a uma série de "momentos de multidão" que, embora não apoiem a tese de "múltiplos Junhos", demonstram, de fato, que a diversidade nas multidões era temporal e espacial e que Junho foi dinâmico, fluído e ainda pouco compreendido:

A. Base do MPL + juventude + esquerda radical: aumento de tarifa do transporte público, outras questões de esquerda;
B. (A) + classe média: solidariedade contra a polícia + não apenas os 20 centavos;
C. (B) + massificação da mídia social: crise de representação, cinco causas (segundo Anonymous), anticorrupção, problemas da Copa do Mundo;
D. (C) - (A): verde e amarelo, "meu partido é meu país", antipartidarismo, antipetismo/antiesquerda;
    (C) - pós-política
    (D) - pós-política + euforia —> ultrapolítica —> tendências fascistas

Tabela 1. Momentos da multidão de Junho de 2013

Esse processo fragmentado e interrompido de politização e despolitização do Junho exige que realmente o consideremos em termos de "multidões".

O conceito, empregado por Jodi Dean[122] e que retomarei para tratar da politização, ajuda a resgatar a heterogeneidade de Junho de 2013 sem supor a existência de temas políticos prontos e completos.

Por enquanto, aponta para a presença de uma série de momentos de multidão. A importância de considerar uma multiplicidade de multidões, e também momentos de multidão em Junho, está em escapar da tendência encontrada na literatura e nas organizações de esquerda para tentar definir Junho de 2013 de uma maneira ou outra, ou simplesmente rotulá-lo como confuso.

É útil ver em Junho uma "escola política para uma nova geração de trabalhadores, com consequências potencialmente de longo alcance".[123]

Concentrar-se nos rótulos e definir características, no entanto, é insuficiente se também precisarmos identificar as vozes de Junho – e como elas foram instrumentalizadas ou aprimoradas durante e após esse período e por quais atores.

Falar em multidões é admitir que Junho de 2013 foi competitivo e tanto a esquerda quanto a direita, em suas várias expressões, estavam em disputa para capturá-lo e (des)politizá-lo para seus próprios projetos.

Essa diversidade nos momentos de multidão, especialmente os aspectos despolitizados, indica como Junho trouxe mais do que uma simples crise de representação à nossa atenção.

A visão inicial de Junho como uma espécie de "primavera brasileira" energizou a esquerda radical, mas apenas momentaneamente. O marco inicial da crise de representação exposta ali foi uma rejeição a partidos e posições ideológicas, mesmo que as demandas por serviços públicos de qualidade fossem mais naturalmente associadas com a esquerda.

Alguns se referem ao fenômeno como antipolítica, mas eu não enxergo como uma rejeição da política em si, até porque os debates políticos aqueceram desde então.

---

[122] N. de E.: Jodi Dean (1962 -) é uma filósofa, cientista política e psicanalista americana que leciona no Hobart and William Smith Colleges no Estado de Nova Iorque e na Erasmus Universiteit Rotterdam na Holanda. Sua obra condensa o leninismo, psicanálise e a teoria política contemporânea. Sua obra maior é o livro The Communist Horizon, publicado pela Verso Books em 2012.

[123] Alfredo Saad Filho & Lecio Morais, "Mass Protests: Brazilian Spring or Brazilian Malaise?", *Socialist Register* 50, no. June (2013): 242.

A pós-política, modo de despolitização que descola a realidade material dos projetos e conflitos políticos da sociedade sob a ideia de que é tudo uma questão de gestão e de ética predominou por um tempo.

Como a política, em seu sentido maior e gramsciano e orientado à emancipação, deveria ser o domínio da esquerda, não é surpresa que a direita tenha se beneficiado do desenvolvimento pós-político de Junho.

O enfoque moralista sobre a corrupção é um exemplo desse fenômeno, já que foi instrumentalizado de maneira ufanista e antiesquerda.

A eventual hegemonia da classe média nos protestos atesta isso, uma vez que: "não tendo um entendimento claro de sua situação, [...] projetou seu descontentamento no Estado e o sistema político ('corrupção', 'ineficiência'). E – adivinhe – a ameaça representada pela inflação ao seu padrão de vida".[124]

A compreensão de uma crise de práxis é fundamental para que a esquerda se envolva em autocrítica e encontre maneiras de politizar a multidão novamente. Essa multidão não é apenas (A) ou (B), mas também (C), que, inclusive, parte da esquerda tolamente rejeitou devido a rígidas definições da classe trabalhadora, e que viu avançar para (D) após as eleições federais de 2014.

Os protestos de Junho revelaram a crise de representação da política brasileira, e sua relevância particular para a esquerda está em como essa crise é sintomática de um problema maior.

Os interesses fluidos e divergentes entre os múltiplos atores em cena em Junho indicam que há um problema de práxis da esquerda, a qual se refere à dinâmica de mobilização e organização com um propósito radical (e revolucionário) no Brasil.

Tais interesses muitas vezes levam a contradições entre posições ideológicas, funções intelectuais, representação ativa ou passiva e, também, ao desenvolvimento dos atores de esquerda em relação ao Estado e ao povo proletarizado.

Também problemática é a maneira como algumas práticas de atores de esquerda se tornaram amplamente imbuídas no neoliberalismo, movendo esses atores e a percepção popular da ideologia de esquerda para mais perto da direita.

Uma esquerda fragmentada é mais vulnerável aos efeitos da renovação hegemônica, o que no Brasil se expressou parcialmente, em Junho

[124] Saad Filho & Morais, 240.

e no período pós-Junho, através da violência estatal, da despolitização por meio de apelos à ordem e à moralidade patriótica e pela criminalização ativa dos interesses políticos.

A posição ambígua do PT como partido com base popular (o segundo maior partido do Brasil em filiados) e, simultaneamente, gestor da máquina estatal burguesa e repressora contribuiu para esse cenário.

É POSSÍVEL DEFINIR JUNHO DE 2013?

Desde Junho de 2013, no Brasil, tem havido tentativas de caracterizar o período de mobilizações e protestos de rua em massa como um "evento", seja como categoria específica ou simplesmente referindo-se a esse significado como uma forma de definir o que aconteceu então.

Essas tentativas pertencem à academia, às organizações políticas, aos meios de comunicação, bem como ao imaginário dos militantes de esquerda. Mais notavelmente empregado por Slavoj Žižek e Alain Badiou, o conceito do Evento apela à ideia de uma ruptura que muda a forma como algo é entendido.

Apesar de ser uma ruptura, um Evento não significa mudança ou transformação direta na totalidade da realidade, mas "a criação de novas possibilidades [...] não apenas no nível das possibilidades objetivas, mas no nível da possibilidade de possibilidades".[125]

Se não fosse pelas implicações subjetivas que Badiou atribui ao Evento, seria claro e apropriado pensar em Junho (e qualquer outro momento de ruptura política) como um "Evento". O principal problema de tal categoria, como Daniel Bensaïd argumenta, é que a verdade é secundária ao evento e seus subordinados, de modo que "a verdade do evento é a de seus participantes" e "doravante pertence ao reino das declarações".[126]

Como Bensaïd continua a explicar os problemas com a relação entre Evento, verdade e assunto na esfera política, fica cada vez mais evidente como nossa principal preocupação não deveria ser se Junho era um Evento, apesar do valor agitativo da concepção, mas como o enfoque em um Evento pode sobrevalorizar os elementos de Junho

---

[125] Alain Badiou, *The Communist Hypothesis* (London: Verso, 2010), 242–43.
[126] Daniel Bensaïd, "Alain Badiou and the Miracle of the Event," *Alain Badiou and the Future of Philosophy*, 2004, 94–105.

que foram incluídos na pós-política, em detrimento de uma práxis esquerda mais politizada e substancial:

> (...) O ASSUNTO É PRINCIPALMENTE SEU PRÓPRIO LEGISLADOR. CONSEQUENTEMENTE, NÃO HÁ VERDADE MAIS ATIVA QUE A DE UMA POLÍTICA QUE SURGE COMO UM PURO EXEMPLO DE DECISÃO LIVRE QUANDO A ORDEM DAS COISAS SE DESFAZ E QUANDO, RECUSANDO A APARENTE NECESSIDADE DESSA ORDEM, AVENTURAMOS CORAJOSAMENTE EM UM REINO DE POSSIBILIDADE. A POLÍTICA COMO TAL SURGE, ENTÃO, COM BASE EM SUA SEPARAÇÃO DO ESTADO, QUE É O OPOSTO E A NEGAÇÃO DO EVENTO, A FORMA PETRIFICADA DA ANTIPOLÍTICA; A POLÍTICA PROSSEGUE ATRAVÉS DE UM "BRUTAL DISTANCIAMENTO DO ESTADO.[127]

De fato, a diversidade dos momentos de multidão em Junho e a exposição da despolitização em massa demonstram que, embora Junho tenha aberto um conjunto de novas possibilidades, o sujeito coletivo do evento e seu "compromisso [...] para um novo sujeito emancipatório universal"[128] foi fragmentado e até subordinado ao público pós-político, não comprometido e não organizado.

A razão pela qual eu trago o evento como parte da discussão de Junho de 2013 é que, embora eu esteja inclinada a rejeitá-lo como um conceito fundamental para compreender o período, a noção de Evento teve um impacto na forma como a esquerda radical vê Junho e como insiste em defini-lo.

Enquanto minha posição é de que não há necessidade de submeter Junho à soberania absoluta do Estado ou de ser um Evento ou um não Evento para que seja importante, as tentativas da esquerda radical de imbuir Junho com sua própria subjetividade e agência revelam uma certa vontade: a de moldar e aceitar a verdade de Junho como absoluta, fazendo da esquerda um sujeito subordinado em vez de um sujeito reorganizador.

Muito disso corresponde à melancolia geral sentida pela esquerda devido a suas perdas e erros históricos, que explorarei em profundidade mais tarde.

Essa linha é uma tentativa de caracterizar Junho como inerentemente progressista, com algumas exceções, perdendo o ponto de que a importância de Junho para a esquerda e suas organizações não estava

---

[127] Bensaïd.
[128] Slavoj Žižek, *Event: Philosophy in Transit* (London: Penguin Books, 2014), 180.

em um suposto conteúdo inerentemente progressista, conservador ou demasiadamente diluída.

Em vez disso, *o elemento progressista se encontra na combinação de como protestos em massa alteraram o imaginário das multidões e da esquerda, desencadeando uma nova era de mobilização de multidões (massivas ou não)* e, subsequentemente, das multidões que se organizaram à esquerda e da própria direita que se viu forçada a tomar as ruas para incidir sobre a conjuntura.

Proponho que Junho seja visto como uma ruptura da inércia da política promovida pela democracia representativa liberal, e também aceita por ela, e petrificada até então, mas que não apresentou a resposta à crise e nem se libertou do processo de despolitização que ainda está em curso.

Ao contrário, Junho escancarou a crise de práxis com o acirramento de múltiplas crises. O período que vivemos no Brasil pode ser caracterizado como um interregno da crise de autoridade hegemônica. *Neste interregno, encontramos sintomas mórbidos de todos os tipos, sendo a crise de práxis a soma dos sintomas da esquerda.*

CAPÍTULO 4   **INTERREGNO**

Uma crise de práxis está inevitavelmente ligada à crise de representação destacada em Junho de 2013. A esquerda foi incapaz de conceber, com sucesso, uma "vontade coletiva" orientada para um horizonte comum devido à fragmentação das multidões e à sua própria fragmentação.

O cenário de despolitização, pós-político e ultrapolítico, deu o tom da complicada relação das multidões com as contradições da realidade material brasileira.

Havia ali um governo de centro-esquerda, liderado por um partido da esquerda moderada, criticado pela esquerda radical e atacado pelas diversas facetas da direita.

Esse governo se sustentou não através da promoção de poder popular, mas fazendo o jogo da democracia liberal e negociando com a elite brasileira com políticas conciliatórias e redenção aos limites da visão da governabilidade.

Havia desmobilização e havia despolitização. Por mais que seja fácil responsabilizar apenas um autor ou outro, a análise de uma crise de práxis nos força a olhar para o todo.

A crise de práxis mostra o conflito criado pelo fracasso da esquerda em unificar a consciência teórica e prática não só da classe trabalhadora em si, mas também dos militantes e líderes cujas funções organizadoras consistem em construir consciência política.

Numa crise como essa, há um problema de coletividade: precisamente a sua ausência. Acima de tudo, há a ausência de coletividade à esquerda.

Jane Wills argumenta que a reabilitação da esquerda, que eu interpreto como uma questão primariamente da práxis, depende mais do que da capacidade de representar as lutas como sendo de esquerda.

O que Wills argumenta se deve ao fato de que novos tipos de "multiplicidade" de agência nas redes do anticapitalismo e a antiglobalização também surgem fora da versão de politização da esquerda.[129] Aí cabe politizá-los, e não negligenciá-los.

---

[129] Jane Wills, "The Left, Its Crisis and Rehabilitation", *Antipode* 38, no. 5 (November 2006): 909, https://doi.org/10.1111/j.1467-8330.2006.00485.x.

O que é necessário é um processo desafiador de organização e reorganização. Em vez de contribuir para o processo revolucionário "estabelecendo e mantendo uma continuidade de luta de oposição",[130] os protestos de Junho absorveram sentimentos antagônicos em um espetáculo de vozes que vinham de fora do trabalho contínuo de organização.

Mesmo o trabalho básico de organização foi prejudicado por anos de enfraquecimento das relações solidárias.

A conciliação de classes promovida pelo Lulismo, em que se supunha a possibilidade de casar uma maior inclusão social (aliviando a pobreza) e o crescimento econômico nos moldes ditados pela burguesia nacional, não teve um impacto apenas econômico.

Além de falhar economicamente, como vimos quando do rompimento dessa burguesia com as concessões que deviam ao Lulismo, a conciliação também impactou a consciência de classe no Brasil.

Uma das premissas do projeto era delimitar que não haveria como promover desenvolvimento e melhorias sociais no Brasil sem tal pacto, o que barrou utopias, minou projetos alternativos e vinculou a visão popular da esquerda como gestor social da ordem.

Esse impacto foi sentido pela base social do campo, mas também pelas lideranças políticas e intelectuais. O antagonismo de classe sumiu do vernáculo da esquerda hegemônica e foi substituído por apelos a sacrifícios temporários, paciência política, e normalização das relações cordiais com o mercado.

Isso tudo ocorreu sob disputas internas dentro da esquerda, especialmente entre esquerda moderada e esquerda radical. A isso nos referimos quando falamos de fragmentação. Essa fragmentação é evidente nos atores organizados e autônomos da esquerda.

Muito se diz por aí da necessidade de uma esquerda unida. Alguns sonham com uma esquerda quase que homogênea. Essa não é a minha visão. Unidade não pode ser imposta, tampouco deve ser vista como meros arranjos de coalizão, como os promovidos por alguns autores de relevância nacional.

O problema da fragmentação não é numérico, mas sim relativo ao seu movimento antidialético.

A fragmentação da esquerda brasileira é um problema porque a realidade continua a apresentar contradições e desafios, mas a esquerda

---

[130] Dean, *The Communist Horizon*, 234.

não consegue se posicionar e fazer as sínteses necessárias para acompanhar o movimento histórico de qualidade emancipatória.

A fragmentação da esquerda brasileira, sob disputas envoltas na desmobilização e na despolitização de seu sujeito histórico, contribui para a crise de autoridade (ou crise hegemônica) em que nos encontramos.

Todavia, neste interregno, a fragmentação também aparece como manifestação de uma crise de práxis da esquerda que engloba vários dos sintomas mórbidos que nos esmorecem.

Os sintomas mórbidos pertencem à análise do interregno feita por Antonio Gramsci. A frase de Gramsci que abre este livro está mais famosa a cada dia devido à sua aplicabilidade para analisar crises de autoridade sob o capitalismo em todo o mundo.

A frase não nasce em isolamento, mas parte da análise de Gramsci sobre os períodos de crise hegemônica e os sintomas mórbidos que sucedem. Daí vem o conceito de interregno.

O interregno significa, literalmente, o intervalo entre a morte de um rei e a ascensão do novo monarca.

Ele se estabelecia de acordo com a ordem e costumes de cada tempo e lugar: na maior parte da Idade Média, na vigência da sucessão hereditária, o interregno marcava o período no qual um rei falecia e seu primogênito ainda não possuía a idade mínima para reinar; já na origem do termo, em Roma, onde os monarcas eram nomeados, isso representava o intervalo entre a morte do rei e a eleição do seu sucessor.

Para a análise de Gramsci, a característica central diante das diferentes circunstâncias de um interregno seria a instalação de uma crise de autoridade durante o regime interino.

Não somente o novo ainda não estava pronto para "nascer" como a instabilidade gerada abria campo para tentativas de golpes internos e externos, guerras, insurreições e rebeliões. O período do interregno é marcado principalmente pela perda de consentimento.

Aqui se faz necessário retomar Gramsci em sua contribuição mais básica, vista anteriormente: é possível governar com a coerção, sendo isso uma dominação, mas a hegemonia depende do consentimento, que é mais duradouro, estável e se reproduz com facilidade no senso comum.

Quando há perda de consentimento, há crise de hegemonia. Isso torna a analogia do interregno palpável e bastante aplicável no cenário brasileiro.

O que vemos no Brasil é uma conjuntura altamente complexa, com sintomas que se opõem e se contradizem, mas que, conjuntamente, são caracterizados pela perda de consentimento: pelo PT, pela direita tradicional, pela esquerda em geral, pelo sistema político estabelecido na redemocratização brasileira de 1988.

Até mesmo o apelo popular recebido a Jair Bolsonaro (PSL) não pode ser caracterizado (ainda) como uma nova hegemonia, visto que o consentimento recebido se traduz majoritariamente na impressão errônea de que Bolsonaro é antissistêmico.

O risco é Bolsonaro vir a se configurar não como um sintoma mórbido da despolitização que se fortalece por causa da crise hegemônica e se caracteriza na ascensão do fascismo, mas como a nova hegemonia.

Tal reflexão revela a gravidade da situação: seria o "velho" o modelo lulista de governança do PT e o "novo" a fagulha de uma esquerda ainda inapta para nascer (como visto em muitas análises na esquerda).

Ou seria o "velho" a configuração de alianças de centro no Brasil, falida sob sucessivas crises de representação, e o "novo" o fascismo que busca atingir um patamar de consentimento suficiente o suficiente para nascer?

Nenhum desses cenários oferece conforto para aqueles que têm uma perspectiva anticapitalista e emancipatória. No primeiro, o velho está morrendo, e o novo não consegue nascer precisamente devido à crise de práxis.

Há de se provocar os analistas também para o estranho otimismo que foi agregado ao novo. É comum ouvir que o velho morre por seus defeitos e que o novo representa qualidades inteiramente positivas: renovado, arejado, mais preparado e que é produto de sínteses dos erros e acertos passados.

No entanto, Gramsci nunca supôs que esse era o caso. O novo, afinal, é, de certa forma, herdeiro do velho num interregno. É possível que carregue ainda traços problemáticos e viciosos. Não há garantias de virtude no novo.

Em sua análise, Gramsci se pergunta se, no caso de um interregno dos grupos dominantes, o uso de força sustentaria a conjuntura a favor da restauração do velho, e a resposta que ele dá é não.

Qualquer movimento de coerção não salva o velho, mas ocorre como sintoma de morbidade da conjuntura e pode se traduzir ou não na expressão do novo em sua tentativa de se estabelecer hegemonicamente.

Gramsci aborda o interregno de forma muito específica em sua obra. O que mais facilmente se infere acerca do tema é que o filósofo italiano enxerga que a morte das velhas ideologias abre espaço para um ceticismo amplo na sociedade, quanto a fórmulas gerais de pensamento e política.

O acirramento do interregno pode até mesmo resultar em políticas cínicas. Ele sugere que o cenário de crise pode ser tamanho que normaliza propostas absurdas e coisas impensáveis em outros momentos.

Pode ser um cenário em que a classe dominante, buscando se (re)estabelecer, chega a propor a escravidão como um modelo econômico aceitável e desejável. Pode parecer esdrúxulo, mas a conjuntura de ultrapolítica no Brasil tem apontado justamente nessa direção.

O discurso autoritário, e até mesmo ditatorial, voltou à boca de lideranças políticas, alguns deles propagando elitismo, racismo, misoginia e toda sorte de expressões opressoras com liberdade e apoio de sua base.

Dizem se levantar contra o "politicamente correto", mas, no fundo, não estão longe de uma defesa econômica e estrutural da escravidão. Nesse caso, partindo da suposição que o interregno consiste nas velhas alianças que morrem, seria o fascismo um sintoma mórbido ou o presságio aterrorizante do novo?

Na análise que conduzo aqui, o interregno abrange ambos os cenários. A crise de hegemonia afeta o PT e as alianças de centro da classe dominante. O novo ainda não pode nascer, mas poderá vir como resultado direto ou como tratamento dos sintomas mórbidos.

Cabe então uma anamnese cuidadosa que seja capaz de gerar impulsos organizativos caso a esquerda se disponha a ser o novo em vez de apenas reagir a um outro novo, mais macabro e pior que o velho.

Sobre o velho, ainda pode-se dizer que a ordem econômica e política dominante está em crise no Brasil. Isso se aplica ao âmbito político geral: as elites, os arranjos internos das elites, as forças políticas tradicionais (tanto direita quanto esquerda) e o *modus operandi* para produzir e acessar consentimento.

Vivemos sob uma era caracterizada não somente pela despolitização, mas também por processos conhecidos mais recentemente como pós-verdade. Sob a pós-verdade, a política é justificada com ficções construídas por aqueles que controlam narrativas e que são validadas pelo senso comum.

Nessa conjuntura marcada por Junho de 2013, a ruína do velho também se estabelece no projeto da classe dominante que, até o momento, estava sendo executado, com ressalvas características da ambiguidade lulista, pelo PT e sua bancada aliada.

Aquela forma de conciliação tão cordial foi rompida pela ausência de cordialidade do golpe parlamentar de 2016.

Junho de 2013 não é o começo do interregno. A perda de consentimento e o rebuliço social começam antes desse período, por conta do crescimento do antipetismo dirigido pela direita e do sentimento de traição diante do Lulismo que impacta a base de esquerda.

Juntos, os dois fenômenos fundamentam, através de despolitização, a crise de representação do governo petista e do sistema de democracia limitada. No caso do primeiro fenômeno, a despolitização se dá em torno da construção de mitos sobre a esquerda e suas "ameaças" e manutenção do senso comum como eixo de consentimento à dominação.

No caso do segundo, a despolitização está presente na negação de alternativas e utopias, na demanda de "sacrifícios" de grupos que seriam da base social petista frente ao desenvolvimentismo e na proposta de conciliação de classes em si.

Estruturalmente, o levante de Junho também responde a um processo de falência que já se estabelecia na crise econômica do projeto neoliberal que Dilma Rousseff tentou implementar, referido posteriormente por economistas como a "Agenda Fiesp," na esperança de que continuasse a garantir o apreço e o apoio das elites.

Junho de 2013 faz é escancarar esse interregno: ele demonstra que há crise política real. Naquele momento, ela transborda como crise de representação, mas esse é apenas um dos sintomas. Junho se apresenta como um vulcão em erupção, e sua lava é uma soma de crises estruturais e de consentimento: a perfeita crise de hegemonia.

Como resposta, muitos se propõem como o novo. É aqui que a despolitização se canaliza em dois dispositivos específicos que, apesar de aparentemente opostos, contribuem para o aprofundamento da crise hegemônica e sua disputa por renovação. Trata-se da pós-política e da ultrapolítica.

Na pós-política, o discurso se estabelece como novo por uma suposta superação das ideologias. A resposta para a crise e a erosão da confiança no sistema democrático liberal burguês, o único conhecido no Brasil até então, seria a gestão tecnocrata da economia e da política.

Essa seria a saída para a corrupção, frequentemente propagada por milionários que, por já serem ricos, argumentam não precisar "roubar" na política.

Além de negar que os grandes empresários participam ativamente da corrupção no Brasil (são os corruptores), passam a ideia de que uma nação democrática deveria ser gerenciada por especialistas separados do povo.

Essas propostas se colocam como o "novo" frente aos políticos tradicionais, mas trazem, frequentemente, os mesmos valores promovidos pela autocracia brasileira há séculos.

Aqueles próximos ao centro se identificam com essa perspectiva, como Marina Silva, mas também grupos abertamente atrelados ao liberalismo econômico que trazem uma roupagem não tradicional e "ficha limpa", como o Partido Novo.

Curiosamente, mesmo na esquerda moderada e na esquerda radical, alguns grupos tentaram flertar com a pós-política.

Foi apenas um flerte, e não uma identificação por completo, pois esses grupos de esquerda buscaram elementos da pós-política como tática de diálogo frente à rejeição partidária em Junho e não como política.

Ocorre principalmente por conta da rejeição ao PT e da necessidade percebida pela esquerda de se apresentar como diferente.

Esse flerte se manifesta da negociação e supressão da imagem partidária em manifestações e espaços públicos até a retirada de elementos classistas do discurso, na tentativa de dialogar (apesar de que essa retirada também pode se manifestar por capitulação à institucionalidade em parte das ocasiões desde antes de Junho).

O trato da temática da corrupção pela esquerda também se encaixa aqui, quando na tentativa de responder aos anseios anticorrupção (formulados no senso comum moralista), a esquerda flerta com simbologias moralistas e tecnocratas (como se uma mera reforma política pudesse resolver o problema histórico de atrelamento do poder político ao poder econômico no Brasil e no mundo).

Do outro lado se encontra o fenômeno da ultrapolítica. Longe de ser uma mera polarização e bastante distinta de uma Teoria da Ferradura[131] (frequentemente empregada para equalizar a extrema

---

[131] N. de E.: A Teoria da Ferradura é atribuída ao filósofo e escritor francês Jean-Pierre Faye. Segundo ela, o espectro político tem a forma de uma ferradura, com a extrema-direita

esquerda e a extrema direita favoravelmente a um projeto liberal da direita), a ultrapolítica se estabelece como a construção de um conflito, no imaginário social, que parte da despolitização do conflito material de antagonismos na sociedade.

Isso significa que, já em Junho de 2013, uma direita mais conservadora encontrou uma oportunidade na crise de representação e nos significantes políticos esvaziados pela esquerda governista na busca por autorreprodução.

Isso se caracteriza na construção de um inimigo a partir de lastros das contradições da esquerda (do PT, ao vanguardismo no Brasil e até mesmo as experiências de cunho socialista mundo afora), somada a afetos negativos (ódio, medo e desprezo) e a simbologias autoritárias para polarizar anticomunismo contra uma esquerda nem um pouco comunista (mas que consequentemente contribui para mais um golpe contra as utopias daquela esquerda comunista minoritária no Brasil).

O sentimento contra os partidos tradicionais se apresenta como uma janela para que a direita não tradicional cresça (engolindo ou desidratando a tradicional) enquanto outros partidos da esquerda não governista (centro e radical) se enxergam erroneamente fora dessa polarização.

O que as eleições de 2018 passam a comprovar é que nenhuma organização de esquerda poderia ganhar com o antipetismo, mesmo sabendo que o lastro de desilusão e traição (e ausência de autocrítica) que deu suporte para o antipetismo foi produzido pelo próprio PT.

Sob a ultrapolítica, o que prevalece é o conflito despolitizado que, ao ocupar o centro da disputa hegemônica na sociedade contribui para o isolamento e desmobilização de antagonismos estruturais.

Esses antagonismos, fincados nas desigualdades de poder que existem no Brasil e em outros países, reproduzido por estruturas de opressão e exploração, devem ser mobilizados pela esquerda, tanto na luta de classes em seu sentido clássico como no entendimento que toda luta antiopressão é uma luta por emancipação, que é compatível com a luta de classes e passa necessariamente por ela.

se aproximando mais da extrema-esquerda do que qualquer uma delas em relação ao centro político – dessa forma, a extrema-esquerda se pareceria mais ou tanto quanto com a extrema-direita do que a centro-esquerda; esquerda e direita não teriam diferenças qualitativas, intensivas ou teleológicas entre si, apenas sendo o mesmo com o sinal trocado.

Qualquer horizonte de transformação social pela via emancipadora passa por esse entendimento. A práxis revolucionária depende desse entendimento.

Os cinco anos entre 2013 e 2018 mostraram que a ultrapolítica se tornou o modo predominante de despolitização, ainda mais considerando o emprego mais recente de ferramentas específicas para promover ódio, medo e desprezo através de distorções e mesmo mentiras.

As *fake news* foram demasiadamente influentes. Apesar de, nos grupos de Whatsapp e em outras redes sociais, existirem *fake news* contra a esquerda e contra a direita, pelo que se sabe, a disseminação de *fake news* antiesquerda veio de apoiadores de Jair Bolsonaro muito bem articulados e conectados.

Nesse contexto, o ódio se tornou o afeto predominante, enquanto a esquerda mobilizou o medo em certos momentos, o que se configurou como uma tática falha. O medo é contrário às utopias. Quando se tem um projeto emancipador, deve-se entender que o medo pode ser uma consequência da conjuntura, mas nunca uma resposta a ela.

Diante dessas disputas de despolitização, temos um cenário nebuloso, no qual é difícil vislumbra o que há de novo a surgir. Seria a ascensão fascista um sintoma mórbido ou a nova hegemonia se estabelecendo? E onde a esquerda pode atuar para disputar o novo?

A CRISE DE PRÁXIS

O conjunto de sintomas mórbidos da esquerda na crise de hegemonia se configura como uma crise de práxis. É a partir da sua resolução que poderíamos esperar uma nova hegemonia de esquerda, capacitada por autocrítica e guiada pelo materialismo histórico como visão de mundo.

É por isso que aqui me dedico tanto a apontar os problemas da esquerda. O intuito é buscar sínteses e resoluções. O confuso estado da esquerda – com relação à democracia, mudança social e política revolucionária no Brasil – abre a discussão para uma crise de práxis.

Ao falar em crise de práxis não me referi apenas um estado de desalinhamento nas atividades e nos projetos de partidos políticos, movimentos sociais e grupos sociais mais amplos, mas também a uma desconexão em termos de seus objetivos, organização, planejamento e posições ideológicas.

Isso leva a uma multiplicidade de visões semelhantes, mas às vezes contrárias, sobre justiça social e, também, alternativas para o capitalismo (particularmente em sua expressão neoliberal), em vez de a uma práxis coletiva.

Como a crise de práxis vai além de um problema de representação política, pois incorpora o colapso do diálogo entre as esquerdas, bem como o seu fracasso em se ampliar e efetivamente se organizar de uma maneira verdadeiramente contra-hegemônica.

A tese da crise de práxis dialoga diretamente com o problema da fragmentação na esquerda brasileira. Fala de um longo processo, ligado à cisão entre uma esquerda moderada e uma radical no país, através da qual as vozes de atores e organizações de esquerda se desprendem ou perdem ressonância em significado para os ouvidos e vozes da classe trabalhadora.

De certo modo, a esquerda sempre esteve em crise. Não há novidades nisso. Todavia, isso não nos isenta de compreender cada aspecto da crise das esquerdas em cada conjuntura e lugar particular.

Hoje vemos que, se a práxis é a síntese dialética entre a teoria e a prática revolucionárias, a crise de práxis é o contexto em que os obstáculos à síntese prevalecem (fragmentação e despolitização) e as poucas sínteses produzidas acabam obscurecidas pela fragmentação contínua da esquerda que a isola da classe (em sua consciência e em sua estrutura devido à intensificação das relações reificadas).

Em geral, a crise de práxis fala da noção gramsciana de uma "crise orgânica", que, nas palavras de David Forgacs, consiste em:

> (...) UMA CRISE DE TODO O SISTEMA, EM QUE AS CONTRADIÇÕES NA ESTRUTURA ECONÔMICA REPERCUTEM NAS SUPERESTRUTURAS. UM DE SEUS SINAIS É QUANDO AS FORMAS TRADICIONAIS DE REPRESENTAÇÃO POLÍTICA (PARTIDOS OU LÍDERES PARTIDÁRIOS) NÃO SÃO MAIS RECONHECIDAS COMO ADEQUADAS PELA CLASSE ECONÔMICA OU FRAÇÃO DE CLASSE QUE ANTERIORMENTE SERVIRAM PARA REPRESENTAR. TRATA-SE, PORTANTO, DE UMA CRISE DE HEGEMONIA, POIS OCORRE QUANDO UMA CLASSE ANTERIORMENTE HEGEMÔNICA É DESAFIADA DE BAIXO E NÃO CONSEGUE MAIS MANTER UNIDO UM BLOCO COESO DE ALIANÇAS SOCIAIS.[132]

Em uma crise de práxis, as contradições na consciência e na prática deixam os grupos explorados em um estado de "passividade

---

[132] Forgacs em Gramsci, *The Antonio Gramsci Reader: Selected Writings, 1916-1935*, 427.

moral e política".[133] Minha interpretação da passividade, nesse contexto, vai além do fatalismo e da incapacidade de agir, das consequências previsíveis dos processos de criação de consentimento e de uma posição não crítica sob o poder hegemônico.

A passividade também consiste na recusa em agir de maneira revolucionária, insistindo na primazia e na veracidade da consciência prática, dominada pela realidade mercantilizada e pela lógica do capital, em detrimento de orientações teóricas (embora seja importante alertar que a primazia da teoria como verdade pura também leva à passividade por negligenciar a base material da luta).

Isso não apenas resulta de um estado reificado (rígido e cristalizado), mas sua percepção não dialética da realidade contribui para a perpetuação da reificação de sua própria consciência quando se rejeita o papel da teoria como um interveniente.

De acordo com Lukács, "a mente reificada necessariamente vê [a mercadoria] como a forma na qual seu próprio imediatismo autêntico se manifesta e – como consciência reificada – nem mesmo tenta transcendê-la".[134]

Quando se fala da alta fragmentação da esquerda brasileira, é importante entendê-la em termos de práxis, porque uma esquerda dividida (e uma esquerda em conflito com outros atores proletarizados) enfrenta obstáculos baseados na separação entre teoria e prática, padecendo da falta de visão do processo.

Práticas dentro da esquerda que buscam orientação apenas com base na experiência ativa negligenciam a realidade da reificação e da alienação, pressupondo uma consciência pura e autônoma (de classe).

Enquanto essa visão pode produzir danos ao *status quo* na forma de contestação, ou mesmo impulsos pluralistas e voltados para mais acesso em uma sociedade política baseada na exclusão, eles sozinhos não constroem a vontade coletiva necessária para causar uma ruptura na totalidade.

Aqui voltamos ao debate da democracia, tão ameaçada no Brasil de hoje, mesmo no seu sentido menos radical. Para Gramsci, a democracia real (em seu estágio de transição para o comunismo) é equivalente a uma vontade coletiva real (revolucionária), que se manifesta como o oposto da passividade.[135]

---

[133] Gramsci, 333.
[134] Lukács, *History and Class Consciousness: Studies in Marxist Dialectics*, 93.
[135] Gramsci, *The Antonio Gramsci Reader: Selected Writings, 1916-1935*, 382.

Uma vontade coletiva revolucionária tem um caráter dialético bidimensional. Primeiro, já está parcialmente presente na sociedade, "já foi reconhecida e, até certo, ponto se afirmou em ação".[136]

Em segundo lugar, é "direcionada para um determinado objetivo político".[137] Um elemento entra em fruição através da atividade prática das pessoas, o segundo segue o movimento teórico inspirado por uma utopia.

Dialeticamente, eles interagem em um processo complexo a ser concretizado em uma prática, que é "consciência operativa da necessidade histórica, [e] protagonista de um drama histórico real e efetivo".[138]

A crise de práxis da esquerda brasileira se dá num cenário em que a esquerda hegemônica se acostumou com o jogo da democracia liberal burguesa, restrita como é, e fez do aprimoramento de ferramentas desse jogo um fetiche que mascara as restrições impostas à consciência de classe e à utopia de ruptura com o capital.

Se hoje há uma crise democrática no Brasil, operando como "desdemocratização", ela se estabelece justamente porque a fase atual da democracia brasileira (pós-1988) nunca se propôs radical, participativa e voltada para o poder popular.

De certo modo, essa fetichização com processos e deliberações, ao mesmo em tempo que submetida ao aceite da ordem econômica como único caminho possível (o mito da conciliação de classes), contribuiu para a despolitização do entendimento social do que uma democracia deveria ser no Brasil.

Os próximos capítulos fornecerão evidências de que, primordialmente, essa crise de práxis consiste na quebra do diálogo entre teoria e ação, e que um descompasso das concepções de teoria e ação entre diversos grupos resultou na incapacidade de articular concretamente uma vontade coletiva em rumo à revolução.

Às vezes, isso aparece como a falta de autocrítica característica de uma preocupação com os resultados eleitorais e com o adesismo à ordem burguesa; às vezes, ressoa em reivindicações autoproclamatórias,

---

[136] Gramsci, 240.

[137] Carlos Nelson Coutinho, "O Conceito de Vontade Coletiva em Gramsci", *Revista Katálysis* 12, no. 1 (2009): 35; Gramsci, *The Antonio Gramsci Reader: Selected Writings, 1916-1935*, 239.

[138] Gramsci, *The Antonio Gramsci Reader: Selected Writings, 1916-1935*, 241.

como uma organização que, mesmo tendo impacto pequeno, se enxerga como a única dotada do espírito revolucionário.

Em outros momentos, enxergamos academicismos, do fechamento do papel de intelectuais da esquerda a discussões internas e de difícil acesso nas universidades e partidos, e, ainda, em outros, vemos um anti-intelectualismo, na rejeição de que a educação teórica deve ser um componente na conscientização.

Alguns não entendem que o problema não é usar de teoria para explicar a realidade, e sim não usar de didática para aplicar a teoria à realidade do povo.

Uma das consequências dessa crise de práxis é o progresso do sentimento antipartido em vários grupos da sociedade.

Embora essa questão atravesse campos ideológicos, ela afeta a esquerda de forma muito mais dramática, pois a direita é capaz de capitalizá-la através da pós-política, bem como o senso de urgência na escolha de lados na ultrapolítica marcada pela rejeição do PT e qualquer coisa de esquerda.[139]

Claramente, a representação passiva é a norma mesmo em 2013, como evidenciado por uma pesquisa com manifestantes que mostrou que apenas 4% dos pesquisados eram afiliados a um partido político, e apenas 11% se sentiam representados por um partido político.[140]

Embora partidos de esquerda como o PSOL tenham realizado campanhas de filiação bem-sucedidas após 2013, a combinação entre a crise de representação e o crescimento do fenômeno antiesquerda demonstra que os partidos não são mais do que *legendas* (rótulos) para a maioria da população.

Assim como muitos dos que reclamam dos partidos tradicionais, englobando direita e esquerda no descontentamento, estão ainda dispostos a renová-los do centro à direita, mais do que ceder para alternativas de esquerda.

O processo histórico de despolitização das massas, no qual a participação política foi reduzida a uma versão romântica e estreita da democracia após a ditadura militar, levou os manifestantes a rejeitar o espaço político por entendê-lo como corrompido.

---

[139] A violência instigada contra as pessoas vestidas de vermelho (na verdade, qualquer coisa vermelha) vista em 2013 e com mais força em 2016 é prova disso. Em 2018, tal violência já demonstrava traços ideológicos fascistas na direção de um anticomunismo radical no Brasil.

[140] G1, "Veja Pesquisa Completa do Ibope sobre os Manifestantes", *G1 Brasil*, 2013.

Por não cumprir a profecia de uma versão purista da democracia liberal, dada a negligência acerca das rupturas necessárias para que a democracia corrija em vez de reproduzir desigualdades, o sistema político foi criticado e rejeitado totalmente em Junho de 2013.

Todavia, a direita se levanta com mais fôlego por se adequar perfeitamente ao cenário de despolitização, e isso permite a reprodução do sistema mesmo sob rejeição.

A consequência é a credibilidade política se manter baixa, mas certos políticos e projetos conseguirem ascensão por mobilizar despolitização e renormalizar o sistema sob significantes despolitizados e mascarados.

O caráter amplo das demandas apresentadas nos protestos de 2013 e o uso do ufanismo como ferramenta unificadora removeram o caráter revolucionário da mobilização, apagando as diferenças de classe sob o manto da bandeira brasileira.

A visão nacionalista que prevaleceu não foi de qualquer nacionalismo, mas, dentro da perspectiva ufanista histórica brasileira, um nacionalismo para poucos, para "cidadãos de bem", no estilo "Brasil, ame-o ou deixe-o".

Esse processo evoluiu para a pós-política, na qual a ideologia e a posição clássica de esquerda e direita são rejeitadas em favor de um guarda-chuva amplo o suficiente para substituir as exigências antagônicas por outras tecnocráticas e moralistas e que, por consequência, retroalimentam os objetivos da direita no *status quo*.

Posteriormente, se estabeleceu como simbologia autoritária da nova direita brasileira através de amedrontamentos e intimidações morais e discurso anticomunista.

É a esse difícil cenário que a esquerda fragmentada brasileira necessita responder. A crise de práxis é um impedimento devido ao seu peso de crise que evidencia os sintomas mórbidos da esquerda: responsabilidade na despolitização e na desmobilização, dificuldade em realizar autocrítica (como práxis), fragmentação em números e projetos na lógica da cisão, o sectarismo na esquerda radical, mas também a cooptação e a hegemonização acrítica da esquerda moderada, o desafio de mobilizar uma democracia liberal em chamas para uma democracia ampliada, melancolia, dentre outros.

Para dificultar ainda mais, sintomas mórbidos para além da esquerda, ou seja, sintomas mórbidos da conjuntura, como o golpe de 2016 e o anticomunismo, contribuem para o quadro crítico da sociedade brasileira.

GOLPE

Não nego a existência de um golpe em 2016, mas sou contrária às teses de que a *conjuntura* sob a qual vivemos seria o golpe.

Argumento que a conjuntura é de interregno, e que o golpe é apenas mais um sintoma mórbido dessa conjuntura.

O problema da tese de que estamos sob golpe é que confunde um atentado ao regime político vigente com o estado do regime no momento em que se segue.

Em 2016, quando o golpe parlamentar retira Dilma Rousseff da presidência, a conjuntura não muda. Alguns aspectos continuam os mesmos, outros se aprofundam.

As mudanças sociais negativas promovidas pela agenda de Temer têm impacto socioeconômico e material, mas também alteraram a perspectiva política.

Temer não possuía legitimidade representativa para executar medidas de austeridade e, mesmo assim, o fez. Isso demonstrou sinais de que a burguesia brasileira estava disposta a tomar a institucionalidade de qualquer forma, para garantir seus próprios ganhos.

Ameaças democráticas não seriam problema, já que a principal preocupação da burguesia é sua autorreprodução no curto prazo. Esse cenário se explica por meio de Florestan Fernandes, o qual afirmava que nossa burguesia era vítima de sua própria situação de classe justamente por não ter projeto nacional, apenas uma visão imediatista de sua classe.[141]

Essa característica se revela, portanto, na escolha do golpe parlamentar como na opção por Jair Bolsonaro como candidato. Apesar de sua imprevisibilidade e autoritarismo, Bolsonaro trazia duas vantagens para uma elite dependente como a brasileira: trocava apoio pela submissão aos liberais em sua campanha, e traria maior garantia de vitória por fazer parte de uma tendência global de viradas à extrema-direita (em geral associada a métodos de despolitização e desinformação, elaborados tais quais os vistos na campanha presidencial de Donald Trump nos Estados Unidos).

Ao contrário do que alguns membros da esquerda argumentaram após o impeachment, não passamos a viver sob a "ditadura Temer".

---

[141] Florestan Fernandes, *Sociedade de Classes e Subdesenvolvimento* (São Paulo: Global Editora, 2008).

A retirada de uma presidenta eleita por meio de uma alegação técnica orquestrada pela direita no Brasil, com o intuito de garantir ganhos para a burguesia através de um plano econômico de austeridade e retirada de direitos, é grave e se enquadra, sim, como um atentado a garantias da democracia liberal.

Mas nem todo golpe resulta em uma ditadura. O que vimos, em termos de direitos sociais sendo retirados, causou enorme dano, com destaque para a reforma trabalhista e o congelamento de investimentos públicos por vinte anos.

Todavia, os direitos políticos atenuados na Era Temer por força do Legislativo e do Executivo já estavam em andamento sob o governo Dilma: seja através do Congresso conservador eleito em 2014, seja com a criminalização de movimentos sociais pela Lei Antiterrorismo sancionada pela própria presidenta antes de ser removida do cargo.

Não se trata de uma ditadura, mas da inauguração de um acelerado desmonte da configuração democrática, como uma "desdemocratização" em curso.

Politicamente, o golpe significou mais uma fratura na estrutura da democracia liberal brasileira. A forma como pôde ser articulado foi possibilitada não somente pela crise de representação democrática revelada em Junho, mas também pela fragilidade inicial da democracia liberal (restrita, também na análise de Florestan) estabelecida no Brasil a partir da década de 1980.

O que se enxerga como uma deterioração das garantias e instituições democráticas no Brasil não pode ser considerado um projeto iniciado no golpe, tampouco em Junho de 2013, e sim um sintoma mórbido facilitado pela própria fraqueza da ideia e da materialidade da democracia no Brasil.

DESDEMOCRATIZAÇÃO

Para falar de desdemocratização, é preciso começar falando de democratização e dos dilemas da democracia liberal no Brasil.

Na década de 1980, iniciou-se o processo de abertura democrática, com falência de consentimento do regime da ditadura militar ao mesmo em tempo que o milagre econômico da era Médici havia se esgotado.

Essa abertura democrática, apesar de ter surgido de uma renovação de forças da luta por democracia no Brasil, foi bastante pautada pelos próprios militares.

Isso implicou num processo de anistia que devolveu direitos políticos a exilados e perseguidos, mas também não garantiu justiça de transição com relação a violência, tortura e morte do período ditatorial.

O impacto disso é sentido não somente na relativização da tortura que se verifica no avanço conservador (e protofascista) na sociedade brasileira de 2015 em diante, mas também no enraizamento do revisionismo histórico (ou falsificação histórica) do período como não sendo uma ditadura.

Assim, aquele regime acaba sendo descrito, por vezes, como um movimento e/ou revolução necessário para conter os comunistas (discurso que serve também ao atual regime no Brasil, embora este tenha sido eleito por instrumentos, mesmo que frágeis, da democracia liberal).

A ausência de justiça de transição impactou a memória histórica do brasileiro, de modo que gritos de "Ditadura nunca mais!" ficaram limitados ao campo da esquerda e à atividade de docentes comprometidos com a liberdade de pensamento.

Ao mesmo tempo, a democracia estabelecida no Brasil, embasada na Constituição de 1988, e exercida eleitoralmente a partir de 1989, não ultrapassou os limites e garantias formais, mesmo sob os governos petistas.

Qual o dilema aqui? Como abordado anteriormente, a democracia liberal é desejável frente ao fascismo ou a uma ditadura, pois traz consigo algumas garantias importantes para a construção de oposição trabalho de base e organização política.

Quando há uma ameaça fascista, é necessário que a esquerda se engaje na defesa da democracia liberal de modo a garantir sua própria existência fora da clandestinidade.

Como democracia liberal e burguesa, essas garantias estão sempre sendo mediadas por aqueles que governam o Estado de acordo com os interesses dominantes.

Normalmente, isso se traduz na garantia do direito de greve ao mesmo tempo em que policiais militares são enviados para conter piquetes e manifestações de grevistas.

Portanto, a democracia liberal burguesa oferece normas de negociação entre consentimento e coerção (assim mantendo sua hegemonia) que são executadas na prática a partir das necessidades e desejos dos que governam.

No caso dos governos petistas, a democracia liberal ajudou a sustentar inclusive a ilusão de que a conciliação de classes poderia ocorrer no Brasil (algo a discutirmos mais a fundo no decorrer do livro).

O problema ocorre quando, ao governar o Estado, a esquerda se contenta com os termos da democracia liberal. Além de confundir a valorização de processos de deliberação com a construção de poder popular, perde-se o horizonte de transformação política para além dos termos institucionais.

O resultado passa a ser também uma negação de alternativas, colocando que seria necessário ceder ao "jogo" da política (principalmente eleitoral) para realizar o mínimo de políticas progressistas.

Essa normalização da democracia liberal como horizonte resulta em postergar quase que infinitamente os processos de autocrítica que são cobrados da esquerda.

No caso do PT, isso era conhecido como "a hora de criticar" que nunca chegava (e alguns argumentam que ainda não chegou).

Em vez de o partido compreender a autocrítica como um processo de formação de sínteses e transformação da prática que impactaria inclusive as regras vigentes do "jogo" dessa democracia liberal, tomavam a crítica como danosa – daí a confusão destrutiva entre crítica à esquerda e ataques pela direita.

Ademais, a redução da disputa da esquerda a uma disputa eleitoral também contribuiu para uma despolitização do debate de projetos. Isso ficou bastante evidente na briga eleitoral entre eleitores de Ciro Gomes (PDT – centro-esquerda) e de Fernando Haddad (PT – esquerda moderada) pelo voto útil ainda no primeiro turno de 2018.

Como a possibilidade da eleição de Jair Bolsonaro era uma ameaça real para a esquerda, muito se discutia acerca de qual seria o candidato mais preparado para vencer Bolsonaro no segundo turno (as pesquisas indicavam que era Ciro) e não qual candidato apresentava um programa de governo que melhor correspondia aos interesses de cada eleitor.

Isso demonstra um problema cíclico. A normalização da democracia liberal, evidenciada pela ausência de debates sobre alternativas (tanto por parte da esquerda moderada quanto pelo pouco alcance da esquerda radical), somada ao vácuo do debate sobre a necessidade de garantias democráticas *versus* as experiências passadas de ditadura no Brasil, criou um contexto de significantes vazios.

Na Linguística, fala-se de significante, significado e signo – este último formado pelos dois primeiros. O significante seria a forma, ou o recipiente, que, ao carregar o significado, o conceito ou conteúdo, formaria um signo.

Pela normalização do *status quo* e da democracia liberal como horizonte (em vez de transitória rumo a uma democracia ampliada), os significantes necessários para carregar a ideia de uma democracia favorável ao poder popular e à transformação da realidade se esvaziaram.

Com isso, a própria noção de democracia deixou de atuar como um signo na sociedade, algo de valor a ser preservado e promovido. Hoje temos significados despolitizados de democracia (reduzida a uma mera alternância de poder ou ao atropelamento de uma maioria social por uma maioria eleitoral) e de ditadura (vista por alguns como desejável e necessária para retornar a "ordem" ao Brasil).

Os significantes vazios fizeram do signo democrático algo descartável aos olhos das pessoas. Isso ficou exposto com a crise de representação.

Todavia, um processo de despolitização também se movimenta através de significados despolitizados (como nos exemplos em parênteses acima) que podem ser empregados de forma conveniente por diversos atores políticos.

A onda conservadora que se estabelece com mais força de 2014 em diante é responsável por identificar o esvaziamento desses significantes, preenchê-los com significados contrários à realidade, e, a partir daí, promover e instrumentalizar esses signos. Trata-se de um processo de organização da direita (onda conservadora) que estabelece um ensaio (o golpe) rumo a um projeto alvo de execução (o fascismo).

O ciclo se estabelece quando a sociedade, e a esquerda, se acostumam com a democracia liberal, mesmo quando não existem ameaças concretas do fascismo (ou mesmo um autoritarismo de direita que dificulta o exercício da livre organização da esquerda).

Daí, surgem esvaziamentos de significantes que, por sua vez, favorecem uma despolitização pela via da onda conservadora (que intencionalmente ofusca o debate de classe e das opressões com ondas de pânico baseadas em questões morais).

Se essa onda consegue se estabelecer a ponto de tirar vantagem da despolitização para desmerecer as garantias democráticas, temos o surgimento de forças protofascistas que podem abrir alas para o fascismo em si (que, nos moldes brasileiros e no século XXI, poderá ser classificado como neofascismo).

Esse avanço força a esquerda a defender a democracia liberal para poder existir e ter a oportunidade de pautar a sociedade politicamente, mesmo como oposição.

O desafio está na necessidade da esquerda compreender que, caso o fascismo seja derrotado, não basta estabelecer a democracia liberal novamente.

É preciso ousar para fugir do ciclo, rumo a uma democracia ampliada e mesmo a uma democracia socialista. Trata-se, então, de levar a sério a crítica que Florestan Fernandes fez às experiências socialistas passadas que flertaram com o autoritarismo ou se submeteram a ele, tendo-o como marca de gestão (não sendo necessário discutir agora as circunstâncias de cada uma delas).

Ele também criticou como a democracia burguesa engole a esquerda que não constrói para além de seus moldes:

> É URGENTE QUE SE FAÇA ISSO COM MÉTODO, ORGANIZAÇÃO E FIRMEZA, PARA QUE A DEMOCRACIA A SER CRIADA NÃO DEVORE O SOCIALISMO, CONVERTENDO-SE EM UM SUCEDÂNEO BEM-COMPORTADO DO ABURGUESAMENTO DA SOCIAL-DEMOCRACIA E DA SOCIAL-DEMOCRATIZAÇÃO DO COMUNISMO. CARECEMOS COM PREMÊNCIA DA DEMOCRACIA. *MAS DE UMA DEMOCRACIA QUE NÃO SEJA O TÚMULO DO SOCIALISMO PROLETÁRIO E DOS SONHOS DE IGUALDADE COM LIBERDADE E FELICIDADE DOS TRABALHADORES E OPRIMIDOS.*[142]

É por isso mesmo que, ciente dessa radicalidade, o fascismo tem como um de seus pilares não apenas ser antidemocrático, mas também anticomunista.

A falha está em os socialistas e comunistas não compreenderem a democracia liberal como modelo limitado de democracia a ser superado (*aufheben*), e sim se acostumarem com ele, de modo a facilitar o ressurgimento fascista.

ANTICOMUNISMO

Faz-se necessário compreender como o anticomunismo também é um sintoma mórbido do interregno em que a esquerda e a sociedade brasileira se encontram.

---

[142] Florestan Fernandes, "Democracia e Socialismo," *Crítica Marxista* 1, no. 3 (1996): 1–6.

Esse anticomunismo não age apenas contra os reais comunistas que se articulam hoje na esquerda, minoria que são, mas como antiesquerda em geral, e até mesmo como antipetismo em específico.

No interregno, as várias nuanças dentro da esquerda que distanciam o comunismo do petismo (especialmente na variedade lulista) se desmancham sob a despolitização.

O estranho resultado é um anticomunismo que é antipetista e um antipetismo que é anticomunista.

Assim, toda e qualquer figura de esquerda que pensa que o antipetismo pode lhe ser útil na disputa pela hegemonia da esquerda – entendendo aqui que o ciclo petista estaria se esgotando nas mãos do antipetismo – se engana e arrisca a dar um tiro em seu próprio pé.

O fascismo possui algumas características, e elas podem variar em combinação de acordo com o contexto histórico e geográfico, mas existem duas características inevitáveis: antidemocracia e anticomunismo.

O primeiro pode configurar um governo autoritário, mas com manutenção de instituições democráticas formais (como eleições e parlamento), desde que ajam de acordo com seu viés.

Em casos mais extremos, em que o consentimento não é garantido, maior coerção se faz necessária, e isso pode acarretar uma ditadura.

Enquanto democracia e ditadura são regimes políticos distintos (assim como uma monarquia absolutista), o autoritarismo é uma característica de gestão (totalitária na ditadura, todavia negociado na democracia liberal de acordo com os interesses políticos daqueles que necessitam da coerção para manter sua dominação).

É por isso que se pode falar de autoritarismo de esquerda e de autoritarismo em experiências socialistas do passado. E é por isso que, no século XXI, muito se evoca um outro socialismo, embasado em princípios democráticos, como postula Florestan acima.

Mesmo assim, não se pode falar de fascismo de esquerda, muito menos de fascismo socialista. O fascismo, historicamente, também é anticomunista em cada uma de suas experiências.[143]

Governos fascistas podem se estabelecer a partir de lideranças que um dia já se propuseram socialistas, mas o fato é que Mussolini perseguiu comunistas, não o contrário.

---

[143] Sugiro a leitura do livro *Introdução ao Fascismo* de Leandro Konder para melhor compreensão do conceito e do fenômeno.

Quanto ao nome de partidos, não é preciso voltar à Alemanha para questionar a incoerência existente entre nomes e governos de partidos, pois basta questionar se o Solidariedade realmente é um partido embasado em preceitos solidários ou se o Partido da Mulher Brasileira realmente tem nas mulheres sua prioridade programática.

No que tange ao interregno, o anticomunismo, mais uma vez, é central para o protofascismo e um eventual fascismo no Brasil, tanto que é a tão temida ameaça do comunismo (fundamentada em visões despolitizadas do comunismo, e hoje agravadas pela pós-verdade) que justifica, para muitos, a outorga da violência política como meio (e fim).

Por mais que se argumente, como fica evidente na pesquisa que apresento aqui, que a esquerda está totalmente incapacitada de implementar o comunismo no Brasil (tampouco deseja fazê-lo, em sua maioria), a ameaça de um "golpe comunista" opera como pânico moral.

Isso opõe os "cidadãos de bem" e aqueles que, erroneamente, associam o comunismo a projetos inexistentes, como os supostamente delineados no também inexistente "Decálogo de Lenin", ou quaisquer outros devaneios bem articulados pela direita conservadora no Brasil, como o tal "marxismo cultural".[144]

É, todavia, o aspecto do anticomunismo que precisa ser explorado no momento, porque tem na despolitização sua base de atuação, e contribui para esse ciclo, de modo a excluir, e até mesmo criminalizar, as expressões da esquerda no Brasil.

A presença do anticomunismo coloca em xeque a própria viabilidade do desejo da esquerda que quer se colocar como o novo que nasce, e finda, assim, o interregno.

Como gerar e nutrir sob repressão política? Mesmo na ditadura civil-militar do século passado foi necessário que o regime se enfraquecesse economicamente, perdendo, dessa forma, consentimento, para que a reorganização democrática (passando da direita até a esquerda) pudesse ocorrer.

No momento atual, o impacto do anticomunismo está atrelado à crise de práxis da esquerda. O anticomunismo nega a diversidade de pensamento e projetos dentro da esquerda para promover um inimigo interno ao redor de uma caricatura, ou pior, um espantalho.

---

[144] Recomendo a discussão do livro Esther Solano, ed., *O Ódio Como Política: A Reinvenção Das Direitas No Brasil*, Coleção Tinta Vermelha (Boitempo Editorial, 2018).

Assim, o anticomunismo opera como antiesquerda. Toda e qualquer expressão de esquerda é tratada como equivalente e como deletéria.

Não basta o fato de o comunismo real, as bases do marxismo, e a noção de luta de classes terem sido deturpados em favor de falácias bem construídas, como a de que Marx teria sido um satanista (como se Marx, trancafiado na Biblioteca Britânica, tivesse tempo e preocupação com rituais pagãos).

É necessário, para os anticomunistas, associar todo pensamento progressista ao imoral, e no caso específico brasileiro, ao corrupto.

Para se livrar da corrupção seria necessário se livrar da esquerda. Sob a despolitização da onda conservadora, estabelecem ainda uma visão bizarra e não científica da esquerda como campo ideológico atrelado à existência e defesa do Estado, o que nega tanto o comunismo (e sua abolição do Estado), o anarquismo (e sua rejeição perene ao Estado) e, também, a direita que disputa o Estado como aparato e/ou como fiador do capitalismo.

É por conta desse tipo de despolitização que alguns chegam a afirmar, com base em exclamações superficiais, que mesmo Jair Bolsonaro não seria de extrema-direita, apenas de direita no Brasil, já que a extrema-direita só poderia existir sob forma ditatorial.

Fica a dúvida se tal declaração é mais amena ou pior do que os contrassensos encontrados em afirmações de que o Brasil nem mesmo estaria sob um sistema capitalista, mas apenas corporativista, como alega a corrente conhecida como anarcocapitalista (para o desgosto dos anarquistas, que, diante disso, precisam se identificar como anarquistas de esquerda).

É assim que o fenômeno antiesquerda passa a ser central no interregno, e é por isso que não devemos tratar o fenômeno do antipetismo de forma isolada.

Ao contrário, a antiesquerda alimenta o antipetismo, mas o antipetismo também alimenta a antiesquerda.

As razões para o antipetismo em si variam, e algumas não são tão esdrúxulas, como as afirmações de anticomunistas que se dizem contrários a tal sistema porque ele teria "assassinado trilhões".

Na verdade, algumas expressões do antipetismo cresceram na sociedade brasileira porque elas não são construídas em cima de meras abstrações, mas a partir de lastros reais deixados pelas contradições do petismo com relação à conciliação de classes, à liderança de Lula, à inabilidade de abordar apropriadamente o problema da corrupção no Brasil e, até mesmo, ao sentimento de traição causado naqueles que esperavam mais de Lula e Dilma na presidência.

O que argumento é que aqueles que se identificam com a esquerda mas se sentem traídos pelas posições políticas do PT no governo, e os contínuos tiros no pé da esquerda disparados pelo partido na sua insistência em manter hegemonia, devem ser oposição de esquerda ao PT, mas não antipetistas.

O antipetismo, nessa conjuntura, volta-se contra a esquerda, não importa quão blindada e correta julga estar. Isso se torna especialmente evidente durante as eleições. Assim, o ideal é fazer críticas de oposição e, principalmente, construir oposição de esquerda.

Por seu turno, o antipetismo é destrutivo para a esquerda no geral, mesmo para a centro-esquerda, por mais que esta esteja flertando cada dia mais com ele, no intuito de deslocar a hegemonia para si própria.

Para aqueles que estão na centro-esquerda, à direita do PT, o antipetismo pode parecer atraente; todavia, no Brasil do interregno, em que alguns identificam até mesmo Collor como sendo de esquerda, é preciso avaliar se essa postura não seria também tão irresponsável quanto os vários lastros deixados pelo PT, e em cima dos quais os articuladores do antipetismo conseguiram edificar uma visão mitológica do partido, colocando-o como a origem de todos os males da sociedade.

O antipetismo pode se basear, sim, no errôneo entendimento do PT como um partido comunista (e não um partido amplo em que existem alguns comunistas, deslocados e impossibilitados de ser qualquer ameaça) e até mesmo a ideia de que os governos petistas teriam sido uma ditadura comunista (!).

Os próximos capítulos demonstram como esse pensamento é falacioso. Assim, cabe aqui discutir os lastros deixados pelo PT para os outros tipos de antipetismo, principalmente no que tange à corrupção.

A associação do PT com a corrupção parte de um tipo de antipetismo que penetrou com sucesso o senso comum por conta de dois fatores: os casos concretos de envolvimento de figuras do partido com esquemas de corrupção e, ainda, a proximidade do partido com corruptores de grande nome por conta da política de conciliação de classes e, no caso das construtoras, também o projeto desenvolvimentista encampado por Dilma e Lula.

Esses dois fatores são lastros: são elementos que dão uma certa "garantia" à moeda discursiva, aí, sim, empregada pelos antipetistas, antiesquerda e anticomunistas originais da sociedade na figura de setores da direita e da burguesia.

Inclusive, essa dinâmica já aponta para a ingenuidade ou fraqueza do discurso de conciliação de classes, pois, historicamente, é sabido que as elites permitem uma negociação de seus interesses somente em períodos de estabilidade política e econômica (especialmente sob crescimento econômico).

Qualquer perspectiva contrária, como o discurso de mera negociação entre interesses da classe trabalhadora e os dos grandes patrões, demonstra ser falha em períodos de crise, como pode ser notado na tentativa de desmonte do Estado de bem-estar social em países conhecidos por encampar valores da social-democracia em pleno século XXI.

O erro da conciliação está em supor que os trabalhadores e as elites têm interesses apenas distintos, e, por serem simplesmente diferentes, seriam passíveis de aceitar negociações em que todos pudessem ceder um pouco.

Na verdade, os interesses dessas classes não são apenas distintos, mas fundamentalmente antagônicos.

Mesmo que, de imediato, pareça que o trabalhador tem interesse em manter seu emprego e o patrão tem interesse em empregar para produzir, os termos ideais dessa relação, da perspectiva de cada classe, se opõem e revelam que o antagonismo de classe não é fruto de um discurso da esquerda que "pregaria a luta de classes", mas fruto da própria materialidade.

Cabe à esquerda apenas organizar essa luta – algo que a esquerda moderada abandonou como objetivo central, não somente por conta do modelo lulista de gestão do Estado, mas pela própria melancolia do projeto petista, tema que abordarei posteriormente.

Essa perspectiva cria uma rede de ambiguidades que colocam em dúvida a natureza de cada microrrelação de figuras do PT no governo (tanto Executivo quanto Legislativo) com a elite corruptora. Por mais que se possa argumentar que as relações estavam todas dentro do quadro legal de negociações (e *lobby*) de empresas perante o Estado, a proximidade gera, todavia, lastro.

Pois alguém poderia indagar se não é o mesmo, afinal, para qualquer governo que se adequa à ordem e se propõe a governar para ambos os lados, ou mesmo diretamente apara o lado da elite.

Sim. A diferença é que quando se trata de um governo de centro-esquerda, encabeçado por um partido de esquerda moderada, as contradições não somente são expostas, mas também causam mais dano. Uma das razões para isso está tanto na expectativa da base do partido sobre a luta de classes quanto no fato de que o PT, mesmo como gerente da máquina estatal, não ter sabido construir narrativas sociais e políticas que fossem capazes de contrapor as narrativas dominantes.

De fato, podemos argumentar que a única grande narrativa promovida pelo PT durante todos esses anos foi que não haveria outra alternativa senão governar da forma como faziam, pois, sob qualquer outro nível de radicalidade, um golpe poderia surgir.

Pois o golpe surgiu mesmo assim, e não por que os governos petistas ousaram demais, mas porque ousaram de menos.

Aqui entra a péssima gestão discursiva dos governos petistas diante dos casos concretos de corrupção.

O discurso, muitas vezes percebido como vitimista pela sociedade, de que tudo seria uma armação, desperdiçou a oportunidade que havia para autocrítica sobre as relações com a burguesia e a crença da governabilidade através do presidencialismo de coalizão (em vez de através do povo) e que aí, sim, permitiria que a crítica da seletividade midiática e judicial em relação ao PT alcançasse ouvidos para além de uma reclamação.

Quanto a essa seletividade, sabe-se que o PT não é campeão, nem em políticos cassados, nem em políticos delatados. Sabe-se também que, entre os delatados, muitas figuras petistas já foram inocentadas – claro, após o assassinato de seu caráter, executado por parte da imprensa e nas redes sociais, para reforçar a tese vendida de que o PT seria o partido mais corrupto do país. Pior, que a esquerda seria essencialmente corrupta e responsável por quebrar o Brasil economicamente.

Este último aspecto sugere que o antipetismo relacionado à corrupção também alimenta o fenômeno antiesquerda. Por exemplo, já se suspeitava que a relação do então juiz Sérgio Moro no processo judicial que condenou Lula teria um viés de interesse político e eleitoral.

Essa suspeita se fortaleceu quando Moro foi indicado para ministro da Justiça por Jair Bolsonaro, já eleito.

Bolsonaro só era o candidato mais forte das eleições de 2018 em cenários, não por acaso, sem a candidatura do Lula – e a vitória de Bolsonaro se concretizou não somente por conta da condenação, mas também pela surpreendente velocidade com a qual tramitou o processo de Lula.

O processo condenatório, em grande medida pela atuação de Moro como juiz de Primeiro Grau, foi muito mais rápido que a média de outras condenações da Operação Lava Jato.

Mesmo assim, algumas organizações de esquerda, sabendo da importância de um engajamento da esquerda no discurso e nas demandas contra a corrupção, optaram por endossar a Lava Jato publicamente.

É necessário que a esquerda se reaproprie da luta contra a corrupção, mas a simples mimetização do discurso anticorrupção não somente falhou em lhe dar credibilidade como bastião da luta contra a corrupção no Brasil, como nada fez para blindar essas organizações do ódio e do impacto do fenômeno antiesquerda movido sua associação com o problema.

Isso ocorre porque não foi somente o PT que deu causa a essa associação, mas a própria direita também, em suas articulações. Afinal, existe um antipetismo que decorre do interesse de classe da elite brasileira em garantir um projeto no qual não teria que ceder em nada, mas agir de acordo com o capitalismo mais selvagem possível.

Políticas encampadas pelo PT, como ações afirmativas, têm peso muito maior do que alguns intelectuais da esquerda colocam como "ódio da classe média aos pobres". Apesar de ódio e medo serem afetos centrais dessa conjuntura, a relação da classe média e sua reação ao PT partem de sua posição contraditória no Brasil.

Diferentemente da classe média de países colonizadores, nas colônias, a brasileira mantém por muito tempo privilégios herdados da estrutura oligárquica. Seria o caso, por exemplo, da classe média assalariada, que depende de direitos trabalhistas e aprecia a estabilidade empregatícia, mas também se beneficiava da exploração de seus próprios empregados, que têm poucos direitos, como no caso das empregadas domésticas.

Projetos aprovados na era da petista concederam direitos trabalhistas a uma classe trabalhadora explorada, ainda no limiar do século XXI, nos moldes do sistema escravocrata. Isso afetou diretamente os ganhos da classe média, impactando, também, sua própria percepção de classe na sociedade.

Essa mudança material gerou lastro para o ódio visto posteriormente nas manifestações de classe média e classe média alta contra Dilma e na sua adesão fervorosa a Bolsonaro e ao lema "Brasil acima de todos. Deus acima de tudo".

A ascensão de Bolsonaro, obviamente, não se dá somente em cima desses lastros do antipetismo, mas também é favorecida pelo crescimento do fundamentalismo religioso visto no Brasil e pelo populismo penal como resposta ao punitivismo ansiado pela população.

Ambos os fenômenos cresceram sob os governos petistas por conta do desamparo das pessoas diante da precarização do trabalho e da violência.

Assim se forma um cenário complexo para a eleição e presidência de Jair Bolsonaro, ao mesmo tempo em que a esquerda se desdobra para compreender a conjuntura e sua própria desorganização.

As contradições da esquerda e a crise de práxis contribuem para esse resultado; todavia, a esquerda não pode ser culpada totalmente e diretamente por nenhum levante da direita em qualquer lugar no mundo.

A direita tem seus próprios méritos de organização, e um deles se está justamente nas táticas de comunicação diversas, que contribuem para o contexto de pós-verdade e *fake news*, no controle de narrativas no senso comum.

Portanto, não somente são inúteis as discussões fratricidas dentro da esquerda, em que dedos são apontados para culpar uma força ou outra exclusivamente pelo fenômeno Bolsonaro, como são destrutivas e pueris.

Cabe à esquerda compreender melhor onde tem errado em sua fragmentação e onde é, sim, responsável pela despolitização que esvaziou significantes e os entregou com facilidade para que a direita conservadora os pudesse preencher.

PARTE II

AS ESQUERDAS BRASILEIRAS

A tipologia apresentada anteriormente é, apenas, uma das possíveis para se compreender a esquerda. De fato, a mais famosa dentro do marxismo consiste na separação entre revolucionários e reformistas. Todavia, há uma tendência forte em impor essa tipologia como marca de autoproclamação, em vez de aplicá-la a uma compreensão mais complexa da realidade. Nesta parte, considero a esquerda moderada e a esquerda radical a partir das definições já apresentadas e fixadas na leitura sobre a atuação dessas organizações na conjuntura atual brasileira. Não se trata, nem mesmo, de como essas organizações se enxergam, ou qual seu propósito em sua fundação, ou, ainda, o que suas influências teóricas pregam. O objetivo é compreender todos esses elementos atuando na práxis dessas organizações. Aqui não avaliamos se uma é melhor que a outra, mas como se comportam e qual o papel das esquerdas moderada e radical no interregno. Por último, cabe mencionar a ausência de organizações anarquistas nesta análise. São muitas, diversas, e cumprem papéis importantes no confronto com o Estado e ao pautarem outras formas de relação. No entanto, por mais que eu tenha estudado o anarquismo, o movimento anarquista no contexto brasileiro não é minha especialidade, tampouco pude estudá-lo a fundo nesta pesquisa. Felizmente, existem outras obras que tratam da história e atuação do anarquismo no Brasil que podem contribuir para uma comparação futura.

CAPÍTULO 5   A ESQUERDA MODERADA

Voltamos nossa atenção para a esquerda moderada brasileira, que, em um interregno de esquerda (situado no interior do interregno mais geral), seria a esquerda que está morrendo por transformismo e complacência, mas que consegue se manter viva e se interpõe ao novo precisamente por causa de métodos impregnados de transformismo e complacência.

É a esquerda hegemônica não somente por ter hegemonia no campo de esquerda, hegemonizando também os significados de esquerda, mas também por se agarrar a esse papel através do aceite da ordem hegemônica do capitalismo no Brasil.

Enquanto o Partido dos Trabalhadores (PT) é o principal representante da esquerda moderada, ele não atua sozinho, e a amplitude de sua influência (e base) depende de sua relação com outras partes (relativamente de esquerda ou não) e de seus movimentos sociais e sindicatos aliados.

Há uma extensa pesquisa, publicada no Brasil e no exterior, sobre as organizações que coloco na esquerda moderada, especialmente aquelas examinadas de perto neste capítulo: o Partido dos Trabalhadores (PT), o Partido Comunista do Brasil (PCdoB), o Movimento dos Trabalhadores Sem Terra (MST) e a Central Única dos Trabalhadores (CUT).[145]

---

[145] Sugestões: Gelsom Rozentino De Almeida, "O Governo Lula, o Fórum Nacional Do Trabalho e a Reforma Sindical," *Revista Katálysis* 10, no. 1 (2007): 54–64, https://doi.org/10.1590/S1414-49802007000100007; Ricardo Antunes, *Uma Esquerda Fora Do Lugar: O Governo Lula e Os Descaminhos Do PT* (Campinas: Autores Associados, 2006); Ricardo Antunes, "Trade Unions, Social Conflict, and the Political Left in Present-Day Brazil," in *The New Latin American Left: Cracks in the Empire*, ed. Jeffery R. Webber & Barry Carr (Lanham: Rowman & Littlefield Publishers, 2013); Sue Branford & Jan Rocha, "Cutting the Wire : The Landless Movement of Brazil," in *We Are Everywhere: The Irresistible Rise of Global Anticapitalism*, ed. Notes from Nowhere, 2001; Alfredo Saad Filho, "Mass Protests under 'Left Neoliberalism': Brazil, June-July 2013," *Critical Sociology* 39, no. 5 (August 29, 2013): 657–69, https://doi.org/10.1177/0896920513501906; Alfredo Saad Filho & Armando Boito, "Brazil: The Failute of the PT and the Rise of the 'New Right,'" *Socialist Register* 52, no. 52 (2015): 213–30; Vladimir Safatle, *A Esquerda Que Não Teme Dizer Seu Nome* (São Paulo: Três Estrelas, 2012); Marco Aurélio Santana, "Partidos e Trabalhadores Na Transição Democrática: A Luta Pela Hegemonia Na Esquerda Brasileira," *Dados - Revista*

Portanto, os relatos sobre essas organizações pretendem apoiar sua classificação como esquerda moderada, enquanto informações mais detalhadas sobre suas histórias e extensão de influência podem ser encontradas na literatura em geral.

A administração do Partido dos Trabalhadores (PT) no nível federal, de 2003 até a crise do impeachment em 2016, é identificada, principalmente nos círculos acadêmicos, como sendo de centro-esquerda.

O governo petista buscou mediar economicamente uma agenda neoliberal, tendo seu ápice no segundo mandato de Dilma, com investimentos do Estado com ou através o setor privado em políticas neo-desenvolvimentistas – de aliança com setores específicos da burguesia nacional, especialmente aqueles envolvidos no PAC.

Essa mediação de proposta econômica estava em conflito com outras demandas e tarefas dos governos petistas, precisamente com as relacionadas à promoção de políticas de inclusão social.

Essas políticas se dariam, nas palavras de Lula, no sentido de "dobrar a qualidade de vida das pessoas mais humildes, e este poderia passar a ser um país com menos pobres, com menos miseráveis e com mais gente de ascensão a níveis médios".[146] O projeto de crescimento econômico, dentro da ordem capitalista, seria o combustível para a execução da pasta social.

A crítica de outros partidos de esquerda (na oposição) e de grandes movimentos sociais é congruente com essa perspectiva e promove a interpretação de uma transformação do PT em direção a um reformismo fraco[147] e aos interesses capitalistas.

Isso não altera a relevância do PT como a organização de esquerda de maior proeminência no Brasil, sendo o maior partido de esquerda em números de filiados e o maior articulador de

---

de Ciências Sociais 55, no. 3 (2012): 787–826; André Singer, "Raízes Sociais e Ideológicas Do Lulismo," *Novos Estudos*, 2009; André Singer, "Os Sentidos Do Lulismo No Brasil," 2006, 232; Rudá Ricci, "Lulismo: Mais Que Um Governo," 2010, 141–44; J Sluyter-Beltrão, *Rise and Decline of Brazil's New Unionism: The Politics of the Central Única Dos Trabalhadores*, Trade Unions Past, Present and Future (Bern: Peter Lang, 2010).

[146] Luis Inácio Lula da Silva, *A Verdade Vencerá: o povo sabe por que me condenam* (São Paulo: Boitempo Editorial, 2018), 49.

[147] Singer, "Os Sentidos Do Lulismo No Brasil".

esquerda entre os vários partidos, movimentos, sindicatos e demais organizações.[148]

De fato, alguns anos depois do mandato do presidente Lula, uma cisão à esquerda dentro do PT composto por um grupo político de militantes e intelectuais socialistas levou à criação do Partido Socialismo e Liberdade (PSOL). Tratava-se de uma cisão crítica à lógica de conciliação de classes e que propunha um projeto de esquerda para o Brasil fielmente anticapitalista.

Assim, o PSOL juntou-se ao lado radical dos partidos políticos de esquerda, com o Partido Socialista dos Trabalhadores Unificado (PSTU) e o Partido Comunista Brasileiro (PCB). Outros partidos normalmente identificados como sendo de esquerda radical são o Partido da Causa Operária (PCO) e o Partido Comunista Revolucionário (PCR).

Todavia, o PCO entra nesta análise como uma peça estranha nas articulações da esquerda moderada devido às suas leituras de conjuntura a partir de 2013, o que será mais bem explicado a seguir.

As próximas seções do capítulo explorarão, principalmente, o papel do Partido dos Trabalhadores na mudança da percepção da esquerda no Brasil, e os impactos negativos disso, acompanhada por outros atores da esquerda moderada.

Exporemos a amplitude desse processo e, ainda, como isso, por meio de seus atores, continua a monopolizar os espaços de esquerda e de luta voltado à realização do próprio projeto da esquerda moderada em detrimento, por conseguinte, de vozes alternativas, as quais são alvos de acusações perpetradas para impedir a crítica construtiva.

O PARTIDO DOS TRABALHADORES (PT)

Olhando para o cenário político-partidário, a indignação geral com o caminho percorrido pelo PT nas últimas duas décadas até leva

---

[148] Antunes, "Trade Unions, Social Conflict, and the Political Left in Present-Day Brazil"; Lecio Morais & Alfredo Saad Filho, "Lula and the Continuity of Neoliberalism in Brazil: Strategic Choice, Economic Imperative or Political Schizophrenia?," *Historical Materialism* 13, no. 1 (2005): 3–32; Webber and Carr, "Introduction: The Latin American Left in Theory and in Practice," 6; Claudio Katz, "Socialist Strategies in Latin America," in *The New Latin American Left: Cracks in the Empire*, ed. Jeffery R. Webber & Barry Carr (Lanham: Rowman & Littlefield Publishers, 2013).

alguns a clamar pela sua exclusão como representante de qualquer setor da esquerda.

Esse é, frequentemente, o caso quando os militantes da esquerda radical, principalmente, buscam se "defender" de associações com o PT feitas pelo senso comum. Na tentativa de se blindarem inclusive das consequências negativas do antipetismo que respingam na esquerda, passam a explicar que o "PT não é mais de esquerda".

Essa visão é rechaçada aqui, como foi visto nos parágrafos anteriores. Ademais, o PT ser de esquerda ou não é algo que supera as barreiras das declarações internas da esquerda.

Enquanto é discutível a afirmação de setores do PSDB de que o partido é, ou deveria ser, de centro-esquerda, o enquadramento do PT na esquerda moderada passa pela prática atenta, mesmo que contraditória, à classe trabalhadora e ao reconhecimento desta.

Queira ou não queira, o PT ainda é o maior representante, em tamanho e influência, da esquerda no Brasil, e continua sendo reconhecido como tal pela população.

O rótulo de esquerda é, atualmente, negociado pelo PT, ora o partido o usa a seu favor, ora se afasta dele, dependendo da agenda do dia. Quando interessa, no diálogo com os trabalhadores, o PT é esquerda.

Quando o diálogo é com os bancos, o PT também é esquerda, mas uma esquerda que eles não devem temer. É essa a ambiguidade, e as contradições, que confunde os de fora e incomoda os de dentro da esquerda.

Todavia, as raízes do partido são, sem dúvida, de esquerda e de conteúdos diversos, que abrangem desde os interessados em uma esquerda social-democrata àqueles engajados na construção de um programa revolucionário comunista.

O PT nasceu, em 1980, da necessidade de sindicalistas e outras organizações de ter uma nova ferramenta política que fosse nacional e de massas, especialmente após a abolição do sistema bipartidarista que havia prevalecido durante o regime militar.[149]

---

[149] Paulo Henrique Martinez, "O Partido Dos Trabalhadores e a Conquista Do Estado: 1980-2005," in *História Do Marxismo No Brasil (v. 6)*, ed. Marcelo Ridenti & Daniel Aarão Reis (Campinas: Editora da Unicamp, 2007), 245–46.

Com o processo de democratização no horizonte, a esquerda, que operava clandestinamente ou através de organizações autorizadas, como a Igreja Católica, estava em busca de uma forma de unificar formalmente as lutas para além dos anos de resistência sob a ditadura.

Sua fundação congregou a maioria dos grupos de esquerda existentes no Brasil, com a exceção, principalmente, do Partido Comunista Brasileiro (PCB), o Partido Comunista do Brasil (PCdoB) e o grupo guerrilheiro marxista-leninista Movimento Revolucionário Oito de Outubro (MR-8).

A base social, dentre os sindicatos, era composta majoritariamente de trabalhadores industriais, trabalhadores dos setores de transporte e bancário, trabalhadores sem terra, professores e outros funcionários do setor público[150].

Como parte de um projeto de muitos, incluindo aqueles de grupos organizados, o PT se estabeleceu como um partido político com tendências internas que competiam e colaboravam entre si para determinar a direção e as ações do partido como um instrumento político comum.

Enquanto a esquerda brasileira já estava fragmentada em múltiplas organizações nos anos 1980, essa fragmentação estava subordinada à noção de ferramenta política unificadora através da criação do PT.

O direito à tendência no partido foi formalizado em 1986, em meio a um empurrão da liderança para limitar o alcance e as ações de cada tendência.[151] Ele atestava uma fragmentação numérica contínua, de muitas organizações e projetos distintos dentro de uma organização-projeto geral.

No entanto, isso também indicava como essa diversidade, muitas vezes competitiva, era secundária a uma experiência unificadora que marcou o PT na década de 1980 como um partido político que deveria ser construído mutuamente.

Essa consideração é importante para destacar as diferenças entre a fragmentação numérica e a fragmentação como falta de diálogo, apenas colaboração pontual, e cada vez mais cisões, como é o caso da esquerda hoje.

---

[150] Martinez, 2007, p. 246.
[151] Rudá Ricci, "As Origens Das Tendências Do PT," Blog do Rudá, January 5, 2015, http://www.rudaricci.com.br/origens-das-tendencias-pt/.

Durante sua primeira década, o PT operou abertamente como oposição às organizações e instituições dentro do *establishment*, o que Paulo Henrique Martinez argumenta ter mudado oficialmente após o congresso do partido em 1991[152].

Embora os programas e declarações anteriores associados ao PT já tivessem indicado um projeto ligado aos setores institucionais, o congresso marcou o momento em que a disputa pelo poder institucional ficou diretamente atrelada ao horizonte estratégico do partido.

Desde então, organizações dentro e fora do PT e sua base de apoio têm se esforçado para entender o processo de *transformismo* do PT e o que isso significa para a esquerda.

Conversando com o sociólogo Ruy Braga, este classificou o PT atual como um partido "que aposta em um caminho de políticas públicas, pequenas concessões – aquilo que o André [Singer] chama de reformismo fraco – uma política muito moderada que tenta não atrapalhar a riqueza".[153]

De fato, após uma relação conturbada com as ruas durante as manifestações de 2013 e as de 2014 (contra as violações da Copa do Mundo), o PT retorna às ruas de forma articulada para a defesa contra o impeachment da presidenta Dilma Rousseff, mas ainda comunicando esse mesmo caminho conturbado.

Enquanto se acusava a direita de articular a remoção de uma presidenta eleita democraticamente, figuras públicas, como o Lula, continuavam a afirmar, com orgulho, que a elite brasileira havia ganhado como nunca sob os governos petistas.

Esse discurso feito por Lula em março de 2016 continuou a ecoar no petismo com força, especialmente por certa indignação com o sentimento de "ingratidão" da elite, a qual se empenhou na concretização do golpe e da prisão de Lula.

Retorno a essa perspectiva quando discutirmos a melancolia da esquerda moderada, mas, por ora, basta indicar o quanto comunica mais sobre a – talvez ingênua – leitura dos petistas sobre como opera a elite brasileira no seio do Estado capitalista do que sua atribuição como ingrata.

Eu poderia dedicar algumas páginas aos méritos dos governos petistas em termos de política social: seja no combate à fome e à pobreza,

---

[152] Martinez, 2007, p. 258.
[153] Sabrina Fernandes, "Conjunto de Entrevistas de Campo (2014-2016)", 2016.

seja no empenho em expandir o acesso à educação de boa parte da juventude brasileira através de semirreformas e programas sociais.

Poderia também falar da política de boa vizinhança na América Latina, inclusive no importante papel cumprido na defesa da legitimidade do governo Chávez diante de ataques imperialistas.

De fato, são muitos os paralelos a serem traçados entre os governos do PT e a experiência de Maré Rosa[154] na América Latina.

Muitos governos que chegam ao poder com forte apelo popular, reinaugurando períodos democráticos em países assolados anteriormente por ditaduras (militares), com a presença de discursos populistas e a implementação de ferramentas de maior participação social.

Tais governos populares, no entanto, foram marcados por contradições relacionadas à estrutura da propriedade privada em seus países, assim como a exploração ambiental, e sob constante ameaça da oposição.

Há, indubitavelmente, uma extensa lista de ganhos sociais garantidos por Lula, e mesmo Dilma. Todavia, como o foco deste livro é explicar raciocínios políticos, inclusive aqueles que casaram cada política social com algum investimento e parceria contraditória com a burguesia brasileira, não há como expandir para um balanço sobre os governos petistas. Para isso deixo indicações da literatura.[155] Todavia, um

---

[154] N. de E.: Maré Rosa ou Onda Rosa é um termo cunhado para designar o ciclo de vitórias eleitorais das forças de esquerda, autoproclamadas ou consideradas anti ou pós neoliberais, na América Latina. O termo faz referência a um fenômeno biológico, a Maré Vermelha, que é causada pelo acúmulo rápido de microplanctons na água a ponto de mudar-lhe a cor. Aparentemente, quem primeiro utilizou o termo foi o correspondente do New York Times Larry Rother, o qual creditou a vitória da esquerda no Uruguai em 2004 à consolidação de uma "pink tide" (maré rosa) – uma vez que não seria o caso de falar em uma "red tide" (maré vermelha); a última seria a referência ao fenômeno biológico, mas em vez de "red" (vermelho), associado à esquerda revolucionária ou radical, seria o caso de se falar em "pink" (rosa) em virtude do caráter moderado do presidente eleito no Uruguai Tabaré Vázquez, cuja vitória se deu na esteira da ascensão de Lula da Silva no Brasil em 2002 e de Néstor Kirchner na Argentina em 2003, todos vistos como moderados. Naquele primeiro momento, Rother via a vitória de Hugo Chávez na Venezuela em 1999 como um caso à parte e isolado.

155 Singer, "Os Sentidos Do Lulismo No Brasil"; André Singer, *O Lulismo Em Crise* (São Paulo: Companhia das Letras, 2018); Sabrina Fernandes, "Assessing the Brazilian Workers' Party", *Jacobin*, no. 25 (2017): 85–88; Laura Carvalho, *Valsa Brasileira: Do Boom Ao Caos*

bom resumo é encontrado neste trecho do livro do Fabio Luis Barbosa dos Santos acerca do balanço lulista dos governos em 2013:

> O SALÁRIO MÍNIMO REAL CRESCERA E O CONSUMO AUMENTARA, DANDO ORIGEM A UMA NOVA CLASSE MÉDIA. ESTIMULAVA-SE A FORMALIZAÇÃO DO TRABALHO E A EMPREGADA DOMÉSTICA SE TORNAVA PORTADORA DE DIREITOS. A POBREZA ABSOLUTA DIMINUÍRA, EM CONSONÂNCIA COM ABRANGENTES POLÍTICAS DE TRANSFERÊNCIA DE RENDA CONDICIONADA. O PAÍS QUEBRAVA RECORDES NA EXPORTAÇÃO MINERAL E AGROPECUÁRIA, ENQUANTO A DESCOBERTA DO PRÉ-SAL ACENAVA COM UMA PROSPERIDADE AINDA MAIOR. O BRASIL PASSARA DE DEVEDOR A CREDOR DO FMI, DE ALUNO A EXEMPLO DO BANCO MUNDIAL.[156]

O que nos interessa é que, mesmo diante de governos e discursos pautados pela ambiguidade da conciliação de classes, a percepção do PT e o papel que continua desempenhando como líder da esquerda moderada e como organização hegemônica da esquerda brasileira impactam todas as outras organizações de esquerda.

Além de contribuir também para a melancolia da esquerda radical, afeta as possibilidades de reorganização de esquerda, os espaços de crítica e a própria direção do debate sobre um projeto de esquerda para o Brasil.

Embora uma rerradicalização do PT não seja totalmente impossível, especialmente porque ainda existem grupos mais à esquerda dentro do partido, a reclamação frequente dos que criticam o PT de dentro e de fora diz respeito ao tratamento dado a críticas construtivas, as quais são tomadas como ataques, e à exigência que se espere o momento certo para trazer tais críticas – momento que, parece nunca chegar.

Enquanto isso, os dilemas centrais giram em torno de como a tomada do poder institucional, na forma de um governo federal no Brasil, por um partido de esquerda não resultou em uma ruptura radical com o capital e as alianças de classe baseadas na elite.

Na verdade, isso afetou negativamente a consciência política ao demonstrar abertamente como os movimentos sociais e as demandas por direitos sociais também são ignorados pelos partidos de esquerda

---

Econômico (São Paulo: Todavia, 2018); Fabio Luis Barbosa dos Santos, *Além Do* PT, 2nd Editio (São Paulo: Editora Elefante, 2016).
[156] Santos, *Além do* PT.

quando não se encaixam em sua agenda moderada.[157]

Há uma explicação para essa impossibilidade do PT de governar abertamente com e para o povo que é frequentemente entoada por petistas e lulistas (aqui configurando os que se orientam mais pelo Lulismo do que pelo partido, até porque o Lulismo supera as fronteiras partidárias petistas, e isso se traduz, inclusive, em discrepâncias eleitorais).

O que se ouve é que Lula não governou com a direita por escolha, ou não abriu mão de reformas no centro das pautas petistas, como a agrária, por falta de vontade, mas sim que Lula fez milagre diante das correlações de força da época.

Como o termo "correlações de força" é usado como justificativa há muitos anos, cabe avaliar quais eram realmente as correlações de força que levaram Lula à presidência em 2002.

Cabe, principalmente, traçar o desacordo central entre aqueles que são compreensivos com os recuos de Lula e aqueles que esperavam mais: enquanto o primeiro grupo se baseia no discurso da governabilidade institucional no entendimento de correlação de forças, o segundo enxerga a relação como dada materialmente pelo apoio popular (expressado no voto para o Executivo e nas ruas), e não na capacidade de gerir o Estado que a direita continuava a disputar no Legislativo.

Em um artigo de 2005, Lécio Morais e Alfredo Saad Filho discutem o contexto da eleição de Lula em 2002 e a escolha de dar continuidade a políticas neoliberais dos governos anteriores.[158]

---

[157] Eu não estou propondo uma continuidade equivalente completa entre a administração do PT e do PSDB, já que o PT tentou contrabalançar seus acenos ao mercado, a bancos e empresários, com a expansão de políticas públicas sociais (mesmo que parte dessa política social também favoreça a classe capitalista através em muitos setores, como no caso do fortalecimento de empresas privadas de educação) e mais acesso ao governo por parte de alguns grupos, como os sindicatos (embora integrados ao aparato estatal até certo ponto) e movimentos sociais. O que é relevante aqui é como a identificação do PT com a esquerda radical mudou bruscamente logo após a posse do presidente Lula, mesmo havendo indícios anteriores, para surpresa de muitos movimentos sociais que contaram com a mudança na política eleitoral para avançar algumas de suas principais demandas (por exemplo: o MST na demanda por reforma grária).

[158] Lecio Morais & Alfredo Saad Filho, "Lula and the Continuity of Neoliberalism in Brazil: Strategic Choice, Economic Imperative or Political Schizophrenia?," *Historical Materialism* 13, no. 1 (2005): 3–32, https://doi.org/10.1163/1569206053620924.

Os autores traçam a análise de acordo com essa segunda perspectiva, a de que a correlação de forças é algo que vai além dos grupos de deputados e partidos de apoio na conjuntura eleitoral.

De fato, deveria ir além em qualquer partido e governo que se propusesse a ocupar a institucionalidade para o povo, e não simplesmente ceder a ela. Todavia, Morais & Saad Filho oferecem uma perspectiva heterodoxa.

Não a de que Lula teria sido eleito por grupos unidos pelo anticapitalismo e uma visão definitivamente de esquerda, mas por uma aliança de grupos até mesmo desconectados na política geral, porém unidos da crítica às políticas neoliberais de Fernando Henrique Cardoso.

Esses grupos se decepcionaram com as posições de Lula logo antes das eleições em 2002 e após o início de seu mandato, o que sinalizava que Lula só enxergava um governo que trabalhasse diretamente com o capital financeiro.

Nessa visão, a correlação de forças não era entre a base popular e as alianças de centro no Congresso, mas entre ambos e o mercado financeiro.

Não seria porque Lula era impedido de fazer as grandes reformas populares por conta de deputados da base aliada não petista, mas sim porque haveria firmado um compromisso com a agenda neoliberal de caráter permanente. O resultado foi uma política econômica contraditória.

Apesar de encontrar bastante relevância nessa análise, eu proponho que a perspectiva das reais correlações de forças considere o peso da articulação política, trabalho de base e capital político que Lula possuía a ponto de encarnar facilmente uma ambiguidade que nenhum outro adversário político conseguiu até hoje.

E Lula conseguiu ser um presidente que incorporava políticas econômicas favoráveis às elites brasileiras de diversos setores (numa combinação quase paradoxal entre neoliberalismo e neodesenvolvimentismo) sem perder seu espaço de maior líder da esquerda brasileira.

E o que muito nos interessa são as ferramentas que permitiram que Lula assegurasse o apoio da base social petista, do campo democrático popular, e daqueles que confiavam em suas habilidades políticas para o avanço de um programa progressista. Mesmo com a CUT, o MST e várias outras organizações visivelmente preocupadas com os rumos econômicos do governo de Lula, o presidente conseguiu canalizar a base para focar nas políticas sociais através da desmobilização da indignação do povo organizado e através da cooptação de lideranças – algo afirmado pelos mais variados militantes da esquerda radical entrevistados aqui, especialmente aqueles que identificam esse padrão como razão para seu próprio rompimento com o PT nos anos 2000.

O interessante é que lideranças que em 2003 demonstravam decepção com os rumos do governo e o enxergavam sua eleição como a oportunidade para que finalmente se fizesse a vontade do povo, e com as condições ideias, são as mesmas que hoje afirmam que tais condições eram inexistentes.

É neste ponto que encontramos a maior divergência: enquanto é possível enfatizar a força do mercado financeiro, a fragilidade das alianças com o centro (incluso a centro-direita), de modo que estas viessem a cobrar de Lula, na garantia da governabilidade, por que também escolhem subestimar todos os anos de construção democrática popular do PT e suas organizações aliadas e os 61,27% de votos no segundo turno?

Esses que são os mesmos elementos valorizados fervorosamente na defesa do PT como maior organização popular do Brasil e na de Dilma Rousseff como presidenta legítima, apesar da percepção de suas medidas em 2015-2016 como parte de um estelionato eleitoral? O fato é que, não poderia o PT ter utilizado todo seu capital político, o poder de mobilização da época (certamente sua era de ouro) e a legitimidade do voto popular como catalisadores de um processo mais radicalizado?

Ademais, entre as eleições de 2002 e 2010, a base de apoio dos governos petistas na Câmara de Deputados cresceu continuamente, seja pela confiança do eleitorado, seja pela expansão da política de alianças com partidos do centro e da direita.

O segundo quesito dá razão aos apoiadores dos governos petistas que argumentam que nenhuma outra forma de fazer política é possível, mas somente caso os governos Dilma e Lula tivessem realmente intentado promover as mudanças mais radicais a ponto de serem eventualmente barrados por sua própria base.

Ao contrário, no caso de Lula, sua figura era maior que o próprio PT e, até mesmo, a esquerda organizada, como demonstrado em uma comparação entre o crescimento de sua base de apoio e a estagnação da base petista em 2006.[159] Em algumas ocasiões, Lula chegou a surpreender a própria direita com decisões que agradavam o mercado antes de qualquer cobrança, como foi o caso da indicação de Palocci para o Ministério da Fazenda.[160]

A política já se configurava como o "toma lá, dá cá" institucional. Ela apresentava pouco apelo ao povo para tomar as ruas e, assim, pressionar tanto a base aliada quanto a oposição com vistas à aprovação ou rejeição de alguma proposta.

Na realidade, já estava estabelecida uma política de desmobilização de base, elaborada inicialmente para barrar mobilizações contrárias às políticas do governo, como a famigerada Reforma da Previdência de 2003, e cuja continuidade se deu como uma ameaça constante: críticas de esquerda poderiam enfraquecer o governo e abrir espaço para a direita.

Foi justamente esse raciocínio que resultou em um erro tático da presidenta Dilma Rousseff quando à beira do impeachment. Em vez de compreender as críticas de esquerda, ao menos as mais brandas, que a responsabilizariam pelo programa eleitoral de sua campanha na busca de um último fôlego de apoio popular, Dilma optou por ações cada vez mais regressivas.

Um dos exemplos mais flagrantes é o apoio ao projeto de lei antiterrorista que criminaliza os movimentos sociais e que, por seu turno, prejudicava diretamente aqueles que foram defendê-la nas ruas, bem como o seu mandato.

Parte disso se deu porque o PT nunca soube lidar com o antipetismo. Figuras do partido ou que o apoiavam preferiam demonizar os locutores do antipetismo, classificando-os como a classe média brasileira (a mesma que os governos petistas também buscavam alcançar por meio do acesso ao consumo).

Reduziam a questão ao "ódio de classe" em vez de buscar compreender as condições materiais que criavam lastro ideológico para o crescimento do antipetismo.

Com isso, as lideranças petistas falhavam tanto em compreender o valor da crítica de esquerda que, em sua maioria, não se relacionava

---

[159] Sonia Luiza Terron & Gláucio Ary Dillon Soares, "As Bases Eleitorais de Lula e Do PT: Do Distanciamento Ao Divórcio", *Opinião Pública* 16, no. 2 (2010): 310–37, https://doi.org/10.1590/S0104-62762010000200002.

[160] <http://www1.folha.uol.com.br/folha/brasil/ult96u43892.shtml>

em nada com um antipetismo, mas com a busca da restauração das raízes do partido,[161] como com quão central era que o PT aprendesse a lidar com a questão da corrupção no Brasil de modo a retirar o discurso anticorrupção das garras moralistas da direita.

O escândalo de corrupção do *Mensalão* que percorreu as fileiras do PT em 2005, embora não seja incomum na política brasileira, independentemente da posição ideológica, bem como escândalos mais recentes, teve um efeito desmoralizante para esquerda.

Embora o PT tenha sido visado seletivamente pela mídia burguesa, pelo Judiciário conservador e pela direita, o impacto desses escândalos foi amplo e penetrou a consciência das pessoas além do apelo moral à corrupção, sugerindo que os partidos políticos de esquerda não fornecem alternativas reais, já que eles também são suscetíveis à ganância e à influência da elite.[162]

O desenrolar da investigação da Lava Jato e seu foco seletivo nos membros do PT, em particular Lula, e seu papel mobilizador nas manifestações verde-e-amarela pelo impeachment não pode ser negado.

Enquanto o teor jurídico da investigação pode ser julgado como parcial, é inegável como a repercussão da Lava Jato na mídia e na opinião pública teve fortes implicações para o avanço do antipetismo na sociedade.

Isso também cria consequências no sentido de uma polarização ao redor do PT como símbolo da esquerda, e que fortalece a oposição antiesquerda de forma despolitizada, ao redor de falsos polos, como na crença de que o PT estava a implantar o comunismo no Brasil.

A esquerda moderada mantém o monopólio da simbologia de esquerda no Brasil, para desalento da politização e como contribuinte para uma crise de práxis. Essa ambiguidade do PT contribuiu para uma crise de representação que afeta também os grupos de esquerda e até mesmo os cidadãos comuns.

---

[161] Existe uma discussão sobre o Programa Democrático Popular e se o PT falhou sua base por ter optado em substituí-lo com o Lulismo, ou se o Lulismo é exatamente o resultado e a implementação de tal programa. Enquanto ela é menos central para as análises deste livro, é algo que permeou a discussão de vários dos entrevistados e corresponde à necessidade de uma síntese do PT pela esquerda.

[162] Félix Sánchez, João Machado Borges Neto & Rosa Maria Marques, "Brazil. Lula's Government: A Critical Appraisal", in *The New Latin American Left: Utopia Reborn* (London: Pluto Press, 2008), 62.

Embora esses cidadãos comuns se identifiquem como moderados e/ou menos politicamente ativos, olham para a esquerda em busca de alternativas e melhorias social-democráticas relacionadas à proteção contra o racismo, o sexismo e a homofobia, bem como o acesso à educação e a saúde, segurança e transporte público acessível – o qual levou à explosiva demonstração de descontentamento social de Junho de 2013 por meio de protestos, ocupações e desobediência civil.

A oposição de partidos de esquerda e movimentos sociais radicais aos governos do PT era organizada em torno de sua ocupação burocrática do aparato estatal, juntamente com a posição do partido no espectro da esquerda como um recipiente esvaziado e que uma vez foi preenchido com a luta de classes.

Quando estabelecido pela primeira vez, o PT tinha todos os traços relevantes de um partido da classe trabalhadora, bem como fortes conexões com o *novo sindicalismo*.[163] Os ideais marxistas e revolucionários estavam presentes, mesmo que não nas linhas de frente.

Embora não tenha sido um partido marxista em sua instituição, o foco na classe, mesmo no vanguardismo partidário e na classe revolucionária, e os apelos feitos à erudição marxista são apontados por Marieke Riethof como constitutivos de uma linha radical (às vezes até *quase* – revolucionária!) no PT nos anos 1980 e início dos anos 1990.[164]

Durante a pesquisa, pude perceber como aqueles militantes da esquerda radical que um dia militaram com o PT enxergavam que, desde o início, o partido estava intimamente ligado às lutas trabalhistas, aos movimentos sociais e à oposição à ditadura militar.

Esse acúmulo propiciou sua construção como a principal oposição à direita brasileira. O contexto de democratização pós-ditadura no qual o PT foi criado também associou o partido à luta por direitos democráticos e a uma política ligada ao povo e suas vozes.

A maciça oposição popular ao presidente Fernando Collor de Mello, que acabou por ser impugnado em processo de impeachment por corrupção, eventualmente foi conduzida e mobilizada pelo PT em conjunto com outras entidades políticas.[165]

---

[163] Para uma discussão sobre a história do sindicalismo no Brasil, ver Antunes, 2013.

[164] Marieke Riethof, "Changing Strategies of the Brazilian Labor Movement: From Opposition to Participation", *Latin American Perspectives*, 2004, 31–47, https://doi.org/10.1177/0094582X04269910.

[165] Michel Duquette et al., "Collective Action at the Crossroads: The Empowerment of the

O programa nacional do PT de 1998 também pediu reformas radicais para reconstruir uma perspectiva socialista no Brasil. Todavia, a questão é, se os apelos ao socialismo realmente corresponderam um dia a um projeto revolucionário na prática política do PT, ou se foram feitos de forma retórica para energizar a luta em torno do que estava de fato mais próximo dos ideais moderados de uma social-democracia.

A facilidade com que um programa radical foi abandonado após a posse do gabinete presidencial de Lula (e mesmo antes) sugere o segundo, embora não negue o importante trabalho de organizar a esquerda em torno de questões radicais empreendidas pelo PT e seus militantes em nível local no passado.

TRANSFORMISMO: O ESTABELECIMENTO DA ESQUERDA MODERADA

Ricardo Antunes argumenta que, depois de assumir a presidência, o PT passou por um transformismo e se tornou um "partido da ordem", apesar de o exato momento dessa transição variar de acordo com as interpretações de diferentes autores.[166]

Para Antunes, o transformismo do PT está relacionado à expansão do neoliberalismo, ao sentimento derrotista que se segue ao "colapso do chamado socialismo real" e ao movimento em direção à social-democracia.

Estes dois últimos pontos evocam as tendências reformistas da esquerda que destaquei anteriormente, particularmente com relação à substituição de demandas revolucionárias por noções de uma democracia pluralista em um sistema capitalista com "controles" de política social.

O processo pelo qual o PT passou, em sua busca pelo poder institucional, é diretamente explicado por esse conceito, já que a transição do partido, antes e principalmente após a primeira eleição de Lula, foi marcada pela subjugação dos interesses da classe trabalhadora aos interesses do mercado e da elite empresarial, além da pacificação da base da classe trabalhadora através de melhorias na política social e promessas de quando uma melhor correlação de forças se apresentou.

Left," in *Collective Action and Radicalism in Brazil*, ed. Michel Duquette et al. (Toronto: University of Toronto Press, 2005), 180.

[166] Antunes, "Trade Unions, Social Conflict, and the Political Left in Present-Day Brazil", 266.

Parte dessa tática incluiu a cooptação de movimentos sociais e sindicais, indicando que o transformismo do PT faz parte de uma transição coletiva que levou ao agrupamento de distintas entidades de esquerda sob o projeto do PT em seu estabelecimento como uma esquerda moderada.

O transformismo é um fenômeno hegemônico, ou seja, consiste em minar o potencial revolucionário através de formas que reforcem ainda mais os atores no poder (como a cooptação) e impeçam a classe de enxergar e buscar alternativas (como a despolitização e a manipulação).

Oposição e alternância tornam-se difíceis ou impossíveis sob o transformismo, que é o caso de uma esquerda moderada que desloca a esquerda radical como oposição, monopolizando os espaços políticos (pela exclusão da oposição ou sua absorção – ambas esquerda e direita) e tornando um projeto de esquerda radical menos viável aos olhos das pessoas ao propor que alternativas não são possíveis no momento.

Embora o PT não seja o único partido da esquerda moderada do Brasil (essa ala é composta de outras organizações políticas de esquerda e do PCdoB) é o mais conhecido protagonista da esquerda brasileira.

Esse lugar de alta influência possibilita seu transformismo, uma vez que o entrincheiramento do poder por tais meios exige prévia "dominação" e/ou "liderança intelectual e moral"[167] e altera o equilíbrio de possibilidades de esquerda no mundo.

James Petras argumenta que o foco na política eleitoral é parcialmente culpado pela cooptação dos partidos políticos de esquerda no Brasil e sua transformação em organizações reformistas, semirreformistas e moderadas que se ajustam ao *status quo*, especialmente no caso do PT.[168]

Essa tendência reduz as escolhas políticas a eleitorais, que muitas vezes são expressas em termos de coalizões de conveniência, configuradas como *quid pro quo* e que prejudicam a representação e a posição política original de cada partido. Os interesses eleitorais, combinados com o processo de despolitização necessária para mascarar incoerências, empurraram o PT para um caminho social-democrata moderado que promove uma "humanização do capitalismo".[169]

---

[167] Gramsci, *The Antonio Gramsci Reader: Selected Writings, 1916-1935*, 249.

[168] James Petras, *Brasil e Lula: Ano Zero*, trans. Aleksandra Piasecka-Till (Blumenau: Edifurb, 2005), 123.

[169] Chaui em Marilena Chaui et al., *Leituras da Crise: Diálogos Sobre o PT, a Democracia*

Esse processo não é exclusivo do transformismo do PT, sendo um traço comum de uma esquerda disposta a comprometer princípios para se manter no poder (ou seja, como o Partido Trabalhista no Reino Unido).

O que o torna interessante no contexto do PT é como esse aspecto "humanizador" do capitalismo é percebido do ponto de vista das reformas sociais e redes de segurança para os mais pobres, de modo a manter as cooptações dos líderes e a manipulação do consentimento durante o suposto período de espera antes de melhorias mais radicais.

Enquanto isso, os direitos sociais e as condições de trabalho podem continuar a ser atacados em grande parte por interesses de mercado, inclusive por meio de iniciativas lideradas por partidos, como foi a Reforma da Previdência liderada por Lula em seu primeiro ano no governo.

O comportamento da coordenação do Movimento dos Trabalhadores Rurais Sem Terra (MST) e da Central Única dos Trabalhadores (CUT) eram como escudos que seguravam o desejo das pessoas de agir e protestar devido aos retrocessos do PT, bem como por suas promessas quebradas, é justificado pelo movimento e pelo sindicato como necessário para garantir as reformas sociais já existentes.

O receio de que um governo de direita pudesse revogar esses benefícios foi difundido para evitar que as pessoas vissem os muitos outros direitos que o PT concedeu à elite. Esse receio, claro, se concretizou na conjuntura pós-impeachment.

Todavia, se faz necessário entender que essa ameaça não era concreta nos anos de um governo petista fortalecido e que, talvez, não teria se concretizado caso os governos petistas não tivessem fortalecido as classes dominantes e a direita (sua representação autêntica) na busca constante da conciliação de classes como tática de permanência na presidência por via eleitoral.

É claro também que o transformismo do PT não pode ser separado de outro fenômeno bem instalado dentro do partido: o *Lulismo*. O conceito explorado por André Singer e Rudá Ricci,[170] embora de formas diferentes, é central para a compreensão de como as ações e a ideologia do ex-presidente Lula afetaram o modo como o PT faz política, especialmente em nível federal.

Brasileira e o Socialismo (São Paulo: Editora Fundação Perseu Abramo, 2006), 53.
[170] Ricci, "Lulismo: Mais Que Um Governo"; Singer, "Os Sentidos Do Lulismo No Brasil".

Enquanto Singer desenvolve o conceito analisando a relação entre a liderança e as massas durante as eras de Lula, e como isso permitiu que Lula formasse um pacto e um consenso conservadores através do reformismo fraco, Ricci explora o modo *lulista* de administração do Estado e como esse modo assegurava a governabilidade.

Ricci traça as origens do Lulismo retrocedendo até 1994 e, posteriormente, em sua configuração aberta na infame Carta ao Povo Brasileiro, escrita por Lula em um esforço de apaziguar os mercados no caso de sua eleição, embora se possa ver alguns de seus elementos presentes no discurso de Lula e também na sua visão da política desde o início do PT[171] (Ricci, 2006).

O Lulismo baseia-se em muitas características que marcam o populismo de esquerda na América Latina, mas é mais centralizado e pessoal, e busca sua legitimação por meio de um equilíbrio entre a capacidade de negociação e um discurso carismático acerca da liderança.[172]

Singer explica que no fim de seu primeiro mandato, Lula já deslocava parte do eleitorado de direita e de centro para si.[173] Nessa base, havia apreço pelas tentativas de conciliação com o capital anunciadas no contexto da Carta ao Povo Brasileiro.

Sob uma situação econômica favorável, o Lulismo era forte o suficiente para garantir essa adesão e a alta popularidade de Lula mesmo sob os ataques da direita e uma imprensa que havia instrumentalizado o escândalo do Mensalão para alimentar o antipetismo.

Ademais, a própria base dita de esquerda, enraizada na classe trabalhadora, compactuava, em geral, com as medidas dos governos de Lula que promoviam inclusão através do consumo. Para Singer, esse contexto trazia as condições para a ascensão do Lulismo em 2006, especialmente porque este prometia melhorias e diminuição de desigualdade sem se apresentar como ameaça ao sistema vigente.[174]

Os mandatos de Lula executaram todos os aspectos do Lulismo, mantendo as massas sob controle ou um pouco satisfeitas através de programas sociais ampliados e maior acesso ao crédito e ao consumo, levando os movimentos sociais que tinham fortes laços com o PT a um estado de controle ou longa espera.

---

[171] Rudá Ricci, "Lulismo: Três Discursos e Um Estilo*," *Lutas Sociais* 15/16 (2006): 171–83.
[172] Ricci, 193.
[173] Singer, "Os Sentidos Do Lulismo No Brasil", 118.
[174] Singer, 52.

Assim, se agradava as elites por meio de altas ações de investimento (por exemplo: o Programa Avançado de Crescimento – PAC) e uma política econômica destinada a favorecer o mercado financeiro.

Esse equilíbrio perfeito, que consolidou a visão do PT sobre o neoliberalismo por meio do consenso populista no Brasil, embora possível sob Lula, fracassou com Rousseff. Ricci sugere que isso pode ter ocorrido devido à singularidade da *persona* e do modo de gestão de Lula, uma vez que nenhum de seus possíveis sucessores foi capaz de manter o poder discursivo carismático e a lógica do Lulismo.[175]

Outro aspecto se dá nas condições econômicas favoráveis durante o período Lula, que eram insustentáveis e levaram ao início de uma crise econômica durante o primeiro mandato de Dilma, especialmente porque grandes compromissos econômicos cobravam a conta (por exemplo, a Copa do Mundo) e as corporações parceiras do governo já não se beneficiavam de tantas altas injeções de dinheiro público em seus setores.

A política econômica dos governos de Lula foi tão ambígua quanto suas parcerias políticas. Alfredo Saad Filho e Lecio Morais se referem a ela como um híbrido do neoliberalismo, já que o tripé econômico neoliberal se sustentava por políticas neodesenvolvimentistas.[176]

Devido à combinação estranha, voltada a atender o crescimento desejado pelas elites mas que pudesse garantir uma dose constante de políticas sociais sem impactar negativamente o mercado financeiro, o projeto encontrou sérias limitações orçamentárias com o decorrer do tempo.[177]

Ao efeito dessa combinação na economia brasileira que oscila de um *boom* a uma profunda crise econômica, Laura Carvalho chama de "valsa brasileira".[178]

Para a economista, Lula pôde tirar vantagens de condições econômicas favoráveis que possibilitaram um "ganha-ganha" que Dilma não conseguiu manter. A situação se deteriorou já no começo no primeiro mandato da ex-presidenta, em uma desaceleração econômica

---

[175] Rudá Ricci, *Lulismo* (Brasília: Contraponto, 2013), 114.

[176] Alfredo Saad Filho & Lecio Morais, *Brazil: Neoliberalism versus Democracy* (London: Pluto Books, 2018), 10–11.

[177] Carvalho, *Valsa Brasileira: do boom ao caos econômico*.

[178] Carvalho, 149.

que aumentava os conflitos distributivos e que não mais permitem o tal "ganha-ganha."

Alguém teria que perder, e, com a adoção da "Agenda Fiesp" sem os resultados esperados por Dilma, as elites brasileiras pressionam por mais. Dilma cedeu além do previsto, mas nem isso foi capaz de apaziguar os grandes empresários e o mercado financeiro, que buscavam transferir todas as perdas possíveis para os trabalhadores.

Essas tensões passaram por Junho de 2013, porém não como se traduziriam em 2015, com patos amarelos gigantes e as demandas por impeachment ecoando de dentro da própria Fiesp, que antes dava cartas diretamente a Dilma. 2013 correu mais como a descoberta de uma oportunidade para a direita e sua natural aliança de classe burguesa.

Os protestos de Junho reuniram não apenas as pessoas que notaram essas grandes contradições e queriam mudanças, mas também as camadas que foram influenciadas pela elite empresarial que não mais se beneficiou do modo lulista de administração do Estado, o que resultou em exibições subsequentes de antipetismo.

Enquanto a maioria das multidões de Junho de 2013 denunciou a crise de representação que incluía o mandato do PT em suas ações reformistas, as multidões mais privilegiadas se concentraram no PT como um símbolo de corrupção e gestão imprópria da economia, de uma forma que efetivamente sinalizou o fim do pacto pacífico entre o governo e a burguesia.

Quase três anos depois, enquanto discursava contra o impeachment do governo Dilma, Lula ainda tentaria apelar a esse pacto, como fez em seu discurso durante um protesto em São Paulo contra o impeachment em março de 2016.

Posteriormente, em 2017 e 2018, quando ele mesmo era perseguido politicamente e alvejado judicialmente pelas investigações da Lava Jato, Lula e seus aliados falavam de uma elite ingrata, demonstrando ressentimento de ter sido maltratado pelos mesmos grupos dominantes que um dia eles favoreceram.

Tais elementos foram retratados em vários momentos das entrevistas que Lula concedeu no começo de 2018 e que deram origem ao livro *A verdade vencerá*.[179]

---

[179] Lula da Silva, *A Verdade Vencerá: O Povo Sabe Por Que Me Condenam*.

Além de mencionar a ingratidão da burguesia brasileira diante de tudo que seus governos proporcionaram, Lula coloca figuras da elite em seu governo, como seu vice-presidente José Alencar, como centrais no processo de conciliação.

Conciliação essa que Lula nega ter feito, já que argumenta que "conciliação é quando você pode fazer e não faz".[180] É a linha de raciocínio que justifica a ausência de um processo de autocrítica de sua parte e da alta cúpula do PT e que nega a materialidade de uma construção política baseada no reformismo fraco e em abrir mão do anticapitalismo como frente de luta de um partido dos trabalhadores.

O transformismo é um processo gradual, e eu não acredito que já tenha atingido seu ápice no PT. Após o impeachment de Dilma, o PT voltou oficialmente a ser oposição nacional. Isso ajudou a radicalizar certos discursos no partido, especialmente no que diz respeito a lideranças e sua afirmação da luta por direitos e pelo "povo".

Todavia, práticas de aliança com a direita com o intuito de garantir a reprodução institucional e, quem sabe retornar à presidência continuam no partido. Essa dissonância já é normalizada, e mesmo aqueles nas alas mais à esquerda no partido argumentam a necessidade de refundar o PT para se escapar dessa lógica.

Ao que tudo indica, a refundação não será possível enquanto o Lulismo também prevalecer como *modus operandi*.

Por agora, restam questões que podemos articular sobre o futuro do PT e seu impacto no futuro da esquerda brasileira como um todo: é possível que uma ênfase mais forte em políticas sociais e a luta por direitos dada pela posição do PT como oposição se à permanência de alianças com elites nacionais e internacionais no âmbito institucional? Pode o PT ser refundado de dentro para fora? Existe a possibilidade do PT se entender como parte da esquerda sem a tentação de hegemonizar discursos e ações de toda a esquerda? Há fôlego suficiente no PT para mobilizar sua base partidária e eleitoral para além das eleições? Consegue o PT se sustentar como partido viável sem a liderança de Lula? E pode o PT governar sem alianças com a direita e submissão ao papel do Estado como Estado capitalista?

Sobre a última indagação, Nogueira argumenta que partidos como o PT, o PSDB e o PMDB, que já foram poderosas forças de oposição nas

---

[180] Lula da Silva, 144.

décadas de 1970 e 1980, se transformaram em um tipo diferente de pensamento político após alcançarem o poder governamental baseado em uma posição estatista a que se submetem.[181]

Há o risco de se tornar um partido da ordem e, subsequentemente, subordinar políticas partidárias radicais à prática hegemônica do Estado.

Na tese de conciliação defendida pelo Lulismo, isso obriga os partidos governantes a adotar posições em consonância com a direita para, em troca, promoverem políticas sociais que beneficiam o povo, especialmente no que toca no combate à pobreza.

Sem dúvidas, esse é um desafio posto também aos demais partidos de esquerda, como o Psol, se quiserem evitar o destino transformista do PT no último período.

Por último, não se pode separar o transformismo do PT de sua aliança com o Partido Comunista do Brasil (PCdoB) e a gradual cooptação de lideranças da CUT e do MST pelo partido e seus governos.

Isso foi muito presente nos mandatos de Lula, embora as duas organizações também tenham permanecido leais aos governistas durante todo o governo Dilma Rousseff. Já no segundo mandato de Dilma, essas organizações foram pressionadas pela base a prover algumas críticas ao fato de que, sob a ameaça de crise econômica, Dilma não conseguia mais agradar ao mercado sem sacrificar direitos e conquistas da classe trabalhadora.

Nas palavras de André Singer: "Reeleita, [Dilma] faz o contrário do que prometera e adota o receituário neoliberal, nomeando Joaquim Levy para a Fazenda."[182]

A conciliação promovida foi se desconciliando, mas a capacidade de mobilização do partido já havia minguado. Em parte, isso se deve a mais de uma década de desmobilização ferrenha (afinal, não era possível criticar, apenas compreender que o "toma lá, dá cá" era inescapável pela natureza da relação entre o Legislativo e o Executivo no Brasil).

Ao mesmo tempo, é possível questionar o quanto a estratégia da pinça petista, anêmica de poder popular, influenciou a prática política do PT no governo e a própria insustentabilidade dos governos diante de uma direita e uma burguesia insatisfeitas em ceder um pouco.

---

[181] Marilena Chaui & Marco Aurélio Nogueira, "Marilena Chaui e Marco Aurélio Nogueira", *Lua Nova, São Paulo*, 71: 173-228, 2007, 2007, 173–228.
[182] Singer, *O Lulismo em Crise*, 29.

A estratégia da pinça foi especialmente defendida por uma das tendências trotskistas do PT, a Democracia Socialista (DS), que a conceituou como uma maneira de contrabalançar os perigos do forte crescimento institucional do PT no início dos anos 1990.

Era proposto que deveria haver uma combinação entre poder popular e democratização, sendo que este último determinaria as regras da movimentação nas instituições.[183]

A hipótese central por trás dessa estratégia é que a mudança pode ser alcançada "combinando o avanço sobre o campo institucional com a criação do *poder popular*".[184] O movimento de pinça é parte de uma perspectiva populista da conquista do poder.

A crítica ao movimento se dá principalmente por sua conformação à social-democracia. Isso vale tanto no sentido da social-democracia como linha reformista do que foram, originalmente, os debates de viés marxista da social-democracia alemã quanto na constatação de que o foco exacerbado nas instituições como modo de melhorar a vida dos trabalhadores sob o capitalismo resulta frequentemente na versão, influenciada por Polanyi, da social-democracia em prática hoje no mundo: a conciliação instável entre um Estado de bem-estar social e o capitalismo.

O caso petista muito se relaciona com a segunda hipótese. Primeiro, porque os debates acerca do programa democrático-popular como visão reformista para o socialismo há muito não pautam os rumos do PT.

Segundo, porque a instabilidade da conciliação redistributiva da social-democracia através do Estado de bem-estar social parte, justamente, dos processos de renovação hegemônica do capital, especialmente diante de crises e escassez, que se voltam contra conquistas sociais da social-democracia com bastante facilidade.

Enquanto as origens, os atores envolvidos e até a consciência de classe embutida em muitas demandas mediadas pela social-democracia, como os direitos trabalhistas, nos permite enquadrar seu abstrato como esquerda, o flerte com a ordem é tamanho, no sentido de aceitar a estrutura vigente, que tais experiências se moldam como

---

[183] Daniel Karepovs & Murilo Leal, "Os Trotskismos No Brasil: 1966-2000", in *História Do Marxismo No Brasil (v. 6)*, ed. Marcelo Ridenti & Daniel Aarão Reis (Campinas: Editora da Unicamp, 2007), 153–237.

[184] Juarez Guimarães, "A Estratégia Da Pinça | Teoria e Debate," *Teoria e Debate*, 1990.

de centro-esquerda,[185] e até mesmo centro-direita. A dificuldade da estratégia da pinça é que, com uma perna mais longa que a outra no favorecimento da institucionalidade, a ordem burguesa é cada vez menos desafiada, e as normas política se dão não através da mobilização popular, mas pela transfiguração da base popular em uma base eleitoral.

Numa tentativa de equilibrar o crescimento torto, a conciliação aparece como medida de contenção. Assim, mantém-se a base através de melhorias e inclusão mesmo sob uma ordem econômica intacta.

O problema, todavia, se estabelece porque a própria conciliação é instável; análises sobre a ordem conservadora e o golpe de 2016 buscam enfatizar como a classe capitalista, que nunca aceitou a formação de um Estado de bem-estar social no Brasil, só aceitou as propostas menos radicais de inclusão social enquanto conseguia garantir ganhos crescentes.

Quando cessa esse apoio e se volta a atacar a esquerda e tudo que ela representa numa retomada política e econômica.

É por isso que muitas vezes a social-democracia não passa de um capitalismo de bem-estar social, não avançando mais que isso, e tem duração limitada diante das rearticulações políticas do capitalismo.

---

[185] Erik Olin Wright define o ideal da social-democracia como quando "o Estado efetivamente regula o comportamento de firmas capitalistas, embora seja democraticamente subordinado ao poder social". Para ele, o social opera como mediador da igualdade, da democracia, e da sustentabilidade, além de outros princípios morais, diante da realidade. Isso faz da social-democracia um movimento progressista e diferente de uma simples gestão do capitalismo. Na social-democracia há mediações sociais que são compatíveis com a centro-esquerda, apesar de ser possível teorizar a social-democracia como programa temporário de uma centro-direita (temporário visto que esta mesma centro-direita poderá se engajar no seu desmantelamento de acordo com a conjuntura de demandas do capital). É também de Wright que vem a noção de viabilidade. Apesar de discordar das definições do autor acerca do socialismo como democratização da economia na obra citada, além de questionamentos que mantenho sobre a tipologia de ecossistemas econômicos (híbridos com dominância ou capitalista, ou estatista, ou socialista), concordo com o autor que a prática da social-democracia regula e reduz ganhos capitalistas visando maiores garantias sociais, tendo aqui seu viés progressista, apenas reduzir os danos causados não é suficiente. Erik Olin Wright, "Transforming Capitalism through Real Utopias", *American Sociological Review* xx, no. X (2012): 14, https://doi.org/10.1057/978-1-137-56873-1_9.

A social-democracia parece ter êxito por um tempo, mas depois sucumbe diante do reposicionamento do Estado como gestor capitalista e seu protetor contra ameaças mais sustentáveis.[186]

De fato, tal fenômeno pode ser observado na deterioração desse modelo na Europa, como na França e mesmo na Suécia, quando no Brasil, em situação de capitalismo dependente, não houve nem espaço para a consolidação de suspiros social-democratas, visto tanto a fragilidade de uma proposta de Estado de bem-estar social durante os governos petistas quanto a interrupção de seus projetos mais acuados através da retomada do Executivo.

É importante, todavia, notar que isso não significa que o PT, incapaz de tocar ao menos o fortalecimento de um Estado de bem-estar social aos moldes da social-democracia de centro-esquerda, seja da direita, como muitos argumentam por aí.

Erik Olin Wright postula que a social-democracia é um conjunto de práticas que pode ser implementado à esquerda ou à direita: "Na prática, muitos partidos socialistas buscam agendas estritamente social-democratas, e alguns social-democratas de esquerda se mantêm firmemente comprometidos com uma visão anticapitalista transformadora."[187]

Assim, o caso dos governos petistas corresponde a um fortalecimento de agendas social-democratas pelo cercamento de outras possibilidades por uma pinça manca e também à subordinação até mesmo do projeto de um Estado de bem-estar social às demandas da burguesia brasileira.

Não por acaso ouvimos frequentemente que a experiência dos governos petistas foi de centro-esquerda e equivalente a várias outras da chamada Maré Rosa na América Latina.

Como governos e seus partidos são extensões uns dos outros, mas não equivalentes, é justamente através da discussão de uma tipologia de esquerda voltada para a América Latina que é necessário discutir as esquerdas moderada e radical e o papel do PT como esquerda moderada.

Afinal, ao contrário de experiências de centro-esquerda mundo afora, voltadas simplesmente para a gestão humanizada do capitalismo,

---

[186] Erik Olin Wright, "How to Think About (And Win) Socialism", *Jacobin Magazine*, April 2016.
[187] Erik Olin Wright, "Compass Points: Towards a Socialist Alternative", *New Left Review* 41 (2006): 94 (tradução livre da Autora).

operando estritamente na institucionalidade, o PT, como partido, possui base e militância.

Mesmo com a progressão da base como base eleitoral e a desmobilização contínua sob os governos petistas, o partido continua a ter seu significado associado à luta popular em setores do proletariado, do campesinato e, acima de tudo, na categoria de pessoas que o PT de Lula mais buscou interpelar como sujeito: os pobres e famintos do Brasil.

A queda lenta do projeto PT nos governos Lula e Dilma (com a queda brusca do último governo) marca também o fracasso da estratégia da pinça, cujos críticos argumentam ter ficado fortemente focada no lado institucional em detrimento da própria construção do poder popular.

Militantes do PCB e do PSOL com quem conversei sugeriram que a busca pelo poder popular no PT acabou se configurando como um instrumento retórico para manter a coesão básica da estratégia em vez de operar como parte ativa do horizonte do partido.[188] O fracasso da pinça também avisa a esquerda radical do risco do transformismo embutido na normalização de táticas como estratégias; ou seja, quando a esquerda normaliza suas mediações com a realidade diante dos limites da conjuntura como se essas mediações fossem necessárias permanentemente.

CRISE PARTIDÁRIA E REFORMA POLÍTICA COMO MANUTENÇÃO DO PODER

A crise do PT coincidiu com a erupção da crise de representatividade de Junho de 2013, e talvez seja essa uma das razões, somada à instrumentalização de pautas pela direita até o desenrolar do impeachment, que fazem o PT tão desconfiado quanto a Junho.

Naquele momento, a crise provocou apelos por reformas políticas urgentes no Brasil, em parte porque o sistema de representação está voltado para o mesmo setor privado que financiava (e hoje provavelmente financia indiretamente) as campanhas eleitorais dos partidos da direita e da esquerda moderada.[189]

---

[188] Fernandes, "Conjunto de Entrevistas de Campo (2014-2016)".

[189] O PSOL possui cláusula que proíbe este tipo de doação para as suas campanhas, mas devemos notar que esta proibição foi burlada através de interpretações "flexíveis" por algumas candidaturas no passado.

No geral, a perda de confiança das pessoas nas instituições políticas se dava pela visão do sistema político como corrupto, depravado e distante do povo. No sentido de tentar atender e ao mesmo tempo conter as ruas, foi Dilma Rousseff que anunciou medidas que levariam a um projeto de reforma política.

A agenda proposta oferecia uma tática para que o PT amenizasse o antipetismo, ganhasse credibilidade em relação às acusações de corrupção e às demandas anticorrupção e se mantivesse no poder institucional.

A noção de reforma política passou a dominar as demandas populares por transparência eleitoral (como forma de tornar o sistema "mais democrático") e contra a corrupção financeira e política que assola a política brasileira.

O problema é que as demandas pela reforma eram amplas demais e muitas vezes enxergavam-na como uma panaceia tanto para a crise de representatividade quanto para combater a corrupção.

Todavia, Dilma abandonou esforços sérios pela reforma política, mesmo após o esforço de organizações que a apoiavam, como o Levante Popular da Juventude, em manter a proposta viva.

Durante todo esse período, representantes do PT, incluindo Lula, declararam publicamente que a reforma política deveria proibir o financiamento do setor privado de campanhas eleitorais.[190]

No entanto, essa posição é nova se considerarmos que o partido se tornou mais dependente de doações corporativas com o tempo.

Durante as campanhas presidenciais de Lula de 1994 e 1998, a "reputação e a organização nacional coesa" do PT conseguiram reunir uma porcentagem considerável de votos, apesar de o partido ter tido menos de um décimo dos fundos da campanha de Fernando Henrique Cardoso (PSDB).[191]

No entanto, entre 1998 e 2002, as contribuições declaradas para a campanha presidencial de Lula pelo setor privado quase triplicaram.[192]

---

[190] Isadora Peron, "Lula Diz Que Financiamento Privado Na Eleição Deveria Ser 'crime Inafiançável' - Politica – Versão impressa - Estadão", *Estadão*, 2013.

[191] David Samuels, "Money, Elections, and Democracy in Brazil", *Latin American Politics and Society* 43, no. 2 (2001): 31.

[192] Stijn Claessens, Erik Feijen & Luc Laeven, "Political Connections and Preferential Access to Finance: The Role of Campaign Contributions", *Journal of Financial Economics* 88, no. 3 (June 2008): 578, https://doi.org/10.1016/j.jfineco.2006.11.003.

Mesmo retornando ao apelo da reforma durante as eleições de 2014 e a crise do impeachment em 2015 e 2016, a ideia de reforma política já havia sido capturada também pela direita em sua tentativa de ganhar e manter credibilidade diante do fato de que a crise de representação também atingia amplos setores da direita partidária.

A partir disso, diferentes versões da reforma política podem ser vendidas à sociedade. A associação do PT à corrupção resultou em apoio a propostas ambíguas sempre que o PT se engajava no tema da reforma política.

Ao não abordar seu próprio transformismo, por sua incapacidade de representar o povo diretamente e promover a política de esquerda radical que uma vez defendeu, o PT optou por falar em favor da reforma política para continuar a jogar com o sistema.

E o sistema, inadvertidamente dava vazão à versão da direita de uma reforma política que reforçaria ainda mais o poder corporativo no sistema eleitoral e favoreceria os candidatos do partido tradicional de direita com caminhos estabelecidos de influência.

Mesmo com o embate no Congresso Nacional que resultou na proibição a doações de empresas, as reformas apresentadas por Eduardo Cunha em 2015 causaram grandes prejuízos aos pequenos partidos de esquerda, a esquerda radical em particular, uma vez que os pequenos partidos à direita conseguem atingir um certo nível de poder através de coalizões e acordos pontuais, especialmente os tais *"partidos de aluguel"*.

A esquerda radical, por outro lado, deve evitar coalizões com partidos centrais, a fim de manter sua própria coerência e perspectivas de construção de base. Isso re presenta um desafio para a ainda pequena esquerda radical, enquanto a esquerda moderada continuará recebendo exposição e será interpretada como a composição completa da esquerda no Brasil.

O ENIGMA LULA (EM) 2018

Sem dúvida alguma, qualquer pergunta sobre o futuro do PT passa também pelos questionamentos acerca do futuro de Lula e o que sua figura representa para o brasileiro. Lula é peça-chave para se compreender o PT, até porque o próprio ex-presidente propaga com tranquilidade diagnósticos de ideias e práticas petistas que outros militantes enxergam como ataques se vindos de outras figuras.

Por exemplo, a análise do PT como um partido da ordem não decorre apenas de uma perspectiva gramsciana sobre o transformismo de partidos de esquerda. Lula é categórico em afirmar que tanto o seu imaginário como o imaginário tático e estratégico do PT passam e se delimitam por aquilo que enxergam como "possível".

Na entrevista que forneceu pouco antes de ser preso em 2018, Lula revela dois elementos centrais da visão "lulo-petista" – termo que muitos pensam ser apenas uma criação de mal gosto de jornalistas antipetistas, quando, em sua essência, representa algo bastante particular que é como o projeto PT se molda ao redor de Lula e como Lula carrega o PT como sua principal insígnia.

Entender o que esse "lulo-petismo" tem a ver com a hegemonia petista na esquerda brasileira e com seu projeto de país é fundamental para que se afaste o essencialismo que imagina não haver PT sem Lula, não haver PT crítico de Lula, não haver PT crítico do PT e não haver Lula sem PT.

Todas essas visões transbordam em frestas da análise do livro, mas a que mais interessa é realmente a práxis advinda da síntese Lula e PT e como essa práxis, ao se afastar da práxis revolucionária, entra em crise.

Chamo atenção especificamente a uma caracterização que Lula faz do PT, a de que "O PT não é fanático. O PT quer ver o jogo jogado." [193]

Daqui, podemos destrinchar alguns elementos: a rejeição do radical como radicalismo, o cercamento de alternativas e possibilidades fora do jogo, o não desejo de mudar e/ou superar o jogo, a conclusão ecoada por Lula de que não há como governar pela esquerda sem as concessões de negociação do jogo.

De fato, a normalização das formas de negociação empregadas por Lula e pelo PT em seus governos federais (e estaduais) como formas de garantir a desejada governabilidade revela muito sobre a compreensão de Lula do que seria a conciliação de classes que o acusamos de promover.

Segundo Lula, "um governo de conciliação é quando você pode fazer mais e não quer fazer".[194] Disso parte a conclusão de Lula sobre seus governos, em que teria feito tudo que era possível.

É precisamente aqui também que se nota a divergência central dos críticos à esquerda sobre esse balanço: havia mais a se fazer, havia

---

[193] Lula da Silva, *A Verdade Vencerá: O Povo Sabe Por Que Me Condenam*, 91.
[194] Lula da Silva, 28.

mais dentro do possível, e havia como trabalhar o poder popular de forma a alterar os limites do possível pela organização e mobilização da classe trabalhadora.

Além disso, é preciso considerar que muitas das conciliações feitas não concerniam a tirar de um lugar para colocar em outro. De fato, quando se pensa somente dessa maneira tende-se a subestimar os ganhos dos governos petistas em relação à inclusão social.

É por isso que o modo de fazer as coisas também é importante, pois embasa a diferenciação entre o maior acesso à educação pelo fortalecimento dos serviços públicos, somado à formação e ao fortalecimento de uma rede de bem-estar social, com o que ocorre quando a expansão de acesso educacional se dá com o fortalecimento subjacente do setor privado de educação e transferências de recursos públicos para o privado.

Boa parte do que criticamos como conciliação não está evidente nos resultados, mas no que foi sacrificado para obtê-los de uma forma conciliatória.

De certo modo, isso também evidencia o entendimento do que é ser esquerda que prevalece na direção do PT já há algum tempo. Em entrevista recente, a presidenta do partido, Gleisi Hoffmann, tratou da esquerda como definida pela inclusão social e pela dignidade do povo dentro do que eu classificaria de ótica humanista não revolucionária.[195]

Tal ótica se diferencia fortemente do marxismo humanista, o qual se preocupa com a emancipação humana e uma vida não alienada, mas compreende a necessidade revolucionária para a construção da realidade emancipatória.

Essa visão de Lula e do PT forma os dilemas das eleições de 2018 com relação à prisão de Lula e no enfrentamento a Bolsonaro numa conjuntura de ultrapolítica.

Caso Lula pudesse ser candidato, era quase certo que venceria Bolsonaro com boa margem. Indico quase por conta do fator de imprevisibilidade relacionado ao peso que as *fake news* tiveram na campanha eleitoral de 2018.

Ao mesmo tempo, sendo substituído por Haddad, outras questões afetaram a derrota nas urnas: a insistência do partido em ter candidato próprio e manter a hegemonia eleitoral, os

---

[195] Ivan Mizanzuk, "Entrevista Com Gleisi Hoffman", *Anticast*, 2018.

desdobramentos do antipetismo e o que viria a ser uma associação negativa de Haddad a Lula.

Toda essa situação indica que o PT está em crise. Há uma crise de seu projeto de partido na sociedade decorrente da crise de práxis geral e própria, assim como devido aos desafios apresentados pelo antipetismo.

A insistência do PT em certas narrativas justificadoras de seu modo de governar (chegando ao ponto de Lula dizer que a Lava Jato o perseguiu por seu jeito de governar) promove despolitização sobre possibilidades políticas na institucionalidade, além de isolar a discussão de utopias reais como desejáveis, mas sugerindo que não são, nem atingíveis, nem viáveis.[196]

Ao insistir que não existe forma de governar pela esquerda além de sua forma, o PT se blinda de críticas e continua a se afastar de qualquer possibilidade de autocrítica. Assim, nega, por exemplo, o poder das ruas, a necessidade sempre de mobilizar e a ideia de governar a partir do programa eleito e mobilizando sua base eleitoral para além das urnas.

Tal afirmação também nega que mesmo a democracia liberal brasileira possui dispositivos para maior participação popular que podem ser utilizados por governos para resolver impasses e submeter o Legislativo ao contato e à discussão com o povo.

Isso, claro, envolve também a manutenção do trabalho de base e de diversos instrumentos de politização, desde a promoção de debates até uma reforma profunda visando a democratização da mídia.

A ausência dessas discussões com viés de autocrítica no PT cria alguns problemas: não explica a sua responsabilidade (compartilhada) na crise de práxis, normaliza na mentalidade da base petista o fim das alternativas, e, com a desculpa que essas alternativas não seriam viáveis, contribui para seu isolamento no imaginário da classe trabalhadora.

O curioso, porém, é que ao se trabalhar com as ideias de que utopias reais devem ser desejáveis, alcançáveis e viáveis, o que vemos é que o modelo de governo do PT até então foi desejável do ponto de vista relativo do contingenciamento do capitalismo e da inclusão social, foi alcançável se mantida a ideia de Lula de que não havia nada mais que pudesse ser feito, mas não foi, precisamente, viável.

---

[196] Paradigma conceitual para a discussão de utopias reais de Wright, "Transforming Capitalism through Real Utopias".

Sua inviabilidade está justamente na insustentabilidade de conciliar, por muito tempo, com o capitalismo sem que haja projetos de rompimento e até mesmo levante popular.

Já as demais alternativas à esquerda são propagadas como desejáveis, mas ditas inalcançáveis e inviáveis pelo petismo.

Sobre isso, cabe acenar que não ser alcançável em uma conjuntura específica não significa que nunca será, pois um dos elementos da esquerda marxista deve ser sempre a organização da classe trabalhadora e a construção das condições necessárias para transformar a realidade.

Com as mudanças materiais e a organização necessárias, é, sim, possível governar à esquerda sem ceder com tanta intensidade aos interesses capitalistas.

Nesse caso, a viabilidade se torna real no processo de construção de poder popular, de desafio do próprio partido à aceitação da ordem capitalista e na promoção de reformas pouco profundas que permitam a formação da classe para si, como sujeito político.

Somente assim é realmente possível considerar um projeto de governo de esquerda viável sob o capitalismo: um que não iniba utopias, mas trabalhe em cima delas.

Inclusive, é trabalhando em cima delas que se escapa da visão dependente de transformação da sociedade apenas através das eleições, e aí passa a ser mais fácil enxergar outras formas de ocupação de poder político pela maioria da sociedade, ainda mais considerando os objetivos socialistas de socialização dos meios de produção e da geração de valor na sociedade.

Para isso, é preciso resistir ao discurso da fukuyamização[197] da

---

[197] N. de E.: Referência a Yoshihiro Francis Fukuyama (Chicago, Estados Unidos, 1952), filósofo americano de descendência japonesa que foi ideólogo da ex-premiê britânica Margareth Thatcher e do ex-presidente americanos Ronald Reagan, ambos conservadores e considerados precursores do capitalismo contemporâneo. Além disso, Fukuyama escreveu o célebre ensaio *O Fim da História* em 1989, depois transformado em livro em 1992 com o título *O Fim da História e o Último Homem*, uma visão triunfante da queda do socialismo real e da vitória capitalista, o que conduziria a uma síntese na qual o sistema político ocidental estaria fadado a eternização e universalização como ordem política global, uma vez convertido em um verdadeiro dogma. Apesar de todas as controvérsias sobre a obra e o pensamento de Fukuyama, o processo de fukuyamização diz respeito à crença de que a conflituosidade e as divergências, em um dado cenário, seriam abolidos por força da ascensão e afirmação de uma verdade, em matéria de organização política ou maneira de fazer política, definitiva, irreversível e inquestionável.

esquerda tão confiantemente propagado pela hegemonia petista na esquerda. O alcançável, porém, inviável/insustentável, projeto de conciliação de classes dos governos Lula e Dilma – suportados pela negação de maiores possibilidades – não pode ser a visão dominante na esquerda.

À direita pertence a distopia capitalista, à esquerda pertence a utopia socialista. Promover que não é possível mudar o Brasil radicalmente, favorecendo o conformismo com um eterno mal menor ditado pelo capital, é negar nossas utopias, e o fim da utopia na esquerda é o fim da esquerda.

O PARTIDO COMUNISTA DO BRASIL

O Partido Comunista do Brasil (PCdoB) originou-se, no início dos anos 1960, de uma cisão do Partido Comunista Brasileiro (PCB) na esquerda radical. A cisão aconteceu logo após o Partido Comunista do Brasil original (também PCB até então) ter adotado o nome de Partido Comunista Brasileiro – e os que partiram decidiram adotar o nome original em um esforço de honrar as raízes partidárias.[198]

Embora ambas as partes reivindiquem a propriedade da história do Partido Comunista do Brasil (PCB) original, fundado em 1922, é a virada gradual do PCdoB de um partido comunista para o aceite de práticas social-democratas, e até uma política de apreço da burguesia nacional, que atualmente define sua localização no espectro político.

Enquanto os documentos da recente era do PCdoB mantêm uma lealdade às suas raízes marxista-leninistas, eu argumento, contrariamente à visão geral de Daniel Aarão Reis,[199] que esses documentos foram concebidos para coesão partidária em relação às suas raízes e não correspondem às práticas políticas que predominaram no PCdoB desde o período de democratização no Brasil.

Alegações semelhantes poderiam ser feitas sobre os congressos do PT durante esse mesmo período, uma vez que o estabelecimento da esquerda moderada depende da manutenção de uma relação com raízes e discursos de esquerda, desde que haja também uma lacuna entre

---

[198] Daniel Aarão Reis, "Marxismo, Sociedade e Partidos Políticos Hoje", in *História Do Marxismo No Brasil (v. 6)*, ed. Marcelo Ridenti & Daniel Aarão Reis (Campinas: Editora da Unicamp, 2007), 450–51.

[199] Reis, 452.

esse discurso e a direção do partido para permitir a ambiguidade, e o compromisso e as negociações com interesses do *status quo*.

O PCdoB é, há muito tempo, membro das coalizões eleitorais que ajudaram a eleger Lula, Dilma e outros representantes do PT nos níveis estadual e local. Na época da primeira eleição de Lula, o PCdoB estava confiante de que seu mandato produziria o pacto social necessário para trazer mudança social juntamente com o desenvolvimento econômico, embora seus membros estivessem cautelosos em relação a algumas políticas macroeconômicas de Lula.[200]

Essa preocupação não impediu que o partido mantivesse sua lealdade por meio de muitos projetos polêmicos, inclusive votando a favor da reforma previdenciária introduzida pelo governo do PT em detrimento dos aposentados.

Renato Rabelo, que era presidente do PCdoB na época, justificou o voto com base em seu compromisso com o governo e a aliança eleitoral que o apoiava.[201] Esses movimentos foram frequentemente baseados na ideia de que o PCdoB era um partido desenvolvimentista[202] e que um neodesenvolvimentismo já estava sendo estabelecido como um braço da política econômica petista.[203]

O PCdoB mantém uma posição de coalizão eleitoral muito flexível, e certa vez defendeu uma estreita relação com o MDB, por exemplo, partido que hoje classificamos como de centro-direita e que se alimenta e é alimentado pelo conservadorismo e pela crise do impeachment no Congresso Brasileiro.[204]

O PCdoB manteve-se alinhado com o PT, mesmo após outros aliados

---

[200] Rodrigo Sampaio Pinto & Jean Rodrigues Sales, "O PCdoB No Primeiro Governo Lula: Considerações Das Lideranças Partidárias", *Anais Do XV Encontro Regional de História Da ANPUH-RIO*, 2002, 2–3; Félix Sánchez, João Machado Borges Neto & Rosa Maria Marques, "Brazil. Lula's Government: A Critical Appraisal" in *The New Latin American Left: Utopia Reborn*, ed. Patrick Barrett, Daniel Chavez & César Rodríguez-Garavito (London: Pluto Press, 2008), 49.

[201] Renato Rabelo, "Previdência: O Voto Do PCdoB Na CCJ", ADITAL, June 5, 2003.

[202] Pinto & Sales, "O PCdoB No Primeiro Governo Lula: Considerações Das Lideranças Partidárias", 4.

[203] Lécio Morais & Alfredo Saad Filho, "Da Economia Política à Política Econômica: O Novo-Desenvolvimentismo e o Governo Lula", *Revista de Economia Política* 4, no. 124 (2011): 515, https://doi.org/10.1590/S0101-31572011000400001.

[204] Patrícia Acioli, "Aldo Quer PMDB Para Formar '3a via"na Capital," *Diário Comércio Indústria e Serviços*, 2008.

irem para a oposição (esquerda radical ou direita) e, no período de 2015 a 2016, o PCdoB foi o único partido da coalizão eleitoral Com a Força do Povo que manteve o apoio total a Dilma e uma posição contra o seu impeachment.

O partido realmente se empenhou na campanha contra o impeachment e ajudou a mobilizar sua base sobre o assunto, especialmente através de sua organização juvenil, a UJS, que tem grande incidência na União Nacional dos Estudantes, e sua influência na Central de Trabalhadores do Brasil (CTB), central sindical que frequentemente acompanha as políticas e o programa defendidos pela CUT.

NOTA SOBRE O PARTIDO DA CAUSA OPERÁRIA

O Partido da Causa Operária (PCO) é um partido muito menor do que o PT e o PCdoB e muitas vezes foi caracterizado, pelos participantes da pesquisa e no campo, como uma organização ultraesquerdista que operava na base *governista* dos mandatos petistas. Isso pareceu estranho aos olhos dos militantes do PCO com quem conversei, afinal, o partido tem orientação teórica e programática de cunho evidentemente revolucionário.

O PCO é um partido trotskista que foi formado depois que o PT expulsou membros da atual *Causa Operária,* em 1991, que se opuseram diretamente a algumas alianças feitas na época. Apesar de pequeno, o PCO marca presença na militância sindical no Brasil e participa da CUT.

Nacionalmente, o PCO normalmente prefere promover suas próprias candidaturas, sem coalizões eleitorais, embora participe de coalizões em nível local. Portanto, foi importante que eu tentasse desvendar por que aqueles fora do PCO o identificavam com a base de apoio dos governos petistas.

O que notei foi uma mudança prática de mobilização e de leitura de conjuntura por parte do partido na metade do primeiro governo Dilma, especialmente a partir de Junho de 2013.

Por ler uma mudança de conjuntura que favorecia a direita e o risco, posteriormente consumado, de um golpe parlamentar através do impeachment de Dilma, o PCO passou a julgar necessária a defesa dos mandatos petistas contra a direita. Por isso, colocou de lado muitas de suas críticas e diferenças com Lula e Dilma – o que me foi justificado como "necessário para conter o golpismo" e após a chegada de Temer como parte da "defesa da democracia."

De fato, quando a criminalização de Lula se acirrou e os processos contra ele acarretaram em sua prisão, a defesa de Lula ganhou enorme protagonismo nas pautas do PCO.

Já em 2018, o PCO afirmou a necessidade de manter a candidatura de Lula e que o partido faria campanha para elegê-lo. Esse apoio do PCO seria crítico, pelas diferenças com Lula e o PT, mas mesmo assim incondicional.[205]

Como o estudo e a análise presentes neste livro visam enxergar melhor a conjuntura, o PCO acabou sendo encaixado na esquerda moderada devido a observações de campo a partir de 2014.

Nesse período e posteriormente, o partido passou a criticar ferozmente partidos da esquerda radical, acusando-os de burgueses, enquanto defendia os governos petistas da direita e das críticas à esquerda.

Isso foi bastante notável durante a Copa do Mundo de 2014, pois o PCO, assim como o MST e outras organizações abertamente identificadas como da base governista, criticou amplamente as mobilizações contra a Copa e todos os demais partidos de esquerda envolvidos nelas.

Alegavam que isso poderia ser usado posteriormente para desestabilizar o governo Dilma e entregar as eleições para a direita.

Compreendendo esses dilemas, eu prefiro colocar o PCO como um estranho membro de extrema esquerda da esquerda moderada na tentativa de fazer jus à tradição revolucionária.

Sei que a militância do PCO não ficará contente com essa classificação, mas a considero apropriada no contexto dessa conjuntura e da tática empregada pelo partido diante da perspectiva do golpe de 2016.

O PCO participa com outros atores da esquerda moderada, como o PT e o PCdoB, da frente dos partidos e movimentos Frente Brasil Popular, cujas principais bandeiras giram em torno da garantia de princípios democráticos básicos em torno da Constituição e da luta contra o golpe. É um partido pequeno na esquerda, porém com intelectuais ativos que influenciam para além de sua base de filiados.

---

[205] <https://www.causaoperaria.org.br/apoio-a-candidatura-de-lula-nao-e-so-da-boca-para-fora-vamos-fazer-campanha-nas-ruas-para-elege-lo/>.

A CUT

A Central Única dos Trabalhadores (CUT) é a maior confederação de sindicatos no Brasil e na América Latina e foi formada em 1983 durante o primeiro Conclat (Congresso Nacional da Classe Trabalhadora), apenas três anos depois do PT.

A criação da CUT fazia parte do projeto do PT, pois os agentes políticos que reconheciam a necessidade de um partido de trabalhadores de massa no Brasil também, por conseguinte, enfatizavam a importância de um braço sindical que não fosse controlado pelo Estado.

Os fundadores do PT queriam algo diferente das relações corporativistas entre governo e sindicato como prevalecia de Getúlio Vargas até a década de 1980 (Vargas era conhecido por integrar líderes sindicais em fileiras governamentais para dirigir diretamente os sindicatos).

A CUT foi idealizada para fugir da norma desse antigo movimento trabalhista com base no apoio da comunidade[206] no entanto, apesar de ainda ser definida como um sindicato autônomo, a burocratização e a partidarização contínua de sua liderança em relação aos governos federais do PT oferecem um quadro diferente em termos de neocorporativismo[207] e transformismo da esquerda moderada.

Na primeira década, a CUT trabalhou ao lado do PT como oposição aos atores do poder, como durante os ferozes ataques dos presidentes Collor e Cardoso aos direitos dos trabalhadores.

Uma vez que o PT chegou à presidência, os governos Lula seguiram em direção à *fagocitose* da CUT (como processo de ingestão), como coloca o sociólogo do trabalho Ricardo Antunes.[208] É verdade que houve sempre uma troca de militantes entre as duas organizações, e não é surpresa que muitos militantes da CUT também fossem membros do Partido dos Trabalhadores, especialmente quando consideravam que o PT era o único braço político das massas desde as grandes greves organizadas por Lula e seus aliados na década de 1970.

O que aconteceu sob os governos Lula é um pouco diferente, porque a CUT se consolidou no PT através de algo que ia além de uma luta compartilhada.

---

[206] Campos, 2015.

[207] Mario Henrique Ladosky, "CUT and Corporatism in Brazil", *Revista Ciências Do Trabalho* No. 3, no. december (2014): 109–37.

[208] Antunes, *Uma Esquerda Fora Do Lugar: O Governo Lula e Os Descaminhos Do PT*, 62.

Esse entrincheiramento pode ser categorizado sob a lente da absorção de aliados e possíveis fontes de oposição sob o transformismo, e ajuda a caracterizar a consolidação do campo de esquerda moderada em torno do PT.

Com a eleição de Lula, a CUT integrou-se ao governo federal pela primeira vez desde sua criação, tendo acesso a debates, tomadas de decisão e instrumentos governamentais diretos.[209]

A intensificação desse processo começou, talvez, com a reforma sindical proposta por Lula, que estabeleceria uma estrutura hierárquica centralizada nos sindicatos, o que consequentemente mina o poder de sindicatos da oposição locais.

O Fórum Nacional do Trabalho (FNT) esteve no centro dessa reforma, como instituição e local de negociação entre os trabalhadores e a classe empresarial voltada para a formação de um pacto social semelhante ao proposto por Lula em sua infame Carta ao Povo Brasileiro em 2002.

A principal mudança proposta na FNT, e adotada pelos diretores da CUT, foi o poder dado às confederações e centrais de sindicatos para controlar as negociações trabalhistas sobre os sindicatos locais.

Gelsom de Almeida argumenta que isso se deve a uma forte influência das tendências hegemônicas de dentro do PT e da CUT (Campo Majoritário e Articulação Sindical) nos governos Lula.[210]

A década de 1990 e o início dos anos 2000 foram um período de transição para a CUT, do sindicalismo de esquerda para uma forma mais moderada de sindicalismo enraizada no "modelo social-democrata europeu de sindicalismo".[211]

Em vez de ser um instrumento para promover os interesses da classe trabalhadora e manter a consciência de classe, a CUT foi reduzida a uma ferramenta de negociação destinada a mediar os interesses da elite patronal e de um governo em processo de neoliberalização.

Sua liderança foi cooptada no projeto do PT como um partido da ordem e absorvida pelo governo quando possível. Pode-se argumentar também que a CUT passou pelo seu próprio transformismo, como o mais importante e maior representante dos sindicatos de esquerda no Brasil.

---

[209] Guilherme Carvalho, "Labor Transformation in Brazil and in CWU Leaders' Profile*", *Revista Ciências Do Trabalho* 2 (2014): 42.

[210] Almeida, "O Governo Lula, o Fórum Nacional Do Trabalho e a Reforma Sindical", 57.

[211] Antunes, "Trade Unions, Social Conflict, and the Political Left in Present-Day Brazil", 263.

Sua fraca postura, dedicada apenas a barganhas, tem sido criticada por líderes sindicais e membros da base, levando a dissidências e cisões. Por exemplo, a liderança da CUT é conhecida por aceitar tentativas que são favoráveis ao empregador e que estão abaixo das expectativas dos trabalhadores representados por ela.

Essa prática levou a campanhas de desfiliação da CUT – bastante notáveis no início do segundo governo Dilma[212] – e menor participação em protestos e manifestações convocadas pelo sindicato central.

De fato, a prática de desmobilização da central durante os governos petistas acabou enfraquecendo seu próprio poder de convocatória para atos e greves. As negociações da greve geral, em 2017, e uma nova construção em 2018 encontraram desafios, tanto pela revelação de que a CUT não coloca mais tantos trabalhadores na rua como antes quanto pela constatação de que muitas lideranças apresentam posições recuadas no processo de construção.

A preocupação da CUT com a autorreprodução do PT no poder levou à desmobilização e à despolitização de certas lutas e à utilização de instrumentos clássicos de luta da classe trabalhadora.

Foram-se os piquetes e greves para defender os governos petistas de ataques da direita e críticas legítimas, provenientes da insatisfação de trabalhadores e outros setores da esquerda.

Juntamente com duas das outras grandes confederações sindicais, a Força Sindical (sindicato neoliberal) e a Central de Trabalhadores e Trabalhadoras do Brasil (CTB – que também pertence à esquerda moderada),[213] a CUT foi tratada como aliada pelo governo Lula por apoiá-lo apesar dos retrocessos para a classe trabalhadora.[214]

Esse apoio continuou com a reeleição de Lula e as duas eleições de Dilma Rousseff, inclusive na ocasião dos novos ataques à classe trabalhadora propostos por Dilma e seu não exercício do poder de veto a leis regressivas aprovadas pelo Congresso conservador eleito em 2014.

---

[212] Correio do Povo, "Cpers Aprova Desfiliação Da CUT e Garante Greve Se Salários Forem Parcelados", *Correio Do Povo*, March 27, 2015.

[213] Para uma análise das diferentes centrais sindicais no Brasil, ver Antunes, Ricardo. (2013). Sindicatos, Conflito Social e Esquerda Política no Brasil atual. Em JR Webber e B. Carr (Eds.), *A Nova Esquerda Latino-Americana: rachaduras no império*. Lanham: Editores Rowman e Littlefield.

[214] Armando Boito & Paula Marcelino, "Decline in Unionism?: An Analysis of the New Wave of Strikes in Brazil", *Latin American Perspectives* 38, no. 5 (2011): 70, https://doi.org/10.1177/0094582X11408560.

Durante o período de agitação antes da Copa do Mundo de 2014, a CUT tentou afastar a classe trabalhadora da ideia de uma greve geral, e o presidente da organização, Vagner Freitas, tentou deslegitimar os protestos contra o megaevento, alegando que eram as ações de uma oposição assim como de uma direita elitista que tinha interesses eleitorais e que não podia conviver com o fato de que foi Lula quem trouxe os megaeventos ao Brasil.

Os meios de comunicação de linha mais governista, como o Brasil 247 e o Brasil de Fato, reforçaram a ideia de uma parceria entre a CUT e o governo Dilma Rousseff com o objetivo de construir apoio à Copa do Mundo e desmobilizar os protestos organizados por grupos socialistas e anarquistas. O PT, a CUT e o MST estavam ausentes nesses protestos e, segundo os participantes da pesquisa, chegaram a proibir seus membros de apoiar esses protestos.

Logo após a reeleição de Dilma, a CUT propôs um Programa de Proteção ao Emprego, devido à possibilidade de perda de empregos durante a recessão anunciada. O programa, que foi desenhado com o governo, sugeriu uma redução da semana de trabalho acompanhada de um corte de até 30% nos salários até o final de 2017.[215]

Embora a CUT afirme oficialmente que é contra as medidas de austeridade, estava subentendido que a classe trabalhadora deveria fazer pequenos sacrifícios durante um período de recessão.

Como o mandato de Dilma indicou que uma forte agenda de austeridade estava por vir, a CUT preferiu se concentrar no ministro da Fazenda Joaquim Levy como o culpado, que foi uma das razões pelas quais a esquerda radical achou difícil se organizar ao lado da CUT e da base governista.

A tentativa de separar o projeto econômico de Dilma Rousseff, presidenta que o nomeou, de Levy foi um artifício retórico que permitiu à CUT algum espaço para protestos e, ao mesmo tempo, limitou o impacto de qualquer protesto ou greve, especialmente a ideia de uma greve geral, que já flutuava em torno da esquerda radical.

Enquanto o PT estava profundamente arraigado na política de seus próprios governos, a situação da CUT retrata mais claramente a ambiguidade de ser uma organização governista, já que suas contradições impediam que ela se juntasse ao campo de oposição da esquerda

---

[215] CUT, "Sindicato e Ministério Ampliam Divulgação Do Programa de Proteção Ao Emprego - CUT - Central Única Dos Trabalhadores", November 20, 2015.

enquanto tentava orientar a esquerda radical rumo a agendas de oposição menos eficazes.

Isso ficou claro não apenas durante os conflitos da Copa do Mundo, mas também durante as tentativas frustradas de formar a Frente por Reformas Populares (FRP) no início de 2015.

O MST

O Movimento dos Trabalhadores Sem Terra (MST) enfrenta dilemas semelhantes aos apresentados pela CUT, com a ressalva de que a burocratização do MST não foi tão profunda quanto na CUT.

Essa diferença se dá, em parte, em razão da tendência dos sindicatos de submeterem-se ao corporativismo brasileiro e operarem mais como gestores e negociadores do que como ferramentas da classe trabalhadora.

No caso do MST, como movimento social teve relativa autonomia em algumas de suas bases regionais, apesar da defesa pública e oficial, embora muitas vezes crítica, dos governos do PT pela liderança prática e intelectual do MST.

O MST nasceu em 1984, na sequência das fundações do PT e da CUT. A motivação por trás do movimento era contestar uma das maiores taxas de concentração de terras do mundo e promover a reforma agrária de uma forma que desafiasse a noção predominante de direitos de propriedade no Brasil.[216]

É de longe o movimento social mais conhecido na América Latina e, ainda, o maior do Brasil, apesar de seu declínio nos governos do PT e da subsequente perda de capacidade de mobilizar como antes grandes massas em nível nacional.

Apesar da crescente urbanização, a reforma agrária continua sendo uma questão importante para a economia e a classe trabalhadora brasileira.

O setor do agronegócio domina tanto o mercado interno quanto o de exportação de *commodities* e seus agentes são responsáveis por danos ambientais e violência contra povos indígenas e tradicionais, camponeses, ambientalistas, assim como ataques dirigidos contra

---

[216] George Meszaros, "Taking the Land into Their Hands : The Landless Workers' Movement and the Brazilian State", *Journal of Law and Society* 27, no. 4 (2000): 518.

assentamentos do MST e seus militantes.

De todos os principais setores cuja produção contribui para o PIB brasileiro, o agronegócio foi o único a se expandir entre 2014 e 2015, período de perda total do PIB para o país.[217]

Assim como a CUT, as mobilizações do MST foram fundamentais para a construção de apoio a cada uma das eleições de Lula, a primeira eleição de Dilma Rousseff (no segundo turno) e pelo menos a união pela derrota de Aécio Neves quando ele estava praticamente empatado com Dilma em 2014.

Apesar do histórico relativamente ruim do governo de Dilma com relação à expropriação de terras e à reforma agrária, a burocratização do MST e as conexões de lideranças-chave junto ao governo diminuíram a capacidade do movimento de se opor à virada neoliberal dos governos do PT.

Nem mesmo quando Rousseff nomeou Kátia Abreu, conhecida representante do agronegócio, para o Ministério da Agricultura, o MST conseguiu protestar com a eficácia e peso necessários para mudar a decisão da presidenta.

Esse histórico levou os estudiosos de movimentos sociais a afirmar que o MST estava aquém do seu potencial como movimento social ligado às necessidades populares e contrário ao neoliberalismo, já que seu apoio ao PT ajudou a legitimar mais de uma década de políticas neoliberais sob Lula e Rousseff.[218]

Como argumentam Lécio Morais e Alfredo Saad Filho, os membros e quadros do MST têm enfrentado mais dificuldades em aceitar que suas próprias necessidades "devem ser contidas em nome da 'estabilidade' política e econômica, precisamente quando – pensam eles – o PT e suas organizações aliadas estão finalmente em condições de implementar seu programa histórico". [219]

Sugiro que isso se deva ao menor grau de burocratização no nível local do movimento e à tradição da pedagogia crítica, da mística e da formação política de todos os membros.

---

[217] IBGE, "Em 2015, PIB Cai 3,8% e Totaliza R$ 5,9 Trilhões", *Sala de Imprensa* IBGE, March 3, 2016.

[218] Gary Prevost, Harry E. Vanden & Carlos Oliva Campos, *Social Movements and Leftist Governments in Latin America: Confrontation or Co-Option?* (New York: Zed Books, 2012).

[219] Morais & Saad Filho, "Lula and the Continuity of Neoliberalism in Brazil: Strategic Choice, Economic Imperative or Political Schizophrenia?", 18.

O elemento da formação política talvez seja um dos maiores triunfos do MST como movimento social no Brasil, e, embora o PT tenha conseguido despolitizar certas lutas, inclusive a reforma agrária, a prática inerente de politizar a base quanto a suas principais lutas permanece.

O Movimento dos Trabalhadores Sem Teto (MTST), nascido do MST, valoriza essa mesma prática, mas não conseguiu implementá-la de forma coesa em toda a sua base. Isso está relacionado a, pelo menos, duas diferenças entre os movimentos.

Primeiro, o MTST enfrenta os desafios impostos pela natureza mais fluida das ocupações urbanas, especialmente em termos de uma realidade compartilhada fragmentada e da diversidade no trabalho.

Enquanto isso, em um acampamento do MST, os membros ocupam a terra para viver e trabalhar nela e, portanto, mais facilmente se identificam como uma classe em si e para si.

Já em uma ocupação urbana do MTST, a conquista pode estar ou não atrelada ao terreno que foi ocupado, e os sem-teto trabalham em lugares diferentes, estão expostos a contradições diferentes e compartilham menos tempo juntos.

O segundo problema que o MTST enfrenta para politizar a base é justamente a contradição que permitiu ao MST mais sucesso em termos de manutenção de uma base unificada.

O MST tornou-se dependente de certas estruturas e financiamentos fornecidos pelo governo em questões relacionadas à saúde, educação, desenvolvimento agrário e até mesmo instrumentos de mobilização.

Enquanto isso o MTST continua a ser um movimento social financeiramente autônomo, apesar das contradições que surgiram em relação ao movimento, como o foco no programa habitacional do governo federal Minha Casa Minha Vida (MCMV). Essa diferença demonstra o tipo de pressão que cada movimento está disposto a aplicar ao governo.

A ideia de que o MST sobreviveu às tentativas do governo de cooptá-lo foi uma espécie de consenso até os últimos anos do mandato de oito anos de Lula como presidente[220].

O movimento conseguiu manter uma postura combativa (embora mais protetora do PT e de Lula durante os períodos eleitorais) e enfrentou um aumento da repressão como resultado.

---

[220] Caldeira, 2008, p. 151.

Dados divulgados pela Comissão Pastoral da Terra, movimento parceiro do MST através da Via Campesina, informam que, embora os conflitos fundiários tenham diminuído entre 2008 e 2009, o número de camponeses assassinados e torturados aumentou (CPT, 2009).

O relatório também mostra que o uso da violência pelo poder público aumentou durante o mandato do presidente Lula (2003-2010), quando houve um aumento no número de famílias removidas forçadamente das ocupações.[221]

O problema é que, em vez de aumentar sua oposição ao governo em face de tantos atrasos e manifestações de violência, o MST se moveu gradualmente para uma posição cada vez mais indulgente.

Ele se juntou à CUT e ao PT no boicote aos protestos da Copa do Mundo, por exemplo. João Pedro Stédile, que é um dos principais porta-vozes e intelectuais do movimento, chegou a chamar os protestos de "erro político" e a afirmar que a Copa do Mundo não era diferente do carnaval brasileiro e que tais eventos não deveriam ser politizados.[222]

Ele desconsiderou os protestos como uma questão de "juventude" desorganizada, reforçando uma diferença geracional entre o MST e a CUT e a geração que lutava contra os megaeventos antes e a partir de Junho de 2013.

É notável como os números que o MST costumava ser capaz de evocar diminuíram consideravelmente. Em 1997, só o MST levou 100 mil manifestantes a Brasília contra o governo Cardoso, enquanto as manifestações organizadas conjuntamente por MST, CUT, PT, PCdoB e União Nacional dos Estudantes (UNE) nos últimos anos passaram a reunir uma média de 50 mil pessoas apenas em São Paulo.

A exceção a isso seria a manifestação de 18 de março de 2016, que foi inicialmente prevista por essas organizações em defesa da Rousseff e Lula, mas cresceu para mais de 200 mil por causa das repercussões de ações pelo juiz Sérgio Moro da investigação Lava Jato no dia anterior.[223]

---

[221] CPT, *Conflitos No Campo Brasil 2015*, ed. Antonio Canuto, Cássia Regina da Silva Luz & Isolete Wichinieski (São Paulo: CPT Nacional, 2015), https://doi.org/10.1017/CBO9781107415324.004.

[222] Vitor Nuzzi, "Líder do MST considera 'erro político' fazer mobilização durante a Copa — Rede Brasil Atual", *Rede Brasil Atual*, February 6, 2014.

[223] Paulo Toledo Piza et al., "Manifestação de Apoio Ao Governo Federal Fecha Avenida

Mesmo o Ocupa Brasília de 2017, mobilizado tanto pela Frente Brasil Popular quanto pela Frente Povo Sem Medo, não mobilizou o número de adesão esperado após a convocatória de tantas organizações de peso.

Independentemente disso, esquerdas moderada e radical classificaram a manifestação como massiva e de sucesso. Essa diferença de leitura sobre sucesso e números é algo que eu abordarei posteriormente, quando discutirmos a melancolia da esquerda.

OUTROS

Outras organizações continuam mantendo fortes vínculos com o PT, como a Comissão Pastoral da Terra (CPT), a Central de Trabalhadoras e Trabalhadores do Brasil (CTB), o Movimento dos Atingidos por Barragens (MAB) e outros movimentos sociais profundamente ligados a suas próprias causas de demanda específica, particularmente aquelas relacionadas a questões rurais e ambientais.

Essas organizações, juntamente com a UNE, que é majoritariamente dirigida pelo PCdoB, através de sua organização juvenil UJS, e dezenas de outras se uniram, sob a liderança do MST e da CUT, para criar a aliança política Frente Brasil Popular (FBP), cujos principais objetivos dizem respeito à preservação da democracia – interpretada frequentemente como oposição ao impeachment de Dilma Rousseff e à prisão de Lula – e, antes do impeachment, aos esforços em direção a uma nova política econômica por parte dos governos petistas.

A frente reúne as principais organizações da esquerda moderada, enquanto a esquerda radical se reúne em torno de outras duas frentes de ação coletiva.

Existem outras organizações que mantêm relação com o PT e operam dentro dos limites da esquerda moderada, mas que não contribuem para a FBP, como o Conselho Indigenista Missionário (CIMI), vinculado às lutas indígenas, e a Frente Nacional de Luta (FNL), um dissidente do MST que mantém uma posição lulista, mas interage amplamente com outras organizações de esquerda e de centro-direita na promoção da bandeira da reforma agrária.

Paulista, Em SP", *G1 São Paulo*, March 18, 2016.

A crise do impeachment fez a cisão entre as esquerdas no Brasil mais evidente aos olhos da população em geral. De um lado, a defesa aberta de Dilma e de suas políticas pela esquerda moderada.

Do outro, a negociação da esquerda radical entre se opor ao impeachment sem defender o governo Dilma Rousseff e aqueles que propunham alternativas que incluíam expulsar Dilma também.

Esse dilema é apenas um dos exemplos que expõem como a esquerda radical, ao contrário da esquerda moderada, é fragmentada não apenas em números, mas também em termos de táticas e estratégias.

Isso tudo leva a visões conflitantes sobre como a esquerda radical deve se posicionar em relação à esquerda moderada e sua hegemonia nos espaços de esquerda e os desafios colocados por uma direita fortalecida nessa conjuntura.

CAPÍTULO 6   A ESQUERDA RADICAL

Enquanto a esquerda moderada se conduz de acordo com as normas do *status quo*, temperando o avanço do neoliberalismo e o entrincheiramento de estruturas de opressão ao lado do capitalismo, com a promoção de políticas sociais inclusivas (mesmo muitas vezes do ponto de vista das prioridades desenvolvimentistas), a esquerda radical é anticapitalista em seu núcleo e se conduz de acordo com as necessidades e a luta dos povos explorados e oprimidos, embora também seja suscetível a contradições. Ao desenhar essa distinção, Webber e Carr escrevem:

> [A ESQUERDA RADICAL] PREVÊ UMA TRANSIÇÃO PARA A COORDENAÇÃO SOCIAL DEMOCRÁTICA DA ECONOMIA E A CONSTRUÇÃO DE UM MODELO DE DESENVOLVIMENTO NO QUAL AS NECESSIDADES HUMANAS SÃO PRIORIZADAS ACIMA DAS NECESSIDADES DO CAPITAL. A ESQUERDA RADICAL LUTA PELA PROPRIEDADE COMUNAL DOS RECURSOS ECONÔMICOS E NATURAIS. ELA PROMOVE O CONTROLE DO TRABALHADOR E DA COMUNIDADE DOS LOCAIS DE TRABALHO E BAIRROS. A ESQUERDA RADICAL VÊ A DEMOCRACIA CAPITALISTA LIBERAL COMO UMA EXPRESSÃO LIMITADA DA SOBERANIA POPULAR E PROCURA, EM VEZ DISSO, EXPANDIR O GOVERNO DEMOCRÁTICO EM TODAS AS ESFERAS DA VIDA POLÍTICA, SOCIAL, ECONÔMICA E PRIVADA. É ANTI-IMPERIALISTA, BUSCANDO A LIBERTAÇÃO REGIONAL DA AMÉRICA LATINA E DO CARIBE E DESAFIANDO AS PRETENSÕES IMPERIAIS DO IMPÉRIO NORTE-AMERICANO, BEM COMO DE SEUS RIVAIS EMERGENTES ATIVOS NA REGIÃO.[224]

No contexto brasileiro, a esquerda radical é composta por um grupo de atores que é crítico ao projeto da esquerda moderada liderado pelo Partido dos Trabalhadores, e se opõe a ele, em vários graus, já que a esquerda moderada se estabeleceu como um grupo distinto, com um programa distinto da esquerda anticapitalista geral.

Essa tipologia se aplica ao diálogo e às tensões entre a teoria e a prática dessas esquerdas nessa conjuntura. Coloca que, mesmo promovendo-se como anticapitalista, a esquerda moderada está mais disposta a negociar com o capital que a esquerda radical.

---

[224] Webber & Carr, "Introduction: The Latin American Left in Theory and in Practice", 5–3.

Todavia, esta última esquerda também tem suas contradições, especialmente no que diz respeito ao conflito interno entre posições reformistas e revolucionárias.

No mais, a esquerda moderada tem maior proximidade, flexibilidade e afinidade com as instituições do Estado, enquanto a esquerda radical pode considerar caminhos institucionais, mas ainda compreende seus limites.

Embora a posição crítica ao PT seja comum a todos os grupos da esquerda radical, o grau de intensidade e até mesmo o conteúdo das críticas passa a variar após o golpe parlamentar de 2015.

Ademais, a esquerda radical encontra dificuldades em se afirmar, descrever e projetar para além de sua oposição ao programa da esquerda moderada.

De fato, há pouco consenso sobre um programa socialista na esquerda radical e, até mesmo, sobre como mobilizar e organizar a classe trabalhadora. Há até mesmo a necessidade de avaliar sobre o que consiste essa classe nas configurações do capitalismo do século XXI.

A esquerda radical brasileira é formada por partidos, movimentos sociais, sindicatos trabalhistas e coletivos, e é geralmente orientada para o socialismo e o comunismo. Existem grupos autonomistas e anarquistas que podem ser identificados dentro da esquerda radical, e eles exercem um forte nível de influência na conjuntura a partir de uma perspectiva de esquerda, de tempos em tempos, como o Movimento do Passe Livre (MPL), em São Paulo.

Ao mesmo tempo, grupos anarquistas podem rejeitar uma associação com a esquerda organizada e partidária, e há, de fato, mesmo no autonomismo, uma preocupação grande com o grau de instrumentalização partidário e/ou eleitoral quanto a lutas construídas conjuntamente.

Sabendo também da necessidade de delinear um escopo para essa pesquisa, a qual tende para a análise frente ao horizonte comunista, escolhi que o livro se ocupasse da esquerda anticapitalista organizada em geral, essa que tende a ser estruturada em torno de partidos, movimentos, sindicatos e outros arranjos que seguem uma rota não autonomista. Assim, organizações como o MPL não são extensivamente examinadas neste estudo.

A conjuntura política em que se situam as ações da esquerda radical desde 2013 também a colocam em confronto direto com a direita. Não que isso não tenha acontecido antes, a diferença é que o avanço do discurso de direita como mais do que o simples senso comum, mas como um projeto real, impacta o terreno da política em comparação com a dicotomia liberal centro-direita/centro-esquerda a que a esquerda radical respondia desde o seu início.

Antes, a esquerda radical teve que se opor ao projeto de esquerda moderada do PT e ao projeto de centro-direita do PSDB, enquanto se destacava à medida que essas duas versões de um projeto de centro se atacavam.

Agora, a natureza ultrapolítica do conflito a leva a enfrentar ataques da direita moralmente conservadora e seu projeto de livre mercado, que vai além da dinâmica liberal da centro-direita.

Isso cria seus próprios desafios particulares em termos de garantir a existência da esquerda radical. O PT continua a homogeneizar o espaço de esquerda e a trabalhar com a esquerda radical somente quando espera instrumentalizá-la para a manutenção do projeto moderado.

Desde o impeachment, é comum que atos conjuntos pela democracia acabem pesando mais para uma renovação da esquerda moderada e suas figuras públicas do que como acúmulo para um projeto alternativo de esquerda radical.

Enquanto isso, a direita está determinada a impedir a existência do discurso moderado e radical da esquerda, bem como os seus espaços de influência.

Ao contrário da centro-direita liberal que se concentra na esquerda dominante como sua adversária, a direita conservadora, fundamentalista e com afinidade com o fascismo (isto é, conivente ou estimuladora do fascismo) reconhece a esquerda radical como grande ameaça ao *status quo*, por não ser cooptável como a esquerda moderada.

Essa dinâmica ajuda a localizar a esquerda radical no cenário político do Brasil, porque se propõe a ser alternativa a uma ampla gama de projetos, tanto de direita quanto de esquerda, e está, portanto, sob ataque por todos os lados.

Deve-se notar também que o problema atual de confrontar uma direita que vai além do liberalismo de centro-direita é resultado da falsa dicotomia não resolvida do próprio liberalismo e suas contradições quando encabeçado por vias institucionais.

Isso requer que a esquerda radical veja a direita conservadora, em sua própria capacidade e ataques distintos, como intrinsecamente ligada ao projeto liberal de centro-direita.

Isso é diferente da abordagem do PT de separar a direita fascista da direita liberal para continuar a flertar com a segunda em nome da governabilidade e da manutenção de seu projeto – que legitima e concilia o neoliberalismo econômico por meio da política social.

Em outras palavras, as diferentes versões do liberalismo experimentadas no Brasil nos últimos 30 anos (seja de centro-direita ou centro-esquerda) dependem da ausência de uma esquerda radical bem estabelecida para se renovarem continuamente.

Todavia, o liberalismo não é suficiente para conter a esquerda radical, o que demanda a existência de um projeto de extrema direita, mas somente enquanto este possa ser o antídoto para a radicalidade de esquerda.

Essa direita só é tolerada pelo liberalismo dentro desses termos. O PT operou nesses termos, como única opção viável, já que a extrema direita era abominável e a esquerda radical, insustentável do ponto de vista dos que defendem a conciliação de classes como necessária.

Assim, se apresentava como uma síntese capaz de segurar a governabilidade diante desses extremos e excessos. Enquanto isso, a política conservadora de direita avançava no senso comum (aumento da despolitização) e na institucionalidade (Congresso conservador e leis retrógradas).

Cabe aqui compreender quem é essa esquerda radical, qual sua práxis e quais as suas contradições desde o período de abertura democrática, mas, principalmente, na conjuntura atual que é nosso objeto de estudo.

Os desafios enfrentados pela esquerda radical em termos de fragmentação são profundos, especialmente porque as organizações são constantemente consumidas por conflitos internos em relação à existência da esquerda moderada e às dificuldades em se aproximar do Partido dos Trabalhadores através de uma síntese coletiva e coesa ou se distanciar quando necessário.

O objetivo desta seção é fornecer uma caracterização direta das principais organizações, movimentos e coletivos que identifiquei na esquerda radical brasileira. Essa caracterização é baseada em minhas observações etnográficas durante o período da pesquisa, nas entrevistas com representantes e membros desses grupos e em fontes secundárias.

A maioria das informações apresentadas e analisadas foi coletada por meio de observação participante em atividades de esquerda e coleta geral de material etnográfico em conversas informais com militantes radicais de esquerda, pelo exame da produção intelectual de membros das organizações, material organizacional e uma etnografia visual de ação conjunta dessas organizações.

Além disso, realizei extensas entrevistas com 34 militantes da esquerda radical, a fim de confirmar, questionar ou instigar a discussão de assuntos de interesse para as questões e hipóteses de pesquisa propostas neste estudo.

Como a esquerda radical é mais fragmentada e é formada por numerosas organizações, a melhor maneira de abordá-las é por meio de suas categorias de incidência social e política, como partidos políticos, movimentos sociais e sindicatos.

No contexto de alta fragmentação na esquerda brasileira, e considerando que a esquerda radical também fomenta formas locais de organização política que resultariam em numerosos grupos e entidades, as organizações consideradas aqui, e, depois, ao longo do livro, não compõem o campo radical em sua totalidade.

Em vez disso, optei por apresentar as organizações que representam a esquerda radical como um todo e as nuances, conflitos e possibilidades que caracterizam as relações entre o radical e o revolucionário e as distinções para com o campo moderado.

Para tanto, apresento as organizações em termos de suas principais políticas, seus relacionamentos e suas características distintivas como esquerda radical. Esse conhecimento ajuda a esclarecer o problema da fragmentação e ajuda a contextualizar as análises sobre a despolitização e a fragmentação.

É possível que logo após a publicação deste livro e posteriormente, essas informações já careçam de atualização, visto o fluxo rápido e contínuo de fragmentação interna do campo, com cisões e fusões frequentes.

Todavia, acredito que os principais quadros de análise poderão ser aplicados também a essas mudanças enquanto a configuração do campo for compatível com o que enquadrei como uma crise de práxis.

PARTIDOS POLÍTICOS

PT é a organização mais proeminente da esquerda moderada, e representava a esquerda quase como um todo antes de seu transformismo e sucessivas cisões organizacionais das últimas duas décadas.

Com exceção do Partido Comunista Brasileiro, que existia fora e antes do início do PT, os outros dois partidos-chave da esquerda radical, o Partido dos Trabalhadores Socialistas Unificado (PSTU) e o Partido Socialismo e Liberdade (PSOL), surgiram do PT, após expulsões e divergências profundas.

Eu identifico esses três partidos, PSOL, PSTU e PCB, como representantes-chave da esquerda radical brasileira com influência nacional, e isso se dá com base no meu próprio estudo de suas atividades e no estudo da história dos partidos brasileiros feita por Marcelo Ridenti[225] e Pablo Moura.[226]

Isso não nega a existência de partidos como o PCR, cujo esforço é voltado a uma construção também eleitoral, a UP, que busca legalização como partido e legenda. Porém, busco delimitar os três partidos já mencionados para garantir o escopo e também a qualidade da análise, visto que foi com eles que mais interagi no período etnográfico.

Embora as três partes estejam unidas em sua oposição à direita e ao projeto político ambíguo e moderado do PT, suas interpretações da realidade política diferem em muitos aspectos, e afetam seu discurso sobre o PT, a interação com o PT e as oportunidades para que essas partes se unam em ação direta, em alianças estratégicas e na tarefa de politizar e construir uma base de esquerda radical.

No espírito deste capítulo, as apresentações seguintes dos partidos, e da esquerda radical como um todo, são informadas de acordo com o interesse sociológico definido pelas questões de despolitização e fragmentação a serem exploradas no restante do livro, e não pretendem examinar detalhadamente a estrutura e os programas políticos de cada organização.[227]

Em geral, o PSTU se descreve como uma parte dos movimentos trabalhistas, estudantis e populares, cujas prioridades estão na transformação da sociedade e não nos ganhos eleitorais.

---

[225] Marcelo Ridenti, *Política Pra Quê?*, 1st digita (São Paulo: Editora Atual, 2013).

[226] Pablo Thiago Correira de Moura, "As Razões Da Esquerda Radical - PCB, PSTU e PSOL: Estrutura Organizativa e Objetivos Políticos" (Universidade Federal do Rio Grande do Norte, 2011).

[227] Uma referência interessante para aqueles que buscam uma visão detalhada dos programas e histórias particulares do PSOL, PSTU e PCB, a partir de uma perspectiva mais da Ciência Política, é a Dissertação de Mestrado de Pablo Moura (Moura, 2011), que é uma fonte ocasional de referência para informações complementares neste capítulo.

O PSOL defende o "socialismo com democracia", com o objetivo estratégico de superar o capitalismo. Seu programa sugere que ele dá mais foco às eleições do que o PSTU, assim como sua prática, embora enfatize as eleições como um caminho para a politização, o debate e a resistência.

Pablo Moura sugere que a diferença de perspectiva sobre as eleições entre o PSOL, o PSTU e o PCB está relacionada a uma visão mais *principista* (focada em princípios) das táticas partidárias institucionais pelos dois últimos partidos.[228]

O foco comunista do PCB é demonstrado na linguagem revolucionária mais aberta que ele emprega, em contraste com o PSOL e até mesmo o PSTU. Em seu plano estratégico, o partido fala da formação de um bloco revolucionário proletário, no sentido gramsciano de blocos históricos, uma clara ruptura do sistema capitalista e a luta pela hegemonia das ideias socialistas e comunistas baseadas em movimentos populares.

Entre os três partidos, o PSOL é o que mais dedica recursos e debates à questão eleitoral, apesar de o PCB e o PSTU também participarem das eleições com seus candidatos. No caso do PSOL, as estratégias eleitorais tendem a ser direcionadas e consistem principalmente em ocupar cargos legislativos e posições executivas nos níveis municipal ou estadual.

Esses três partidos tiveram alguns comportamentos semelhantes, e alguns diferentes, em Junho de 2013, que variaram de acordo com a conjuntura particular de cada cidade que hospedava mobilizações em massa.

Belo Horizonte foi onde eles estiveram mais juntos, já que a esquerda organizada esteve envolvida em seus próprios processos com relação ao transporte público meses antes, e também foi menos fragmentada em termos de organização de protestos e assembleias.

Isso se deveu em parte à já forte influência do próprio comitê popular de Belo Horizonte para a Copa do Mundo (Copac), tanto nos setores tradicionais de esquerda quanto nos autonomistas.

Belo Horizonte já tinha uma história de mobilizações bem-sucedidas nas lutas pelo direito à cidade (por exemplo, o Fora Lacerda), que haviam facilitado um certo nível de diálogo, que resultou em chamadas mais orgânicas em 2013, especialmente através da

---

[228] Moura, "As Razões Da Esquerda Radical - PCB, PSTU e PSOL: Estrutura Organizativa e Objetivos Políticos", 99.

Assembleia Popular Horizontal (APH), que foi criada em conjunto com grupos autonomistas e anarquistas.[229]

A importância desse nível de congruência é que impediu Junho de 2013 de atingir um estado de ampla cacofonia em Belo Horizonte, como foi visto em outras cidades, particularmente no que diz respeito à transição das palavras de ordem do "não me representa" para a rejeição, expulsão e até mesmo agressão contra os militantes de esquerda (os moderados e os radicais) nas manifestações.

Outro partido da esquerda radical que esteve presente e contribuiu para os processos da época foi o PCR, que está ligado à luta pela moradia em Belo Horizonte e constrói o Movimento de Lutas nos Bairros, Vilas e Favelas (MLB), com forte presença em Minas Gerais.

São Paulo foi percebida como o olho da tempestade no Junho de 2013, e a predominância de práticas autonomistas, horizontalistas e anarquistas deram um tom especial às manifestações, fazendo, assim, com que elas explodissem e fugissem do controle das lideranças iniciais.

De certa forma, esse resultado foi esperado e almejado pelo Movimento Passe Livre (MPL) como forma de pressionar contra o aumento da tarifa do transporte público.

Todavia, as proporções certamente superaram as expectativas de qualquer movimento, partido e demais organizações militantes no Brasil.

A explosão foi positiva no sentido de maior participação e pluralidade, mas cabe indicar que os elementos soltos e mais horizontais criaram um cenário favorável para tomada gradual por parte de vozes pós-políticas despolitizadas e, em última instância, conservadoras, já que estas contavam com o apoio da imprensa.

Ademais, eram discursos que ampliavam de elementos do senso comum da indignação contra a corrupção, e se construíam sobre eles, que se concentravam em lemas como "Meu partido é meu país" ou "Somos a rede social".[230] Como resultado, deslegitimaram a esquerda

---

[229] Ricci & Arley, *Nas Ruas: A Outra Política Que Emergiu Em Junho de 2013*, 159-60.

[230] Ambos os lemas seriam carregados posteriormente pela direita em vias de despolitização e para a legitimação de *fakes news* e as narrativas de Bolsonaro. A primeira seria parte do ufanismo usado pelo presidente para aparentar anti-*establishment*, e a segunda seria materialmente ligada ao uso das redes em sua campanha e simbolicamente representante da despolitização nos gritos de "Whatsapp" e "Facebook" pelos apoiadores em sua posse em 2019.

organizada cujas demandas correspondiam às exigências originais de Junho de 2013.

Mesmo o MPL, que afirmava de forma contínua a sua postura apartidária, teve sua própria legitimidade representativa questionada e rejeitada posteriormente. Enquanto isso, militantes de muitas tendências do PSOL continuaram a se envolver com a multidão por meio de outras táticas, como os membros da MES que acharam que as pessoas eram mais receptivas quando eles se apresentavam como a organização de juventude que constroem, o Juntos.

O MES usou da experiência de combate aos aumentos de tarifas na cidade de Porto Alegre e optou por empregar a tática de Juntos já nas fases iniciais dos protestos de Junho.

O PSTU seguiu em uma direção diferente, e optou por construir fora das principais multidões após o crescimento da rejeição de partidos e organizações de esquerda, com a convocatória de greves e uma demonstração liderada pelos sindicatos, que tinham pouca participação além das partes organizadoras e seus membros, em comparação aos atos massivos característicos do Junho mais plural e cacofônico.

A capital brasileira ofereceu um cenário de Junho mais parecido com o de São Paulo do que com de Belo Horizonte, embora houvesse rejeição muito menos agressiva de pessoas antipartido e antiesquerda em Brasília.

O processo explodiu por conta da solidariedade contra a violência policial e da indignação coletiva, e teve um de seus momentos mais brilhantes em 17 de Junho, quando manifestantes ocuparam o telhado do Congresso Nacional.

Embora a maioria dos manifestantes fosse apartidária, algumas organizações de esquerda conseguiram reafirmar sua presença nos protestos, como algumas tendências do PSOL. O MPL não possui uma base em Brasília tão expressiva quanto a de São Paulo, e os protestos tiveram um tom mais abertamente de "Não apenas 20 centavos" desde o início.

A Marcha do Vinagre, como ficou conhecida, partiu de iniciativas autônomas, por exemplo. Também havia indignação relacionada à Copa do Mundo, que os membros do Comitê Popular da Copa de Brasília tentaram enfatizar.

O Comitê, embora forte, não era tão hegemônico e ubíquo na capital quanto em Belo Horizonte. O que aconteceu em Brasília, e que foi bastante semelhante a Belo Horizonte, foi a realização de assembleias populares, as quais desencadearam processos que conectaram a indignação popular à esquerda organizada.

O PSOL, através de algumas de suas tendências internas, e o Comitê da Popular da Copa foram os principais atores da esquerda organizada nesse processo.

A partir desse contexto, trago a localização dos partidos da esquerda radical, que será importante para a compreensão da narrativa de fragmentação da esquerda e da conjuntura de despolitização no Brasil.

PARTIDO SOCIALISMO E LIBERDADE (PSOL)

O PSOL é um partido amplo muito parecido com o Syriza, da Grécia, e o PT (pelo menos no papel) em termos de garantir o direito a tendências dentro do partido.[231] A diferença no PT é que, ao se transformar em partido da ordem, o direito a tendências deixou de ser o equivalente a um direito de criticar, discordar e se opor à burocracia do partido.

As forças hegemônicas dentro do partido foram fortalecidas pelo *fisiologismo*, que favorece as relações internas e o apego ao poder (burocrático/institucional). Essa dinâmica efetivamente abafa a dinâmica de oposição interna dentro do PT, apesar de até hoje ser um partido bastante dividido internamente, especialmente no que diz respeito a teses e debates congressuais.[232]

Essa asfixia da capacidade das tendências de disputar o programa hegemônico do partido no cotidiano é uma das razões para a criação do PSOL, fundado depois de uma cisão nas primeiras fases do primeiro mandato de Lula e ainda se consolidando a partir decisões posteriores nos governos do PT.

O PSOL foi formado depois que membros do PT se recusaram a apoiar e votar a controversa Reforma da Previdência de Lula em 2003.

---

[231] Por tratarmos da questão do partido amplo como uma organização de direito à tendência, toda a discussão apresentada em torno das várias organizações internas que compõem o PSOL emprega o termo tendência para se referir a elas. Também é comum ouvir a nomenclatura "corrente".

[232] O PT divulgou as dez teses apresentadas em seu 6º Congresso Nacional, em 2017. A chapa vencedora do Congresso se articulou ao redor da tese "Em defesa do Brasil, em defesa do PT, em defesa de Lula".

Enquanto alguns foram expulsos do partido, outros o deixaram por sua própria vontade, com a intenção de formar um novo partido.

Embora houvesse conversas com o PSTU na época, formado pela Convergência Socialista, uma tendência trotskista que havia deixado o PT quase dez anos antes, elas não avançaram. Israel Dutra (PSOL – MES) ressalta que uma das dificuldades encontradas pelos novos dissidentes ao estudar a possibilidade de formar um partido conjunto com o PSTU era que o último não aceitava manter o direito à tendência.[233]

Esse direito foi importante para manter a autonomia de cada organização que aderiu ao PSOL no que seria a primeira onda de cisões e adesões (2003), que resultou na fundação do partido, e na segunda onda, em 2005.

Algumas das principais organizações do setor eram o MES, a CST, o CSOL (que havia saído do PSTU em 2003), o Enlace (uma cisão da Democracia Socialista, que permaneceu no PT) e a APS, que entrou originalmente como parte de um acordo de filiação democrática e que mais tarde adquiriu direitos plenos como tendência.

A APS também passou por cisões internas já dentro do PSOL, e a organização comumente referida como APS-US é aquela que atualmente coordena o PSOL junto a outras tendências como parte da coalizão denominada Unidade Socialista (US).

A APS, conhecida como APS-Nova Era, integra a coalizão do Bloco de Esquerda (BE) no partido. Embora as diretrizes do PSOL sejam definidas de acordo com a tendência política e a competição por posições de liderança, qualquer pessoa pode se tornar um membro do PSOL como independente, após aprovação do diretório, e até se tornar uma referência pública para o partido. Esse é o caso de vários parlamentares do PSOL, como Marcelo Freixo e Jean Wyllys.

O direito à tendência constitui um dos princípios centrais do partido, e seu estabelecimento, a partir da sua fundação, está ligado à proposta de ser um "partido amplo", que pode mobilizar diferentes forças políticas em torno de um projeto comum.

Embora a direção do PSOL seja de fato hegemônica e tenha influência substancial quanto aos recursos partidários, às operações parlamentares, às questões eleitorais e à construção de propostas nacionais, as tendências têm alto grau de autonomia interna, inclusive no que diz respeito a pronunciamentos e notas sobre a conjuntura doméstica e internacional.

---

[233] Fernandes, "Conjunto de Entrevistas de Campo (2014-2016)".

Por exemplo, tanto o MES quanto a CST promoveram campanhas durante a crise do impeachment que diferiam da orientação geral do partido, especialmente no que diz respeito à operação Lava Jato.

Há divergências entre tendências sobre política externa, como no caso da Síria e da Ucrânia. Há também diferenças entre as posições de parlamentares e posições tradicionais do PSOL quanto a outras situações também.

São notáveis as divergências entre os posicionamentos do parlamentar Jean Wyllys quanto à Venezuela e ao sionismo e a posição oficial das notas emitidas pelo Setorial de Relações Internacionais do partido no que diz respeito à solidariedade contra a intervenção imperialista na Venezuela e com o povo palestino, que vive sob *apartheid* israelense.

As correntes trotskistas do PSOL acreditam que o direito à tendência é muito importante para garantir o debate e as posturas de diálogo no partido, assim como é um instrumento importante para uma esquerda fragmentada.

Todavia, quando as divergências se tornam públicas sem o devido debate interno que possa gerar sínteses, é comum a confusão de não membros sobre como o PSOL se posiciona como partido diante de diferentes políticas.

Isso apresenta um dilema sobre o papel de partidos amplos na esquerda em conjunturas fragmentadas como a nossa e os tropeços e soluços que ocorrem quando a relação interna dentro desse tipo de partido não alimenta uma dinâmica de criação de sínteses mais coletivas e unitárias.

Assim, o PSOL é visto ao mesmo tempo como lulista e golpista, sionista e solidário com a Palestina, eleitoreiro e sectário, pró-Maduro e pró-imperialismo, dependendo a quem você perguntar.

Em períodos de baixa mobilização de massa e alta despolitização, quando a fragmentação é desenfreada, é importante encontrar fóruns na esquerda que permitam um projeto comum, e não simplesmente uma colaboração pontual (como é o caso de coalizões eleitorais e frentes de acordo mínimo/frentes únicas).

Isso faz do PSOL um importante ponto de convergência para uma variedade de organizações cujas disputas internas concernem ao desejo de influenciar e orientar a direção do partido.

Isso, é claro, também pode ser problemático quando a disputa se torna mais importante do que a construção comum de um programa que esteja além dos limites da forma partidária.

Os sintomas disso são muito comuns no PSOL durante os períodos de congresso do partido, mas a chance de encontrar, resolver problemas e construir alianças internas ainda é relativamente mais favorável que o contexto onde a maioria da esquerda radical opera isoladamente no dia a dia; isto é, sempre que campanhas maiores que resultam em frentes abertas não estão na agenda.

Todavia, tendências de burocratização, fisiologismo, disputas internas sobre política e recursos para além dos congressos, e muitos outros problemas são crescentes no PSOL e demonstram uma deterioração da possibilidade do PSOL operar como o tipo de partido amplo que constrói unidade para além da resistência conjuntural.

Essa uma questão importante na discussão sobre formato partidário na esquerda e a ela retorno nos últimos capítulos.

Embora o PSOL tenha abrigado muitas organizações que romperam com o PT e até mesmo o PSTU, aceitando a entrada recente da Esquerda Marxista (ex-PT) e do MAIS (ex-PSTU e hoje chamada A Resistência após um processo de fusão), nem todos os pedidos de entrada são aceitos nos congressos.

Nesses casos, ainda é comum que o partido se disponibilize para filiação democrática nas eleições. Outras organizações têm uma relação próxima com o PSOL, com filiação de membros ao partido e até mesmo discussões acerca de entrada oficial ou fusão com tendências já existentes, como as Brigadas Populares, uma organização que possui características de partido-movimento, e a Raiz – Movimento Cidadanista (cisão da Rede), que também reivindica a visão de partido-movimento, mas que pretende se oficializar como partido e legenda no futuro.[234]

O PSOL participou pela primeira vez de uma eleição federal em 2006, com a candidatura de Heloísa Helena, que era a principal figura pública do partido na época, embora mantivesse uma posição política mais moderada do que a média do PSOL.

Heloísa Helena saiu do partido para se juntar à Rede, de Marina Silva, mas o partido não depende mais de uma única figura pública. Parlamentares eleitos tendem a contribuir para o seu crescimento, assim como as candidaturas à presidência.

[234] A proximidade das duas organizações com o PSOL as coloca algo entre uma filiação democrática e uma abertura para entrada futura como tendência interna, apesar de que esta última possibilidade ainda é causa de muito debate tanto nas Brigadas quanto na Raiz.

Embora nenhum candidato à presidência do PSOL tenha alcançado novamente os 6% dos votos de Heloísa Helena, a candidatura de Luciana Genro, em 2014, foi elogiada pelos membros do partido por ajudar a diferenciar o PSOL do PT e por atingir uma parcela dos jovens que buscaram politização após Junho de 2013.

Já em 2018, o PSOL construiu uma aliança eleitoral inédita com o Movimento dos Trabalhadores Sem Teto (MTST) e o movimento indígena através da Articulação dos Povos Indígenas do Brasil (APIB) com a chapa presidencial de Guilherme Boulos e Sônia Guajajara. Guajajara é filiada ao PSOL desde 2011.

Boulos se filiou no processo de construção interna de sua candidatura presidencial pelo partido, embora o MTST e o PSOL já atuassem próximos nas lutas sociais. A aliança foi importante taticamente, especialmente para o MTST e a APIB, pautando suas lideranças em nível nacional.

Todavia, a polarização da conjuntura prejudicou os resultados eleitorais da chapa presidencial. Ademais, a própria aproximação das lideranças do PSOL com a defesa de Lula causou tensões internas no partido em relação à base.

Isso demonstra que a conjuntura volátil dentro da esquerda brasileira se reflete também internamente no PSOL. As tendências internas do PSOL passam por suas próprias cisões e fusões no decorrer dos anos, com variações nos níveis nacionais e regionais.

Isso faz com que a distribuição interna de forças e números se altere com os anos, inclusive logo após congressos e com rompimentos em teses e chapas.

Um levantamento informal, feito *online*, com diversos militantes do partido indica que existem por volta de quarenta organizações internas dentro do PSOL, entre organizações de influência nacional e coletivos de atuação mais regional e local.

No entanto, a influência de uma tendência dentro do PSOL não é necessariamente determinada apenas pelo número de membros, e é, de fato, afetada pelas posições de direção no partido, pelas conexões entre uma tendência e movimentos sociais e trabalhistas e sindicatos, pelos esforços de seus coletivos de jovens, seu alcance nas estruturas parlamentares (seja através dos parlamentares, seja através de seu gabinete), as figuras públicas da tendência, e assim por diante.

Além disso, devido às constantes controvérsias em torno de números fraudulentos durante cada congresso do PSOL, uma posição por uma tendência na direção nem sempre corresponde ao número verdadeiro de delegados (um problema também encontrado no PT).

A partir de conversas com membros de diferentes tendências dentro do PSOL, percebi que a desconfiança prevalece após congressos regionais e nacionais entre as diferentes forças do partido.

Embora o PSOL e o PSTU disputem alguns militantes – houve uma onda de militantes de um dos partidos se unindo ao outro, e vice-versa, após Junho de 2013 –, eles têm diferentes estratégias quando se trata de construir bases e quais setores da população deve ser alvo.

O PSOL, tendo tido uma presença institucional mais forte do que os outros partidos de esquerda radical, tem um apelo mais amplo, embora não tão amplo ou populista como o do PT em anos de ascensão institucional.

Em contraste com o PT, o PSOL não retirou a palavra socialismo de seu discurso, embora suas tendências internas sejam divergentes quanto às táticas mais produtivas e politizadoras para se dirigir ao povo.

Como não é um partido enraizado no centralismo democrático, a maneira como o PSOL aborda o socialismo varia retórica e estrategicamente de acordo com suas lideranças e figuras públicas de Estado para Estado e com o alcance de cada tendência.

Seus representantes parlamentares (até 2019) normalmente também não falam tão abertamente de socialismo, embora suas posições no Congresso tenham sido consistentes com a premissa socialista de construir o *poder popular*, defender os direitos das minorias, promover políticas anticapitalistas, empoderar dissidentes e mobilizar a esquerda.

Já em 2018, o PSOL conseguiu expandir sua bancada no Congresso, com reforço de lideranças feministas e do movimento negro.

PARTIDO SOCIALISTA DOS TRABALHADORES UNIFICADO (PSTU)

O PSTU foi formado em 1994 por militantes da Convergência Socialista (CS) que foram expulsos do PT em 1992.[235] Uma das razões concretas para sua expulsão foram as campanhas iniciais da CS pelo impeachment do presidente Collor, na época, através de postos da CUT que estavam dentro de seu alcance ou coordenação[236].

---

[235] Reis, "Marxismo, Sociedade e Partidos Políticos Hoje" 453.
[236] JM de Almeida, 2015.

A campanha ainda não era apoiada pela liderança do PT, e isso se somou a outros conflitos entre a tendência e a hegemonia partidária. Também refletiu nas disputas gerais em torno do direito à tendência no PT em um contexto de crescente burocracia interna e concentração de poder nas mãos da liderança do partido.

Após a expulsão, devido à crescente oposição a Collor, o Partido dos Trabalhadores acabou se unindo à campanha como um todo, assim como toda a esquerda organizada na época.

Zé Maria (PSTU) me relatou que, apesar de não estar mais no PT e ter formado um novo partido político de esquerda, o PSTU continuou a construir a CUT até os primeiros estágios do governo Lula, quando ficou claro para o partido que Lula pretendia usar a central como instrumento político próprio.[237]

Então, o PSTU ajudou a fundar e construir a Conlutas, hoje denominada CSP-Conlutas, como uma alternativa à CUT, que é um dos principais instrumentos de mobilização e politização empregado pelo partido.

O PSTU, como foi a CS, consiste de um partido trotskista com uma forte tradição ligada às obras e liderança de Nahuel Moreno. Como tal, o partido é um membro da International Workers League – Quarta Internacional e se conecta internacionalmente com outros partidos que pertencem à liga.

Apesar de ser mais antigo que o PSOL, o PSTU teve menor sucesso parlamentar em geral. Mais recentemente, teve dois mandatos fortes com os vereadores Cleber Rabelo, em Belém (PA) e Amanda Gurgel, em Natal (RN), que deixou o núcleo militante orgânico do PSTU em meados de 2016.

Amanda Gurgel foi a vereadora eleita com mais votos em Natal. Ambas as campanhas faziam parte de uma coalizão eleitoral entre o PSOL e o PSTU no nível local. No nível federal, o partido optou por candidaturas próprias para presidente, com o presidente do partido, Zé Maria de Almeida, como candidato, com exceção de 1994 e 2006, quando o PSTU compôs a coalizão eleitoral de apoio à Lula (PT) e Heloísa Helena (PSOL), respectivamente.

O partido apela intensamente a uma base envolvida no trabalho organizado, e não apenas dos sindicatos CSP-Conlutas, bem como do movimento estudantil e das mulheres organizadas em seus locais de trabalho e comunidades. Apesar de não ter uma relação direta de colaboração com o MTST, que já pertenceu à CSP-Conlutas, o PSTU está

---

[237] Fernandes, "Conjunto de Entrevistas de Campo (2014-2016)".

envolvido em lutas habitacionais através do movimento Luta Popular, que é mais ativo em São Paulo.

A frente jovem do PSTU se engaja na política através da ANEL – Assembleia Nacional Livre de Estudantes, fundada em 2009. A ANEL se concentra principalmente na construção de um movimento estudantil alternativo e no fortalecimento de sua organização como alternativa à União Nacional dos Estudantes (UNE), que é homogeneizada pelo PCdoB, por meio da UJS, e pelo PT. A ideia central por trás da ANEL era responder a uma série de reformas educacionais propostas pelo governo do PT com a Reforma Universitária (REUNI) em 2007 e que havia sido apoiada pela UNE.

Para Arielli Tavares, que, quando a entrevistei, compunha o conselho executivo da ANEL e do PSTU, a percepção da UNE como braço burocrático do governo do PT ficou clara para o movimento estudantil quando os membros da UNE tentaram sabotar ativamente as ocupações de reitoria contra os moldes da REUNI.[238]

Na Universidade Federal do Rio de Janeiro, os membros da UNE chegaram a criar cordões de isolamento para conter os 600 estudantes ocupantes.[239] Desse processo, nasceu o Congresso Nacional dos Estudantes (CNE), que resultou na decisão de criar um espaço alternativo à UNE.

Alunos e jovens militantes do PSTU se organizam através da ANEL, enquanto outros braços estudantis, como o Juntos e o Rua, enviam representantes para formar o bloco de oposição de esquerda dentro da UNE. Assim como a CSP-Conlutas, que não é controlada de forma homogênea pelo PSTU, a ANEL também conta com participantes de outras organizações, embora o PSTU continue sendo a maioria. Como entidade, a ANEL também é afiliada à CSP-Conlutas.

Como organização, o PSTU é o protagonista de muitas lutas trabalhistas contra os empregadores e o Estado, especialmente através da federação sindical CSP-Conlutas como instrumento.

Apesar disso, as práticas centralizadas do partido muitas vezes levam a tentativas de hegemonizar processos que eram teoricamente mais diversificados em composição e resistentes a movimentos e apelos de vanguarda.

[238] Fernandes.
[239] Emiliano Soto, "Aqui Jaz a União Nacional Dos Estudantes | PSTU", PSTU, 7 de novembro de 2007.

Provavelmente, o maior exemplo disso na história recente é a ação do PSTU diante dos protestos de Junho de 2013. Devido à crise de representação, o aumento do sentimento antipartidário (seguido de posições antiesquerda), e o que é, sem dúvida, uma despolitização de questões de classes por meio de táticas "anti" difusas, o PSTU optou por promover um processo subjacente secundário em Junho.

Eles temiam que a multidão tivesse caído em uma armadilha ao rejeitar a burocratização do PT e da CUT, favorecendo uma ação individualizada, ao invés de organizada coletivamente.[240]

Na época, o PSTU enfatizava as questões de classe por trás do desprezo popular e pressionava por agendas mais arrojadas, como uma greve geral, um chamado considerado necessário por toda a esquerda radical, mas cujas visões sobre tempo e metodologia variavam na estratégia organizacional.

A diferença de discurso, embora radicalizada, não foi capaz de mobilizar os números necessários para visibilidade e ação futura.

O Dia Nacional de Luta, programado para 11 de julho de 2013, trouxe números muito menores do que necessários na escala de Junho, e a adesão se limitou, em sua maioria, a sindicalistas da esquerda organizada, em vez de aglomerados de novos ativistas e membros insatisfeitos da sociedade.

Além disso, o crescente repúdio às táticas de Black Bloc pelo PSTU também levou à rejeição do partido pelos jovens interessados nelas, mas também à procura de políticas da esquerda organizada em partidos. Essa tensão criou uma lacuna entre o PSTU e grupos anarquistas, como a FIP, no Rio de Janeiro, às vezes levando a brigas físicas e ataques mútuos.

Em São Paulo, a divisão entre o PSTU e adeptos do Black Bloc e anarquistas levou a manifestações divididas contra a Copa do Mundo em 12 de junho de 2014.

A maior parte do PSOL e do PCB havia promovido diálogo com adeptos. Criticavam as desvantagens das táticas para mobilizações de massa, mas reconheciam o valor desses manifestantes para radicalizar a luta (e, talvez, em última análise, buscavam aproximá-los da esquerda partidária).

Enquanto isso, o PSTU adotou a prática de "banir" adeptos e simpatizantes do Black Bloc de protestos liderados ou homogeneizados

---

[240] Eduardo Almeida, "As Polêmicas Surgidas Em 2013 | PSTU," PSTU, 2 de janeiro de 2014.

pelo partido, que foi o caso do protesto da Copa do Mundo em solidariedade aos trabalhadores do metrô de São Paulo, cuja união foi liderada pelos membros da CSP-Conlutas e do PSTU.

Quando a polícia puxou violentamente o protesto mais anarquista para o local do vinculado aos trabalhadores do metrô, houve um choque entre a coordenação do PSTU e a juventude do bloco negro.

Eu estava presente no evento e, embora tivesse clara impressão de que uma mediação desejável tinha sido alcançada com a ajuda de outros militantes e organizações, a tensão (e os ataques verbais) continuou mesmo depois que a polícia enviou todos os manifestantes de volta para casa.

Já em 2016, o PSTU se afastou um pouco mais da maioria das organizações de esquerda no tema do impeachment de Dilma Rousseff. A linha de "Fora Todos!" apresentada pelo partido seguia no interesse de denunciar o transformismo petista e a agenda de austeridade que já havia sido iniciada por Dilma Rousseff como sintomas da ilegitimidade de todos que ali ocupavam o poder.

A campanha foi abraçada por outras organizações morenistas, como a CST (PSOL). O MES (PSOL) iniciou uma convocação para eleições gerais consideravelmente antes do impeachment de Dilma.

Para o restante da esquerda radical, tratando aqui daquelas que se mantinham críticas ao governo Dilma e ao projeto petista em geral, a campanha poderia se confundir com o processo de politização das massas sobre o assunto, especialmente no limiar entre a democracia liberal e a suspensão de garantias liberais mínimas.

Este espectro em que o PSTU está aberto a pontes com organizações específicas da frente socialista, mas não quando estas constroem pontes que passam pela esquerda moderada informa as críticas do partido a outras organizações de esquerda (expressas anonimamente nas entrevistas e na etnografia).

Enquanto o PSTU critica as organizações que estão dispostas, dependendo do momento, a ter táticas mais flexíveis, argumentando que elas poderiam colocar em risco avanços estratégicos reais, outros atores da esquerda, mesmo aqueles que frequentemente adotam a visão da vanguarda, percebem as táticas do PSTU como excessivamente vanguardistas, tanto a relação entre o PSTU e as massas e entre o PSTU e a esquerda radical.

Isso se dá especialmente no que tange à perspectiva de mobilização revolucionária dos trabalhadores e à leitura de correlação de forças hegemônicas em cada conjuntura.

As questões de vanguarda, bem como a prática do princípio de centralismo democrático, uma configuração comum nas organizações trotskistas e marxistas-leninistas, levaram a algum grau de conflito interno no PSTU nos últimos três anos.

Uma série de partidas de militantes-chave do PSTU ocorreram no período de 2014 a 2016, com destaque para o professor Henrique Carneiro, que permaneceu filiado, mas não é mais militante (na época de sua entrevista), e outros intelectuais, como Ruy Braga e Alvaro Bianchi.[241]

Em meados de 2016, a organização se dividiu mais seriamente, com cerca de 40% de seus militantes optando por sair para formar o MAIS (Movimento por uma Alternativa Independente Socialista), que, após fusões (como com a organização NOS), passou a se caracterizar como A Resistência, tendência interna do PSOL.

O manifesto dos militantes do MAIS, explicando sua saída do partido, indicava problemas com o vanguardismo do PSTU e sua posição sectária em relação à crise do impeachment, além de suas visões sobre o processo eleitoral (É preciso arrancar alegria ao futuro, 2016). Para o PSTU, os militantes que saíram do partido o fizeram por conta de preocupações de cunho eleitoral. Deve-se ressaltar, no entanto, que o vanguardismo não é de forma alguma um problema exclusivo do PSTU, e isso será explorado no contexto de fragmentação e cisões no final deste estudo.

PARTIDO COMUNISTA BRASILEIRO (PCB)

A primeira metade da história do PCB é contestada, se considerarmos que tanto o atual PCB quanto o PCdoB reivindicam a mesma origem partidária, dependendo de cada uma de suas interpretações da cisão dos anos 1960.

Parte do processo de mudanças implementadas no partido na época consistia na alteração de nome para Partido Comunista Brasileiro e na consolidação do acordo feito em favor da "desestalinização".

---

[241] Seis militantes do PSTU foram entrevistados atentamente para este estudo em 2015, todavia quatro deles saíram do partido no último período.

Com o golpe de Estado de 1964, o partido se viu despreparado para resistir ao golpe, à criminalização que seguiria e, também, para apresentar sínteses e estratégias adequadas, especialmente devido aos impactos do *etapismo* (de duas revoluções: burguesa e socialista) como estratégia defendida pelo partido na época[242].[243]

A resistência contra a ditadura custou ao partido muitos de seus membros importantes, apesar do fato de o PCB não ter apoiado a luta armada como uma tática, o que levou à dissidência que formou a Ação Libertadora Nacional (ALN).

No final dos anos 1970 e início dos anos 1980, o PCB começou a estabelecer sua proposta de se tornar um partido de massas, construído sobre valores pluralistas e de liberdade.[244]

Esse processo também desencadeou uma série de outros conflitos internos dentro do PCB, e as resoluções do período são permeadas de contradições e tentativas de abafar mais dissidências.

A história do PCB, desde então, não esteve sem conflito, como a cisão que levou à criação do PPS em 1992, e seus últimos vinte anos são mais bem caracterizados como um período de autocrítica e reorganização. Isso tem impacto no tamanho relativamente pequeno do partido, apesar de seu tempo de existência.

Ao contrário do conjunto remanescente de organizações de esquerda que operavam na época, o PCB não era um defensor da criação do Partido dos Trabalhadores. André Singer ressalta que as origens do PT envolveram algumas críticas da esquerda, em geral vindas da política do PCB.[245]

Portanto, o momento gerou dois processos separados de intervenção política nas massas, um através do PT e outro através do que restou de continuidade, após uma série de autocríticas e mudanças, no PCB.

As diferenças entre o PCB e o processo de criação do PT (e, em paralelo, da CUT e do MST) também se aplicavam à consolidação da exclusão do PCB dos processos anteriormente coordenados hegemonicamente.

---

[242] Iasi, 2015; Singer, 2010, p. 101.

[243] Fernandes, "Conjunto de Entrevistas de Campo (2014-2016)"; André Singer, "A Segunda Alma Do Partido Dos Trabalhadores," *Novos Estudos*, no. 88 (2010): 201, https://doi.org/10.1590/S0101-33002010000300006. Veja a crítica de Katz da noção de etapas em direção ao capitalismo em Katz, "Socialist Strategies in Latin America".

[244] PCB, "Breve Histórico Do PCB", 2014, http://pcb.org.br/portal/docs/historia.pdf.

[245] Singer, "A Segunda Alma Do Partido Dos Trabalhadores", 101.

Por exemplo, o PCB já teve forte influência e controle sindical, mas essa hegemonia se perdeu quando, na década de 1980, a CUT se tornou o braço sindical mais forte do Brasil com o surgimento do "novo sindicalismo".[246]

Atualmente, o PCB não tem representação parlamentar nacional, mas teve algum destaque no nível local, especialmente por meio de coligações eleitorais.[247]

Com relação aos sindicatos, o PCB retirou completamente seu apoio à CUT em 2006 e ingressou na Intersindical, permanecendo lá até recentemente.

A pressão de um grupo dentro do PCB levou o partido a sair da Intersindical Instrumento, quando começou a intervir de forma independente, por meio de seu instrumento Unidade Classista (UC), embora ainda mantivesse uma relação próxima com a central.

A frente de juventude do PCB organiza-se através da União da Juventude Comunista (UJC), que compõe a Oposição de Esquerda na União Nacional dos Estudantes (UNE) junto com Rua, JSOL, Esquerda Marxista, Vamos à Luta (CST), Juntos e outros.

No nível local, o PCB tem contribuído para muitas frentes de luta, incluindo um comitê de transporte público em São Paulo e uma participação ativa em alguns dos Comitês Populares da Copa do Mundo, como em Brasília.

Embora em 2015, quando foi feita maioria das entrevistas para este estudo, o PCB mantivesse uma distância atenta de articulações diretas com o Movimento dos Trabalhadores Sem Teto (MTST), a menos que se tratasse de consenso para a esquerda e apoio direto para ocupações em algumas áreas, os novos arranjos na conjuntura brasileira aproximaram o PCB do MTST, e desde então o partido participou abertamente de eventos da Frente Povo Sem Medo, embora o PCB não seja uma frente-membro.

Essa relação se estreitou na formação da chapa de Guilherme Boulos e Sônia Guajajara à presidência pelo PSOL e que se deu como parte

---

[246] Marco Aurélio Santana & Ricardo Antunes, "O PCB, Os Trabalhadores e o Sindicalismo Na História Recente Do Brasil," in *História Do Marxismo No Brasil (v. 6)*, ed. Marcelo Ridenti & Daniel Aarão Reis (Campinas: Editora da Unicamp, 2007), 394.

[247] Sul 21, "Balanço Dos Vereadores Eleitos Aponta Crescimento Da Esquerda No País « Sul21," *Jornal Sul 21*, 8 de outubro de 2012.

de uma aliança entre o PSOL, o MTST, o PCB, a Articulação dos Povos Indígenas do Brasil (APIB), a Mídia Ninja e outros setores.

O PCR E A UNIDADE POPULAR PELO SOCIALISMO (UP)

Devido ao seu pequeno tamanho e espaço de influência, este estudo não dá ao Partido Comunista Revolucionário (PCR) a mesma atenção que dá ao PSOL, ao PSTU e ao PCB. No entanto, é importante delinear algumas das características desse partido político, porque ele está presente em algumas frentes políticas e articulações de movimentos sociais de interesse.

O PCR é um partido marxista-leninista que foi fundado em 1966. Estava presente durante a ditadura militar como parte da luta armada clandestina contra o regime e, como o PCB, sofreu baixas.

Sua organização juvenil é a União da Juventude Rebelião (UJR), criada em 1995.[248] A UJR intervém na UNE, enquanto o braço sindical do partido, o Movimento de Luta de Classes (MLC) intervém na CUT, diferentemente de outras organizações da esquerda radical que dão preferência à CSP-Conlutas e à Intersindical (Central e Instrumento).

Como mencionado anteriormente, o partido se estende ao setor dos movimentos sociais através da MLB. Internacionalmente, é afiliado à Conferência Internacional dos Partidos e Organizações Marxistas-Leninistas (CIPOML) desde 2004.

Desde 2014, militantes do PCR têm se engajado na coleta de assinaturas para formar um novo partido político, este com aspirações eleitorais, chamado Unidade Popular pelo Socialismo (UP).

Esse processo está em vigor e ainda não está claro se o PCR se tornará a UP uma vez que a nova parte se torne oficial ou se ela permanecerá separada e a UP funcionará como um instrumento de ação eleitoral do PCR.

Atualmente, o partido e seus setores associados são membros por extensão da Frente Povo Sem Medo (já que oficialmente a frente não integra partidos, mas sim seus militantes), formada por mais de trinta organizações, mas liderada em parte pelo MTST. A frente é um exemplo de coordenação entre partidos políticos e movimentos sociais na esquerda radical.

---

[248] PCR, "História - Partido Comunista Revolucionário – PCR", 2016, http://pcrbrasil.org/pcr/historia/.

MOVIMENTOS SOCIAIS

A relação entre partido e movimento faz parte das atividades regulares e do planejamento estratégico da esquerda brasileira em geral, como ficou evidente pelo papel que o MST desempenhou, por muitos anos, como oposição de esquerda em coordenação com o Partido dos Trabalhadores.

Como a esquerda radical é formada por um arranjo mais complexo e heterogêneo de organizações, é necessária uma coordenação formal nos níveis local e nacional para melhorar a discussão e incentivar a ação conjunta. Isso não garante que o diálogo seja sempre honesto entre as organizações, por causa de todas as questões envolvidas no processo de fragmentação, mas promove ação coordenada suficiente para apresentar a esquerda radical como um todo que se opõe aos elementos centrais do projeto político da esquerda moderada, apesar de ocasionais acordos entre eles contra a direita, principalmente, nas questões pós-golpe de 2016.

Desde Junho de 2013, a coordenação entre partidos e movimentos na esquerda radical tornou-se mais vívida por meio de ocupações, demonstrações conjuntas e demonstrações de solidariedade, e a questão urbana é um fator definitivo no desenvolvimento dessa relação.

Assim, é importante considerar que, se o MST já foi o movimento social mais relevante da esquerda, o MTST é representativo da importância da organização na cidade e de como movimentos radicais de esquerda estão inseridos na dinâmica urbana.

A liderança do MTST na esquerda radical se deve em parte à centralidade das questões urbanas na política brasileira atual e à natureza das demandas populares.

A relevância do Movimento Passe Livre em São Paulo, em 2013, e a forma como a luta contra os aumentos do transporte público evoluiu para manifestações massivas não é uma coincidência, mas reflexo da crescente urbanização sem planejamento urbano, da democracia e de provisões sociais no Brasil.

A luta pelo direito à cidade, mesmo quando não é reconhecida por esse nome, mobilizou-se e foi mobilizada pela esquerda radical. Enquanto o MTST é o maior e mais proeminente movimento social nesse contexto, não é o único de seu tipo.

Isso abriu espaço para a criação da Resistência Urbana, que é uma aliança um tanto permanente dos movimentos sociais e coletivos ligados às lutas urbanas, particularmente aquelas relacionadas à moradia e reforma urbana.

A maior organização que integra essa frente é o MTST, seguido pelas Brigadas Populares e o Terra Livre. É uma frente nacional de movimentos com o objetivo de coordenar especificamente a ação entre eles, não necessariamente visando formar sínteses políticas e debates políticos profundos.

Como tal, as ações da Resistência Urbana tendem a ser mais práticas e envolvem, por exemplo, dias nacionais de luta em todos os Estados onde está presente. Seu poder está mais ligado à mobilização de forças do que à deliberação – mesmo assim, ainda não atendeu ao seu potencial devido a dificuldades de coordenação nacional.[249] Os membros são o MTST, as Brigadas Populares, o Terra Livre, o Luta Popular e outros movimentos regionais.

MOVIMENTO DOS TRABALHADORES SEM TETO (MTST)

O Movimento dos Trabalhadores Sem Teto (MTST) é de longe a organização de esquerda com a qual eu mais interagi durante minha pesquisa etnográfica.

Isso é, em parte, resultado da contínua relevância das demandas de direito à cidade, devido à crescente desigualdade urbana no Brasil, destacada em Junho de 2013, às lutas contra os megaeventos internacionais e, em parte, relacionada à minha própria militância em torno de tais demandas.

Como o MTST é o único movimento social de cunho crescentemente nacional que faz demandas de reforma urbana no Brasil, apesar de ser particularmente mais forte em São Paulo, Ceará e Distrito Federal, meu contato contínuo com o movimento evoluiu junto com a pesquisa etnográfica que realizei, especialmente por que essa pesquisa foi orientada pela relevância do desempenho político das organizações na atual conjuntura.

Os momentos mais radicais de Junho de 2013 foram, sem dúvida, ligados a questões de reforma urbana, e apesar do Movimento Passe Livre (MPL)[250] ser a voz mais proeminente na época, sua escolha em

---

[249] Fernandes, "Conjunto de Entrevistas de Campo (2014-2016)".

[250] Embora o MPL se identifique como um movimento de esquerda, e eu tive a oportunidade

não conectar a demanda por transporte público gratuito aos demais assuntos que interessavam aos manifestantes naquele momento acabou custando, posteriormente, grande parte de sua relevância e liderança.[251]

O MTST, que já passava por um forte período de ocupações na periferia de São Paulo, conseguiu reunir forças a partir da oportunidade dada pelo MPL ao atrelar uma infinidade de demandas feitas pelas ruas ao guarda-chuva da reforma urbana e, às vezes, a bandeira do direito à cidade como um todo.

Parte desse poder de mobilização está relacionado ao agravamento da crise habitacional e urbana no Brasil, algo que o mais recente programa de habitação social sob os governos petistas – o Minha Casa, Minha Vida (MCMV) não chegou nem perto de resolver.

Como isso coincidiu com a aproximação da Copa do Mundo da FIFA, o movimento ressoou mais alto, tanto que uma ocupação em São Paulo e outra em Fortaleza receberam o nome de Copa do Povo.

Isto além dos muitos protestos liderados pelo movimento, alguns que fariam manchetes internacionais, como o de 27 de maio em Brasília ao lado de grupos indígenas. O MTST coordenou com os Comitês Populares da Copa nacionais e locais durante a maior parte do período de tensão antes da Copa do Mundo.

Com o alcance de algumas vitórias concretas após negociarem com os governos municipais e estaduais na época, o MTST optou por ficar de fora, como movimento, dos protestos que ocorreram até o final do evento.

O MTST nasceu em 1997 do MST e do reconhecimento de que a urbanização estava criando uma necessidade de reforma urbana tão grande quanto a de reforma agrária. O movimento surge, então, da "necessidade" que foi posta.[252]

---

de entrevistar um de seus membros em São Paulo, não trago uma análise aprofundada do movimento aqui devido à sua composição diversa (anarquistas, socialistas, autonomistas, localistas etc) e o fato que seu grau de ação e poder mobilizador da organização varia de estado para estado. Ao contrário de movimentos sociais tradicionalmente estruturados como o MST e o MTST, que têm uma coordenação e uma base social que também contribui para a coordenação, o MPL é estruturado mais como um coletivo que mobiliza uma base flexível e uma ampla população periodicamente de acordo com as lutas transporte público.

[251] Fernandes, "Conjunto de Entrevistas de Campo (2014-2016)".
[252] Guilherme Simões, Marcos Campos & Rud Rafael, MTST: *20 Anos de História* (São Paulo: Autonomia Literária, 2017).

Baseado principalmente em São Paulo, o movimento cresceu gradualmente para atuar em mais de uma dezena de Estados (2016), às vezes por meio de parcerias com outros movimentos sociais habitacionais, como as Brigadas Populares de Minas Gerais e o Movimento Popular por Moradia (MPM) no Estado do Paraná, que recentemente se integrou ao MTST como MTST-Paraná.

Como essa conversa em torno de um movimento urbano nacional nasceu dentro do MST, o MTST mantém alguns laços comunicativos e formais com o movimento por reforma agrária. De fato, o MTST tem sido um importante interlocutor para reunir o MST e a CUT com organizações da esquerda radical para pensar em reformas populares e manifestações conjuntas.

O MTST é estruturado por coletivos organizacionais, ou setores de movimento, como o de formação política, de negociação e organização, o que permite um grau de hierarquia que também é internamente democrático, uma vez que os representantes são escolhidos a partir das ocupações (Boulos, 2015b).

Em comparação com o MST, o MTST é menos burocrático, embora grande parte da percepção do movimento acabe concentrada na *persona* de Guilherme Boulos, talvez até mais que no caso do MST com relação a João Pedro Stédile, um de seus coordenadores nacionais que também atua como liderança intelectual do movimento.

Esse é frequentemente o caso de grandes movimentos sociais no Brasil, devido aos seus esforços para construir referência popular e romper as barreiras da mídia. O MTST vem com suas próprias contradições em termos de negociação governamental, o que é natural para os movimentos sociais em comparação com os partidos políticos ao pressionar as demandas da base.

Isso levou a críticas do PSTU e do PCB, por exemplo, que muitas vezes caracterizam o MTST como sendo entregue ao campo governista ou vulnerável demais ao PT e seu projeto (jm de Almeida, 2015; Iasi, 2015).

Muitas das manifestações organizadas e lideradas pelo MTST contariam com o apoio do PSOL, mas não tanto com o do PSTU e do PCB. Foi a partir de 2015 e com a formação da Frente Povo Sem Medo que o PCB passou a se aproximar mais do MTST, assim como no apoio a Guilherme Boulos como candidato presidencial. Já o PSTU opta por apoiar abertamente o Luta Popular, e já demonstrou apoio a cisões e líderes previamente expulsos do MTST.

O movimento Luta Popular nasceu em 2011 de uma cisão dentro do MTST, e uma de suas principais figuras públicas é Helena Silvestre, ex-coordenadora do MTST. O movimento é focado no Estado de São Paulo, mas também atua em outros cinco Estados. É afiliado à CSP-Conlutas e agitado pelo PSTU como espaço de ação na luta popular. Curiosamente, logo após a formação do Luta Popular, o MTST, que era afiliado à CSP-Conlutas desde a fundação de sua atual composição em 2010, saiu da central sindical, em 2012. Em sua carta de saída, que circulou entre a esquerda, o MTST declarou que estava saindo devido a diferenças políticas com os membros do PSTU, que eram a maioria no sindicato, e argumentou que parte dessa angústia foi causada por militantes do PSTU que vinham tentando atrair militantes do MTST para se juntar ao movimento de atuação preferencial do PSTU, o Luta Popular (MTST, 2012).

Um caso recente, que acompanhei de perto em Brasília, foi o de um grupo de coordenadores regionais do MTST expulsos por cobrar taxas da base do MTST na região, o que é proibido pelo movimento.

Esses coordenadores começaram a criar um novo movimento, o Movimento de Resistência Popular (MRP), que recebeu apoio e solidariedade do PSTU e do Luta Popular, apesar das advertências do PSOL e dos militantes independentes sobre as bases para sua expulsão.

Apesar da proximidade com o PT (na luta, como governo, e articulações), o MTST continua criticando o PT e seus governos abertamente, incluindo Dilma Rousseff durante a crise do impeachment, o que se opõe à posição de organizações de esquerda moderadas, como o MST e a CUT.

Tratam de críticas programáticas ao mesmo tempo que o movimento denuncia o golpe de 2016 e a perseguição à Lula.

O MTST também promove a politização de sua base do ponto de vista da esquerda radical (do anticapitalista para o socialista dependendo do contexto), apesar das dificuldades de politização além das demandas individuais encontradas pelos movimentos sociais com uma estrutura operacional ainda limitada e de financiamento autônomo.

A partir de Junho de 2013, o MTST cresceu como protagonista da esquerda radical no Brasil e passou a ser visto como um agregador que poderia unir temporariamente a maioria dos setores de esquerda (moderados e radicais) em torno de certas demandas e outras questões atuais.

Mesmo assim, Guilherme Boulos adverte que, embora o MTST esteja de fato em diálogo com muitas organizações, ele só pode servir como um ponto de referência no campo social, e outras organizações são necessárias, de forma proativa, para preencher a lacuna política.[253]

Isso é ecoado por outros membros da coordenação nacional do movimento que percebem que o nível de responsabilidade imposto ao MTST, por membros da esquerda moderada e da radical, pode levar a pressões e críticas indevidas a um movimento relativamente jovem e que lida com seus próprios desafios em torno do governo, e também com as demandas da base em um contexto que permanece longe de possibilitar a reforma urbana.

As tentativas fracassadas de criar a Frente de Resistência Popular (FRP) no início de 2015 indicam o mesmo, bem como as dificuldades para unir setores da esquerda moderada e da esquerda radical sobre uma agenda comum.

Desde então, os setores envolvidos nas primeiras conversas sobre o FRP dividiram-se em duas frentes diferentes: Frente Brasil Popular, liderada pelo MST e pela CUT, com um evidente tom governista e cujas ações se concentraram na resistência contra o impeachment de Dilma Rousseff e na denúncia da prisão de Lula; e a Frente Povo Sem Medo, liderada pelo MTST, com o apoio de outras organizações radicais de esquerda para combater o impeachment e pedir reformas populares.

Outra frente, cujas organizações não estiveram envolvidas no FRP, também foi criada, denominada Espaço Unidade de Ação, e é composta, em sua maioria, por setores associados ao PSTU e à central CSP-Conlutas. Essas frentes e as possibilidades e impossibilidades de alianças na esquerda fazem parte da discussão da fragmentação em capítulos posteriores.

BRIGADAS POPULARES

As Brigadas Populares (BP) são o segundo maior movimento da frente da Resistência Urbana dos movimentos sociais urbanos ligados à luta habitacional, a organização foi fundada em 2011 a partir de uma fusão entre quatro movimentos e coletivos.

---

[253] Fernandes, "Conjunto de Entrevistas de Campo (2014-2016)".

Seu berço é o Estado de Minas Gerais, e, embora a organização tenha se espalhado para outros Estados, em Minas Gerais ela é mais ativa e influente, especialmente na política local.

Depois de conhecer as Brigadas e seus militantes – bem como as grandes ocupações urbanas que agitam, como Dandara e Vitória, em Belo Horizonte – fiquei com a impressão de que as Brigadas não eram um tipo estrito de movimento social.

Isso se devia ao interesse direto das Brigadas em pensar a política através de vários lugares de ação: habitação, luta antiprisional, pela cultura, mobilidade etc. – e a maneira como se articula com outros grupos da cidade, o que lhe deu uma aparência de coletivo-movimento, que às vezes também se estendia ao horizonte organizacional de um partido político ao ponto de partido-movimento. Essas linhas têm se mesclado cada vez mais com a sua aproximação ao PSOL.

As Brigadas estão muito envolvidas na luta pela habitação em Minas Gerais, mas não é um movimento baseado em demandas de um único assunto. Conseguiram atuar de forma diferenciada e integrada, o que as fez referência em Belo Horizonte e em Minas Gerais.

O movimento é construído por militantes da universidade, setor público e um número surpreendentemente grande de advogados, bem como ativistas de base das comunidades onde as Brigadas operam.

Isso permite uma dinâmica em que as Brigadas ajudam a mobilizar ocupações habitacionais, mas a liderança imediata das ocupações é local e depende menos de suas figuras centrais.

Também estão próximas do PCR, por meio do envolvimento do partido no MLB, que é um movimento de moradia de relevância em Minas Gerais.

As Brigadas foram uma das organizações mais ativas na construção do Comitê Popular dos Afetados pela Copa do Mundo (COPAC) em Belo Horizonte em Junho de 2013, e depois, além de ter sido um ator durante os protestos de Fora Lacerda, em 2009 e 2010.

Como movimento envolvido nas lutas pelo direito à cidade e à justiça social em geral, do ponto de vista da integração latino-americana, as Brigadas têm sido uma importante articuladora em Minas Gerais, em termos de trazer diferentes forças da esquerda radical socialista (partidos, movimentos, sindicatos, coletivos), bem como autonomistas e anarquistas juntos em importantes lutas.

O movimento ainda é pequeno em influência em outros Estados, mas esse papel colaborativo já poderia ser observado no Distrito Federal, por exemplo, onde há brigadas fundadas no início de 2015.

As Brigadas Populares têm um programa socialista, nacionalista e popular que também propõe a ideia do nacionalismo revolucionário.[254] A versão de direita do nacionalismo, conhecida como ufanismo, tem sido mobilizada para despolitizar questões e fortalecer valores conservadores.

As Brigadas defendem um nacionalismo revolucionário desenvolvido no contexto das lutas latino-americanas para promover a autodeterminação, e mobilizarem-se contra os interesses imperialistas na região e pela proteção dos recursos naturais, como o pré-sal, no Brasil, ou o gás nacional, na Bolívia.

Isso oferece um interessante contraste com as instituições trotskistas na esquerda radical, que se concentram mais na ideia de internacionalismo, especialmente aquelas afiliadas a uma liga internacional comunista.

Uma vez que o nacionalismo das BP não nega a importância do internacionalismo, essa não é uma fonte de conflito entre a organização e a esquerda internacionalista, apesar de focos e análises conjunturais distintas.

A política das BP está centrada na ideia de "unidade aberta", que propõe que as BP estejam abertas a trabalhar em colaboração com todas as organizações que possam fortalecer as causas em que estão envolvidas, independentemente de diferenças políticas.

Esse alto nível de flexibilidade está sujeito aos próprios critérios das BP de como as causas poderiam ser fortalecidas, definidas de acordo com as lutas dos nacionalistas revolucionários, socialistas e comunistas no Brasil, e ajuda a superar o isolamento na esquerda radical enquanto preserva a identidade e desenvolvimento de cada organização.[255]

As brigadas emitiram declarações e trabalharam em conjunto com outras organizações para promover essa visão para uma ampla frente política que ainda mantém as identidades particulares de cada organização.

Essa perspectiva está de acordo com a ideia de reorganização de esquerda, expressa por Israel Dutra (do MES), embora sua

---

[254] Brigadas Populares, "Manifesto Das Novas Brigadas Populares", 2011, 14–16.
[255] Brigadas Populares.

organização difira taticamente das Brigadas em termos de quais alianças devem ser buscadas.

TERRA LIVRE

Um movimento menor que compõe a Resistência Urbana é o Terra Livre, movimento nascido em 2005 com a intenção de lutar pela reforma urbana e agrária. Portanto, o movimento faz ocupações em cidades, como São Paulo, bem como em áreas rurais.

Suas ocupações urbanas, no entanto, diferem daquelas feitas pelo MTST, porque o Terra Livre dá preferência a ocupação prédios abandonados, que são conhecidas como ocupações verticais, enquanto o MTST prefere ocupar grandes terrenos vazios usados para especulação imobiliária, na forma de ocupações horizontais, povoadas de barracas e estruturas precárias que deveriam eventualmente abrir espaço para a construção de prédios e casas por meio do Minha Casa, Minha Vida, programa de moradia social do governo.

Ao não usar o MCMV como parâmetro para suas ocupações, o Terra Livre consegue garantir um grau maior de autonomia com relação ao governo federal quando se trata de suas ocupações, embora isso tenha um custo em termos de influência real sobre os programas governamentais habitacionais e urbanos.

Em comparação, as Brigadas Populares promoveram ocupações verticais e horizontais no passado, com ocupações horizontais sendo a norma atual. As Brigadas Populares promovem a construção imediata de moradias permanentes nas ocupações horizontais de cada morador, em vez de promoverem ocupações de lona como medida temporária que visa um projeto habitacional financiado/promovido pelo governo, como faz o MTST.

No campo, o Terra Livre chegou como uma alternativa ao MST, especialmente em áreas onde o Movimento dos Trabalhadores Sem Terra estava promovendo políticas moderadas pelo governo federal.

O Terra Livre não está conectado a nenhum partido, e seus militantes são livres para ter suas próprias opções partidárias. Em São Paulo, os militantes do Terra Livre foram muito ativos no Comitê Popular da Copa do Mundo, e a organização mantém um relacionamento colaborativo com o Movimento do Passe Livre (MPL).[256]

---

[256] Fernandes, "Conjunto de Entrevistas de Campo (2014-2016)".

Sua liderança mantém uma relação de apoio com as Brigadas Populares, mas há tensões com o MTST, por causa dos padrões de negociação do último com o governo e sua relação com a esquerda moderada.

CENTRAIS SINDICAIS

Os sindicatos da esquerda radical foram criados para responder ao nível de burocratização e governismo da CUT e da CTB, para promover um sindicalismo mais socialmente integrado e que se preocupasse não apenas com os interesses econômicos diretos dos trabalhadores representados, mas também com os interesses gerais da luta da classe trabalhadora a partir de uma perspectiva socialista.

Esses sindicatos também atuam em oposição às confederações sindicais de direita, como a UGT e a Força Sindical, que, juntamente com a CUT e a CTB, representam quase 70% da força de trabalho sindicalizada do Brasil em um cenário de treze confederações sindicais.[257]

As três principais confederações sindicais da esquerda radical são a CSP-Conlutas, a Central Intersindical da Classe Trabalhadora e o Intersindical – Instrumento de Luta e Organização da Classe Trabalhadora.

Os números atuais do Ministério do Trabalho indicam que a CSP-Conlutas representa aproximadamente 2,24% dos trabalhadores sindicalizados, enquanto a Intersindical representa 0,01%.[258]

Isso demonstra a representatividade ainda limitada desses sindicatos, que está em parte relacionada à sua história recente e às dificuldades encontradas ao competir com a CUT e o CTB de dentro do terreno de esquerda.

Além de serem relativamente novas, essas centrais sofreram mudanças contínuas devido a cisões, fusões e tentativas frustradas de fusão. Por causa disso, elas são abordadas, juntas, na próxima seção.

A CSP-Conlutas, originalmente Conlutas, foi idealizada em 2004 e consolidada em 2006, através, principalmente, da iniciativa do PSTU,

---

[257] Vera Batista, "Aferição Das Centrais Sindicais", *Correio Braziliense* 28 (2016): 15–16.

[258] Os dados do Ministério não diferenciam entre Intersindical Central e Instrumento de um ponto de vista conclusivo. Com base em minhas conversas com membros de ambas as confederações do sindicato, os números do Ministério também podem ser subestimados.

embora outras organizações tenham se envolvido desde então com o sindicato, como as tendências do PSOL MES e LSR.

A liderança do PSTU na central sindical permanece até hoje e é vista frequentemente como um problema por outros atores da esquerda radical, em parte devido a preocupações com a aparelhagem do instrumento pelo PSTU e seus aliados, e em parte devido à visão de que tal instrumento deveria servir aos propósitos de uma frente mais ampla das organizações, e não o contrário.[259]

Para os membros da CSP-Conlutas que também são militantes do PSTU, a preocupação não se justificaria, visto que o sindicato possui estruturas democráticas que facilitam a participação de outras organizações por meio dos sindicatos locais com os quais está envolvido.[260]

A Intersindical costumava ser uma central sindical, mas se dividiu inicialmente em duas, carregando o mesmo primeiro nome. Isso se deve à cisão que ocorreu após a fracassada tentativa de promover uma fusão entre a Intersindical e a Conlutas no Congresso da Classe Trabalhadora (CONCLAT) em 2010.

O evento não apenas expôs a impossibilidade de uma fusão das organizações, que poderia ter resultado ou não em uma união central e constituir uma alternativa à CUT, e também intensificou as disputas internas dentro da Intersindical que levaram a uma divisão na Intersindical Central da Classe Trabalhadora e Intersindical – Instrumento de Luta e Organização da Classe Trabalhadora.

A Intersindical – Central foi fundada oficialmente em 2014, enquanto a Intersindical – Instrumento reivindica para si a fundação original de 2006. Apesar da fusão fracassada, a Conlutas é refundada na época como Central Sindical e Popular – Conlutas (CSP-Conlutas) devido à adesão de movimentos como o MTST e a afiliação de grupos jovens, feministas e negros associados ao PSTU (nomeadamente a ANEL, o Movimento Mulheres em Luta e o Quilombo Raça e Classe).

Enquanto a CUT continua sendo a mais importante central do Brasil, apesar de sua perda de credibilidade, a CSP-Conlutas e as Intersindicais lutam por um espaço maior, especialmente após a onda de desfiliações da CUT desde 2013.

---

[259] Moura, "As Razões Da Esquerda Radical - PCB, PSTU e PSOL: Estrutura Organizativa e Objetivos Políticos", 69.

[260] Fernandes, "Conjunto de Entrevistas de Campo (2014-2016)".

O PSTU continua a ser a organização majoritária da CSP-Conlutas, embora o MES tenha estabelecido alguma influência regional em alguns Estados – e membros de outras tendências do PSOL possam se encontrar como militantes ativos na CSP-Conlutas.

Algumas das outras tendências do PSOL que participam da CSP-Conlutas são a LSR e a CST. A Intersindical-Central é agitada pela APS, Fortalecer o PSOL, Rosa Zumbi, militantes da Insurgência e até alguns do MES (que constrói a CSP-Conlutas), entre outros membros do PSOL e organizações independentes.

A Intersindical-Instrumento é construída por organizações e coletivos como a Associação Sindical Socialista (ASS), e estava próxima ao PCB até 2012, quando o partido opta por construir a Unidade Classista de forma independente da Intersindical, todavia ainda como uma corrente sindical, e não uma central. O PCB foi contra a tentativa de fusão em 2010, desde antes do congresso.

A ESQUERDA RADICAL NO CONTEXTO FRAGMENTADO

Vimos aqui a imagem da fragmentação da esquerda radical, com muitas de suas peças menores incapazes de influenciar a conjuntura em um nível considerável, além da incidência local.

Outras organizações, apesar de seu pequeno tamanho, têm forte incidência para além de sua base e conseguem articular-se coletivamente, com o corpo de organizações da esquerda radical para intervir nas relações de poder conjunturais.

A conjuntura de uma crise de práxis apresenta um cenário de demanda autocrítica, reorganizadora e até mesmo refundadora para a esquerda moderada, enquanto a esquerda radical enxerga na fragilização da hegemonia petista no governo como uma brecha que desafia a hegemonia petista na esquerda.

Todavia, a esquerda radical tem sua capacidade minada por sua própria crise de práxis, que dificulta a apresentação de alternativas coesas e sustentáveis ao cenário despolitizado e de um ponto de vista fragmentado.

Os capítulos seguintes examinam em profundidade a questão da despolitização e oferecem uma análise dos diferentes aspectos da fragmentação na esquerda brasileira, para que ela possa contribuir para soluções e diálogos capazes de abordar esse problema de forma mais consistente.

PARTE III

DESPOLITI-
ZAÇÃO

A despolitização se apresenta como um dos eixos centrais de análise deste livro. Existem vários fenômenos de despolitização, os quais podem ocorrer separamente ou concomitantemente. Despolitização não é desinformação, nem mesmo manipulação ou ignorância. O processo envolve uma alteração de significados políticos na sociedade que, dentro da leitura marxista-gramsciana, corresponde a um distanciamento do reconhecimento de uma pessoa ou grupo do seu papel na sua realidade concreta. A despolitização, portanto, leva pessoas cujo interesse de classe corresponde ao anticapitalismo a acreditar que devem defender o capitalismo, por conta de bens de consumou por conta da mera possibilidade de eventual ascensão social. Aqui, trato especificamente de pós-política e de ultrapolítica, os dois fenômenos já mencionados diversas vezes até. O objetivo nesta parte do livro é definir a conceituação de forma mais precisa e elaborar como a esquerda tem se relacionado e/ou participado da despolitização.

CAPÍTULO 7   PÓS-POLÍTICA

O apelo por novas políticas, ou por políticas ao menos diferentes, que ecoou em Junho de 2013 desencadeou uma discussão em todos os espectros ideológicos sobre como isso seria e como poderia ser usado para interpelar as multidões de Junho em favor de qualquer política, ator ou organização.

Essas discussões giraram principalmente em torno da questão do antipartidarismo e do que muitos configuraram como antipolítica (a crise de representação como rejeição ao campo político no geral). Parte da discussão também se deu em torno do sentimento antiesquerda das multidões.

Como enxergo que o debate da antipolítica é insuficiente para tratar da questão da despolitização, simplesmente porque mesmo aqueles que rejeitam o campo político o fazem politicamente (cientes ou não disso), aqui eu quero introduzir o conceito de pós-política.

Esse conceito seria a chave para uma miríade de debates e não debates sobre despolitização, porque ele incorpora todos esses elementos da crise de representação – e, mais importante, seus efeitos são duradouros na contínua reprodução da despolitização na sociedade brasileira.

Embora não seja um conceito popular entre os intelectuais da esquerda brasileira, reflete com precisão muitas das ideias citadas pelos participantes durante as entrevistas que fiz, e também os desafios enfrentados pelos militantes (especialmente os partidários) para chegar à maioria da população durante as eleições, nas manifestações e nos trabalhos diários de construção de base.

A pós-política ajuda a explicar por que a esquerda radical achou tão difícil se conectar às massas no mesmo nível do Partido dos Trabalhadores – e ainda mais difícil romper o paradigma dicotômico estabelecido pelo PT, o do PT *versus* a direita, sem contribuir com mais despolitização e, até mesmo, com o sentimento antiesquerda.

A despolitização é um processo complexo. Em contraste com 2013, os protestos em massa de 1984 que exigiam eleições diretas no Brasil, conhecido como o Movimento Diretas Já e, novamente, em 1992, em favor do impeachment do presidente Collor, foram processos mais massivamente politizados em torno de questões muito específicas, e ambos incluíram vários níveis de organização e mobilização de esquerda.

Enquanto o primeiro episódio foi motivado pela necessidade de uma democracia mais direta, o segundo consistiu em uma conversa entre a corrupção e a traição política.

Mesmo no segundo caso, quando a mobilização anticorrupção poderia ter se voltado contra a esquerda (como aconteceu em 2013), o movimento Fora Collor vinculou a luta contra a corrupção à necessidade de representação legítima de uma forma que favoreceu também a esquerda que ajudou a liderar as mobilizações.

Isso demonstrou uma interpelação um tanto bem-sucedida pela esquerda naquele momento.

O problema da representação girou em torno de Collor e seu papel no estabelecimento do poder, agravado especialmente pelo confisco de poupanças, enquanto a crise de representação de 2013 se revoltou contra o estabelecimento da própria representação, que teve o efeito de colocar as organizações políticas e o próprio ato de politização na mesma pauta.

Essa forma geral de olhar para a representação acabaria por criar um cenário favorável à direita e suas formas de despolitização, no que se configuraria não como pós-política, mas como ultrapolítica.

O que mudou, então, das mobilizações do início dessa era democrática no Brasil e a desdemocratização de hoje? O que existe entre o período de 1984 a 1992 e o período de 2013 a 2016 é um longo intervalo de despolitização em massa, o que não era o caso antes de 1984, por causa da luta direta (de esquerda) contra o regime militar, o que mantinha a política viva, mesmo após um período intenso de repressão e violência pelo Estado (marcado pelo AI-5).

Enquanto a ação política e o antagonismo foram marca da resistência popular durante a ditadura, as tentativas de suprimir a consciência de classe a partir das experiências do dia a dia das pessoas e a desmobilização (através de consentimento e coerção), após Collor, mas com implicações específicas para a esquerda depois que Lula chegou ao gabinete presidencial, fez da despolitização um modo de governar, agravado apenas pela forte fragmentação da esquerda, o que debilitou sua capacidade de se manter como uma força politizadora.

A despolitização no Brasil é o resultado indireto da conciliação de classes, dos métodos de coerção e da construção do consentimento na base do senso comum no poder, bem como do resultado direto do projeto de direita para remover, diluir ou contorcer a ideologia, alterar a consciência de massa, controlar a produção cultural e seus resultados, divulgar informações manipuladas e preconceituosas como legítimas (posteriormente elaborado como *fake news* e a era da pós-verdade), reter o pensamento crítico e impedir a organização e mobilização coletiva, desde a ação de partidos políticos até comícios locais.

Embora a coerção e o consentimento sejam utilizados para manter o povo despolitizado, os efeitos da criação do consentimento despolitizado são mais duradouros, mais eficazes na prevenção da dissidência que poderia eventualmente tornar-se muito politizada[261] e, portanto, mais perverso.

No entanto, sempre que fragmentos de politização se tornam públicos, e representam uma ameaça à ordem das coisas, a coerção pode ser empregada, especialmente ultrapoliticamente para separar os politizados como radicais, indisciplinados, anarquistas, terroristas (vide a criminalização do MST e do MTST) e dignos de repressão.

Marco Aurélio Nogueira explica que a despolitização age de duas maneiras: (1) distancia diretamente as pessoas do político, criando barreiras à consciência política e desqualificando as práticas políticas atuais; (2) e marca o surgimento de politizações alternativas difusas e erráticas que focalizam o indivíduo e cujo descarte da necessidade de práticas institucionais e organizativas alternativas cria a autoexclusão e impede a apropriação e transformação do Estado.[262]

Essas práticas formam a base tanto da pós-política quanto da ultrapolítica, pois são sistemas de despolitização distintos, embora não contraditórios, que garantem o *status quo* e a renovação hegemônica. De fato, podem ocorrer simultaneamente e de forma complementar, como é o caso do Brasil.

Assim, o problema da despolitização é complexo, que trata das questões dos responsáveis (no momento e agora), aqueles que o ignoram como um problema, aqueles que tentam resolvê-lo e os efeitos duradouros do processo.

Alguns dizem que desde 2013 os brasileiros estão mais "politizados" por causa da maior atenção aos eventos e atores políticos. No entanto, embora o interesse seja uma pré-condição para a política, ele

---

[261] Antonio Gramsci, *Selections from the Prison Notebooks of Antonio Gramsci* (New York: International Publishers, 1971), 80, https://doi.org/10.1080/10286630902971603.

[262] Marilena Chaui & Marco Aurélio Nogueira, "O Pensamento Político e a Redemocratização Do Brasil", *Lua Nova* 71 (2007): 220–21.

é insuficiente – e a pós-política é uma expressão do sintoma mórbido da despolitização, dentro do quadro da crise de práxis, que oferece um canal de interesse político que não só deixa de ter uma politização profunda como se opõe ativamente a ela.

O QUE É PÓS-POLÍTICA?

A pós-política é um tipo de despolitização que age no campo do senso comum como uma forma de pós-ideologia, na qual assuntos relacionados a *status* político, social e econômico são efetivamente gerenciados.

Esse gerenciamento dá a impressão de que não há luta ou disputa de projeto a ser feita. Isso quer dizer que a disputa influenciada diretamente por posições ideológicas é rejeitada; ou seja, o fazer da política torna-se subordinado a uma presumida imparcialidade atribuída à tecnocracia e aos especialistas esclarecidos. Nas palavras de Slavoj Žižek:

> Na pós-política, o conflito das visões ideológicas globais incorporadas em diferentes partidos que competem pelo poder é substituído pela colaboração de tecnocratas esclarecidos (economistas, especialistas em opinião pública...) e multiculturalistas liberais. Através do processo de negociação de interesses, chega-se a um compromisso sob a forma de um consenso mais ou menos universal. A pós-política enfatiza, assim, a necessidade de deixar antigas divisões ideológicas para trás e confrontar novas questões, munidas do conhecimento especializado necessário e deliberação livre que leva em consideração as necessidades e demandas concretas das pessoas.[263]

A pós-ideologia, é claro, é uma farsa *altamente ideológica* criada para legitimar tanto posições conservadoras do senso comum (exemplo: Escola Sem Partido) quanto visões neoliberais de eficiência e governança de mercado sob a presunção de neutralidade (exemplo: propostas do Banco Mundial para serviços públicos).

Assim, a pós-política pode ser empregada seletivamente até mesmo por aqueles que se engajam na ultrapolítica no cotidiano político.

---

[263] Slavoj Žižek, *The Ticklish Subject*, *Verso* (London: Verso, 1999).

Isso fica mais claro quando chegamos ao capítulo sobre a ultrapolítica, mas, por agora, a relação dos conservadores brasileiros com o Escola Sem Partido, que é transmitido como pós-ideológico, mas visa, na realidade, criminalizar a ideologia do "inimigo", transmitir o pensamento conservador como único na sociedade, e impedir a pedagogia crítica de ser aplicada por professores, especialmente nas ciências humanas.

A pós-política comprime as várias camadas da pós-ideologia na economia, nas eleições, na política fiscal e social, entre outras, e as agrupa em um amplo paradigma que dita como se pensa a política e os esforços coordenados para despolitizar debates e questões sob as restrições impostas pela ordem hegemônica.

Japhy Wilson e Erik Swyngedouw explicam que a pós-política é uma *colonização do político pela política*, que é "entendida como mecanismos tecnocráticos e procedimentos consensuais que operam dentro de um quadro inquestionável de democracia representativa, economia de livre mercado e liberalismo cosmopolita".[264]

Este último elemento reforça o debate já feito sobre os riscos de aceitar os moldes da democracia liberal como únicos possíveis, sem visão de expansão crítica e participativa.

Assim, surgem respostas tecnocráticas para dar credibilidade a novas embalagens para o senso comum e para criar soluções técnicas insuficientes, mas aparentemente satisfatórias, ao mesmo tempo que uma diluição subjacente de temas e lutas é promovida.

Para Jonathan Darling, a pós-política marca "uma modalidade específica de despolitização, na qual questões particulares são removidas do reino do antagonismo político de maneiras específicas".[265]

Esse modelo apaga "a instância ontológica do antagonismo" das questões políticas centrais e a preenche com "modos consensuais de decisão política, negociação comercial e compromisso populista".[266]

---

[264] Japhy Wilson & Erik Swyngedouw, "Seeds of Dystopia", in *The Post-Political and Its Discontents* (Edinburgh: Edinburgh University Press, 2015), 6.

[265] Jonathan Darling, "Asylum and the Post-Political: Domopolitics, Depoliticisation and Acts of Citizenship", *Antipode* 46, no. 1 (January 5, 2014): 73, https://doi.org/10.1111/anti.12026.

[266] Darling, 72; Vassilios Paipais, "Between Politics and the Political: Reading Hans J. Morgenthau's Double Critique of Depoliticisation", *Millennium: Journal of International Studies* 42, no. 2 (2014): 361.

Apesar de não se referir diretamente ao conceito, Vladimir Safatle critica a proposta argumentando que a verdadeira intenção antes de negar uma separação entre política de esquerda e direita está ligada ao projeto consciente de comunicar que não há mais nada o que se esperar do espaço político além da gestão da hegemonia.[267]

A pós-política despreza o antagonismo e o rejeita como ligado ao "radicalismo" e ao "extremismo". Esses seriam contrários ao senso comum e à ideia de ser razoável e tolerante na sociedade.

Ao mesmo tempo, ela nega a existência de extremismos e radicalismos fundamentados na defesa do *status quo*, do capital e das estruturas de opressão.

Nesses casos, qualquer oposição às mais variadas expressões radicais de misoginia, por exemplo, é colocada como radicalismo e "ditadura do politicamente correto", mesmo sendo essas expressões misóginas responsáveis por um ciclo de violência física e psicológica na sociedade.

Outro exemplo se dá no contexto do elogio pós-político da tolerância como forma de mascarar, repreender e até mesmo censurar as expressões de autodefesa e denúncia do oprimido diante do opressor, que estaria, ele sim, sendo intolerante, odioso e violento.

Na pós-política, as tentativas da esquerda de expor as relações antagônicas da sociedade em benefício do aumento da consciência de classe e da politização são vistas como divisivas, injustas e promotoras da intolerância, lançando os pobres contra os ricos, os negros contra os brancos, as mulheres contra os homens, e assim por diante.

Em suma, as necessidades legítimas da esquerda de expor o antagonismo (e organizá-lo) são lidas como intervenções artificiais que enxergam problemas onde não existem, ou incitam organização contra problemas que poderiam ser simplesmente gerenciados pelas instituições.

Esse é o raciocínio por trás das alegações de que não há guerra de classes, apenas aquela que os "radicais" estão tentando instigar contra os ricos "justos", "trabalhadores" e "merecedores".

Ao invés de consequências diretas de um sistema de exploração, a revelação da onipresença da exclusão e sua intolerância pela esquerda seriam, essas sim, o real problema. Outro caso se dá no contexto atual do Brasil, em que um presidente é eleito com base em discursos de inclusão sob a bandeira brasileira, mas inclusão apenas daqueles que

---

[267] Safatle, *A Esquerda Que Não Teme Dizer Seu Nome*, 14.

se adequam ao seu projeto de sociedade; ou seja, inclusão apenas dos já incluídos. Então, quando a esquerda aponta essa intolerância, é ela que é taxada de intolerante e excludente.

Discursivamente, a pós-política oferece artefatos de gestão de conflito na via do consentimento que são úteis mesmo àqueles que se constroem na ultrapolítica e no crescimento sobre o inimigo.

Tais narrativas são úteis para figuras conservadoras, de modo a deslegitimarem a contra-hegemonia e guardarem o uso de coerção para outros momentos.

O mesmo se dá para o projeto neoliberal. Como tal, a pós-política tem um papel particular na despolitização da esfera econômica, a fim de reduzir sua complexidade a um estado simples e objetivo de gerenciamento.[268]

Qualquer possibilidade que esteja além, que esteja na essência do pensamento e da ação radical e de base, é excluída. Essa exclusão da política é a razão pela qual Žižek considera a pós-política uma negação mais forte da política quando comparada com outras modalidades de despolitização (incluindo aqui a ultrapolítica).[269]

É também por isso que a pós-política tem uma incompatibilidade inerente com a política da esquerda, porque cria um falso dilema, postulando que o problema do conflito não seria o conflito em si, mas a recusa da esquerda em se comprometer e se engajar em debates de conciliação tecnocrática com as estruturas do capital e da opressão.[270]

O distanciamento gradual do PT da política de esquerda propositiva e radicalmente anticapitalista ocorreu por muitas razões, como a burocratização, uma estratégia da pinça fracassada, os limites do programa democrático popular e o Lulismo.

Juntas, essas táticas legitimaram o *status quo* e abriram margem para a pós-política como modelo de gestão. Como Alfredo Saad Filho e Armando Boito defendem, a hegemonia do PT tornou-se dependente "da percepção da 'competência gerencial', ausência de escândalos de corrupção, crescimento e distribuição contínuos e alianças políticas estáveis."[271]

---

[268] Žižek, *The Ticklish Subject*, 353.

[269] Slavoj Žižek, "For a Leftist Appropriation of the European Legacy," *Journal of Political Ideologies* 3, no. 1 (1998): 70.

[270] Žižek em Dean, "Žižek against Democracy," 173.

[271] Alfredo Saad Filho & Armando Boito, "Brazil: The Failure of the PT and the Rise of the 'New Right,'" *Socialist Register* 52, no. 52 (2015): 220.

Inconscientemente, a negação de alternativas à esquerda pelo PT legitimou a pós-política, mesmo não sendo ela parte direta da perspectiva de governo do partido (marcada pelo Lulismo).

O PT suprimiu antagonismos ao optar por uma pacificação de desejos e utopias para sustentar a conciliação de classe, e assim renunciou ao seu suposto papel como canal para os interesses de classe no Estado.

Não é surpresa, então, que quando sua aparência eficiente, administrativa e ética é atacada, tanto o governo do PT quanto o partido entraram em crise, e o antipetismo cresceu.

De muitas maneiras, a solução oferecida pelo PT foi combinar a democracia liberal representativa com demandas específicas de movimentos sociais, a amenização da pobreza e o combate modesto à desigualdade.

No entanto, tal solução fracassa porque a premissa é baseada em uma visão pós-política da democracia (como campo de gestão de conflitos, e não de realização de impulsos emancipadores da vontade coletiva) e na despolitização dos movimentos sociais, especialmente através, por exemplo, da cooptação de suas lideranças, a fim de subordiná-las à ordem democrática.

Enquanto teorias de movimentos sociais em rede argumentam que há, sim, contradições na inclusão de lideranças de movimentos sociais no Estado, mas que estas são equilibradas diante de outros ganhos, a visão proposta aqui é que muitas dessas lideranças foram incluídas já com o intuito direto de promover a desmobilização das demandas em outros espaços.

O objetivo seria garantir um apreço pelas lideranças pelo PT no governo e garantir que as demandas fossem canalizadas pela via burocrática, e não pela luta popular.

Os limites da democracia liberal, já avaliados anteriormente, são importantes para a compreensão do papel que essa democracia desempenha na construção da pós-política no Brasil e como sua reprodução limitada gera o ciclo, também já mencionado, de desdemocratização que coloca a esquerda brasileira em tantas encruzilhadas.

A questão é saber como defender as garantias da democracia liberal diante do avanço do discurso fascista sem, por outro lado, ceder novamente a uma visão pós-política da democracia.

A esquerda deve, a todo custo, evitar uma noção de democracia como negociação tecnocrática de interesses sem qualquer espaço para motivações ideológicas. Deve, portanto, rejeitar qualquer perspectiva política de esquerda que exclua utopias porque elas não caberiam nos termos da negociação.

Na pós-política, a democracia é promovida como resultado de uma batalha de inteligência tecnocrática, na qual as regras do jogo são estabelecidas de modo a permitir um terreno neutro onde as ideias mais eficientes e apropriadas, naquele exato contexto, possam florescer.

Essa é, naturalmente, uma compreensão fetichista da democracia liberal, mas a verdade é que a visão predominante da democracia nas sociedades democráticas liberais é, de fato, fetichizada para que possa ser ideologicamente invocada sempre que houver dúvidas quanto à legitimidade do sistema e para promover a supressão da luta contra-hegemônica.

Jacques Rancière e Slavoj Žižek[272] demonstram a conexão entre a pós-política e esse emprego da democracia, particularmente no que se refere ao intenso processo de despolitização que pode ocorrer e ser validado através de uma evacuação democrática do político e da rejeição da "disputa do povo".[273]

O principal entendimento é que a democracia liberal desempenha um papel importante na pós-política, porque pode ser invocada como a principal solução para qualquer problema. Se houver descontentamento, isso deve ser ocasionado por falta de ética, boa moral dos cidadãos e/ou canais apropriados para expressar as demandas e tê-las atendidas no atual cenário democrático (limitado).

O fetiche pós-político da democracia torna-o menos um sistema de representação política e valores regulados (a parapolítica original de Rancière) e mais um modelo de negócio fixo em torno da negociação e do comprometimento.[274]

---

[272] Apesar das similaridades, os dois autores oferecem uma visão teoricamente diferente de pós-política. Rancière a vê como uma recusa da política e Žižek como um encerramento da política. Isso se refere à forma de despolitização que se segue, já que Rancière passa a enfocar a archi/meta/para política, que não são nossa preocupação no momento, enquanto Žižek, que informa a definição principal de pós-política neste estudo, enfoca seus efeitos como pós-politização. Para mais, veja Nick Gill, Phil Johnstone & Andrew Williams, "Towards a Geography of Tolerance: Post-Politics and Political Forms of Toleration", *Political Geography* 31, no. 8 (2012): 509–18.

[273] Dean, "Žižek against Democracy"; Žižek, *The Ticklish Subject*; Jacques Rancière, *Disagreement* (Minneapolis: University of Minessota Press, 1999).

[274] Slavoj Žižek, "A Leftist Plea for Eurocentrism", *Critical Inquiry* 24, no. 4 (1998): 995.

O próprio Estado não está em disputa, mas é percebido como o agente de policiamento para qualquer novo consenso que seja formado.[275]

Tal transição é ilustrada em Junho de 2013: o descontentamento com relação ao Estado corrupto é reorientado em direção ao governo corrupto, aos representantes corruptos e, finalmente, à política corrupta.

Isso liga as tendências antipolíticas (despolitização superficial) à pós-política (despolitização propositiva) ao clamar consensualmente por uma refundação tecnocrata do Estado através da ilusão de reforma política e da proteção desse próprio Estado.

Esse mesmo momento exclui a alteridade, principalmente aqueles que lutam contra o Estado de forma politizada, porque os valores da negociação são estabelecidos de acordo com um molde de tolerância e o consenso; molde este que não permite nenhum valor e desejo além daqueles já sancionados pela ordem.[276]

Nesse ponto, a pós-política exclui a práxis de esquerda, pois a atividade autêntica da esquerda se baseia nas noções de antagonismo e intransigência como respostas organizadas à exploração e à expropriação.

Apesar da ultrapolítica dominar o estágio atual do interregno, o principal dilema sobre a mistura entre democracia liberal e pós-política na conjuntura brasileira ficou evidente na crise política gerada pelo golpe contra a democracia, e que se consumou na retirada de Dilma Rousseff da presidência.

A confusão causada pelos ideais democráticos em tempos de alta despolitização pode ser vista de todos os ângulos. A crise de representação de Junho de 2013 abre espaço para dois fenômenos políticos distintos, mas complementares, que giram em torno do *status* hegemônico: renovação pós-política e ofensa ultrapolítica.

Quando a ultrapolítica está presente, há uma falsa polarização que sustenta uma falsa ruptura entre o governo do Partido dos Trabalhadores e a oposição de direita, que, através de armas nacionalistas (ufanistas) e anticorrupção, é capaz de usar a pós-política para mobilizar-se para relegitimar seus objetivos políticos.

Depois que o impeachment de Rousseff foi aprovado na Câmara dos Deputados, a esquerda se viu na obrigação de denunciar o golpe contra a democracia, mas essa denúncia foi insuficiente.

---

[275] Žižek, 997.
[276] Žižek, 998.

Isso não foi acompanhado da mobilização à esquerda necessária para comunicar que não se tratava de um golpe contra o PT, mas sim do estabelecimento de um projeto selvagem de destituição da soberania popular (por mais frágil que esta seja sob a versão liberal-burguesa da democracia).

Claro, deve-se considerar que parte do ataque foi diretamente contra Dilma, tendo o golpe um caráter especialmente misógino. Todavia, a questão sempre foi muito maior que Dilma ou mesmo o PT, pois se relaciona ao projeto que a direita quer ver implementado no Brasil, o qual, devido à crise econômica, não poderia esperar mais um ciclo eleitoral.

Dilma, mesmo disposta a implementar a Agenda FIESP,[277] chega tarde demais para a urgência da burguesia. O que ocorre é que, como a democracia liberal foi compreendida por todos como um espaço de gestão, essa visão a tornou mais suscetível a ser golpeada.

Daí o ciclo: a esquerda moderada, que queria Rousseff como presidente, se escondeu sob o manto da democracia liberal para mobilizar dentro de seus termos, enquanto a esquerda radical, que não queria nada com Dilma, ainda teve que se mobilizar em favor da democracia por causa dos princípios legítimos de representação e democracia básica e direitos em contextos não revolucionários (e, claro, as reais consequências políticas e materiais do golpe não somente para a frágil democracia liberal mas também para a existência da esquerda).

A ineficácia dessas mobilizações da esquerda contra o impeachment (2015-2016), e depois pelo Fora Temer (2016-2018), resultou não somente da fragmentação da esquerda e do longo processo de desmobilização anterior, mas também do recuo discursivo em comunicar que se tratava de um golpe antidemocrático quando era muito mais que isso: um golpe da burguesia para implementar um projeto radicalmente contra a classe trabalhadora.

Como a esquerda moderada havia passado os últimos anos tratando a democracia como um espaço de gestão de conflitos de classe, mesmo os atores que buscaram empregar o discurso de classe na luta contra o golpe não o viram surtir efeito. Não havia lastro.

Em cenários políticos regulares, "defender a democracia é defender mais do mesmo".[278] Em um cenário de demandas pós-políticas

---

[277] Carvalho, *Valsa Brasileira: Do Boom Ao Caos Econômico*.
[278] Jodi Dean, "Politics without Politics", *Parallax* 15, no. 3 (August 2009): 24.

contaminado por falsa polarização da ultrapolítica, a resposta é semelhante, embora não tão simples.

Pedir democracia poderia simplesmente autorizar o retorno de Dilma Rousseff e os negócios do PT, como sempre, em torno da governabilidade, de pactos capitalistas e mais despolitização, que se enquadraria na categoria de "mais do mesmo".

Ao mesmo tempo, a democracia representa um dos poucos pontos para a esquerda se manter durante uma ofensiva de direita que ajudou a distorcer o significado da esquerda ao longo dos anos de deturpação do PT.

Durante tal ofensiva, pedir democracia liberal pode ser algo diferente, mesmo que não seja algo novo, radical ou a resposta necessária para sair da crise.

O importante hoje, diante do autoritarismo e da perspectiva de criminalização da esquerda, é garantir que toda luta democrática se paute além da democracia liberal.

Isso é fundamental para escapar do ciclo de golpes e autoritarismo, mas também para construir pautas de esquerda verdadeiramente alternativas e utópicas.

CRISE DE REPRESENTAÇÃO E PÓS-POLÍTICA

A esquerda brasileira reconhece a crise de representação como um traço marcante da conjuntura brasileira, especialmente desde que foi ostentada em Junho de 2013. Isso é verdade mesmo para a esquerda moderada e aqueles que enxergaram Junho como um momento reacionário por conta do antipetismo e dos danos ao projeto de governo do PT.

Com relação à esquerda, essa crise de representação também é sintomática de uma crise maior da práxis.

Isso é baseado na noção que a esquerda que lida com os danos da despolitização também é aquela que deveria contribuir para a conciliação da consciência contraditória; assim, estabelecendo um elo representativo com a classe através da politização e organização.

Em geral, um povo politizado pela esquerda deve se sentir mais representado por essa esquerda, mas não é o caso, e isso deve ser reconhecido inclusive na movimentação antipartido, bastante marcada pela pós-política, em Junho.

Há reconhecimento disso na própria esquerda, já que existem atores que enxergam a crise como uma soma tanto dos problemas que os partidos políticos haviam se tornado como também da desigualdade das estruturas de representação e os impactos do governismo petista há mais de uma década.[279]

Um povo despolitizado não se sente representado por ninguém, embora a direita seja capaz de canalizar a indignação por trás da falta de representação ao seu próprio favor, desviando essa indignação contra os ideais de esquerda.

De acordo com Alfredo Saad Filho, Junho ajudou a expor o aspecto legítimo da crise, revelando "a atrofia das formas tradicionais de representação social (mídia, sindicatos, ONGs, partidos políticos, etc.), que se tornaram incapazes de canalizar o descontentamento e resolverem as disputas entre os grupos sociais, seja porque são rigidamente controladas pela elite, seja porque foram desautorizadas pelas reformas neoliberais".[280]

A percepção de falta de legitimidade dos partidos políticos, incluso o PT, é esperada, dada a natureza burocrática e fisiologista da política brasileira, a difamação da credibilidade pela corrupção cotidiana e uma forte história de promessas de campanha esquecidas.

As multidões acusaram todos os partidos políticos de serem os mesmos, e os confrontos com militantes de movimentos sociais, partidos moderados e radicais e sindicatos foram baseados no medo de cooptação e mobilizados por grupos antiesquerda também presentes.

Essa disputa era natural, já que as posições ideológicas das multidões também foram amplamente distribuídas entre esquerda, direita e aqueles que não se identificavam com nenhum dos campos.[281]

Ademais, devemos considerar que o significado de esquerda e direita na multidão também pode ter sido diverso, dado o período subjacente de despolitização. Em algumas das manifestações, a posição do apartidarismo foi mesclada com um sentimento antipartido em si *(ver Tabela 1)*.

Essa questão da representação desalinhada está relacionada a uma visão cínica da política, dada a corrupção generalizada e uma falta geral de coesão na política de coalizão partidária.

---

[279] Fernandes, "Conjunto de Entrevistas de Campo (2014-2016)".
[280] Saad Filho, "Mass Protests under 'Left Neoliberalism': Brazil, June-July 2013", 2013, 664.
[281] Singer, "Rebellion in Brazil: Social and Political Complexion of the June Events", 36.

O cinismo contribui para o estado de ampla despolitização veiculado no desinteresse pelas formas tradicionais de representação.

Há uma suposição de que o espaço político está contaminado, principalmente devido à ênfase na corrupção de políticos individuais e de partidos políticos.

A lacuna de despolitização é, geralmente, o resultado de um mau posicionamento de confiança (ou desconfiança), ou seja, culpa a esfera política como um todo pela corrupção em vez dos veículos capitalistas e de interesses privados que a tornam possível e até mesmo a regra.

Além disso, a rejeição do espaço político remete à tradição, tanto das massas como, até mesmo, da esquerda organizada, de se concentrar no aspecto contrário das demandas. Sabemos a que somos contra – corrupção, injustiça, pobreza e violência –, e na esquerda politizada até formulamos esse posicionamento como nossa luta anticapitalista.

No entanto, a representação fraca e a reificação da consciência política são obstáculos para a formação de um projeto coletivo, que ajudaria a responder à questão mais difícil, que é "o que queremos?" e como ir além da denúncia e da crítica.[282]

O problema de afirmar a falta de representação é que isso ignora que grandes sociedades são, comumente, organizadas através de sistemas de representação: de sistemas políticos formalizados a pequenos interesses cotidianos.

A representação não é apenas o instrumento prático de uma estrutura hierárquica; ao contrário, implica sistemas de apoio que existem com e sem hierarquia, e se as pessoas rejeitam as tentativas de receber apoio político, tornam-se vulneráveis à única coisa que querem evitar: o consentimento passivo dado pela inação.

Os esforços para ocultar e sufocar as relações antagônicas reforçam efetivamente o *status quo* que é mantido através da exploração dessas relações.

Ao fingir que essas relações não existem, as grandes multidões demonstram recusa em examinar as causas subjacentes do fraco acesso à educação e à saúde, da corrupção e ganância e do aumento dos custos de transporte público (entre outros).

Eles tomam sua experiência prática como dada, negando a importância das investigações críticas, que informam antagonismos e que

---

[282] James Ferguson, "The Uses of Neoliberalism," *Antipode* 41 (January 2010): 167.

seriam mais eficazes na articulação contra representantes falidos do que a negação da representação em si.

Em termos sociológicos, a representação seria como um fato social, e simplesmente negá-la como indivíduo não impede a representação involuntária diante das estruturas políticas.

Caberia então questionar o conteúdo errôneo do modelo, mas, para isso, seria necessário examinar a consciência prática e teórica na compreensão da realidade; ou seja, é impossível realmente questionar a representação sem passar por um processo de conscientização.

É nesse vácuo que a crise de representação se estabelece, e não simplesmente porque uma pessoa rejeita a representação. O que está sendo rejeitado é o conteúdo de representação, os significados políticos vigentes.

O fato da legítima crise de representação no Brasil é que um forte período de despolitização, inevitavelmente, resulta em um descompasso nas práticas dos representantes políticos e demandas populares.

O pluralismo dos partidos no Brasil cresceu para favorecer a fragmentação estrutural, o oportunismo eleitoral e outras formas de colher o poder institucional em favor das elites e dos representantes, como por meio da corrupção.

Combinados, esses elementos criaram um alto nível de desconfiança no *establishment* democrático, especialmente em relação à forma de partido. O reconhecimento de que há uma crise de representação é progressista, pois expõe os problemas relacionados à despolitização e a solicitação de mudança política, mesmo que o conteúdo dessa mudança seja indeterminado pelas multidões em geral.

O problema ocorre quando figuras conseguem se estabelecer simbolicamente e discursivamente como anti-*establishment* quando estão intimamente ligados a esse mesmo *establishment*.

Esse é o caso do presidente eleito em 2018, Jair Bolsonaro, cuja atuação política está totalmente ligada ao *establishment*, mas o emprego mútuo da pós-política contra a corrupção (Meu partido é o Brasil) e da ultrapolítica (corruptos seriam os "bandidos de vermelho") lhe proporcionou um conjunto de narrativas favorável, pois, de repente, o *establishment* não seria o sistema político liberal burguês, mas apenas a associação confirmada midiaticamente com a corrupção.

De fato, a centralidade do discurso contra a corrupção roubou a cena em Junho e continuou a desempenhar um papel tão importante que anularia outras demandas, promoveria mais despolitização e seria instrumentalizada de forma ultrapolítica pela direita a partir das eleições de 2014.

Isso levou a consequências intensas em termos do fenômeno antiesquerda. Claro, o PT deve ser responsabilizado por seus próprios escândalos concretos de corrupção, mas a forma como esses escândalos foram abordados pela mídia e as forças de direita fizeram com que o antipetismo, que tinha crescido no enfoque dado de forma desequilibrada à corrupção no PT, bem como um repúdio elitista das políticas sociais petistas, fluíssem para o sentimento antiesquerda em geral.

Isso fez da demanda anticorrupção moralista e empregada pela direita também um problema para a esquerda radical. Faria dela também um problema para a centro-esquerda, a não ser que essa esteja disposta a manobrar cada vez mais à direita para escapar da associação e disputar a hegemonia eleitoral com o PT (disputa na qual não teve sucesso em 2018, mesmo com o potencial inicial da candidatura de Ciro Gomes, do PDT).

Quanto à esquerda radical, essa já sofreu com o sentimento antiesquerda em Junho. Não importava quantas vezes e de que forma a esquerda radical tentava comunicar às multidões que era diferente, estava claro que elas não estavam nem familiarizadas o suficiente com a esquerda radical para julgar seus ativistas por suas palavras – um problema da invisibilidade da esquerda radical em termos de alcance de suas ações, e cuja visibilidade midiática passou a existir de forma cada vez mais criminalizadora.

Ao mesmo tempo, um setor da esquerda radical, se utilizando de uma mistura de posições defensivas ou autoproclamatórias que não se conectavam ao estado atual de consciência das massas, demonstrou não compreender bem, nem a crise de representação, nem a necessidade de mudar suas práticas de interpelação para atingir as multidões que nem ao menos sabiam de quem se tratava.

A maneira como o tiro da crise de representação em torno da corrupção ainda saiu pela culatra para a esquerda radical é uma evidência do quão inapropriado é a esquerda radical continuar culpando a hegemonização do campo pelo PT por toda a sua invisibilidade.

O PT é o partido de esquerda mais conhecido do Brasil, mas não está em todos os lugares a ponto de inviabilizar com tanto sucesso toda ação da esquerda radical.

Isso deixa, então, a pergunta: a esquerda radical não deveria estar se construindo para estar em todos os lugares em vez de esperar que o PT lhe abrisse espaço ou que houvesse uma transferência da base natural do PT para si.

Diante de todo esse contexto, a crise de representação se traduziu, na prática, em uma crise de representação partidária, que, conjugada com os sentimentos simultâneos antiesquerda causados por argumentos moralistas anticorrupção e exclusão do antagonismo como elemento político, evoluiu para uma crise de representação com mais efeitos negativos para a esquerda e para as perspectivas de politização à esquerda.

Ao apagar as razões políticas, sistêmicas e baseadas em classes para uma crise de representação sob despolitização, a pós-política também se oferece como a resposta para essa crise. Esse desafio é evidente na luta pelas multidões de Junho de 2013 e depois, especialmente quando a sociedade se torna mais polarizada pela ultrapolítica.

Ademais, a própria esquerda passa a sofrer a tentação de capturar multidões com apelos populistas e pós-políticos, já que a sua melancolia faz do seu desejo por novas vitórias um combustível para táticas erráticas de comunicação e busca de base.

Jodi Dean traz o conceito de multidões para dar sentido à complexidade dos protestos em massa. Sua discussão é muito pertinente para o caso de Junho de 2013 por causa do posicionamento da multidão em relação a ser um sujeito político. Ela afirma que "a multidão não tem política. É a oportunidade para a política. A determinação de se uma multidão é uma multidão ou o povo é resultado de uma luta política".[283]

Em Junho de 2013, as multidões estavam sendo evidentemente disputadas, e sua afirmação como multidões pós-políticas, ultrapolíticas ou cativadas pelos esforços politizadores (ou mesmo autoproclamatórios) da esquerda dependia dessa luta política e do que os atores queriam ao competir por elas.

Ao mesmo tempo que o Movimento Passe Livre (MPL), por exemplo, que era uma referência singular no começo de Junho, se retirou da disputa pela interpelação das multidões após a redução da tarifa, outros numerosos grupos disputavam entre si não somente a direção das manifestações, mas também a organização das massas por diversos

---

[283] Jodi Dean, *Crowds and Party*, Verso (London, 2016), 8.

objetivos (das eleições às manifestações contra as violações da Copa do Mundo de 2014).

A direita estava decidida a disputar as multidões desde o começo, primeiro para desmobilizá-las, mas depois para cooptá-las. Isso foi feito principalmente através da grande mídia, mas também das redes sociais, cuja neutralidade finalmente passou a ser questionada pela esquerda de 2014 em diante, após exaltações das redes (vide Manuel Castells) em 2013.

Provavelmente, o maior triunfo na luta política da direita pelas multidões em Junho foi a sublimação de uma crise classista politizada de representação (das tarifas à rejeição da política tradicional oligárquica) em uma questão moralista e antiesquerda contra a corrupção.

O foco moralista torna a questão individual, mascarando as relações capitalistas na corrupção brasileira, enquanto o sentimento antiesquerda funciona duplamente para a direita para mascarar suas próprias relações corruptas e para diminuir o consentimento popular em relação ao PT e à esquerda em geral.

Além disso, estar em um terreno já despolitizado altera as regras do jogo em favor da direita, e mesmo as politizações alternativas podem estar contaminadas pela pós-política e pela ultrapolítica.

Essa luta política sobre as multidões tem a ver com a sua interpelação. Até hoje, a esquerda radical tenta interpelar a "multidão" de 2013. A dificuldade reside no reconhecimento de que, embora Junho de 2013 tenha sido de fato um evento progressista como uma escola política, não havia uma única multidão, mas múltiplas, a ser interpelada.

Mesmo a multidão menos progressista e pós-política pode ser interpelada, mas a tarefa e o problema envolvido é de uma qualidade diferente da multidão mais politizada que conseguiu se conectar com a esquerda em vários graus desde 2013.

Atribuir apenas uma multidão para Junho ou dar para apenas uma multidão o porte "essência de Junho" cria um fetiche. A multidão acaba sendo vista como um sujeito político completo, em vez de um significante de subjetivações políticas diversas.

Enquanto isso, a esquerda moderada a descarta como profundamente conservadora e tenta associá-la com as derrotas petistas em vez de compreender como as contradições de Junho também estão fundamentalmente atreladas às contradições petistas.

Ambas tentativas se equivocam por não perceberem que a "multidão é um componente necessário, mas incompleto da subjetividade política".[284]

A diferença entre as multidões é o que importa nesse contexto, porque expõe os encontros e desvios em torno da politização e despolitização em Junho e nos permite avançar em direção a um projeto que aborda a pós-política de forma responsável.

Para Dean, a pós-política cria obstáculos específicos para a esquerda porque cria uma imagem diluída do âmbito político (por exemplo, supondo mudar formatos ou que simplesmente estar nas ruas seria "fazer política") "sem realmente assumir o risco da política" (por exemplo, organizar, politizar e fazer propostas concretas para além de performances e manifestações nas ruas).[285]

A visão pós-política de gestão corresponde, por seu turno, a uma mudança de formatos mascaradora das contradições estruturais da sociedade – e ela está presente na ideia de que seria possível contornar a crise de representação através de uma reforma política.

Essa proposta foi abraçada tanto pela esquerda radical quanto pela moderada, mas foi o governo Dilma que supôs principalmente que ela poderia ser suficiente para responder ao todo de Junho.

Todavia, como vimos, foi a direita que conseguiu capturar o discurso da reforma política com maior êxito, exemplificado na série de ajustes tecnocráticos, alguns regressivos, que seriam apresentados como reforma contrapolítica dois anos depois por Eduardo Cunha (PMDB) como líder de direita no Congresso (e eventual articulador do impeachment).

Para Dean, a pós-política capta a necessidade de mudança e a sublima na pulsão democrática[286], mas em um sistema no qual a democracia é propensa a favorecer a readequação hegemônica.

Assim, no Brasil, a reforma política funcionou, necessariamente, como um mecanismo pós-político, por mais radical que essa demanda pudesse ter sido quando e se articulada pela esquerda.

No contexto específico de Junho, a reforma política foi sequestrada desde o início, pois era "capaz de encerrar momentos políticos antes

---

[284] Dean, 115.

[285] Dean, "Politics without Politics", 35.

[286] Dean define a pulsão como uma forma do sujeito orientar seu prazer. É possível, porém, falar sobre a pulsão democrática sem entrar em termos lacanianos, enquadrando-o como um desejo que se torna mais forte que seus objetivos.

que eles se desenvolvessem em reivindicações que exigem algo diferente de uma resposta técnica gerenciada".[287]

Ela foi apresentada como um método pacificador, sem qualquer intenção de balançar o sistema, e até mesmo a noção de que uma reforma política poderia conter a corrupção era limitada.[288]

Isso expressa a razão pela qual parte da esquerda reconhecia, de antemão, que a demanda por reformas políticas já havia nascido morta – e por que seu significado político não poderia ser retido para além de 2015.

Essa percepção se deu mesmo nas articulações imediatas da esquerda pós-2013. Os primeiros esforços para formar a Frente por Reformas Políticas (FRP) liderada pelo MTST, PSOL e outras organizações já eram percebidos como muito focados nas reformas, especialmente na reforma política.

Daí surgiu a necessidade de outra articulação, a Frente Povo Sem Medo, focada em lutar contra a ofensiva de direita e a austeridade do governo, o que ilustra como a reforma política enfraqueceu gradualmente como agenda da esquerda.[289]

A miríade de demandas em Junho para além dos aumentos do transporte público simbolizou um engajamento político da multidão que foi progressista e politizado, especialmente porque a negociação bem-sucedida entre o Movimento Passe Livre (MPL) e a cidade de São Paulo não diminuiu o fôlego dos protestos.

O problema ocorreu quando a pós-política entrou em jogo mais evidentemente, quando evoluiu para um apagamento do antagonismo presente na luta pelo bem público e para um apelo à corrupção como fonte de todos os problemas.

A pós-política conseguiu reduzir a(s) demanda(s) global(ais) das multidões em uma demanda particular, nesse caso a anticorrupção, e o fez utilizando significados dados pela mídia e articuladores da direita, e não através de um exame cuidadoso do problema da corrupção no Brasil.

A questão do transporte público é inerentemente econômica (e social), e o impacto particular dos aumentos de sua tarifa em um

---

[287] Gill, Johnstone & Williams, "Towards a Geography of Tolerance: Post-Politics and Political Forms of Toleration", 510.

[288] Fabiano Santos, "Do Protesto Ao Plebiscito: Uma Avaliação Crítica Da Atual Conjuntura Brasileira", *Novos Estudos - CEBRAP*, no. 96 (July 2013): 22.

[289] Fernandes, "Conjunto de Entrevistas de Campo (2014-2016)".

país onde ele é predominantemente usado pela classe trabalhadora pobre precisa ser visto através de lentes de classe.

O que aconteceu em Junho de 2013 é que, à medida que os protestos aumentavam, o conteúdo de classe original da demanda se dissipou.

Assim que as demandas foram além dos 20 centavos, elas ainda eram classificadas de acordo com a forma como apelavam para o abandono do Estado de outros serviços públicos, como saúde e educação.

A classe foi removida por demandas em torno da corrupção, falta de ética e ordem, e uma visão moralista do problema que despolitizou para longe das razões econômicas, exploradoras que geraram mais lucro para os administradores privados do transporte público e a expansão dos setores privados de saúde e educação.

Para André Singer, "a estrutura básica da ordem socioeconômica do país não foi questionada" em Junho.[290] Em vez disso, todas as doenças sociais e econômicas foram explicadas pelo fracasso na gestão tecnocrata de recursos, devido à corrupção, e, também pelo desrespeito dos políticos por não representarem fielmente os eleitores.

É a isso que Žižek se refere com "economia despolitizada", que impulsiona o alcance da despolitização em outras esferas.

Quando Lula se tornou presidente e prometeu atuar em nome da conciliação de classes, ele despolitizou os aspectos econômicos da vida dos brasileiros, promovendo uma falsa impressão de que todos poderiam ganhar, mesmo sob um sistema que depende da exploração de muitos por poucos.

Ele fez isso por meio do aumento do consumo baseado no fácil acesso ao crédito, ao mesmo tempo que promoveu certo nível de inclusão social real, especialmente para a juventude (sem abrir mão, claro, de fortalecer a burguesia no processo, como no caso do FIES).

Outro exemplo de uma apropriação pós-política que teve a ver não apenas com a fetichização da reforma política foi a preocupação essencialista com processo e formato no fazer político.

Vista aqui como uma questão de práxis, a crise da esquerda foi, na verdade, muito associada a um problema de processos internos e de tomadas de decisão.

Por mais que seja fato que a esquerda precisa investir fortemente em mais democracia interna e na renovação de quadros, reduzir todos

---

[290] Singer, "Rebellion in Brazil: Social and Political Complexion of the June Events", 19.

os problemas da esquerda a uma questão de modelos de consenso é problemático e influenciado pela pós-política, especialmente a visão de que uma renovação da esquerda trata de uma inovação nas formas de gestão das organizações (de partidos a setores mais autônomos).

O problema é que a inclinação pós-política para a gestão consensual em vez da formação de lideranças (que existe até nos espaços mais horizontais) limita a capacidade de integrar lutas e levá-las mais longe.

Isso indica que, embora Junho de 2013 tenha sido importante para a politização de uma certa multidão, a pós-política também não escapou completamente dela, e continuou operando depois de Junho por meio de uma leitura artificial e fetichizada da horizontalidade, que contribuiu mais para o isolamento da esquerda organizada e que pouco fez para arejá-la com mais democracia interna.

Nas palavras de Jodi Dean, "eles deslocam suas energias para preocupações processuais com inclusão e participação, como se o conteúdo da política fosse dado – uma questão de identidade – ou secundário ao fato da inclusão, o que torna o resultado da luta política menos significativo do que o processo de luta".[291]

Isso representa um desafio particular para a esquerda em termos de construção de diálogo, confiança e politização, pois, aqui, questões como a confusão da esquerda moderada e radical no imaginário coletivo são o resultado de uma crítica mais consciente da esquerda organizada em geral, e não simplesmente um efeito despolitizado da traição do PT.

Embora essa preocupação tenha sido expressa muitas vezes por militantes de esquerda nas entrevistas que conduzi, ainda há pouca ideia de como enfrentá-la além de ser paciente e mostrar serviço.

Isso sugere que a composição de esquerda e a repolitização pós-Junho serão parte de um processo de muitos anos e não a curto prazo, como muitas organizações esperavam na época.

Simplesmente proclamar a esquerda como a autêntica representante das mais variadas lutas não é suficiente em tempos de despolitização.

Hoje em dia, a esquerda mal consegue se assegurar para a maioria da população como representante da luta por direitos básicos democráticos, quem diria pautas mais concretas que exigem a execução de um projeto político por parte da esquerda.

---

[291] Dean, *The Communist Horizon*, 56.

Por fim, é importante ressaltar que, uma vez que "a multidão é um ser temporário",[292] a tendência de fazer um fetiche a partir de Junho de 2013 pode ser um impedimento para encontrar alternativas dentro e fora de si.

O excesso de energia revolucionária de Junho ainda será sentido, mas devido à sua característica de escola política, e não porque sua multidão é um agente permanente.

A tendência de ver a multidão como um agente é prejudicial para a esquerda brasileira. Uma razão é porque supervaloriza a ação política em torno de eventos políticos e nos leva a pensar que o poder político pode ser medido ou encontrado totalmente de acordo com a capacidade de mobilização nas ruas.

Isso faz com que o jogo de comparar o número de manifestantes levados às ruas pela direita e pela esquerda (divididos em radicais e moderados) desde 2013 seja muito frustrante, pois não considera que a diferença qualitativa entre a mobilização de multidões por fatores politizados e por fatores despolitizados.

Além disso, em qualquer caso, são requeridos números muito maiores da esquerda para transformar a ação política em poder político além de atos de resistência.

PÓS-POLÍTICA À DIREITA

A pós-política é tão somente um fenômeno despolitizado que em nada corresponde a uma suposta neutralidade pós-ideológica que é possível examinar como a pós-política pode ser empregada à direita e à esquerda, mesmo sendo que os resultados nunca serão favoráveis a uma práxis de esquerda. Assim, a pós-política se revela como sintoma mórbido do interregno.

Os dois principais elementos que ajudaram a direita a se apropriar da crise de representação, assim como da miríade de demandas em Junho de 2013, para a pós-política são a corrupção e o ufanismo.

Como ambas ressurgem em retórica dentro da pós-política, mas depois serão elementos centrais na disputa ultrapolítica, é útil olhar para cada uma em separado, já que é evidente que a esquerda não tem tido êxito ao lidar, nem com a questão da corrupção, nem do nacionalismo.

---

[292] Dean, *Crowds and Party*, 9.

CORRUPÇÃO

Alfredo Saad Filho e Armando Boito sugerem que os eventos de luta contra a corrupção no Brasil tiveram pouco impacto sobre a onipresença da corrupção na política brasileira; no entanto, as mesmas campanhas tiveram efeitos negativos para a esquerda.[293]

Parte do desafio, para a esquerda, deriva da tendência do senso comum de abordar a corrupção pela via do moralismo, e não sistemicamente. A corrupção é vista como um problema moral, de desonestidade por parte de políticos, e não como um sistema de corruptos e corruptores visando vantagem política e econômica.

Normalmente, escapa do imaginário popular que a corrupção nem sempre resulta no ato de embolsar vastas quantias de dinheiro e no objetivo de enriquecimento pessoal.

Ao contrário, a característica central da corrupção é o favorecimento ilícito de um ator ou organização, podendo ou não haver propina no processo.

É por conta da visão moralista e limitada da corrupção que parte da população acredita que eleger um candidato já rico poderia ser uma forma de combatê-la, pois o indivíduo não teria "necessidade de roubar".

Essa conclusão demonstra certa ingenuidade com relação à maneira como esquemas de corrupção se estabelecem, mas é do interesse da burguesia que o povo continue pensando assim, já que garantiria a presença de mais dos seus entre os representantes eleitos.

Ao promover a corrupção como um problema moral, atores políticos também se beneficiam do potencial de transformar a preocupação geral com a corrupção em pânicos morais, como o empregado no antipetismo.

Isso despolitiza ainda mais a questão e facilita a atuação da direita, cujo *modus operandi* político está historicamente ligado à corrupção e ao uso da máquina estatal para seu interesse de classe.

Desde Junho de 2013, existe um entendimento de que a esquerda radical precisa aprender a abordar o problema da corrupção e politizá-lo de maneira que possam removê-lo da agenda oportunista da direita e articular uma agenda anticorrupção para uma mudança progressista.

Algumas das potencialidades para isso são encontradas justamente nas propostas de reforma política, o que explica por que parte

---

[293] Saad Filho & Boito, "Brazil: The Failure of the PT and the Rise of the 'New Right'", 223.

da esquerda ainda se manteve na reforma política como plataforma, mas a apropriação da reforma de modo pós-político a tornou inócua nesse momento.

Portanto, o necessário é politizar sobre a corrupção para que a população demande mais democracia direta e mais transparência contra a influência de interesses econômicos dominantes na determinação das pautas políticas.

A pós-política está diretamente ligada ao moralismo nesse contexto, porque o moralismo despolitiza ao apagar causas sistêmicas enraizadas no antagonismo, ao mesmo tempo em que favorece a retórica sobre a ação.

Enquanto isso, a direita continua a capitalizá-la, através de um discurso moralista e hipócrita que ajudou a associar a política de direita com a ética e a ordem e uma abordagem difícil, embora falsa, da corrupção.

Quando uma diversidade de perspectivas morais é substituída por uma versão do moralismo como doutrina, nesse caso o moralismo conservador, apenas respostas fáceis são permitidas.

Nem mesmo a história passa a ser tão importante quanto a memória coletiva da prática atual, o que força as pessoas a se posicionarem de acordo com um dualismo moral: "um bom brasileiro é contra a corrupção, e se um brasileiro não se posiciona contra a corrupção da maneira estabelecida pela multidão, então ele deve ser um mau brasileiro".

Ou seja, a despolitização pós-política das raízes sistêmicas da corrupção vai contribuir, eventualmente, para a formação de falsas dicotomias, essas que serão apropriadas pela ultrapolítica, especialmente em 2018, quando, na visão da maioria, votar no PT seria o equivalente a coadunar com a corrupção.

O medo acentuado do mal da corrupção levou a ações antipartidárias e até mesmo à agressão contra militantes do partido, tendo o PT como alvo principal após o escândalo de corrupção do Mensalão e, principalmente, o desenrolar da operação Lava Jato.

A partir daí, até mesmo os intervencionistas ganham lastro para seus discursos pró-intervenção militar, pois seria o estabelecimento da ordem militar o fator necessário para gerir o Estado contra a corrupção.

Quando a corrupção é tratada como um problema moral, e não político e econômico, ela é instrumentalizada para substituir as fontes reais de antagonismo por reivindicações moralistas colocadas em um raciocínio circular. Para Žižek, o moralismo despolitizado leva ao dualismo filosófico porque:

> (...) AQUELES QUE TRADUZEM DIRETAMENTE O ANTAGONISMO POLÍTICO NO QUAL ELES PARTICIPAM EM TERMOS MORAIS (A LUTA DO BEM E DO MAL, DA HONESTIDADE CONTRA A CORRUPÇÃO) SÃO MAIS CEDO OU MAIS TARDE COMPELIDOS A INSTRUMENTALIZAR A POLÍTICA NO DOMÍNIO DA MORAL: SUBORDINAM SUAS AVALIAÇÕES MORAIS ÀS REAIS NECESSIDADES DE SUA LUTA POLÍTICA – "EU APOIO X PORQUE ELE É MORALMENTE BOM" IMPERCEPTIVELMENTE SE TRANSFORMA EM "X DEVE SER BOM PORQUE EU O APOIO".[294]

Abordagens moralistas doutrinárias são despolitizadas porque se concentram na atitude ou na ação individual, em vez de nas várias dimensões do exercício e do controle do poder.[295]

Quando movimentos como os Indignados, na Espanha, o Occupy Wall Street ou os eventos de Junho, no Brasil, rejeitam a corrupção com base na ética e na moral (principalmente as que são construídas em torno da figura tão fundamentalmente hipócrita do cidadão de bem), eles encorajam um paradigma de mudança limitado; ou seja, que favorece a visão de uma revolução ética que supõe um capitalismo capaz de trabalhar para o povo, em vez de ir contra ele em um paradigma fundamentalmente anticapitalista.[296]

Falando diretamente dos Indignados, Žižek teme que o potencial revolucionário seja sublimado no desejo de uma política honesta, simplesmente porque o problema da corrupção é percebido como um problema da "classe política inteira".[297]

Essa percepção é contraditória, porque, embora associe a corrupção à esquerda e à direita no sistema da democracia representativa, pressupõe que ela pode ser consertada pela democracia representativa liberal através de simples processos de responsabilização.

---

[294] Žižek, *The Ticklish Subject*, 75.
[295] Wendy Brown, "Moralism as Antipolitics", in *Materializing Democracy: Toward a Revitalized Cultural Politics*, ed. Russ Castronovo & Dana D. Nelson (Durham: Duke University Press, 2002), 383.
[296] Slavoj Žižek, *The Year of Dreaming Dangerously* (London: Verso, 2012), 79.
[297] Alexandros Kioupkiolis, "Podemos: The Ambiguous Promises of Left-Wing Populism in Contemporary Spain," *Journal of Political Ideologies* 9317, no. June (2016): 101, https://doi.org/10.1080/13569317.2016.1150136; Žižek, *The Year of Dreaming Dangerously*, 79.

O moralismo por trás dela faz com que o problema recaia apenas para sobre aqueles que podem ser responsabilizados e punidos como indivíduos, deixando, assim, de examinar como o alcance geral da corrupção tem a ver com sistemas e estruturas que seriam aceitos apenas como imperfeitos (ou simplesmente não percebidos).

A abordagem moralista da corrupção despolitiza a questão e o sistema em torno dela para as multidões em um nível tão intenso, que cria uma miríade de paradoxos de demandas e protestos. Essa preocupação foi central em algumas de minhas entrevistas.[298]

Conversando com o sociólogo Ruy Braga, ele relatou como a corrupção acaba substituindo todas as outras questões e se torna o bode expiatório da crise de representação, bem como da desaceleração econômica que tem atormentado o Brasil nos últimos anos.

Para Douglas Belchior, uma das dificuldades em se comunicar com as multidões no último período tem a ver com a confusão gerada quando as pessoas saem às ruas para protestar contra a corrupção, mas também acabam apoiando uma ofensiva contra seus próprios direitos.

Sua preocupação como organizador é que, quando um assunto encobre os outros de forma tão poderosa, o senso comum em torno dele chega até mesmo àqueles das favelas que não podem se juntar às classes privilegiadas em uma chamada anticorrupção nacionalista no centro, mas ainda se sentirão ligados a elas numa indignação comum que pode acabar sendo instrumentalizada (como o foi no processo do golpe e nas eleições de 2018).

A pós-política prevalece como base, pois a corrupção está em toda parte, então não há sentido em distinguir a esquerda da direita.

É possível inclusive sugerir que esse seja parte do raciocínio que influenciou tantas abstenções, nulos e brancos nas últimas eleições, mesmo quando seria necessário escolher o PT (como mal menor) para barrar uma ameaça antidemocrática pior.

Nesse caso, os resultados da percepção pós-política agem traiçoeiramente sobre os marginalizados, a quem Belchior se refere.

Os mais marginalizados da sociedade brasileira há tanto tempo são excluídos do Estado de Direito (ou viram apenas sua faceta opressiva), que a simples administração da representação não resolveria muito.

---

[298] Fernandes, "Conjunto de Entrevistas de Campo (2014-2016)".

Todavia, também sujeitos à despolitização e desorganizados (para não dizer negligenciados) do trabalho de base da esquerda, percebem a relação entre a esquerda e a democracia como maculada.

A esquerda radical tentou lidar com o fato de as reivindicações anticorrupção terem se tornado despolitizadas de diferentes maneiras, embora todas as organizações pareçam trabalhar a partir do argumento de que a corrupção é um problema do capitalismo.

Essa premissa é usada para isentar a esquerda radical da associação com a corrupção *a priori*, e parte dela tem a ver com explicar o crescente problema do PT com a corrupção através de sua capitulação ao capitalismo.

Isso, é claro, é um raciocínio falho, já que a corrupção baseada em favorecer a empresa capitalista ou o lucro pessoal é apenas um tipo de corrupção.

Mesmo que essa corrupção seja a que está no centro da luta e a fonte da despolitização moralista, um debate mais profundo seria necessário para que a esquerda radical evitasse promover um moralismo próprio, com base em um simples "somos bons, e eles são ruins".

A corrupção, como forma deturpadora da política, também opera na esquerda radical e prejudica a unidade, a confiança, as alianças estratégicas, as atividades cotidianas e as formações políticas, questões que despolitizam e estão diretamente ligadas ao estado de fragmentação.

A questão é que, quando a corrupção ocorre no Estado, ocorre dentro das estruturas do capital. Isso, porém, não isenta a esquerda nem a faz imune à corrupção.

Aqui, aponto para dois exemplos que foram mencionados com frequência ao longo das entrevistas: as práticas de gangsterismo frequentes no setor sindical e os processos questionáveis em vários congressos de partidos, marcados por denúncias de fraude.

No caso dos sindicatos, Ruy Braga argumenta que tais problemas são inerentes a situações em que o poder sindical é reproduzido através do controle ininterrupto do aparato[299].

Essa tendência pode, inclusive, levar a práticas corruptas, como a fraude eleitoral sindical a um novo patamar através de ameaças e violência.

Esses processos sugerem que, embora haja um desejo da esquerda radical de politizar a corrupção e levar a luta anticorrupção para longe

---

[299] Braga, 2015.

da direita e para a crítica de esquerda, a maneira autoisenta como a esquerda radical tem abordado a questão da corrupção não ressoa com as multidões como o esperado.

Eu argumento que isso ocorre porque simplesmente relegar a corrupção a um problema do capitalismo negligencia as implicações da corrupção nos cenários anticapitalistas, que devem ser abordados, caso a esquerda espere politizar efetivamente sobre isso.

A esquerda radical sofre com a associação com o PT e seus próprios escândalos, mas não consegue se diferenciar, porque o discurso não tem sido suficiente para escapar do dualismo moral.

De fato, a esquerda radical vem gritando como é diferente do PT para todos os cantos desde antes de Junho de 2013, e os efeitos foram mínimos e frágeis.

Enquanto o PSOL cresceu consideravelmente em representação institucional, em parte também devido à sua credibilidade como ficha limpa, o crescimento ainda é pequeno, se considerarmos que o PT, associado à corrupção no imaginário social, continua a ser a força hegemônica da esquerda institucional, apesar de seu declínio recente (acentuado).

Isso indica que não basta a esquerda apostar no crescimento em torno da ética, pois é preciso tanto politizar sobre o tema quanto encontrar meios de desconstruir o fenômeno antiesquerda.

UFANISMO

O *ufanismo* é o sentimento nacionalista e patriótico promovido pelo exagero das riquezas e qualidades do Brasil como nação.

Faz parte da estratégia da ditadura civil-militar brasileira para conter visões antiditadura e ficou evidente na cultura patriótica ampliada exibida durante a Copa do Mundo da FIFA de 1970 (e, até certo ponto, em todas as outras Copas do Mundo desde então, através da personificação nacional na Seleção Brasileira de futebol).

O ápice do ufanismo estava no discurso empregado pelo regime de Médici contra radicais e críticos, mas, principalmente, contra a esquerda, conhecido no lema "Brasil: ame-o ou deixe-o".

O ufanismo será de utilidade tanto nos discursos da pós-política, impedindo o debate de antagonismos e alternativas, quanto, posteriormente, no discurso ultrapolítico, em que a oposição será tratada como traidora da pátria.

Passa a ser, então, decisivo na articulação da direita no Brasil contra a consciência de classe, no moralismo anticorrupção, e, eventualmente, na eleição de Bolsonaro.

Os pedidos para usar a bandeira brasileira como vestimenta durante os protestos de 2013 foram seguidos pela prática repetitiva e possivelmente mecânica de cantar o hino nacional brasileiro em uníssono.

Como a questão da corrupção recebeu ênfase durante os maiores protestos, o ufanismo exibido começou a aludir aos protestos de 1992 contra Collor, quando o movimento estudantil era frequentemente identificado como "caras pintadas" em referência a seus integrantes terem os rostos pintados nas cores nacionais brasileiras, o amarelo e o verde.

Dado o tema anticorrupção dos eventos de 1992, o apelo às cores nacionais foi realizado simbolicamente como forma de unir todo o povo brasileiro que se posiciona contra a corrupção.

Como fenômeno, em Junho, o ufanismo foi bem-sucedido em ocultar o antagonismo e anular as tentativas de movimentos sociais, partidos políticos e manifestantes radicalizados de destacar a conexão entre as questões de corrupção, infraestrutura pública precária e repressão policial como sintomáticas de uma estrutura maior que favorece a um grupo dominante sobre os outros.

Sendo assim, o ufanismo contribuiu para um processo de consentimento: ele impediu que grupos radicais tirassem proveito da inquietação política para, assim, promover uma política radical – que dependeria da cognição crítica de seus problemas no contexto das estruturas de dominação na sociedade.

Isso mostra como o caso brasileiro precisa ser visto como maior que a crise de representação, trazendo utilidade à análise do interregno.

Jodi Dean argumenta que, embora o caráter autônomo e horizontal do Occupy Wall Street estivesse inevitavelmente ligado a questões de representação, a capacidade do movimento de promover uma visão coletiva que ainda reconhecia um antagonismo fundamental na sociedade demonstra que sua crise de representação não se degenerou em uma rejeição à representação.[300]

Ao contrário, a articulação da divisão entre os 99% que compunham o movimento contra o 1% mais rico apresentou uma reinvenção da política. Apesar das questões relativas à organização de longo

---

[300] Dean, *The Communist Horizon*, 226–29.

prazo e à sustentabilidade do movimento, essa articulação sugere uma tentativa dos 99% de retomar a política do domínio do 1%.

Nos principais protestos brasileiros de 2013, as vozes voltadas à recuperação do espaço político foram silenciadas pela influência histórica do ufanismo, que apelaria ao apagamento do espaço político e sua substituição por tensões perigosas de patriotismo, ilustradas em alegações de que "Meu partido é meu país!".

Essa forma moral de orgulho nacional silencia aqueles que desejam confrontar o Estado e sua relação com o capitalismo e, como tal, pode ser uma ferramenta útil para reprimir as vozes radicais.

O apagamento do antagonismo e a promoção da falsa unidade no ufanismo ligam-se profundamente à postura antipartidária pós-política da crise da representação.

Com o desenrolar dos protestos de 2013, tornou-se claro que isso teria uma virada ultrapolítica, já que capacitava os partidos de direita às custas dos partidos de esquerda.

Para Belchior, isso se deve em parte ao fato de que a direita nunca trabalhou muito em associar seu projeto político à noção de partido, enquanto o partido continua sendo parte fundamental do projeto de esquerda, por causa da necessidade de construir instrumentos para o poder de classe.[301]

No entanto, na época, a simples rejeição da forma partidária levou parte da esquerda a vê-la simplesmente como um sintoma da crise de representação.

A diferença é traçada quando observamos como não foi apenas a forma de partido que foi rejeitada, mas a noção básica de que um partido político deveria ser um instrumento de intervenção política.

Isso é tão claro hoje que Bolsonaro pôde ser eleito em cima de sua própria figura, e o projeto que ele representa não está atrelado a um projeto de partido, pois foi o PSL que se beneficiou do crescimento de Bolsonaro, e não o contrário.

A direita sofreu menos, porque seus partidos não são instrumentos para as massas, mas para a elite, então a rejeição em massa não alterou seu *status*. Além disso, sua falta de compromisso ideológico e a capacidade de esconder a ideologia de direita no senso comum fizeram de seus partidos, na maioria das vezes, um alvo da crítica da forma partidária, mas não de sua existência como instrumentos políticos.

[301] Fernandes, "Conjunto de Entrevistas de Campo (2014-2016)".

Quando o antipartidarismo se transformou no lema "meu partido é o meu país", ele nacionalizou o consenso e a tolerância através da despolitização *ufanista*.

O ufanismo agiu como o significado que deve ser levantado para promover uma "aliança *política* impossível entre todas essas posições divergentes e potencialmente antagônicas", apelando para a simples unidade além de todas as diferenças políticas.[302]

O antagonismo central à consciência de classe (e mobilização de esquerda) foi rejeitado porque dividiu o país e, portanto, atuou como um obstáculo ao progresso e desenvolvimento de um "mítico, impossível, *todos nós*".[303]

Rafael Madeira, militante do PSOL, entendeu isso como parte do problema da esquerda em lidar com a questão nacional.[304]

As Brigadas Populares foram a única organização estudada aqui a abordar o nacionalismo como um fator central, fazendo-o a partir da perspectiva de um nacionalismo revolucionário, baseado em lutas anti-imperialistas.

No entanto, o nacionalismo continua a ser, em grande parte, uma ferramenta de despolitização através do ufanismo e favorável à pós-política, para esconder o antagonismo, e à ultrapolítica, para fortalecer o conservadorismo nacionalista.

Enquanto o ufanismo impediu a politização em massa, vozes conservadoras da direita puderam se infiltrar nos protestos disfarçados de não partidários sob a bandeira da liberdade de expressão.

Portanto, uma vez que o ufanismo se tornou conscientemente empregado pelos atores políticos da direita, ele também passou a ter um propósito ultrapolítico. Sinais e cartazes que fizeram apologia à onda conservadora no Brasil, bradando contra a igualdade e os direitos civis não eram incomuns.

O sentimento antipartido foi facilmente manipulado em campanhas anti-PT e "anti-Dilma", já aludindo, embora minoritariamente, à ideia de um impeachment de Dilma.

Até mesmo Marina Silva, que se candidatou à presidência como figura de centro no Brasil em 2014, fez uso da pós-política e abraçou o discurso nacionalista contra a corrupção na época.

---

[302] Žižek, *The Ticklish Subject*, 178 (ênfase no original).
[303] Dean, *The Communist Horizon*, 100 (ênfase no original).
[304] Fernandes, "Conjunto de Entrevistas de Campo (2014-2016)".

Seu projeto político, que vejo como ecocapitalista, agradava às elites, e ela eventualmente apoiou o candidato do PSDB Aécio Neves. Ela, no entanto, se colocava como sendo nem como esquerda, nem como direita, de modo que se beneficiou parcialmente do discurso pós-político.

Seu erro de análise consistiu em não entender como a conjuntura no nível eleitoral se tornou ultrapolítica, enquanto parte do sentimento pós-político se traduziu em votos anulados e em branco na votação.

De fato, todos aqueles que apostaram na pós-política dentro de uma perspectiva eleitoral, ou tiveram que aderir com mais afinco à ultrapolítica (ex.: Dória e sua busca por apoio de Bolsonaro em 2018) ou desidrataram completamente, como foi o caso de Marina no primeiro turno de 2018.

PÓS-POLÍTICA À ESQUERDA

Como mencionado anteriormente, a capacidade de politizar uma questão no sentido de torná-la política não é exclusiva da esquerda, embora politizar no sentido de transformar os politizados em sujeitos que ativamente fazem política é tarefa do terreno da esquerda, principalmente no que tange à classe trabalhadora.

Isso implica esforços conscientes da esquerda para assegurar que, durante os tempos de despolitização massiva, todos os esforços para politizar tenham objetivos claros para que não tenham efeito oposto ao esperado por causa de sua forma ou conteúdo, ou ambos, e acabem se despolitizando no mesmo senso comum.

Todavia, na prática, a questão não é tão simples, e aqui integro uma breve discussão acerca de como a esquerda tem flertado com a pós-política nos últimos anos, na tentativa de interpelar multidões. Alguns autores abordam esse fenômeno no caso do Podemos, na Espanha,[305] mas argumento que é tão visível quanto, ou até mais, na esquerda brasileira, em dois modos: o populismo pós-político e a busca por relevância através da "palatabilidade", e não da radicalidade.

Jodi Dean afirma que a pós-política também representa uma fantasia teórica: "a fantasia de uma política sem política".[306]

---

[305] Kioupkiolis, "Podemos: The Ambiguous Promises of Left-Wing Populism in Contemporary Spain".

[306] Dean, "Politics without Politics", 24.

Embora ela permeie os escritos de alguns acadêmicos de esquerda e, por consequência, as ações de algumas organizações e atores de esquerda, seu significado direto nos leva à despolitização.

A política sem política na esquerda faz da identidade[307] e das narrativas as lutas primárias, em vez dos elementos estruturais que poderiam elevar o antagonismo necessário ao radical e, eventualmente, ao revolucionário.

O antagonismo nunca é palatável: ele revela conflitos materiais. É por isso mesmo que o antagonismo não é questão de retórica, e sim de organização e de mobilização.

Como a pós-política nega e apaga antagonismos, seu uso pela esquerda é despolitizador e danoso.

Quando a esquerda começa a operar em terreno pós-político, ela perde o "ato" que é essencial para demarcações revolucionárias, mas escolhe fazê-lo porque quer ser legitimada politicamente com antecedência, e não a partir da organização da base.[308]

Numa tentativa de negociar as partes difíceis, a esquerda pode se voltar para o populismo pós-político, às vezes inconsciente, de que esse terreno é também aquele em que a direita aprendeu, gradualmente, a transitar bem.

Além disso, o que parece ser apenas tática pós-política pode facilmente alterar o caminho da estratégia de esquerda, pois envolve o elemento de despolitização que vai contra o caminho que a práxis de esquerda deveria seguir.

A fragmentação da esquerda e a descoberta de que a crise de representação poderia afetar a esquerda radical de diversas maneiras levaram a a última a buscar opções para intervir na conjuntura sem o risco de cortar ainda mais os seus laços, enfraquecidos, com as multidões.

Embora tenha havido um aumento do populismo de direita no Brasil desde Junho de 2013, também identifiquei esforços que poderiam ser categorizados como populismo de esquerda pós-político, que é diferente do tipo de populismo promovido no Lulismo.

O populismo lulista, e em outras versões de governos de esquerda na América Latina, consiste em combinar o apelo popular simbólico

---

[307] Identidade se refere a identificações e simbologias aqui e não deve ser confundida com a luta contra as opressões.

[308] Dean, "Žižek against Democracy", 174–75.

e esforços redistributivos, como no caso de programas como o Fome Zero e o Bolsa Família.[309]

Embora carregue conotações negativas por conta de laços com o personalismo, a manipulação do discurso e a propaganda despolitizadora, o populismo lulista é bem lembrado por ser eficaz em relação a essas medidas específicas.

Ainda que Lula não tenha promovido a reforma agrária (ou qualquer reforma radical), seu foco desenvolvimentista e seu trabalho de inclusão através do consumo e do crédito e a erradicação da miséria tornam seu populismo mais crível e até desejável para alguns, mesmo que isso signifique um dano à práxis de esquerda no longo prazo.

Há uma tendência na esquerda radical de apelar ao populismo pós-político como uma resposta ao populismo lulista, que resultou em profunda despolitização e apoio a retrocessos sob a esquerda moderada, e ao populismo de direita, que cresceu recentemente como uma tentativa da direita de retomar a hegemonia eleitoral.

A direita tem tido sucesso imensamente maior em mobilizar através do populismo pós-político do que a esquerda, o que já se tornou evidente na exposição até aqui.

O que também muda para a direita é que ela se mobiliza também através de ultrapolítica, usando o domínio pós-político da luta contra a corrupção e o ufanismo para polarizar contra o PT e a esquerda no geral.

Isso, naturalmente, também alimenta uma extrema-direita, a qual soube aproveitar o populismo e a ultrapolítica com mais eficácia que a direita tradicional, que também perdeu espaço, principalmente a partir de 2018.

A esquerda radical precisa encontrar maneiras rápidas de atrair os trabalhadores antes de eles serem capturados ou recapturados por essas opções, posicionando-se como uma alternativa.

Para ser vista como uma alternativa viável, a esquerda radical tem a necessidade de politizar, que é parte de um processo de longo prazo de construção de base e debate.

No entanto, fazendo concessões e escolhendo táticas simplistas no nível dos apelos moderados de esquerda e de direita, a esquerda radical pode ver alguns ganhos de curto prazo.

---

[309] Fábio Wanderley Reis, "Identidade Política, Desigualdade e Partidos Brasileiros," *Novos Estudos* 87 (2010): 70.

O problema é que esses ganhos são temporários e podem logo se dissipar de volta às opções do *status quo*, por falta de politização e, pior, de uma nova despolitização resultante do envolvimento da esquerda em terreno pós-político.

O populismo pós-político é empregado na esquerda como uma flexibilização de táticas de conteúdo político em detrimento da estratégia geral de ruptura. Ou seja, os próprios antagonismos materiais são negociados.

Não se trata de negociar com símbolos tradicionais da esquerda, algo que, sob o anticomunismo, pode ser inclusive uma questão de segurança. Não se trata nem mesmo da ausência de rótulos como "socialista" e "revolucionário" em todas as comunicações e eventos.

Pode-se ter, afinal, um programa socialista sem usar a palavra socialista como rótulo. O contrário também é verdade, como demonstrou o PT, cujo programa democrático popular era fortemente reformista, mas apelava para o discurso socialista sempre que era necessário parecer mais radical.

Você pode não usar a palavra socialismo, a questão é quais significados são utilizados para preencher o significante deixado pela remoção desses simbolismos.

A questão do populismo pós-político influencia a esquerda radical a partir de sua própria melancolia. É natural e desejável que olhemos para experiências ao redor do globo para compreender não somente o fato de que os fenômenos políticos que ocorrem no Brasil não são isolados (vide o levante da direita conservadora nas Américas e na Europa), mas é improdutivo acreditar que possamos importar modelos de atuação da esquerda estrangeira.

Ainda mais, passa a ser danoso buscar imitar algumas práticas da esquerda estrangeira simplesmente porque elas aparentam trazer êxito imediato (leia-se: eleitoral).

Antes do que foi conhecido como a traição do Syriza em relação ao referendo popular sobre enfrentar ou não a *Troika*,[310] a esquerda radical demonstrava grande entusiasmo com o partido grego e com seu próprio populismo.[311]

---

[310] Corresponde à Comissão Europeia, Banco Central Europeu, e o Fundo Monetário Internacional.

[311] Kioupkiolis, "Podemos: The Ambiguous Promises of Left-Wing Populism in Contemporary Spain".

Parte desse entusiasmo derivava de leituras de que Junho haveria possibilitado politização suficiente para levar a novos eventos e fortalecer organizações dispostas a serem condutores desses eventos.

Esse entusiasmo em torno de Junho teve seu benefício: trouxe ousadia em ação e aproximação de militantes, mesmo em momentos de retrocesso do governo Dilma.

Ao mesmo tempo, enfatizou políticas performáticas como centrais para a resistência, em oposição a políticas de construção de base mais demoradas, porém mais duradouras.

A esquerda entrou num período de "atividades incessantes", em que a mobilização foi reduzida à construção de "atos e manifestações" voltados a garantir alta visibilidade (o que, majoritariamente, não se sucedeu).

Porém, a principal referência de populismo estrangeiro seria o Podemos. O populismo do Podemos tem forte viés pós-político, até mesmo pela influência de Laclau (previamente criticado aqui).

Seu populismo opera como "pós-governamentalidade política" e depende fortemente de tons positivos, um foco na vitória e uma "confiança inspiradora na possibilidade de ruptura e mudança iminentes".[312]

Isso é algo que se nota no geral nas comunicações da esquerda radical, em que derrotas são configuradas como pequenas vitórias, e as pequenas vitórias aparecem de forma supervalorizada.

Quando indagados sobre essa prática, lideranças da esquerda radical (não somente do PSOL) dizem estar fazendo agitação. Todavia, além de não corresponder à prática de agitação (parte do combo tático de agitação e propaganda exortado por Lenin), possui caráter altamente melancólico.

Considerando que a esquerda radical também tende a replicar o senso comum em alguns casos, pensando ser isso o necessário para conectar com as multidões, o resultado é um constante realinhamento de posições de acordo com as quais parecem responder melhor à crise de representação na época (por exemplo: o abraço da perspectiva de *que se vayan todos* diante das primeiras ameaças de golpe em 2015, ao apoio à investigação Lava Jato, como se ela não estivesse contaminada por anseios antiesquerda).

O Podemos traz um modelo especial de populismo de esquerda, porque trata do problema de uma crise de representação, que

---

[312] Kioupkiolis, 100; 103.

também é um fato na Espanha, através de sua reinvenção como movimento partidário.

A questão é que Junho e os Indignados têm semelhanças entre si, mas elas não são necessariamente positivas. Por exemplo, quanto mais se supervaloriza o elemento progressista da crise de representação em ambos os casos, mais necessário parece ser flexibilizar e ceder para se encaixar no tipo de representação que poderia atrair essas multidões.

Nos esforços para parecer amigável, até mesmo palatável, a esquerda pode acabar relegando os aspectos mais antagônicos da disputa política e que são fundamentais para politizar seu próprio lado da luta.

Assim, ela cederia, mesmo inconscientemente, à perspectiva da gestão não antagônica. Essa crítica é frequentemente feita ao Podemos, devido a um amolecimento, agora consciente, de posições "para se tornar mais palatável para os eleitores de uma persuasão mais centrista".[313]

Na maioria das vezes, esse abrandamento tem a ver com as aspirações eleitorais, em que as vitórias são necessárias em um ritmo muito mais rápido do que pode ser alcançado, mesmo se a esquerda estivesse unida e fortalecida. Como resultado, se a crise de representação tiver elementos pós-políticos, as organizações focadas em legitimar a crise como um todo também teriam que abraçar algumas das políticas pós-políticas.

O problema da preocupação com a palatabilidade como uma maneira de ter vitórias sob intensa despolitização é que ela implica moldar o programa para o senso comum, em vez de politizar o senso comum para o bom senso.

Pode acabar se tornando uma armadilha para a esquerda, principalmente ao fazer apostas menos radicais para não assustar o eleitorado. O erro está em não perceber que, quando as multidões olham para as organizações políticas e enxergam mais do mesmo, talvez se destacar como mais radical seja uma aposta mais exitosa do que evitar radicalidade para não desagradar a essas multidões.

Por si só, o populismo não é algo negativo. É comum ver o populismo empregado como uma tática comunicativa, tanto na esquerda quanto na direita. Como tática, o populismo flexibiliza o debate ao ponto de promover pontes de diálogo e simplificar pautas complexas a partir de demandas populares.

---

[313] Raphael Tsavkko, "Contradictions and Challenges of the Podemos Phenomenon," *OpenDemocracy*, April 2015.

O problema é ter o populismo como estratégia, quando essa flexibilização substitui critérios de programa partidário e de projeto de sociedade (utopia). Aí, sim, há um problema que, se baseado em preencher significantes esvaziados com significados demasiadamente vagos ou flexíveis, pode acabar contribuindo para o estado geral de despolitização.

O elemento pós-político se faz presente quando essa flexibilização passa a negar ideologias ou promove falsas equivalências entre os interesses da classe trabalhadora com interesses aparentes do senso comum. Pode ser visto ainda em proposições da esquerda como "algo" novo, sem uma elaboração concreta sobre o que esse novo seria em termos de projeto de sociedade.

Um exemplo desse raciocínio seria assim: tanto nós quanto o povo somos contra a corrupção; nós não conseguimos engatar uma campanha anticorrupção; a Lava Jato é uma investigação que visa combater e punir os corruptos; apesar disso, a Lava Jato foi apropriada para servir a um interesse ideológico contrário ao nosso; mesmo assim, o povo identifica na Lava Jato a maior iniciativa anticorrupção do país; portanto, devemos ser a favor da Lava Jato, suprimindo, por agora, o debate ideológico acerca da operação.

Esse raciocínio parte de uma lógica populista, e, por conta da natureza da justificativa pós-política da Lava Jato (nem esquerda, nem direita, punido todos os corruptos e colocando ordem no Estado através de juízes e técnicos – por mais enganadora que seja), a esquerda que abraça a operação sem se atentar para isso acaba reproduzindo um populismo pós-político.

O mesmo se dá na leitura de que a crise de representação seria essencialmente progressista, e que, se a extrema-direita avança, avançaria por conta do vácuo de representação, e não por seus próprios méritos. A lógica apresentada é que a pós-política das multidões facilita sua disputa pela esquerda, quando, na verdade, o esvaziamento de significantes pela pós-política possibilitou que a direita os preenchesse e mobilizasse através da ultrapolítica, enquanto a esquerda dava voltas nos temas por falta de uma tática devidamente sua.

Nesse pensamento, o populismo enxerga a pós-política das multidões na crise de representação como uma oportunidade, e não um alerta.

Existe, sim, oportunidade para a esquerda na crise de representação, principalmente na essência de pautas classistas de valorização do serviço público que permeiam até a preocupação popular com o problema da corrupção.

Todavia, a pós-política definitivamente não representa essa oportunidade, e a tentativa de discursos mais populistas como forma de interpelar essa multidão traz um problema de horizontes para essa esquerda. Afinal, o populismo laclauniano do Podemos não é tático, mas sim estratégico, o que gera ambiguidades para a esquerda radical e socialista.

Isso é preocupante, considerando a dificuldade que a esquerda brasileira encontra para interpelar multidões desde Junho, inclusive no contexto do avanço conservador. Tarefas de organização vêm se resumindo a mesas e plenárias, enquanto tarefas de base passaram a operar como mobilização para manifestação.

De fato, para muitos, mobilizar-se passou a ser o mesmo que manifestar-se nas ruas, o que suprime tantas outras atividades importantes que contribuem diretamente para o diálogo e expansão das bases, como panfletagens, mutirões, assembleias e tantas outras atividades mais horizontais, que incluem até mesmo expressões culturais e artísticas.

Essa crítica também pode ser estendida a sindicatos, pois greves e paralisações são apenas duas formas de mobilização de trabalhadores organizados. Além do fato de que greve sem piquete seria o mesmo que uma paralisação, e que até mesmo os esforços por uma Greve Geral têm sido frustrados, não simplesmente pela recusa de lideranças da centrais sindicais, mas por focarem demasiadamente a construção da greve geral nessas lideranças centralizadas.

É possível que, mesmo se todas as lideranças sindicais no Brasil concordassem em uma mesma convocatória por greve geral, nem a convocatória seria vista com o peso que a burocracia lhe concede, nem a paralisação de setores estratégicos seria suficiente para juntar a classe trabalhadora, em sua amplitude e diversidade, em piquetes e demandas organizadas.

A greve geral de abril de 2017, por exemplo, parou o Brasil, mas não o mobilizou. Mesmo o Ocupa Brasília, em 24 de maio do mesmo ano, co-organizado pela Frente Brasil Popular e a Frente Povo Sem Medo e que promoveu uma atividade bastante radicalizada contra as reformas de Temer, trazendo militantes de todo o país, não conseguiu romper a bolha da esquerda organizada – nem mesmo juntou tantos milhares como a mídia de esquerda propagou.

Essa tendência de resumir a política às ruas tem distraído a esquerda de tarefas organizativas para além das manifestações e da ocupação das ruas como exercício cívico e democrático.

De fato, a atividade incessante parece ser a tendência na esquerda pós-Junho tanto como suposta forma de interpelar a multidão pós--política quanto como expressão de sua própria melancolia. Hoje em dia, a esquerda trabalha com calendários de manifestações, porém com pouca perspectiva de organização entre as datas de convocatória.

As expectativas da esquerda radical para protestos em torno da Copa do Mundo, em 2014, foram frustradas depois de se perceber que a agitação na mídia social havia diminuído, que o medo da repressão policial era generalizado, que a esquerda moderada era forte o suficiente para remover sua parte das multidões das ruas e que os protestos sozinhos não poderiam mobilizar se o tema do protesto exigisse, agora, uma forte politização.

Atividades contínuas e frequentes são importantes para a esquerda e devem, de fato, permear todas as táticas empregadas.

O problema ocorre, no entanto, quando toma o espaço de outras tarefas mais complexas, cujos resultados árduos não podem ser verificados tão rapidamente ou abertamente quanto o trabalho que leva a um protesto. Isso

é prejudicial para a tarefa de repolitização de longo prazo da esquerda radical, e é por isso que a pós-política, incluindo seus elementos populistas, deve ser abordada com cuidado e cinicamente.

CAPÍTULO 8   **ULTRAPOLÍTICA**

Este capítulo enfrenta um desafio maior do que o do anterior, sobre pós-política. Ao contrário de sua contraparte, o conceito de ultrapolítica é muito mais subdesenvolvido e subutilizado. No entanto, o conceito trata do fenômeno da despolitização que predomina no Brasil hoje, mesmo sendo precedido e complementado pela pós-política em certas ocasiões.

O esvaziamento de significantes políticos pela pós-política, deixando os novos significados vagos e flexíveis o suficiente para uma visão tecnocrática, acaba abrindo espaço para a ultrapolítica e sua tomada dos significantes com um conteúdo polarizado e embasado em afetos negativos de uma perspectiva de guerra política.

Se na pós-política o antagonismo é esvaziado em favor da tecnocracia democrática-liberal, na ultrapolítica o antagonismo é substituído por ódio, por medo e pela gestão do pânico pela via conservadora e de forma autoritária.

Justamente por ter sido substituído, o antagonismo não informa a polarização política. O cenário passa a ser de falsas radicalizações, construídas justamente para favorecer o novo modelo de gestão.

Isso quer dizer que, no cenário de desdemocratização, tanto a pós-política quanto a ultrapolítica introduzem modelos de gestão política que afastam a sociedade de uma perspectiva de democracia ampliada.

Enquanto a pós-política reduz a democracia a processos, a ultrapolítica introduz o desprezo à democracia se necessário, ou despolitiza a ponto de governar "democraticamente" apenas para um grupo em detrimento dos outros.

O QUE É ULTRAPOLÍTICA?

A definição mais conhecida de ultrapolítica é fornecida por Slavoj Žižek, em uma nota de rodapé em um livro de 1999: "A ultrapolítica recorre ao modelo de *guerra*, a política é concebida como uma forma de guerra social, como a relação para com 'Eles', para com um 'Inimigo'."[314]

---

[314] Žižek, *The Ticklish Subject*, 241.

Essa definição é simples, mas seu significado pode ser desdobrado nas múltiplas facetas da despolitização ultrapolítica.

O conflito ultrapolítico é militarizado no sentido em que constrói a identidade de um "Inimigo" e o promove como o núcleo das relações sociais e políticas.

Isso é diferente do antagonismo de classe, em que a relação entre o proletariado e a burguesia é oposta à natureza da exploração de uma classe pela outra.

O cenário ultrapolítico militarizado, por outro lado, despolitiza as fontes de conflito e tende a empoderar aqueles que já se beneficiam do *status quo*, devido ao seu moralismo conservador e à vitimização de uma classe ou grupo de pessoas que não querem comprometer seu *status* dominante. Ao contrário do antagonismo de classes, a guerra ultrapolítica é travada contra um inimigo construído.

A esquerda pode ser um agente ativo na promoção da ultrapolítica, especialmente se ceder a falsas polarizações e aos afetos negativos como mobilizadores. Como os resultados ultrapolíticos serão antitéticos aos objetivos da esquerda contra-hegemônica, é importante que a esquerda evite ceder à dinâmica da ultrapolítica a todo custo. Em sua comparação com a pós-política, Vassillos Paipais descreve a ultrapolítica como quando:

> (...) O POLÍTICO (COMO A INSTÂNCIA ONTOLÓGICA DO ANTAGONISMO) ASSUME A DOMINAÇÃO TOTAL SOBRE A POLÍTICA. O ADVERSÁRIO POLÍTICO É VISTO COMO UM INIMIGO A SER DESTRUÍDO POR TODOS OS MEIOS. MAIS UMA VEZ, A DIFERENÇA ENTRE A POLÍTICA E O POLÍTICO ENTRA EM COLAPSO, DESTA VEZ DO LADO DO POLÍTICO, O QUAL A POLÍTICA DEVE PROMULGAR DE MANEIRA IMEDIATA. O CHÃO/ABISMO ONTOLÓGICO APARECE DIRETAMENTE NO REINO [REAL – NÃO FENOMENOLÓGICO], COM EFEITOS FREQUENTEMENTE CATASTRÓFICOS (GUERRA TOTAL, TERROR REVOLUCIONÁRIO).[315]

Um cenário pós-político vai impedir o antagonismo através de noções fantásticas de tecnocracia e tolerância manufaturada em relação ao conflito e à exploração social.

A ultrapolítica reifica as relações antagônicas através de uma falsa radicalização em torno do poder puro e das posições puras.

---

[315] Paipais, "Between Politics and the Political: Reading Hans J. Morgenthau's Double Critique of Depoliticisation".

Ou seja, o antagonismo é despolitizado, e todos os afetos de desamparo e rebeldia provenientes da disputa material são sublimados em afetos manipulados e mais facilmente geridos pelas autoridades durante uma guerra: ódio e medo.

Na gestão do ódio e do medo, não há espaço para outros afetos. O ódio e o medo precisam ser puros e direcionados. Essa pureza impede uma verdadeira confrontação,[316] e os conflitos materiais são substituídos por conflitos construídos politicamente pelos mobilizadores e instigadores ultrapolíticos.

Isso quer dizer que a ultrapolítica despolitiza o conflito, empurrando todas as suas facetas ao extremo, numa falsa radicalização que reifica a identidade "nós" *versus* "eles". Essa militarização direta da política impede "retornos políticos" através de uma falsa demonstração de tentativa de resolver o impasse político.[317]

Por exemplo, a transformação da "corrupção" e do "corrupto" em Inimigos, cujas características são aquelas atribuídas pelos instigadores ultrapolíticos, transformam os conflitos em torno de uma crise de representação em uma guerra contra a corrupção.

A corrupção como a explicação mais importante para uma crise política é pós-política, uma vez que nega outras fontes de antagonismo.

A corrupção como a expressão simbólica e despolitizada do antagonismo evolui para a ultrapolítica e adiciona mais inimigos na forma de ameaças.

O golpe de 1964 encontrou sua base social também na luta contra a corrupção,[318] sendo que esta seria um mal trazido e promovido pela ameaça do comunismo.

Hoje, as ameaças também incluem o PT, e a esquerda em geral, bem como distorções despolitizadas da política de esquerda, como a falácia da "ideologia de gênero" (deturpação das demandas por igualdade de gênero e contra a discriminação).

A falsa radicalização sob a ultrapolítica encoraja o pensamento maniqueísta, o que é natural para o senso comum, em que, se você não está envolvido na guerra contra o Inimigo (nos termos estabelecidos pela ultrapolítica), então você deve estar com o Inimigo.

---

[316] S. a. Chambers, "Jacques Ranciere and the Problem of Pure Politics," *European Journal of Political Theory* 10, no. 3 (2011): 308, https://doi.org/10.1177/1474885111406386.
[317] Žižek, "For a Leftist Appropriation of the European Legacy", 66.
[318] Guilherme Boulos, *De Que Lado Você Está?* (São Paulo: Boitempo Editorial, 2015), 71.

O exemplo mais visível dessa lógica foi vista no segundo turno das eleições presidenciais de 2018: se você não votava em Jair Bolsonaro, então seria automaticamente petista/apoiador de corruptos.

O mesmo era visto do outro lado, se você não votava em Fernando Haddad, e sim em Bolsonaro, você seria automaticamente fascista – parte da própria despolitização da esquerda em compreender como o fenômeno bolsonarista poderia, sim, contribuir para um discurso fascista, mas a partir de uma base social diversa e capturada por várias preocupações políticas para além do fascismo.

Um cenário ultrapolítico pode ocorrer isoladamente, mas ganhou terreno no Brasil ao preencher os significantes esvaziados sempre que a pós-política e a pós-ideologia não ressoavam com as multidões.

A ultrapolítica e a pós-política propõem significados opostos para os significantes esvaziados pela despolitização, mas são, assim mesmo, complementares, como dois lados da mesma moeda, justamente porque ambos são fenômenos despolitizadores; ou seja, se sua própria base é despolitizada, eles não precisam ter sentidos coesos, apenas "fazer sentido".

A lacuna que é aberta pela despolitização de uma pode ser preenchida pela reapropriação da questão despolitizada pela outra.

Para Erik Swyngedouw, esse é frequentemente o caso quando o populismo de uma ordem pós-política anula o engajamento democrático real, eliminando assim o conflito por meio de sua gestão ou elevando-o a um tipo novo, ultrapolítico.[319]

À medida que os grupos politizados lutam para escapar da gestão dos conflitos e para abordar adequadamente suas causas, ocorre uma negação diferente da política e que despolitiza o conflito, reempacotando-se em uma falsa polarização destinada a deslegitimar as fontes reais de antagonismo e proteger a classe dominante das consequências das faíscas da politização.

Enquanto algumas multidões de 2013 foram re-assimiladas na pós-política como uma resposta à crise de representação, a possibilidade de ruptura política trazida pelas multidões que estavam sujeitas à

---

[319] Erik Swyngedouw, "The Antinomies of the Postpolitical City: In Search of a Democratic Politics of Environmental Production", *International Journal of Urban and Regional Research* 33, no. 3 (2009): 601–20; Erik Swyngedouw, "Apocalypse Forever?: Post-Political Populism and the Spectre of Climate Change", *Theory, Culture and Society* 27, no. 2 (2010): 213–32.

politização destacou a necessidade de renovação hegemônica pela elite e seus representantes.

O terreno fértil de construção ultrapolítica contra a corrupção e contra o PT apenas apontou o caminho mais fácil. A classe dominante reagiu oferecendo o Inimigo ultrapolítico como substituto do antagonismo político, em alternativa à versão já desconstruída e demonizada da esquerda encarnada pelo PT.

Considerar o que a ultrapolítica acarreta nessa conjuntura brasileira é um exercício útil para entender a razão de termos perdido a "civilidade" na política e porque há tanto ódio e polarização de uma maneira que vai além das respostas imediatas da política.

Como a ultrapolítica cria falsas polarizações e reduz os problemas à sensação imediata, ela é fortalecida em contextos em que há despolitização ligada à descrença, à traição e à perda de privilégios.

Todos esses elementos são comuns à atual conjuntura, especialmente em relação ao PT, embora sejam expressos de maneira diferente entre as classes.

A ultrapolítica não apenas floresce bem em um cenário de consciência geral fragmentada, mas também favorece essa fragmentação ao posicionar indivíduos e grupos uns contra os outros, em uma distração das explicações estruturais.

Consequentemente, também nutre sentimentos em torno do ódio, preconceito e desacato ao outro. Trata-se de um cenário particularmente complicado para politizar, pois ele reage de forma reacionária.

É ainda mais difícil quando a própria esquerda está fragmentada e não consegue chegar a consensos e sínteses em torno de coisas importantes, como as raízes da falsa polarização, mesmo diante do risco de criminalização.

Debates despolitizados sob a ultrapolítica criam contradições peculiares para a classe trabalhadora, potencializando a prevalência de uma consciência contraditória desconectada dos esforços de expor a prática à teoria.

INSTIGADORES ULTRAPOLÍTICOS

Antes de falar do bolsonarismo e dos anseios protofascistas no Brasil, é preciso destacar as discussões em torno da *onda conservadora*, que se acredita ter permeado a política brasileira de forma mais aberta desde que a direita "saiu do armário" em Junho de 2013.[320]

O ódio propagado não é novo; ele mostrou sua presença constante na mídia tradicional por mais de uma década. O diferente é que o ódio se tornou "autorizado" novamente e passa a ser o afeto central mobilizado politicamente pela direita.

Por estar autorizado, aqueles que odeiam não se envergonham de suas palavras ou ações, mas as enxergam como válidas. O efeito desumanizador é evidente.

Até mesmo a tortura sob a ditadura civil-militar no Brasil seria justificável por ter sido aplicada "contra bandidos". Uma pessoa não mais se envergonha de defender a tortura em certos casos, pois se assume como "cidadão de bem" que precisa de todos os recursos disponíveis contra o Inimigo.

Há um grau de discordância na esquerda sobre o significado de uma onda conservadora e sua extensão. Intelectuais como Vladimir Safatle apoiaram a tese de uma falsa onda conservadora: a ideia dessa onda paralisaria a esquerda e que a causa real dos problemas, na verdade, seria uma falha organizadora da própria esquerda.[321]

Já Demian Melo questionou essa tese ao se perguntar se tal decomposição da esquerda não seria realmente um dos fatores a possibilitar o levante dessa onda.[322]

Além disso, os impactos do conservadorismo no senso comum, para além da disputa entre o PT e o PSDB, em 2016, forneceram mais fundamentos à existência da onda, como o projeto Escola Sem Partido (ESP) – o qual, apesar de empregar uma fachada pós-política de boa educação política sem influência política e ideológica, tem conteúdo ultrapolítico, no objetivo de substituir o pensamento crítico nas escolas pela moral conservadora e tradicional.

Não à toa, proponentes do ESP estão entre os primeiros a difamar Paulo Freire, mesmo sabendo quão renomado é o pedagogo ao redor do mundo.

O projeto e o movimento por trás dele reivindicam combater uma suposta doutrinação marxista nas escolas brasileiras, enquanto seu

---

[320] Boulos, *De Que Lado Você Está?*, 83.

[321] Vladimir Safatle, "A Falsa Onda Conservadora", *Folha de São Paulo*, December 25, 2015.

[322] Demian Melo, "Para Além Da Marolinha: A Crise e a Onda Conservadora No Brasil", *Blog Junho*, January 2016.

verdadeiro significado está mais próximo de outro lema conservador: "Menos Marx, mais Mises".[323]

A onda conservadora se organizou de tal maneira, que o ESP foi decisivo na articulação de pânicos morais (como ocorreu contra o suposto "Kit Gay") nas eleições de 2018 e retornou com força como pauta política no Congresso logo após a eleição de Bolsonaro.

Diante desses elementos, eu proponho que há uma onda conservadora, que é caracterizada pela forma de uma ofensiva conservadora tomada especialmente desde Junho de 2013, nos esforços para lutar pelo significado das multidões e posteriormente instrumentalizá-las.

Essa onda cria o lastro necessário para a tomada de instâncias de poder, primeiro com o golpe (seu ensaio em 2015 e 2016), e depois com o bolsonarismo e o protofascismo (de 2017 em diante).

Como o consentimento gerado pelo PT através de programas sociais e de consumo começou a se deteriorar durante o primeiro governo Dilma Rousseff, a direita já pretendia acrescentar elementos mais conservadores ao senso comum que captassem parte da base do PT e se beneficiassem da despolitização geral.

O que ocorre após o golpe é que nem mesmo a direita tradicional, que abriu alas para o conservadorismo, previa seu próprio encolhimento diante do crescimento da extrema-direita que se consolidava na doutrina liberal-conservadora.

De fato, é por não ser simplesmente conservadora que a essa extrema-direita passa a conquistar o mercado, defendendo um Estado forte nos costumes, mas entreguista na economia.

Junho apresentou a oportunidade perfeita para que se experimentasse alguns dos discursos mais conservadores (e reacionários), devido ao sentimento antipartido, o foco na corrupção, o ufanismo e o desprezo geral pelo PT, que afetaria também a esquerda em geral.

A direita conseguiu um bom desempenho em Junho, empregando primeiro o discurso pós-político e encorajando o lado negativo da crise de representação incorporado na rejeição generalizada da representação.

A rejeição ao PT é importante para o crescimento e fortalecimento da onda conservadora, pois consiste no sequestro das razões pelas quais o PT deve ser rejeitado.

---

[323] Demian Melo, "'Escola Sem Partido' Ou Escola Com 'Partido Único'?", *Blog Junho*, Outubro de 2015.

A curta duração de alguns dos benefícios de inclusão e crescimento econômico das administrações petistas possibilitariam que, mesmo anos após o impeachment, a direita empregasse uma narrativa dominante que culpabiliza todos os males econômicos atuais na corrupção e/ou incompetência petista.

Enquanto o PT falhou por não ter sido uma esquerda radical o suficiente, o discurso conservador empregado para captar o sentimento insatisfeito das multidões de Junho em diante propunha que o PT havia fracassado por ser esquerdista demais.

Isso deu margem para teorias de conspiração sobre o comunismo do PT, as articulações do Foro de São Paulo e até mesmo a crença séria na União das Repúblicas Socialistas da América Latina (URSAL).

O ódio ao PT cresceu e se alastrou sobre a política, talvez porque reflete mais o ódio do que o PT já foi (ou poderia ter sido) do que ao que ele atualmente representa.[324]

Todavia, a marca da ultrapolítica está no fato de que, por mais que se argumente que o Foro de São Paulo não passa de uma articulação formal e pública de partidos de esquerda e que a URSAL é, na verdade, parte de uma piada proposta por uma crítica do PT no passado, qualquer perspectiva de conspiração se sustenta no senso comum por conta do medo da tal ameaça comunista.

Com o ódio como instrumento e a construção de uma falsa polarização com o PT, a direita foi capaz de avançar mais abertamente, passando da pós-política para a ultrapolítica, embora os elementos pós-políticos do ufanismo e alegações hipócritas anticorrupção continuam a ser amplamente empregados para legitimar suas ações e manter um longo alcance para sua mensagem.

Ademais, é sabido como a pós-política serve diretamente aos interesses de iniciativas como o Partido Novo. Nesse caso, o Novo passa a ideia de renovação, porque seus membros não seriam parte da casta de políticos tradicionais no Brasil (e assim seriam, também, todos ficha limpa).

Todavia, uma visão mais ampla do poder econômico no país aponta que não há nada tão antigo e tradicional na política brasileira quanto candidatos milionários.

A onda conservadora se estabeleceu como uma batalha hegemônica pelo senso comum, que tem sido ferozmente e abertamente travada

---

[324] Felipe Demier, "A Revolta a Favor Da Ordem: A Ofensiva Da Oposição de Direita", in *A Onda Conservadora*, ed. Felipe Demier & Rejane Hoeveler (Rio de Janeiro: Mauad, 2016), 56.

por atores de direita antes (através da mídia, principalmente) e depois de Junho, através de atores os mais variados.

Entre eles, estão novos meios de comunicação de direita, grupos de reflexão, grupos protofascistas e movimentos sociais atrelados ao liberalismo-conservador, como o Movimento Brasil Livre e o Vem pra Rua, todos com tanto ou mais poder partidário do que partidos eleitorais padrão – que estão mais sujeitos ao sentimento antipartido da crise de representação.

De fato, o MBL pode ser visto como um partido se seguirmos a interpretação gramsciana das funções desse tipo de organização,[325] até mesmo porque os membros do movimento agem de forma bastante autônoma em relação aos partidos em que atuam eleitoralmente.

O MBL é um caso de sucesso de articulação na direita através de uma juventude que prega o liberalismo econômico, mas se reserva o direito de defender pautas morais conservadoras. Articulado inicialmente através do Students for Liberty, o movimento se inspira em um ciclo de intelectuais de direita no Brasil ao mesmo tempo que forma suas próprias figuras, com destaque para Kim Kataguiri e Arthur do Val.

Ambos têm atuação forte nas redes sociais, especialmente no YouTube, espaço que a direita soube ocupar de forma muito mais estratégica que a esquerda (e, de fato, que a esquerda continua negligenciando).

O MBL é um dos principais atores da ultrapolítica brasileira e deve ser considerado ao lado de outras figuras de destaque, sobretudo do conservadorismo, como Olavo de Carvalho.

A tal onda, portanto, não é recente, mas ganha fôlego especial na crise de representação, no ciclo de despolitização e nas lacunas deixadas pela crise de práxis da própria esquerda.

Felipe Demier sustenta que, de uma perspectiva marxista, a existência de uma onda conservadora deve ser reconhecida e isso não tem de levar a uma defesa de um governo e de um partido que são responsáveis, em última análise, pela terrível correlação de forças em que a esquerda se encontra.[326]

Pode-se, portanto, reconhecer o papel do PT na bagunça em que estamos (da pós-política à ultrapolítica) sem recorrer à

---

[325] Gramsci, *The Modern Prince & Other Writings*, 147.
[326] Demier, "A Revolta a Favor Da Ordem: A Ofensiva Da Oposição de Direita", 51.

minimização dos impactos negativos gerais e ao fortalecimento da direita como ator ativo.

Pode-se também reconhecer a existência de um golpe parlamentar através do processo de impeachment, admitindo, ao mesmo tempo, o papel do PT no contexto político que tornou possível o golpe, sem isentar a direita e seus méritos como articuladora central da ultrapolítica.

A mesma lógica pode ser aplicada, ainda, ao considerar o crescimento do bolsonarismo e a eleição de Jair Bolsonaro. Nesse caso especial, as tentativas de lideranças da esquerda radical e da centro-esquerda de culparem o PT e sua tática eleitoral por completo pela derrota nas urnas soa mais como queixa infantil do que como análise política.

Trata-se, afinal, de uma crise de práxis, como soma de sintomas mórbidos no interregno na crise de hegemonia brasileira. Existe responsabilidade por essa conjuntura dar e vender, para quem quiser assumi-la e para quem não quiser.

O que não faz sentido, apesar de ser caso frequente na esquerda, é buscar culpar o outro por todas as mazelas políticas que vivemos, sem reconhecer que a hegemonia não se reestabelece de maneira automática.

Os intelectuais e articuladores políticos da direita sabem bem o que fazem, e o próprio mercado, ao notar os efeitos da ultrapolítica e da crise de representação na diminuição de potencial da direita tradicional, já soube se reorientar a favor da extrema-direita.

Logo, não há necessidade de descartar a força e o alcance da direita, a fim de responsabilizar o PT também.

A tese da existência de uma onda conservadora é importante porque destaca a lacuna que a direita tem conseguido preencher de forma cada vez mais proeminente desde Junho de 2013 e como ela conduziu a resultados rápidos em termos de cortes, violações e uma consciência política conservadora, que fortaleceu o preconceito, a discriminação e o ódio na mente mediana.

Ruy Braga argumenta que estamos vivenciando uma militarização do conflito social, o que está de acordo com a interpretação da ultrapolítica, e isso estaria relacionado à escancarada demonstração da própria estrutura autoritária do capitalismo.[327]

---

[327] Ruy Braga, "A Era Da Pilhagem". in *A Onda Conservadora*, ed. Felipe Demier & Rejane Hoeveler (Rio de Janeiro: Mauad, 2016), 50.

Mais ainda, é possível notar o consentimento amplo dado por setores da sociedade brasileira a esse autoritarismo como modo de gestão capaz de derrotar todo e qualquer projeto de esquerda.

Žižek considera isso do ponto de vista de uma classe média que tolera a despolitização e se apega ao senso comum, assim como a classe média brasileira fez, uma vez que percebeu que os ganhos de consumo experimentados na era Lula eram limitados e contingentes à benesse de crescimento econômico.

A classe média vive a fantasia de se tornar, um dia, a classe dominante. Sem uma articulação expressiva de conscientização sobre sua realidade material, a classe média tende a se identificar com os interesses da elite, mesmo sendo ela, assalariada como a classe trabalhadora ou limitada aos espaços de privilégio de uma pequena burguesia.

Isso faz dessa classe uma massa de manobra bastante suscetível ao medo, ainda mais por seu apego e confiança nos discursos dos intelectuais da direita. Ele escreve que "a classe média é contra a politização – apenas quer manter seu estilo de vida, trabalhar e viver em paz, por isso tende a apoiar golpes autoritários que prometem colocar um fim na louca mobilização política da sociedade, para que todos possam retornar ao seu devido lugar".[328]

Isso fica claro no engajamento da classe média no processo de impeachment e em fenômenos como o bater de panelas para protestar contra o PT em bairros privilegiados, a hostilidade contra Paulo Freire e a pedagogia do oprimido e sua forte adesão ao ufanismo, que tem no verde e amarelo um uniforme de protesto.

Tal engajamento não seria possível sem a participação direta das forças direitistas na moldagem da cultura, manipulação de informações (especialmente através da imprensa), e a criação de figuras públicas baseadas nas crenças da classe média em torno da meritocracia e *homens de bem*.

O problema não é a classe média, mas se articula nela justamente por falta de referência politizadora da esquerda, permitindo que essa massa tome como referência a burguesia nacional e não aqueles que desejam direitos trabalhistas, como férias, licença-maternidade, acesso à saúde de qualidade ao menos mediana e estabilidade empregatícia; ou seja, demandas postas também pela classe trabalhadora.

---

[328] Žižek, *The Year of Dreaming Dangerously*, 24.

Mesmo assim, não é possível falar da onda conservadora como um fenômeno de classe média e para a classe média. Através do fundamentalismo religioso e de igrejas que supriram a necessidade de trabalho de base onde a esquerda se ausentou, o conservadorismo tem crescido na periferia.

Ali, muitos trabalhadores que se sentem traídos pelo PT, e que associam a esquerda tanto com a corrupção quanto com a deturpação de valores morais, são alimentados com falsas esperanças de segurança pública e de mais empregos através da flexibilização trabalhista. Mais uma vez, não basta a crise de práxis da esquerda para causar tamanho dano.

O senso comum foi pautado pelo conservadorismo e o punitivismo que ajudou a eleger Bolsonaro, figura centrada no populismo penal, foi bem articulado por programas policialescos.

A questão é que, com as altas taxas de violência na sociedade, associadas a um crescente encarceramento em massa, negligenciado pelo PT durante o seu governo, o discurso conservador ganhou lastro nos bairros nobres e nas favelas.

O PT se engajou diretamente na despolitização de alternativas e da supressão do antagonismo de classe como ferramentas de garantias da conciliação de classes e de sua governabilidade; ou seja, através de seu transformismo.

Assim, é um dos atores diretamente responsáveis pela criação do terreno fértil da ultrapolítica. Mas, mais uma vez, carrega a responsabilidade pela despolitização e pelos lastros apropriados pela direita, não devendo ser visto como o único ator de impacto sobre toda a conjuntura.

Afinal, enquanto o PT errava, o restante da esquerda criticava, mas o que mais fazia de concreto? E quais de suas ações traziam ruptura ou contribuíam para o ciclo da crise de práxis? Seria a melancolia da esquerda radical também responsável pela inexpressão de suas táticas de organização de base?

Mais uma vez, são os lastros que apontam para a responsabilidade do PT na conjuntura, e são os lastros que precisam ser objeto de autocrítica da esquerda no geral, não somente a esquerda moderada.

Enquanto cabe o exame dos lastros que favorecem o antipetismo na sociedade, faz-se tão necessário quanto traçar táticas de desmonte da ultrapolítica para que as alternativas de esquerda possam ressurgir no horizonte da conjuntura brasileira.

É nesse sentido que devemos olhar para o PT também como instigador da ultrapolítica, do cenário de despolitização, e não por sintomas específicos, como o antipetismo, o qual cresce em cima de lastros, mas por articulação direta de outros atores.

Aqui cabe retomar a questão da mídia. Ao mesmo tempo que a direita soube usar as redes sociais para seu próprio benefício, Guilherme Boulos fala de como certos meios de comunicação deram poder a um lado "delirante" do discurso de direita e seus representantes.[329]

Todavia, essa não é uma questão recente, e devemos ponderar sobre se a proposta de Fernando Haddad, em 2018, acerca da regulamentação da mídia contra a formação de oligopólios não surgiu tarde demais.

Embora esses oligopólios pudessem ter sido combatidos ou enfraquecidos pelo PT enquanto responsável pelo governo federal, a ação foi oposta. Só a Rede Globo recebeu 6,2 bilhões de reais em recursos de propaganda do governo federal durante os mandatos de Lula e Rousseff.[330]

A revista *Veja*, um dos principais antagonistas de Lula e do PT, teria recebido 700 milhões de reais no mesmo período, enquanto a *Carta Capital*, uma revista reconhecidamente progressista, só recebeu 16,4% desse total.

O espaço dado pelo PT aos monopólios da mídia deve ser considerado porque eles têm papel importante como instigadores políticos.

Além do jornalismo pobre e da produção de informações falsas, esses veículos favorecem abertamente políticas e personalidades de direita (e partidos), muitas vezes mudando de posição apenas quando o senso comum mudou em direção a um ou outro.

Um exemplo é a virada contra Eduardo Cunha, ex-presidente da Câmara dos Deputados e um dos orquestradores do processo de impeachment, pelos jornais nacionais e até pela *Veja*.

Em tal situação, o discurso é cuidadosamente trabalhado para individualizar os problemas e encontrar bodes expiatórios, enquanto continua a despolitizar a situação e faz da política de esquerda alvo.

---

[329] Boulos, *De Que Lado Você Está?*, 125.
[330] Carta Capital, "Publicidade Federal: Globo Recebeu R$ 6,2 Bilhões Dos Governos Lula e Dilma" *Carta Capital*, Junho de 2015.

FALSAS POLARIZAÇÕES

Elementos ultrapolíticos em torno do ódio e da divisão da sociedade entre os cidadãos merecedores e os maus cidadãos já podiam ser vistos na indignação seletiva em torno do Bolsa Família e na xenofobia expressa contra a base eleitoral do PT no Nordeste do Brasil.

Em vez do antagonismo da classe trabalhadora em direção à classe dominante, a versão ultrapolítica da polarização se baseia na despolitização do conflito como está, e sua canalização em um conflito que pode ser colocado em um quadro simples, moralista e dualista nos termos da classe dominante e do senso comum prevalecente. Essa dinâmica tem contribuído para diversas falsas dicotomias ou falsas polarizações.

Isso equaliza alguns projetos similares como se fossem opostos (ex.: a visão de gestão econômica de Dilma e a de Aécio), cria comparações maniqueístas (ex.: todo apoiador do PT seria um apoiador da corrupção), e nega um terceiro campo da esquerda radical que se opõe à esquerda moderada, à direita dominante, bem como à extrema-direita, cujo protagonismo tem crescido na promoção do discurso do ódio e do fascismo vinculado ao elogio a ditadura militar (incluindo seus métodos, como a tortura), bem como o racismo, a homofobia e o sexismo.

A extrema-direita promove a ideia de que são os "comunistas que estão dividindo o país," o que é perigoso no modo como culpa a esquerda como única responsável pela situação ultrapolítica e despolitizada no sentido de que associa toda a esquerda ao comunismo e o comunismo a uma doutrina que cria conflitos artificiais onde não existem.

A propagação dessa visão alimenta sentimentos e violência fanáticos, de uma forma que é prejudicial para novas atividades politizadoras e que fortalece projetos específicos da extrema-direita.

O bolsonarismo surge como fenômeno a partir dessas crenças e se ergue como uma força autoritária que tem, inclusive, o objetivo de criminalizar tanto movimentos sociais quanto a própria discussão do comunismo, tomando-o por terrorismo.[331]

Projetos como esse apelam para os elementos já protofascistas de Junho de 2013, que apesar de serem uma minoria, foram significativos por se apropriarem da crise de representação e conseguiram crescer

---

[331] Leandro Melito, "Eduardo Bolsonaro Apresenta Projeto Que Criminaliza Comunismo" *Portal* EBC, May 24, 2016.

através da onda conservadora e ao depositarem seus sentimentos em uma liderança polêmica, populista e cujo discurso já se alinhava com essas tendências fascistas.

A proeminência de pastores evangélicos como Silas Malafaia e Marco Feliciano também é mais uma evidência do papel do fundamentalismo religioso na onda conservadora e na polarização focada na eliminação do outro – aqui com conotações religiosas que associam a esquerda com tudo que é "maligno" e espalham boatos sobre um suposto satanismo de Marx, Lenin e qualquer outra figura da esquerda.

Žižek argumenta que a lógica de núcleo do fascismo é essencialmente ultrapolítica, até porque o líder fascista é enxergado como um guerreiro ou general de guerra.[332]

A identidade militar e o apoio a uma política militarista por parte de Bolsonaro ajudam a complementar a imagem desejável do líder ultrapolítico e contribui para sua ascensão política eleição em 2018.

Bolsonaro polarizou não somente com a esquerda e o PT, mas até mesmo com a direita tradicional, e parte de seu sucesso se relaciona com quão poderosa sua imagem mitológica se tornou.

A partir disso é necessário estabelecer que a polarização sobre a qual a ultrapolítica se constrói é falsa em alguns sentidos: não somente esconde o antagonismo material da realidade, mas também distorce noções de esquerda e direita, e constrói heróis em cima de inimigos idealizados e customizados para o herói.

De certa forma, a ultrapolítica despolitiza porque cria um conflito fictício sobre conflitos reais, mas no intuito de deslegitimar os conflitos reais. É fato que o PT e Bolsonaro apresentam projetos distintos e se opõem como esquerda moderada x extrema-direita.

Todavia, o discurso promovido pela campanha de Bolsonaro não se estruturou por meio de projetos, e sim através de construções de narrativas em torno do PT e da esquerda em geral, buscando promover ódio e repúdio ao comunismo, associando a esquerda à corrupção e desvirtuando a situação econômica brasileira para atribuir todo elemento da crise econômica atual a seus adversários.

A associação do PT ao comunismo não somente é uma despolitização, mas torna clara quão falsa é a polarização construída pela ultrapolítica.

---

[332] Žižek, *The Ticklish Subject*, 193.

O PT, apesar de ter socialistas e comunistas em seu meio, não fez nenhum esforço rumo a esses horizontes no passado, e seu transformismo torna isso bastante evidente. Ademais, economicamente, há elementos da gestão petista que se assemelham muito com propostas da direita, na relação com a burguesia nacional e com a preocupação com fatores econômicos de mercado acima de propostas sociais.

A responsabilidade do PT na conjuntura econômica está muito mais atrelada à sua indisposição a diminuir a desigualdade por meios mais radicais e enfrentar os interesses empresariais, como elaborado por Laura Carvalho a respeito da gestão de Dilma, do que a um suposto excesso de esquerdismo.

Assim, Bolsonaro teve que despolitizar as explicações econômicas para culpabilizar o PT e sua "gestão comunista" por terem afundado o Brasil, por conta da roubalheira em nível de "trilhões", para construir um Inimigo tão mítico como seu heroísmo. No mais, esse tipo de despolitização específico contribuiu para que Bolsonaro não tivesse que apresentar um plano econômico concreto para tirar o Brasil da crise.

De fato, a ultrapolítica oferece ao líder fascista inúmeras vantagens: da demonização de seu adversário como um inimigo mítico à atribuição de superpoderes ao líder, que aparecem como suficientes, fazendo o debate de projeto desnecessário.

Claro, no debate ultrapolítico de Bolsonaro, a corrupção ocupa um dos centros de conflito (os outros se estabelecem no punitivismo, no ufanismo e na exaltação do cidadão de bem).

O clamor anticorrupção em Junho abriu espaço para a pós-política, associando a corrupção a todo o sistema político e a toda a classe de representantes políticos.

A anticorrupção foi logo ressignificada pelo discurso de direita como antipetismo e, também, contribuiu para uma associação despolitizada com o comunismo e todas as coisas de esquerda como fontes de corrupção.

A corrupção é um inimigo adequado para a ultrapolítica, que, por figurar no imaginário social de forma bastante abstrata, pode ser interpretada de maneira diferente, apesar das tentativas de significar isso de maneiras reacionárias específicas.

O trabalho de associar o PT à corrupção, feito com a ajuda do próprio PT e do próprio histórico de militantes em escândalos de corrupção, facilita a associação e despolitiza o conflito do campo de projetos e antagonismos para o campo moral e subjetivo.

Como a conjuntura é despolitizada, o uso de termos ideológicos também se torna, de certo modo, sem sentido. O PT atrapalha a esquerda continuando a se promover como única esquerda viável.

Isso gerou tensões com a esquerda radical, mas principalmente com a centro-esquerda em 2018 – mediadas pela leitura em comum da conjuntura de enfrentamento a Bolsonaro.

Ao mesmo tempo, a direita se apropria dessa promoção do PT como única esquerda e a utiliza para atribuir todos os problemas do PT à esquerda como um todo.

Isso ignora o atual estado de fragmentação da esquerda e cria uma armadilha difícil para a esquerda radical, na qual é odiada por sua associação com o PT de duas maneiras paradoxais e falsas: ou é odiada por ser esquerda demais (isto é: comunista/ameaça bolivariana) ou por não ter sido esquerda o suficiente (ou seja: O PT é um traidor da esquerda, portanto a esquerda também é traidora).

Isto é bastante notável durante os períodos eleitorais. Em 2014, Luciana Genro seria acusada pela direita de ajudar o PT até quando criticava o PT e Dilma Rousseff.

Essa associação tem sido prejudicial principalmente ao PSOL e ao MTST, enquanto o tamanho menor do PSTU, do PCB e de outras organizações os protegem de uma percepção de proximidade com o PT, mas ainda os expõem tanto ao sentimento antiesquerda como ao anticomunismo.

Nada disso ajuda na conexão com as massas, e faz da falsa polarização um processo de apagamento da esquerda radical como ator e coloca sua política fora do campo de possibilidades.

A ESQUERDA E A ULTRAPOLÍTICA

Em O *Circuito dos Afetos*, Vladimir Safatle apresenta uma discussão fundamental para compreender como afetos são mobilizados politicamente.[333]

Uma de suas proposições é que um dos afetos mais criativos e de potencial emancipador seria o desamparo. De fato, o desamparo é marca central do nosso interregno.

---

[333] Vladimir Safatle, *O Circuito Dos Afetos: Corpos Políticos, Desamparo, e o Fim Do Indivíduo* (São Paulo: Autêntica, 2016).

O Estado em colapso, a esquerda em crise, e a direita se reorganizando, tudo em meio a uma crise econômica e de representação, geram um cenário de pessoas desamparadas.

Todavia, não há interesse em mobilizar desamparo por parte da extrema-direita, já que essa mobilização poderia levar as pessoas a se entenderem como sujeitos políticos de coragem, e não necessitados da mão forte de uma liderança (ou do próprio Estado hobbesiano) na busca por ordem.

Com isso, mobiliza-se o ódio e, a partir do ciclo do ódio, o medo como instinto e como resposta. Safatle, seguindo a psicanálise, vai fundo para também criticar a esperança como afeto, já que esta estaria em uma relação pendular com o medo.

Apesar de não descartar o valor da esperança como um afeto positivo a ser mobilizado em uma era de repolitização, acato a crítica de Safatle por ser importante pensar afetos que não se atrelem tão facilmente a outros afetos imobilizadores. No caso, seria o desamparo, e não a esperança, a trazer coragem.

Apesar de Safatle e eu partirmos de paradigmas diferentes de análise (mesmo sendo Žižek influenciado por Freud e Lacan em suas teorizações também), as visões convergem quanto ao papel desses afetos na ultrapolítica.

Como não pretendo me aprofundar no eixo de análise psicanalítica (apesar de retomar o leve flerte com a psicanálise marxista na discussão sobre a melancolia da esquerda), introduzo a discussão do filósofo brasileiro por uma razão: não é somente a direita que tem mobilizado ódio e medo, a esquerda também. Isso é preocupante.

Se ódio e medo são afetos centrais da ultrapolítica, o ideal seria, talvez, uma esquerda que mobiliza desamparo, expondo as lacunas de atuação política e as colunas de desigualdade de poder na sociedade como impulsos rumo a outros horizontes.

Todavia, não tem sido esse o caso. De fato, o medo da ameaça da direita também figura fortemente no imaginário da esquerda, mobilizado conscientemente por suas lideranças.

Há mais de uma década se ouve por parte do PT, por exemplo, que críticas não poderiam ser feitas, porque empoderariam a direita (como se não fossem as falhas a causarem tal empoderamento).

Nessa lógica, trabalhava-se com uma faísca de medo do retorno da direita e, a partir disso, mobilizando também a culpa (do outro). O medo e a culpa, ambos potencialmente imobilizadores (o medo hoje, e a culpa amanhã), foram centrais para evitar autocrítica e debates necessários sobre rumos previstos para a conjuntura.

Essa lógica de mobilização de afetos como medo e culpa, a qual resulta numa desmobilização militante voltada para validar certas políticas, se acentuou em 2018.

Parte disso foi devido à alta probabilidade da eleição de Jair Bolsonaro, a qual pautou com mais força do que antes a lógica entre mal maior e mal menor.

Se, antes, críticos do PT à esquerda já eram ameaçados do rótulo de culpados caso a direita tradicional se elegesse, após o golpe e com a condenação de Lula no contexto do levante de Bolsonaro, a prática se tornou mais frequente.

A tal "esquerda que a direita gosta", para esses, seria a esquerda que aponta as próprias contradições internas na intenção de corrigi--las, não a esquerda que efetivamente tem normalizado as contradições e as brechas geradas por elas.

Com o tempo, tanto críticas quanto alternativas foram silenciadas, o que foi deslocando o espectro de possibilidades cada vez mais à direita.

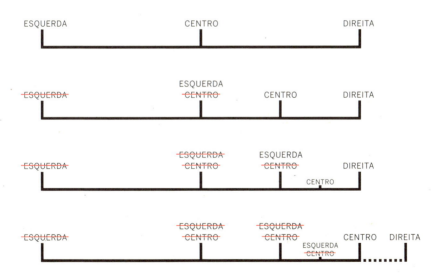

Figura 1. Efeitos do isolamento de alternativas e despolitização no longo prazo

Com o cenário eleitoral de 2018 concretizado, essa dinâmica piorou. Há, sim, de se criticar a estratégia eleitoral petista, que, ao apostar que a manutenção do nome de Lula como candidato contribuiria para a defesa do ex-presidente (apesar de inúmeros avisos por parte de intelectuais e militantes de que, nem Lula, nem a democracia estavam sendo bem defendidos dentro dessa lógica), contribuiu para o enfraquecimento da esquerda na largada final das candidaturas.

Ciro Gomes, do PDT (centro-esquerda), era cotado como um possível vitorioso em cima de Bolsonaro no segundo-turno. Todavia, o peso das *fake news* na campanha foi muito alto, e é possível divagar sobre se, em um segundo-turno real, Ciro realmente teria ganhado ou se teria sido afetado pela dinâmica da pós-verdade e pelos ataques antiesquerda.

Fato é que a disputa entre PT e PDT enfraqueceu a esquerda moderada/centro-esquerda no primeiro turno, levando a muitas brigas de campanha ao redor do voto útil para barrar Bolsonaro.

Algumas coisas precisam ser ponderadas, no entanto: mesmo com todas as falhas e ambiguidades petistas, o PT e o seu programa de governo protocolado no TSE estavam à esquerda do PDT e do programa de Ciro.

De fato, o programa de Ciro tinha semelhança com propostas do PCdoB, devido ao nacional-desenvolvimentismo, porém o programa final do PT, mesmo com o PCdoB na chapa, contava com maior radicalidade em áreas como o meio ambiente e a agricultura *contra* setores apoiados por Ciro em 2018, mesmo tendo sido previamente promovidos pelo PT (ex.: a mesma Kátia Abreu escolhida para vice de Ciro Gomes havia sido ministra da Agricultura de Dilma Rousseff).

Fato é que, se considerarmos apenas a matemática eleitoral dada pelas pesquisas, Ciro seria, sim, o candidato ideal para enfrentar Bolsonaro no segundo turno.

Todavia, em termos programáticos, a disputa que Ciro fazia na esquerda era de alternativa ao PT, mas não de radicalidade em relação ao PT.

A expectativa de que o PT se retiraria da disputa em favor da candidatura de Ciro já era irreal, visto a prática hegemonizadora do PT com relação a toda a esquerda há mais de duas décadas, mas, mais ainda, observando as tensões entre os partidos e sua visão da esquerda.

Hoje, é possível especular que o PDT tente se mobilizar para preencher o vácuo do PT na era Bolsonaro, mas ainda é importante não confundir um esvaziamento da visão lulista com um esvaziamento do partido em si, mesmo diante do antipetismo.

E o que isso tem a ver com medo e ódio e ultrapolítica? Bom, ao mesmo tempo que Jair Bolsonaro não apresentou um projeto contundente de sociedade, mas se embasou na ultrapolítica para se eleger, os militantes e a própria campanha de Ciro Gomes absorveram também a ultrapolítica como tática.

Logo antes do primeiro turno não era questão de Ciro ou Fernando Haddad (PT) possuíam projetos distintos para serem avaliados, mas sim se o voto em Haddad entregaria a eleição para Bolsonaro.

A ultrapolítica empoderada pelo campo da direita conservadora teve tanto sucesso que conseguiu pautar até mesmo as disputas internas da esquerda.

Não por acaso, mesmo antes do segundo turno ser definido como entre Haddad e Bolsonaro, já circulavam nas redes imagens de camisetas no estilo de "A culpa não é minha, eu votei no Ciro" – uma estranha reprise do mote golpista de aecistas no preparo para a campanha de impeachment contra Dilma de 2014 a 2016.

Medo e culpa acabaram sendo mobilizados na eleição, enquanto nenhum candidato da esquerda conseguiu responder ao avanço conservador em termos desbravadores, como teria sido o caso de Bernie Sanders nos Estados Unidos e Jeremy Corbyn no Reino Unido.

Ao final, o próprio Ciro Gomes não se engajou na campanha de segundo turno contra o Bolsonaro, dando a eleição como perdida, e retomou as críticas após outubro na linha de que o PT teria eleito Bolsonaro.

Assim, ele mesmo engajou com o cenário despolitizador (tendo inclusive cedido ao antipetismo em momentos da campanha final), embora não estivesse completamente errado sobre a responsabilidade do PT.

O que enfatizo, porém, é que o PT não elegeu Bolsonaro, mas foi um ator capacitado nos últimos anos para influenciar a conjuntura do interregno.

A forma como a crise de práxis impacta o PT, com seu transformismo e sua própria melancolia, fizeram do partido chave na promoção da despolitização geral.

Isso deve ser considerado, por mais que seja sempre necessário ponderar sobre o papel da direita, da mídia, e do judiciário no antipetismo, na antiesquerda, e nas eleições em 2018. Como dito antes, trata-se então de considerar os lastros deixados.

O PT contribuiu para um cenário estimulante para a ultrapolítica, porque não politizou para a esquerda, manteve sua imagem como um dos falsos polos na polarização com a direita tradicional e se recusou a abrir espaço para a esquerda radical por meio de ações que exigem, acima de tudo, autêntica autocrítica do partido, de sua burocracia, seus governos e suas personalidades públicas.

Mesmo João Pedro Stédile (MST) afirmou em 2016 que o PT precisava se engajar em profunda autocrítica, mas passou a apontar para Lula como aquele que poderia responder a isso e restaurar a fé no partido[334].

Tais declarações na esquerda moderada se tornaram comuns desde 2015, especialmente quando Dilma Rousseff foi se tornando menos popular. Eram afirmações que buscavam atribuir os fracassos e traições do PT e seus governos a um fenômeno mais recente, muitas vezes, no processo, tratando Dilma como bode expiatório.

Argumentos como o de Stédile demonstram a indisposição da esquerda moderada de se envolver em autocríticas reais, pois promovem a ideia de uma refundação do PT pela esquerda, mas sem qualquer lealdade aos princípios de esquerda que exigem o fim do Lulismo, a conciliação de classes, a priorização da governabilidade e a estratégia do PT de reformismo fraco (ou nem mesmo isso).

O outro problema é certamente o fato de que a esquerda radical, que se colocaria como um terceiro campo frente à direita e à esquerda moderada (cujo espaço é disputado, mas também compartilhado com a centro-esquerda), tem tido dificuldades de construir além de limites locais e de bons discursos.

Ao mesmo tempo que o PT é o grande responsável, na esquerda, pela despolitização, a responsabilidade também deve ser estendida à esquerda radical/não petista por não ocupar ou lutar mais para ocupar os espaços que deveriam ser politizados.

Parece que a noção de que o PT desmoronaria por conta própria e, assim, abrir espaço para a esquerda radical prevaleceu até 2013, quando a crise da representação também expôs os déficits na práxis pela esquerda.

Mas o PT não vai sumir com facilidade – talvez nem deva, visto a conexão importante que o partido mantém com vários setores de base – e assim continuará a mobilizar a seu favor.

---

[334] Leandro Baldini, "Dilma Foi a Pior em Reforma Agrária, Diz Stédile," *Diário do Grande ABC*, 4 de Julho, 2016.

A continuidade da despolitização como tática do PT mantém uma lacuna na consciência das massas. Dado o despreparo da esquerda radical em tentar politizá-la, a direita, que sai de 2013 mais organizada do que antes, conseguiu significar isso ultrapoliticamente.

Isso cria ainda mais desafios para uma esquerda radical – que mal consegue descobrir seu próprio caminho para a unidade, muito menos se mostrar como uma força polar real contra os esforços despolitizadores da esquerda moderada e da direita.

Com o PT no governo, a direita ocupou o espaço hegemônico de oposição, especialmente porque o PT manteve um esforço para cooptar qualquer oposição de dentro da esquerda.

A percepção ainda comum das massas de que o PT representa a esquerda e que todas as outras organizações de esquerda se situam entre uma postura de apoio ao partido dificulta que a esquerda radical comunique sua posição fora desse espectro.

É claro que isso é ainda mais complicado quando se considera que toda a oposição vinda da esquerda radical tem de se colocar de forma tática e delicada, através de formas que não prejudiquem a imagem da esquerda em geral. Isso coloca novos problemas de todos os tipos.

Um deles é como agir na oposição de esquerda diante das contracríticas do PT de que qualquer crítica, mesmo as legítimas dos que se posicionam à esquerda do PT, na verdade aumentaria a demonização geral do partido que, em última análise, beneficiaria a direita.

Essa é, naturalmente, uma desculpa preguiçosa, já que todos os experimentos de esquerda deveriam estar sujeitos à crítica e à razão.

O problema é que, no cenário ultrapolítico, a direita está de fato interessada na crítica da esquerda, se ela ajuda a destruir o Inimigo principal e assume que o resto da esquerda apenas seguirá.

Trata-se de encontrar formas de promover uma autocrítica geral, até porque essa autocrítica pode auxiliar no diálogo com a população, mas evitar narrativas simplistas, como a associação judicial do PT com a corrupção, no sentido despolitizador mencionado anteriormente.

Esse dilema foi bastante evidente em torno do impeachment, em que a esquerda se dividiu em três setores. O primeiro setor foi formado principalmente pela esquerda moderada e composto por PT, PCdoB, CUT, MST e outras organizações que se inclinavam em direção ao governismo (algumas em maior medida do que outras) e que se organizaram através da Frente Brasil Popular.

Esse setor equivalia a uma oposição ao impeachment com apoio ao governo Dilma Rousseff e uma possível eleição de Lula em 2018. Um setor intermediário, que começou a se organizar através da Frente Povo Sem Medo no final de 2015, se posicionou contra o impeachment, mas reservou o direito de se opor também ao governo Dilma Rousseff, por causa de seus ataques aos direitos dos trabalhadores e a priorização da governabilidade com os partidos de elite e de centro-direita (o "Centrão").

Reuniu o MTST, o PSOL como partido (mas nem todas as tendências internas), as Brigadas Populares, a Intersindical-Central, entre outros. Sua crítica a Dilma foi muito pronunciada, especialmente em termos de gastos e cortes nos direitos sociais, mas eles foram menos hostis à presença de Lula e seus discursos centrados em governabilidade em protestos feitos em colaboração com a Frente Brasil Popular.

Um terceiro setor seria mais bem definido por aqueles que estavam chamando as eleições gerais como uma solução para o fracasso do impeachment, antes mesmo de ele ser consumado.

Isso foi defendido por uma frente separada, o Espaço Unidade de Ação (liderado pelo PSTU e pela CSP-Conlutas), bem como algumas tendências do PSOL, como o MES e a CST (ambos originários da Convergência Socialista, a mesma organização matriz do PSTU).

A chamada por eleições gerais foi seguida por uma campanha "Fora Todos", que pode ser criticada como tendo um ângulo pós-político e um ângulo ultrapolítico.

Enquanto o Fora Todos se posicionou fortemente contra o PT e qualquer indício de alianças com o PT (exceto, talvez, pelo MES, que era pelo Fora Todos, mas mais flexível quanto à esquerda moderada em alianças eleitorais), sua coerência no tema não foi o suficiente para mobilizar em torno do impeachment.

Pós-politicamente, o Fora Todos apelou para o conjunto da crise de representação como progressista em uma rejeição de todos os representantes, o que poderia virar contra a esquerda.

Ultrapoliticamente, permaneceu em isolamento enquanto associava diretamente a política de direita com o histórico de políticas à direita pelo PT, o que fez pouco em termos de politização e foi insuficiente para escapar da falsa polarização.

De fato, era comum ouvir desses setores que o PT nem seria esquerda, mas sim um partido de direita. Claramente, a posição que defendo aqui é outra, mas também me preocupa essa tendência tanto na esquerda radical quanto na direita radical de classificar todos aqueles mais ao centro do campo como o campo oposto.

Antes da votação do impeachment da presidente Dilma Rousseff, havia muita discussão dentro e entre todas as organizações de esquerda sobre qual estratégia seria a melhor para conter a ofensiva da direita, que foi o único ponto em que todas as organizações concordaram.

Fora isso, divergiram sobre se a direita havia crescido ou simplesmente avançado em termos de uma agenda geral conservadora, sobre se Rousseff deveria terminar seu mandato mais cedo, se as eleições gerais eram a melhor convocação, e mesmo possíveis, e quais declarações políticas eram mais eficazes em mobilizar as multidões.

Um efeito do impacto de Junho de 2013 também foi que a esquerda só conseguia medir sua influência pensando em números e manifestações de rua a partir de convocatórias específicas.

Competir com a direita pelas maiores multidões em um cenário ultrapolítico parece quase ingênuo. Houve uma enorme aclamação do poder das mídias sociais em Junho de 2013, o que faz parte do mesmo entusiasmo que influenciou as análises sobre a Primavera Árabe e a saudaram como mais democrática.

O problema é que, na verdade, essas mídias são mais democráticas quando comparadas com o poder dos conglomerados de mídia, o poder das redes sociais para atingir o mesmo número de pessoas é cada vez menor à medida que os sites como o Facebook ajustam seus algoritmos para favorecer conteúdo patrocinado em uma "bolha ideológica".

Isso significa que é improvável que o conteúdo alternativo à esquerda alcance os que estão inclinados em direção ao centro ou à direita no Facebook.

No que diz respeito às oportunidades para que a esquerda atinja um grande número de pessoas e divulgue sua mensagem, as redes sociais não podem substituir as formas estabelecidas de organização política.

Isso, especialmente por não poder contribuir para uma estratégia pedagógica sustentável de politização, devido ao seu potencial fragmentado e limitado para a criação de laços fortes entre indivíduos e grupos sociais.

As redes devem ser vistas como mais um espaço de conexão, e conteúdos devem ser montados de acordo com o potencial de cada plataforma, no intuito de gerar subsídio de formação política e politização para organização e mobilização que precisa ocorrer principalmente fora das redes.

Isso é importante, porque enquanto a direita consegue se articular para vencer eleições através de táticas de Internet, como o caso do papel do WhatsApp na eleição de Bolsonaro para presidente, a esquerda depende de vínculos de confiança e de organização que ultrapassam as possibilidades da Internet.

Não há como a esquerda abordar as redes sociais da mesma forma que a direita e vencer. É preciso ocupar os espaços nas redes, mas com uma estratégia (e infraestrutura) de comunicação próprias.

De fato, Junho de 2013 destacou o poder das mídias sociais de uma forma que encorajou uma competição por atenção baseada mais na viralidade e menos no que Jodi Dean chama de "questões maiores de construção de um aparato político com duração".[335]

As discussões on-line e seus resultados também tendem a ser emotivos e bastante dispersos, diminuindo o potencial de análise crítica.[336]

A direita, ao mesmo tempo, pode usar o capital para manipular as mídias sociais em seu favor, ao mesmo tempo em que retém o controle da imprensa no nível corporativo, incluindo a mídia impressa, a rádio e, mais importante, no Brasil, a televisão.

Quando redes como a Globo apoiam os protestos verde e amarelo a ponto de chamar as pessoas para as ruas e fornecer uma cobertura ao vivo completa dos eventos, não é de se surpreender que uma esquerda fragmentada, com um baixo histórico de base recente não consiga atrair números semelhantes.

Há também o fato de que os registros oficiais tendem a inflar o número de manifestantes de direita enquanto subestimam os manifestantes quando se trata da esquerda. Isso proporciona uma sensação de força que encoraja o fatalismo em torno de uma batalha dita como já perdida entre os desfavorecidos.

Ainda assim, o poder da direita de atrair muitas pessoas não deve ser subestimado, especialmente porque situações que consistem em protestos de esquerda e direita exigindo coisas opostas, com a esquerda em uma posição particularmente defensiva, como é o caso da ultrapolítica, não podem ser combatidas nas ruas simplesmente lançando uma multidão contra a outra.

---

[335] Dean, *The Communist Horizon*, 145.

[336] Alison Brysk, *Speaking Rights to Power: Constructing Political Will* (New York: Oxford University Press, 2013), 134.

O muro construído pelo governo do Distrito Federal em frente ao Congresso Brasileiro em abril de 2016 é um exemplo disso. Simbolizou uma divisão social e política e foi projetado para evitar o conflito físico entre as duas multidões, uma vez que o resultado do voto de impeachment pela Câmara dos Deputados inevitavelmente criaria vencedores e perdedores, como em uma partida esportiva.

A política, no entanto, não deve ser abordada como uma partida esportiva, e o fato de ter alcançado tal ponto demonstra a onipresença da ultrapolítica no momento. Com isso, a lógica de torcida prevaleceu também em 2018, nas eleições.

Isso, porém, foi menos preocupante do que a postura de Jair Bolsonaro após sua vitória. Enquanto alguns, desinformados, enxergaram ali um discurso pacificador democrático, a alusão de Bolsonaro a Duque de Caxias apenas demonstrou que a ultrapolítica não apenas dividiu o Brasil em vencedores e perdedores, mas que qualquer pacificação viria de forma militarista e autoritária.

Embora seja mais importante do que nunca para a esquerda tomar as ruas neste momento, a qualidade dos protestos e ocupações nas ruas também é importante, uma vez que o problema da ultrapolítica tem a ver com a despolitização que favoreceria os protestos de direita de antemão.

Embora os números sejam importantes para resistir contra a repressão policial, a resistência além da ameaça imediata de violência requer o enraizamento da ação na política que a motiva em primeiro lugar.

Isso significa que a esquerda também deve despejar recursos nas atividades de longo prazo que não envolvem somente a criação de um evento político. Aliás, a atual priorização de eventos visíveis como uma tática de resistência e luta pode criar efeitos despolitizadores por conta própria.

Como a repressão é provável quando em números pequenos, há uma tentação na esquerda radical em enquadrar as derrotas subsequentes como vitórias de algum tipo.

Isso será explorado em breve a partir da perspectiva da agitação sobre as falsas vitórias, refletindo um grau de melancolia.

Também descaracteriza o significado de vitórias de uma maneira similar ao que o PT tentou fazer por mais de uma década, quando enquadraria o progresso limitado da política social como a vitória, enquanto outras pessoas eram marginalizadas e exploradas de outras forma (por exemplo: mais eletricidade por meio de barragens hidrelétricas controversas, enquanto a indústria fazia *lobby* e recebia bilhões em subsídios).

A saída para a esquerda consiste em construir multidões mais politizadas, o que, sem dúvida, requer esforços mais revigorados para a construção de bases, que também envolvem a *conscientização*, no sentido pedagógico crítico e na formação política.

Isso significa que a criação de frentes e alianças precisa envolver o acúmulo de forças na esquerda para a construção da base, em vez de simplesmente ter cada organização trazendo seus próprios militantes para as ruas para formar uma multidão maior, como tem sido com a maioria das pessoas envolvidas nas frentes até então.

Falta organicidade para além das convocatórias de atos e falta, talvez, um certo nível de autocompreensão da esquerda sobre suas próprias dinâmicas ao redor de tantas convocatórias deslocadas de um plano estratégico maior.

PARTE IV

LUTO
E LUTA

É necessário investigar com mais profundidade o porquê da esquerda ter normalizado suas falhas, ter resistido a pressões por autocrítica e ter tido dificuldades de compreender a importância de incorporar seriamente demandas do século XXI, como a questão da mudança climática, a pauta de libertação animal e até mesmo o feminismo.

Nem tudo é explicável com teimosia de burocratas partidários ou como puro sectarismo. O sectarismo é apenas um dentre vários elementos que colaboram para a fragmentação e uma lógica bem estabelecida de cisão. A melancolia aparece, então, como um conceito central para explicar os momentos em que a esquerda se encontra presa em raciocínios e práticas improdutivas. A mensagem da parte final deste livro se pretende clara: para escapar da melancolia, é preciso primeiro fazer o luto, e a partir disso criar as sínteses para fazer a luta.

CAPÍTULO 9   **A MELANCOLIA DAS ESQUERDAS**

Quanto mais burocratizado o PT se tornava e quanto mais se distanciava de ouvir as demandas da classe, mais recorria apenas a uma instrumentalização dessas demandas para reproduzir seu próprio poder político-partidário.

Isso significa que a base do PT e o povo em geral foram confrontados com uma redução da luta de esquerda para que o PT pudesse se manter no poder institucional e realizar ali algumas das demandas dessa base, embora podadas pela tática de conciliação de classes.

O fator acompanhante da despolitização, ainda em seus estágios iniciais, também contribuiu para isso, impedindo as pessoas de perceber as contingências sociais que levaram às suas próprias condições, confiando ao PT determinar quais conflitos deveriam ser abordados primeiro e quais deveriam ser enfraquecidos por causa da leitura de uma fraca correlação de forças na época.

Quanto mais essa instrumentalização do povo pelo PT contribuísse para uma consciência individual ossificada na base, concretizando-se na aceitação do discurso das limitações da luta social diante do *status quo*, mais fragmentada essa consciência se tornaria no nível coletivo.

Isso foi agravado quando o PT chegou ao governo federal, já que as melhorias no padrão de vida material da classe trabalhadora foram usadas como instrumentos para que o partido mantivesse consentimento sem politização, reduzindo o debate a questões micropolíticas de assistência social, consumo e individualidade como formas de inclusão em um sistema supostamente meritocrático.

Qualquer crítica feita aos moldes das políticas sociais, por mais que os benefícios imediatos fossem reconhecidos, era tratada de forma oportunista por figuras do PT como ataques de uma "esquerda que a direita gosta" – assim, por mais que se reconhecesse a importância da democratização do acesso ao ensino superior, com programas como o FIES, o questionamento sobre quão democrático realmente era a financiamento e o endividamento em troca de acesso era barrado.

Assim, podemos partir do pressuposto que a atual fragmentação da esquerda brasileira está diretamente ligada ao transformismo do

PT e seus impactos no nível organizacional e na consciência coletiva da base de esquerda e do povo em geral.

O transformismo, nesse caso, não pode ser destacado do governismo do PT, e como sua transição de partido para governo (ou subordinação de partido a governo para que o governo fosse o partido) dependia da fragmentação e desintegração dos interesses da classe que poderiam agir como obstáculos à reprodução do quadro político do PT.

Isso corresponde à descrição feita por Gramsci do fenômeno:

> O GOVERNO DE FATO OPEROU COMO UM "PARTIDO". ESTABELECEU-SE PARA ALÉM DOS PARTIDOS, NÃO PARA HARMONIZAR OS SEUS INTERESSES E ATIVIDADES NO QUADRO PERMANENTE DA VIDA E OS INTERESSES DA NAÇÃO E DO ESTADO, MAS SIM PARA OS DESINTEGRAR, PARA SEPARÁ-LOS DAS GRANDES MASSAS E OBTER 'UMA FORÇA DE HOMENS NÃO PARTIDÁRIOS LIGADOS AO GOVERNO POR LAÇOS PATERNALISTAS DE TIPO BONAPARTISTA-CESARISTA.[385]

Semelhante à fragmentação da esquerda na Europa descrita por Mário Candeias, tal situação cria fragmentação, marginalizando e possivelmente forçando grupos de oposição na esquerda, enquanto a base é mantida passiva através de uma marginalização de seus interesses e cooptação de seus líderes.[386]

Esse cenário no nível de classe corresponde à visão de Mauro Iasi da transformação da consciência coletiva da classe trabalhadora em um estado de serialidade que é alienado e fragmentado, dado que seus próprios interesses estavam sendo removidos, modificados e recondicionados para sustentar a contradição imposta pelo projeto de conciliação de classe do PT.[387]

Esse estado também corresponde à consciência contraditória analisada por Gramsci, cuja contradição é artificialmente mantida no lugar pelo discurso ambíguo empregado pelo PT, especialmente através do Lulismo, que ressoa as demandas da classe trabalhadora ao mesmo tempo que as rejeita quando se trata de prática política.

É por isso que a base do MST seria capaz de insistir que os governos do PT eram favoráveis à reforma agrária, enquanto efetivamente

---

[385] Antonio Gramsci, *The Gramsci Reader: Selected Writings 1916-1935*, ed. David Forgasc, *New York University Press* (New York: New York University Press, 2000).

[386] Mario Candeias, "From a Fragmented Left to Mosaic," *Luxemburg* 3, no. 1 (2010): 8.

[387] Fernandes, "Conjunto de Entrevistas de Campo (2014-2016)".

promoviam o agronegócio e flexibilizavam as proteções ambientais ao longo dos anos.[388]

O resultado da contradição, especialmente a luta entre a esquerda moderada e radical para mantê-la ou desmantelá-la, está em como essa fragmentação da consciência se refletirá, e se ela se refletirá também na fragmentação das organizações de esquerda.

A classe trabalhadora, nesse contexto, não é "pura", no sentido que pode ser convocada e mobilizada tão logo surjam condições ideais para uma insurreição (como as organizações propensas a leituras vanguardistas de dirigir as multidões esperariam), mas, em certo sentido, ela está "contaminada" pela influência do reformismo e da unidimensionalidade da cultura e da ideologia burguesas.[389]

A fragmentação da esquerda (estratégica e organizacional) no Brasil está ligada a esse fenômeno mais amplo de fragmentação no nível de consciência política, evidenciado até então na análise da despolitização.

Faz-se necessário examinar a fragmentação diretamente nas organizações de esquerda. Este capítulo e o próximo se encarregam disso, na leitura da melancolia, da lógica da cisão e da dificuldade da esquerda de se unir como guarda-chuva amplo de várias visões diferentes, sem nenhum prospecto de sínteses à vista.

A fragmentação se normalizou na esquerda brasileira. Essa fragmentação pode ser analisada criticamente de acordo com seus impactos históricos e justificativas políticas. Mais ainda, precisa ser compreendida como mais que a presença de diversas organizações de esquerda e partidos.

Ao contrário: um número grande de organizações não é necessariamente ruim, especialmente em tempos não revolucionários, pois indicaria atuações variadas na sociedade. O problema é quando não há diálogo voltado para sínteses entre as organizações, apenas colaborações pontuais de acordo com as demandas da conjuntura.

Portanto, não é o caso de a fragmentação ser ruim simplesmente porque haveria muitos partidos, por exemplo. A fragmentação é ruim como parte de uma crise de práxis: ausência de sínteses entre a crítica e a autocrítica, o engajamento com despolitizações e a permanência

---

[388] Félix Sánchez, Neto & Marques, "Brazil. Lula's Government: A Critical Appraisal".

[389] Adolfo Sánchez Vázquez, *Filosofia Da Práxis* (São Paulo: Expressão Popular, 2011), 316.

da lógica da cisão como central ao desenrolar das várias organizações diante de dilemas.[390]

Não podemos simplesmente afirmar que o contrário, a prevenção de uma cisão devida, é o ideal. O contrário da fragmentação atual não precisa ser um partido único, mas sim uma esquerda organizada entre si e que faça leituras conjuntas voltada para a ação.

A última versão bem composta e unificada da maioria da esquerda brasileira, representada no PT, não foi formalmente fragmentada, e ainda assim contribuiu para o estado de fragmentação que vemos hoje.

A crítica acerca de uma cisão ser necessária ou não, progressista ou não, tem a ver com os objetivos dela e para onde a nova organização e os militantes esperam ir. O tempo também é um fator importante.

A minha tarefa neste capítulo e no seguinte é aprofundar o pensamento sobre a fragmentação de modo a escapar aos dualismos fracos e ao elogio imediato das alternativas que pretendem trabalhar em direção à unidade real, mas continuam a reforçar a fragmentação como uma lógica que vai além da multiplicidade de organizações.

Não há saída para a fragmentação da crise de práxis sem que haja esforço para compreender, em primeiro lugar, porque tanta desconexão foi normalizada.

Não basta lamentar o estado atual de fragmentação da esquerda, como tantas vezes ouvi nos últimos anos (até mesmo de minha boca), se até os pontos de vista sobre as fontes de fragmentação da esquerda estão fragmentados.

Como a prática e o discurso da lamentação são de fato tão comuns quando discutimos a fragmentação da esquerda na esquerda fragmentada, parece quase impossível não responder com outras emoções em torno da fragmentação.

Os militantes radicais de esquerda sabem que a fragmentação, como um estado que promove práticas predatórias e retratam a esquerda como um espaço incoerente, é indesejável e cria desafios para a politização coerente, a ação organizada e a construção de um programa suficientemente sólido para se opor ao projeto unificado da direita.

---

[390] Para uma discussão resumida e introdutória deste tema, recomendo a leitura do meu breve artigo no *Blog Junho*, intitulado "A melancolia da esquerda fragmentada": http://blogJunho.com.br/a-melancolia-da-esquerda-fragmentada.

Eles também sabem, no entanto, que a tendência de fragmentação é um resultado, e não a causa dos problemas de esquerda.

Através da tese de uma crise de práxis, busco apontar sua origem muito além dos principais sinais de fragmentação geral no período atual da esquerda brasileira.

Isso não significa que a lógica da fragmentação já estivesse presente dentro do Partido dos Trabalhadores, por exemplo, nos anos 1990, mas que a formalização da fragmentação é um sintoma de problemas maiores dentro da esquerda.

No arranjo atual da esquerda brasileira, a separação entre uma esquerda moderada e uma radical é simbólica. A esquerda moderada é composta por mais organizações e é mais unificada em ação sob a liderança do PT, enquanto a esquerda radical é menor e mais fragmentada entre si e em termos de direção.

A esquerda moderada, no entanto, justifica-se no senso comum e no transformismo, enquanto a fragmentação na esquerda radical é, também, uma resposta às dificuldades de apresentar um novo programa quando a esquerda moderada se recusa a desocupar um espaço que não lhe pertence eternamente como se fosse um direito.

O conflito que se segue é característico da política melancólica – e de uma abordagem também melancólica da unidade e da figura do revolucionário na esquerda brasileira.

O QUE É A MELANCOLIA POLÍTICA?

Minha preocupação não é com uma análise inteiramente psicanalítica do conceito de melancolia e suas relações afetivas. O intuito é explorar como o conceito tem implicações políticas no sentido de uma expressão coletiva sociológica de esperanças perdidas e desejo aprisionado durante o interregno. Mesmo assim, faz-se necessário partir do significado original da melancolia na definição psicanalítica.

Em *Luto e melancolia*, Freud distingue os termos luto e melancolia, abordando o luto como um afeto normal, enquanto a melancolia demonstraria uma disposição patológica. Isso quer dizer que, enquanto o luto é uma reação comum, esperada e adequada frente à perda, a melancolia apresenta características doentias, que vão desde impedimentos ao retorno da conduta rotineira do sujeito a impulsos delirantes.

Freud ainda acrescenta que, no luto, seria o mundo que aparenta ter se tornado pobre e vazio, por reagir a uma perda consciente; na melancolia, o empobrecimento é do ego, pois a perda do objeto passa pelo inconsciente, mais pela percepção da perda do que daquilo que se perdeu.[391]

No debate da esquerda, e não de pacientes humanos autônomos, tratamos também de luto e melancolia partindo da mesma distinção. Enquanto é sabido que a esquerda passa por perdas de objetos e experiências, sua reação adequada seria o luto.

Não raramente falamos, dentro dessa perspectiva, de fazer o luto e se organizar (mantendo, então, a práxis). Todavia, a esquerda melancólica ultrapassa a condição normal de luto, e constrói, suprime e reconstrói seu ego em cima dos desejos e percepções do que foi perdido (não o objeto concreto em si).

Jodi Dean fala da melancolia da esquerda para entender o desejo perdido e recuperado na esquerda em geral.[392]

Para fazer isso, ela examina como o conceito, que ainda é bastante subdesenvolvido nessa aplicação específica sobre a coletividade e a organização de esquerda, é empregado primeiro por Walter Benjamin[393/394] e, depois por Wendy Brown.[395]

Outro autor que tem trabalhado com a melancolia da esquerda recentemente é Enzo Traverso,[396] que também aborda Benjamin.

---

[391] Sigmund Freud, "Mourning and Melancholia", in The Standard Edition of the Complete Psychological Works of Sigmund Freud, Volume XIV (1914-1916): On the History of the Psycho-Analytic Movement, Papers on Metapsychology and Other Works, 1957, 237–58.

[392] Dean, The Communist Horizon.

[393] N. de E.: Walter Benedix Schönflies Benjamin (Berlim, Império Alemão, 1892 – Portbou, Catalunha, 1940) foi um filósofo, sociólogo, ensaísta e crítico literário associado à chamada Escola de Frankfurt cuja marca foi trazer uma inegável, e poderosa, renovação ao marxismo. A obra de Benjamin une o marxismo ao misticismo judaico, além de trazer forte influência de pensadores como Espinosa e Leibniz. Autor de obras notáveis como A Obra de Arte na Era da Sua Reprodutibilidade Técnica (1936) e Teses Sobre o Conceito de História (1940), Benjamin trouxe à luz uma importante polêmica aos círculos socialistas: a crítica à ideia de progresso como um dogma, o que lhe valeu grandes inimizades e perseguições. Morreu precocemente, suicidando-se na Catalunha ocupada pelo regime franquista diante da ameaça iminente de deportação para sua Alemanha natal, de onde fugia e melhor sorte não o esperava.

[394] Walter Benjamin, "Left-Wing Melancholy", Screen 15, no. 2 (1974).

[395] Wendy Brown, "Resisting Left Melancholy", Boundary 2 26, no. 3 (1999): 19–27.

[396] Enzo Traverso, Left-Wing Melancholia (New York: Columbia University Press, 2016).

Na exegese de Dean, Benjamin define melancolia na esquerda como um estado de complacência em que a esquerda desistiu de um objeto perdido de maneira nãorevolucionária.

A esquerda fica propensa a fazer concessões para se ajustar à ordem burguesa, e isso é justificado pela suposta inatingibilidade desse objeto perdido.[397]

Eu me envolvo com essa exegese, porque acho interessante como a abordagem de Dean do conceito psicanalítico, a partir de Benjamin e de uma perspectiva histórica contemporânea, é útil para olhar para a esquerda moderada.

Dean defende que Brown interpretou mal o conceito de melancolia de Benjamin, que está relacionado a uma crítica específica que Brown tinha da esquerda moderna no final dos anos 1990.

Brown utilizou a interpretação da melancolia feita por Benjamin para aprofundar um argumento seu contra os apegos históricos da esquerda, que ela considerava narcisista e voltada para dentro, e não para as necessidades da classe.

A definição de Benjamin, no entanto, tem a ver com uma esquerda que deixou de lado todos os apegos históricos e tornou-se complacente em sua tarefa de ceder à ordem burguesa e ao projeto político. Benjamin fala de uma melancolia que distancia a esquerda do sujeito histórico à medida que se torna mais próxima e mais investida no *status quo*.

Brown teria interpretado erroneamente a melancolia para representar atores de esquerda que colocam seus ideais acima dos termos práticos da realidade que poderiam levar a uma mudança imediata, em vez da proposta de Benjamin, de que a melancolia se relaciona com a traição desses ideais e, consequentemente, da classe que eles representam.

Jodi Dean intervém para defender a perspectiva de Benjamin sobre a melancolia sugerindo que Brown identifica incorretamente o que está sendo perdido e retido pelo melancólico. Existem certamente grupos de esquerda que se encaixam a definição de Brown de narcisismo, ou um apego a um "objeto fantástico".

No entanto, sua alegação de que essa esquerda acaba carecendo de crítica radical e contribuindo para a renovação do *status quo* por

---

[397] Dean, *The Communist Horizon*, 160.

omissão relacionada a um apego à sua própria impossibilidade[398] não é aplicável à esquerda moderada nem à radical de forma geral.

Em vez disso, essa característica se refere, frequentemente, a uma forma egoísta de ultraesquerdismo, tão impregnada de leituras vanguardistas da realidade que se torna distante e inútil para a classe trabalhadora.

Benjamin crê que a melancolia está ligada ao fatalismo, que ele vê como ligado ao abandono dos ideais e à disposição para ceder e negociar.

Fatalismo, a partir dessa perspectiva, implica a conclusão de que nada mais pode ser feito sobre uma situação, da maneira como foi pensada antes, e isso leva à resignação diante da realidade e ao comércio de ideais e objetivos revolucionários em troca de abordagens palpáveis, pragmáticas e tradicionais.

Pode ocorrer em vários estágios da trajetória política de uma organização, e é de especial interesse para este estudo considerar o fatalismo como um elemento do transformismo. Essa melancolia aumenta a distância entre a esquerda e o movimento de trabalhadores e oprimidos que ela afirma representar.

A visão de Benjamin sobre a melancolia diz respeito ao fenômeno em relação ao que descrevi antes como transformismo, mas a melancolia não se resume a isso, e o efeito de um luto permanente em relação a objetos perdidos pode ter também outras expressões mais diferentes.

Por isso, identifico aqui a melancolia como sintoma mórbido de toda a esquerda no interregno, mas que se produz e se manifesta a partir de diferentes eixos na esquerda moderada e na esquerda radical.

Isso ocorre porque os objetos de desejo perdidos seriam diferentes para cada um desses campos, fazendo apenas da "mecânica" da melancolia a mesma: luto permanente, tristeza profunda, anseios desesperançosos e desejos perdidos.

Em português, a palavra *saudade* é frequentemente usada para caracterizar uma mistura de melancolia e nostalgia. Sua derivada, *saudosismo*, significa um estado predominante de saudade ou ansiedade marcado por sentimentos melancólicos e nostálgicos.

Durante o trabalho de campo, os militantes se referiam a uma ou outra organização como propensas ao *saudosismo,* enquanto outros

---

[398] Brown, "Resisting Left Melancholy", 26.

se referiam diretamente a um estado melancólico, à medida que a esquerda radical tentava dar sentido ao processo de impeachment, à atuação pós-golpe e ao crescimento da extrema-direita.

Em 2018, a prisão de Lula e a eleição de Bolsonaro também incitaram expressões melancólicas na esquerda. De fato, mesmo figuras da esquerda radical que se propõem como alternativas ao Lulismo enxergaram em Lula uma faísca de esperança contra Bolsonaro.

Essa visão foi marcada pela perspectiva de ausência de alternativas que buscava na temporária estabilidade dos mandatos lulistas uma resposta para o presente.

Como é de praxe da armadilha da melancolia, isso acabou suprimindo críticas cíclicas de como a conciliação de classes não havia falhado somente como tática de hegemonia petista, mas também por ter mantido a portas abertas para a hegemonia da direita.

Assim, esse saudosismo se expressa de várias formas. Na esquerda radical, vemos uma relação com o modo como uma organização definiu suas diretrizes programáticas, como lidou com a derrubada do socialismo soviético (ou sua crítica de inexistência do socialismo real do século XX, no caso de trotskistas), como se relacionou ao período de mobilização contínua (por meio de greves e manifestações) que marcou a primeira era do PT e/ou como imaginou unidade esquerda e a organização de esquerda ideal para o Brasil no século XXI.

Isso sugere outro fenômeno melancólico que pode ser usado para entender a esquerda radical, que é um pouco diferente da definição de melancolia de Benjamin e sua aplicação à esquerda moderada nos moldes de capitulação.

A melancolia na esquerda radical, que ainda se apega aos ideais revolucionários, pode se manifestar como *saudosismo*, embora seja um fenômeno mais complexo e maior que ele.

Pelo contrário, é mais bem entendido como uma mistura de saudade e ansiedade que está frequentemente relacionada à dificuldade em criar sínteses definidas sobre símbolos históricos e/ou atores da esquerda.

Esse tipo de melancolia leva a esquerda a ansiar por tempos melhores e vitórias do passado, muitas vezes idealizando-os, romantizando-os e tirando-os de seu contexto de conflitos e derrotas.

Esse estado também leva a esquerda a enfatizar demasiadamente a relevância das experiências históricas para o avanço estratégico em arranjos conjunturais muito diferentes, ou a procurar ansiosamente por características redentoras em projetos fracassados ou atores traiçoeiros.

Também nutre uma experiência atormentada, na qual o que foi perdido não pode ser recuperado, e que o que está errado não foi consertado precisamente por causa desse objeto perdido.

Tal aspecto da melancolia, como um fenômeno sociológico na esquerda brasileira, impede organizações e outros atores de enxergar possibilidades além do que foi dado no passado e encoraja táticas baseadas em fórmulas fixas passadas que levaram a revoltas e períodos revolucionários.

Uma perspectiva nebulosa assim pode até levar a ênfases em possibilidades que não correspondem à conjuntura, como uma visão fantástica e reificada de eventos políticos como soluções, como é frequentemente o caso das interpretações de Junho de 2013, ou convocatórias que supõem uma efervescência revolucionária nos trabalhadores que não existe.

Essas ações se estabelecem como uma maneira de remediar os medos e ansiedades que acompanham o desejo persistente pelo que foi, mas não é mais.

Isso pode dificultar o diálogo entre a esquerda e a multidão, apelando para sentimentos, experiências e interpretações históricas de um lugar de autoridade com o qual as multidões (como sujeito político apenas em potencial) não se identificam, especialmente em um contexto de despolitização.

Pode também levar a uma abordagem confusa de novas formas e experiências na política, seja rejeitando-as, por causa de um anseio pelo passado, ou superestimando-as, por causa da necessidade ansiosa de vitórias e remédios em um cenário de perdas repetitivas.

Essa abordagem confusa que afeta o exame crítico de eventos e estratégias tem a ver com medos e ansiedades em uma esquerda radical fragmentada que se sente responsável por apresentar propostas alternativas, mas que lida com obstáculos vindos da esquerda moderada e da direita, ao mesmo tempo que a melancolia impede uma visão de suas próprias dificuldades.

A mudança conjuntural que começou em Junho de 2013 aumentou o anseio e a ansiedade da esquerda radical. É anseio em termos do que poderia acontecer ou vir a favor dos ideais de esquerda com Junho, e ansiedade em termos de tentar encontrar uma resposta apropriada às multidões de Junho de 2013. Este último contribuiu para as formas como a esquerda radical flertou com a pós-política ou ultrapolítica, na tentativa de se conectar com as multidões de Junho sem uma avaliação prévia da ascensão em massa como multidões sem politização.

Já na esquerda moderada, a melancolia que a prende num espaço sem alternativa para além do que foi dado também interfere nas suas explicações de Junho de 2013.

Em vez de também assumir responsabilidade pela criminalização que executou das manifestações, pela despolitização de mais de uma década e pelo fortalecimento da burguesia como elementos de uma crise de práxis no interregno que também levou ao golpe e à eleição de Bolsonaro, seria mais fácil culpar Junho pela ascensão da direita.

Chegaram ao ponto de insinuar que a despolitização estava no protesto contra o aumento da tarifa, e não no processo complexo de abertura para a direita no qual o PT também se estabeleceu.

É possível que a melancolia leve a esquerda radical a também se distanciar da classe que representa, mas por razões diferentes da melancolia da esquerda moderada.

Essa distância não precisa ser física, mas implica em distância política das necessidades e desejos da classe que necessitam ser interpelados – não são automáticos, especialmente sob uma fase do capitalismo que produz consentimento através de melhorias parceladas de qualidade imediata de vida, como através do consumo e da ilusão de que tecnologias convenientes só poderão ser produzidas no sistema capitalista.[399]

Um exemplo consiste em quando um movimento social renuncia a uma negociação com o governo que lhe impõe contradições, mesmo sabendo que isso também significa renunciar à demanda da base por acomodação imediata ou aluguel social, dado o pouco respeito pelas contradições encaradas pelas bases em suas próprias necessidades materiais.

Ademais, quanto mais fragmentada for a esquerda radical, mais difícil será se comunicar com a classe que ela representa e combinar suas propostas com o desenvolvimento da política dessa classe.

---

[399] A respeito disso, pouco se discute sobre como sem o capitalismo talvez mais tecnologias úteis e renováveis fossem viáveis hoje. Em vez do investimento seletivo empresarial em tecnologias que geram retorno financeiro a curto prazo, e que podem ser patenteadas e, assim, devem ser distribuídas a conta-gotas para garantir a dose ideal de obsolescência programada e assim manter uma alta rotatividade de consumo.

A MELANCOLIA DA ESQUERDA MODERADA

Na crítica de Benjamin à melancolia, o sujeito melancólico sofre de falta de vontade. Essa falta se manifesta como fatalismo, o que impede não só a ação, mas também a ação motivada por uma leitura dinâmica da realidade.

No caso da esquerda, o desejo passado por um futuro diferente é substituído pela complacência em relação à realidade presente, substituindo assim o objeto desejado pelo *status quo*, a fim de manter o que é desejado ao seu alcance.

A melancolia é um sintoma de ter desistido e de ter substituído o que foi abandonado por novos ideais e desejos (por exemplo: social-democracia, localismo reificado etc.;) isto é, a perda do melancólico pode ou não ter sido voluntária, mas sua substituição, como traição, é um ato de compromisso.

Quando se fala de esquerda moderada, particularmente do PT, surgem questões sobre se esse compromisso era consciente e planejado, se fazia parte do projeto original ou se era resultado de um desvio que pode ter sido escolhido ou seguido com persistência por engano. Essa melancolia consiste de uma sublimação do desejo e da apatia que envolve esse processo.

Como diz Jodi Dean, "Benjamin nos obriga a considerar uma esquerda que cedeu, esgotou".[400] Houve ali o abandono de um projeto para a transformação da política brasileira.

Esse projeto não foi propriamente socialista, e foi em grande parte indefinido, embora haja um consenso geral de que ele é caracterizado como um projeto democrático popular.

O enfoque gradual do PT na formação e fortalecimento de seu aparato institucional, assim como sua intervenção em instrumentos de luta como os sindicatos, acabaria por hegemonizar essas lutas através de mandatos parlamentares e em direção a sua própria renovação institucional.

Há uma percepção de que esse movimento foi intensificado já em 1989, após a derrota de Lula nas eleições presidenciais, quando o partido foi se adaptando ao projeto democrático liberal, por meio do parlamento e por meio de acordos.

Essa tática resultou na expansão da melancolia para mais organizações, concentradas como a esquerda moderada, com consequências

---

[400] Dean, *The Communist Horizon*, 171.

profundas para as práticas de organização e para a consciência de classe.

Ceder à ordem burguesa não era um processo simples para o PT, mas partiu de um complexo conjunto de decisões que exigiam, acima de tudo, minimizar o que o chamado programa popular democrático se propunha a fazer.

O programa, que nunca foi pensado para ser revolucionário, mas ainda focado na premissa de empreender reformas básicas, foi reduzido a uma série de programas de política social voltados para a erradicação da pobreza, a promoção do acesso à educação (embora sem ameaça ao setor privado), ações afirmativas e ofertas de emprego por meio de iniciativas desenvolvimentistas.

Os objetivos de governabilidade e autorreprodução no nível institucional eram mais urgentes do que a reforma agrária e a demarcação de terras indígenas, pois o argumento era da necessidade de se fortalecer cada vez mais a governabilidade para que, em algum momento, reformas pudessem ser abordadas com tranquilidade e confiança.

Algumas das justificativas do PT de análises favoráveis a ele tiveram a ver com o fato de o partido não ter a devida "correlação de forças" para proceder com as reformas que haviam sido prometidas antes das eleições.[401]

Para Douglas Belchior, mesmo os avanços sociais que aconteceram durante os governos petistas não podem ser atribuídos apenas à bondade e ao lado progressista do PT, mas resultaram de lutas sociais no contexto de um governo que deveria falar e agir em nome da classe trabalhadora em primeiro lugar.[402]

O problema da degeneração petista remete à análise, feita por Emanuele Saccarelli, do autoritarismo soviético à luz da discussão de Gramsci sobre o canibalismo.[403]

Embora o caso do PT esteja longe da situação stalinista, em termos de forma política e mesmo de discurso, os argumentos sobre a degeneração se aplicam à melancolia da esquerda moderada como um sintoma durante períodos de crise de autoridade.

---

[401] Almeida, "O Governo Lula, o Fórum Nacional Do Trabalho e a Reforma Sindical", 55.

[402] Fernandes, "Conjunto de Entrevistas de Campo (2014-2016)".

[403] Emanuele Saccarelli, *Gramsci and Trotsky in the Shadow of Stalinism: The Political Theory and Practice of Opposition*, ed. Robert Bernasconi, *Studies in Philosophy* (New York: Routledge, 2007).

Saccarelli explica que a degeneração pode acontecer através da traição, mas é mais complexa no sentido de que "como a nota de Gramsci sugere, essas pessoas, ainda pensando em si mesmas como revolucionárias, tornaram-se incapazes de perceber que estavam devorando sistematicamente a revolução".[404]

Os mesmos atores do PT que continuaram a falar em classe foram os que minaram e reduziram as possibilidades de mudanças mais radicais.

Isso foi tanto um processo consciente quanto a direção partidária que tanto distorceu o programa democrático popular para se enquadrar na agenda burguesa ou descartou-o completamente, e um inconsciente, em termos de militantes e base que acreditavam que a autorreprodução do PT tinha que ser priorizada se alguma mudança radical fosse ser alcançada eventualmente.

Devorar a revolução equivale, segundo Gramsci, a um canibalismo, uma vez que o pensamento e a ação que o partido outrora representava (independentemente de serem adotados genuinamente) são absorvidos e transformados no entrincheiramento da organização política como um sistema burocrático, no qual a "hierarquia burocrática substitui a hierarquia intelectual e política".[405]

Esse processo de sujeição da esquerda ao *status quo* burguês, como se nenhuma alternativa fosse possível, não está isento de contradições e diferenças internas, pois, por mais burocrático que o PT tenha se tornado, ainda sobreviveria a oposição interna no partido.

Enquanto uma parte dos líderes e militantes da esquerda moderada migrou para a esquerda radical ao longo dos anos e contribuiu para a criação de um projeto distinto do PT na base geral de esquerda – isto é, contra a conciliação de classes – há aqueles que permanecem leais à história do PT, esperando uma rerradicalização do partido de volta às suas raízes históricas da classe trabalhadora.

Essas diferenças internas dizem respeito a como se interpreta o que deu errado com o PT: a conjuntura atual seria o resultado do projeto democrático popular ou o resultado de sua deturpação? É uma questão de o PT voltar às suas raízes ou buscar um novo projeto de esquerda que não seja maculado pela contradição do projeto democrático popular?

---

[404] Saccarelli.
[405] Gramsci, "Selections From the Prison Notebooks of Antonio Gramsci".

Ciente das dificuldades de manter legitimidade, tanto por conta de seus próprios lastros quanto devido ao antipetismo que escapa aos lastros pela construção da própria direita (e, também recentemente, setores da esquerda – centro e radical), a liderança do PT ainda tenta nutrir a noção do partido como essencial para qualquer futuro da esquerda no Brasil.

Enquanto creio ser irreal, e irresponsável, defender uma esquerda no Brasil que não considere o histórico petista e seu peso na esquerda, o que é disputado por todos os lados é, justamente, a questão do PT não enxergar papel para si que não seja hegemônico e centralizador dos processos políticos.

Assim, nota-se que quando o partido é promovido como capaz de uma rerradicalização, permanece a dúvida se isso seria resultado de uma disputa real à esquerda dentro do PT ou se essa alusão contribui para uma justificativa melancólica de sua autorreprodução hegemônica.

A MELANCOLIA DA ESQUERDA RADICAL

A esquerda radical sofre de uma melancolia de um tipo diferente daquela da esquerda moderada. Ela é melancólica em relação a vitórias passadas, de uma maneira que afeta seus horizontes estratégicos atuais.

Não está, no entanto, distante dos desejos revolucionários da classe que pretende representar e, na verdade, procura maneiras de diminuir essa distância, mesmo quando o PT continua a manter sua posição de representante das massas.

O problema é que a despolitização e o intenso período de desmobilização da esquerda sob o PT impuseram uma lacuna entre a esquerda radical e a classe, lacuna esta que foi exacerbada por falhas próprias do campo.

Enquanto a classe é atacada e também é manipulada para longe de uma consciência revolucionária (mantendo a consciência teórica e prática em conflito uma com a outra), a esquerda radical fica para trás na construção da base por causa da despolitização e de uma subestimação de quanto trabalho é necessário para reunir a consciência da classe e ocupar o espaço hegemônico de esquerda que o PT ainda controla.

De fato, prevalece na esquerda radical a percepção de que o derretimento da base petista seria fruto de uma ruptura à esquerda com o partido, proveniente de uma leitura comum de sua traição.

Todavia, como o crescimento da extrema-direita bem indica, o derretimento que ocorreu, mobilizado com o antipetismo, qualificou-se na perda da base para toda a esquerda.

A melancolia da esquerda radical comunica como ela vê o PT e sua história recente, o desejo pela base e a afirmação do campo alternativo da esquerda radical como a única rota de esquerda, e o lento e tardio processo de superação e politização sobre o projeto PT.

A TRAIÇÃO DO PT

O Partido dos Trabalhadores, apesar de suas contradições como esquerda moderada, continua sendo o representante mais reconhecido da esquerda brasileira. Nas eleições, ainda se coloca como o mal menor para a esquerda, seja pela percepção da base eleitoral, seja por suas próprias articulações (como a tática de Lula candidato em 2018, e o não acordo com o campo cirista).

O PT conseguiu manter uma estética de esquerda incorporada na cor vermelha, na estrela, no nome com referência à classe trabalhadora e na promoção de figuras públicas ligadas ao movimento operário ou à luta contra o regime militar e que parecem como fortes símbolos da esquerda, mesmo quando o seu significado se perde na despolitização.

Há ainda uma base concreta e relativamente grande por trás do PT e de outros atores da esquerda moderada (principalmente a CUT e o MST, apesar de sua perda de poder convocatório e o próprio empenho desmobilizador no passado).

O que torna o PT tão proeminente são seus ganhos institucionais, que criam uma base eleitoral que é útil para a autorreprodução institucional além do movimento social e da base sindical. A força institucional dá ao PT o que Mauro Iasi, do PCB, define como poder gravitacional. Esse poder gravitacional mantém a esquerda moderada consolidada e ajuda a garantir sua hegemonia:

> ESSA É A DIFICULDADE DE TODO MOVIMENTO SOCIAL E É POR ISSO QUE PRECISAMOS CRIAR UMA ALTERNATIVA [...] QUANDO UM MOVIMENTO SOCIAL DESSA NATUREZA SE APROXIMA DO GOVERNO PARA MUDAR A NATUREZA DO GOVERNO, É MAIS PROVÁVEL QUE O GOVERNO MUDARÁ A NATUREZA [DO MOVIMENTO], NÃO O CONTRÁRIO.[406]

Esse peso institucional dado pelo PT serviu até mesmo de armadilha

---

[406] Fernandes, "Conjunto de Entrevistas de Campo (2014-2016)".

para si próprio. Durante a crise do impeachment, o partido e sua base fizeram convocatórias moderadas de mobilização e, nos momentos de convocatórias mais ativas, foram confrontados com multidões de menor peso do que esperado.

A mesma desmobilização que garantiu certa governabilidade por 13 anos dificultou a defesa posterior do PT e sua presidência. Aliás, a movimentação pós-golpe acabou liderada também por organizações radicais de esquerda que compunham a Frente Povo Sem Medo.

Assim, foi possível notar como a esquerda moderada, apesar de muito maior que a esquerda radical, tinha peso de convocatória superior em números à radical, mas não tão superior assim, salvo ações específicas e pontuais com a base do MST e da CUT (que mesmo assim demonstraram uma perda de fôlego).

A grande diferença, então, entre as multidões dos campos estaria no peso eleitoral, mais uma vez apontando para a gravidade petista como força principalmente institucional

A constatação de que, apesar de todas as traições, o PT ainda é o maior símbolo de ação de esquerda institucional no Brasil é difícil para a esquerda radical por vários motivos: entre eles, por lembrar a esquerda radical de como a esquerda brasileira já esteve perto de fazer mais; talvez não perto de propósitos revolucionários, dado o foco institucional do PT, mas, certamente, mais próxima de resultados progressistas e justiça social do que é hoje, especialmente após as eleições de 2018.

A discussão sobre a melancolia é relevante porque é preciso considerar como a esquerda radical aborda a traição do PT: como traição concreta ou percepção de traição frente às suas próprias expectativas?

O dilema melancólico se estabelece quando os atos repudiados não o são como é a Reforma da Previdência de 2003, ou o Mensalão, ou a conciliação de classes em si, mas como estes seriam atos de uma tragédia mais percebida como traição pela esquerda radical.

A relação com esses atos passa a ser mediada pela percepção por parte da esquerda radical de que haveria uma traição em cada ação do PT.

Todavia, para estabelecer que houve uma traição passa a ser necessário também estabelecer um conjunto de outras características dadas ao PT que o colocam como algoz e, a esquerda radical, como vítima.

Assim, o PT haveria traído ideais em vez de ter mudado de ideia, ou mesmo errado em tática e estratégia quanto a esses ideais. E quem foi traído? O povo, por ter sido prejudicado a longo prazo pelas políticas petistas ou por ter sido enganado por um projeto fadado ao fracasso?

No entanto, no interregno, o povo reage, mesmo sob despolitização, a um conjunto de ações que são interpretadas por narrativas da ultrapolítica e da pós-política, e não necessariamente a uma traição.

O ator que evoca ressentimentos quanto a uma traição no interregno é, na maioria das vezes, a esquerda radical. Embora haja uma parcela da base que se sente traída e que também se apega a isso de forma melancólica, é a expressão organizada da esquerda radical que coloca a melancolia como patologia inibidora da ação para além do PT.

O foco na traição promove um sentimento e interpretações da história que criam um anseio pelo momento ideal do passado, quando a esquerda estava relativamente unida e era reconhecida consistentemente como a representante das massas.

Idealmente, esse teria sido um momento de coerência e fidelidade aos interesses da classe trabalhadora. A traição do PT seria fatal, por desperdiçar esse momento e pôr a credibilidade da esquerda a perder, e a esquerda radical enxerga esse cenário como impedidor de sua própria atividade.

Por mais que o PT tenha a maior parcela de responsabilidade concreta no impedimento de alternativas à sua hegemonia, o estado melancólico cria a percepção de que nada pode ser feito além de simbolismos (eleitorais) e proclamações (de capacidade própria).

As falhas da esquerda são atribuídas como um todo à traição, contínua, do PT, que, por ser contínua, aprisiona a esquerda em mais falhas. A esquerda radical em estado melancólico entra no empobrecimento do ego que Freud aponta.

Passa-se a crer que ela não cresce simplesmente porque o PT não permite. A melancolia invisibiliza os milhões de brasileiros que o PT não hegemoniza e tantos outros que, de esquerda, se atrelam ao PT, mas sem paixões.

UNIDADE: OBJETO PERDIDO E INCOMPREENDIDO

Quer se acredite ou não que o PT tenha sido em algum momento revolucionário, socialista ou mesmo radicalmente de esquerda, o partido foi a única organização na esquerda brasileira a agregar a maior parcela do pensamento, e das iniciativas, de esquerda dentro de suas fileiras enquanto coordenava a luta da classe trabalhadora junto a outros movimentos, partidos e sindicatos.

Apesar do PT se tornar um partido da ordem, representou a maioria da esquerda de maneira substantiva antes de seu transformismo.

Essa não foi uma tarefa fácil, mas a conjuntura que se seguiu às décadas de repressão da ditadura civil-militar exigiu uma organização de esquerda audaz, coletiva e generalizada, especialmente se a esquerda estivesse disposta a participar e influenciar processos importantes, como a Assembleia Nacional Constituinte (1987-1988) e as primeiras eleições democráticas após o fim do regime militar.

O sentimento de traição que afeta a esquerda e contribuiu para a criação e fortalecimento do PT, aliado às frustrações e aos conflitos que permeiam o atual período de fragmentação generalizada na esquerda radical, se agrava quando se considera que o PT conseguiu fazer algo incrível em termos de unidade de esquerda, posteriormente prejudicando essa experiência.

Essa crença de que a esquerda "teve", mas "perdeu", especialmente devido a uma traição de seu propósito e da classe, ainda afeta a esquerda radical.

Aqui está uma esquerda radical que tem princípios, crítica à política do PT e quer implementar as reformas básicas e as medidas de justiça social que o PT não conseguiu sem incorrer em contradições profundas.

Todavia, a base dessa esquerda paira em comparação ao tamanho da base que o PT já teve e ainda tem. Isso atrapalha a esquerda radical na busca por conquistas eleitorais que poderiam ajudar com intervenções políticas e refrear vitórias conservadoras no terreno institucional.

Também diminui o potencial da esquerda radical de se tornar uma referência política para as multidões e ser reconhecida como representante da classe trabalhadora em uma variedade de lutas.

Mesmo o PSOL, que se tornou mais conhecido nos últimos anos, tem dificuldade em ser visto de forma distinta do PT e, quando essa distinção é feita, o partido costuma sofrer do anticomunismo característico da ultrapolítica.

De fato, a esquerda radical acaba encontrando, hoje, uma conjuntura muito mais difícil para se estabelecer, por conta da despolitização, despolitização essa que, como vemos, o PT tem responsabilidade, bem como tem também a direita.

A insistência de parte da esquerda radical de atribuir toda a dificuldade de ação hoje e de busca por unidade ao PT também pode ser considerada um sintoma melancólico: o objeto perdido é menos enxergado que a percepção do que foi perdido e que continuará perdido.

O problema da percepção altera, inclusive, o entendimento da unidade que havia sido construída pelo e ao redor do PT na década de 1980.

Ela era expressiva e impressionante em termos de potencial, mas não pode ser replicada atualmente, e não simplesmente devido a uma traição ou à hegemonização do PT, mas porque também são outros atores e outra conjuntura.

A melancolia constrói delírios, como o delírio de que seria possível replicar o objeto perdido ao mesmo tempo que as ações do sujeito melancólico são pautadas pela impossibilidade de recuperação do objeto (no caso, por culpa do PT).

Essa dinâmica cria até mesmo uma perspectiva idealizada da unidade de esquerda. A fragmentação da esquerda radical tornou-se tão presente que alguns anseiam pela unidade, na base de que ela seria a solução para os problemas atuais.

Essa linha de pensamento tem problemas, porque a unidade não deve ser vista como pré-condição para finalmente fazer qualquer coisa.

Todavia, prevalece na esquerda a ideia de que é necessário focar no que está à frente, em coalizões, em, até mesmo, candidatos únicos, caso a esquerda queira sobreviver, como é o caso dos argumentos de Boaventura Sousa Santos[407] previamente criticados neste livro.

Um dos problemas dessa perspectiva é confundir esses arranjos com unidade e inverter a direção da construção: seria preciso se juntar para realizar, e não realizar para se juntar.

O PT surgiu de uma conjuntura que agregou a esquerda, em primeiro lugar, e que depois levou ao partido. Esse não é o caso atual.

De fato, eu argumento que a tendência da esquerda radical continuará a ser em direção à fragmentação, enquanto a despolitização permanecer tão desenfreada e as sínteses e os diálogos coletivos não forem perseguidos continuamente e rotineiramente.

Se as tentativas de criar frentes e alianças até agora demonstram alguma coisa, é que elas só atuam de campanha em campanha e

---

[407] Santos, *Esquerdas Do Mundo, Uni-Vos!*.

principalmente em torno de demandas de um único assunto, porque as organizações de esquerda radical não estão em posição de diálogo de alto nível.

A crise do PT forçou a esquerda a repensar estratégia e tática. A conjuntura trazida em Junho de 2013 elevou as apostas, o que levou a interpretações de que era hora de a esquerda se unir, mas sem ter, em primeiro lugar, uma perspectiva clara sobre por que a esquerda estava desunida.

Nem toda responsabilidade pode ser atribuída ao PT, pois, se esse fosse o caso, todas as organizações teriam se fundido depois de deixar o partido, junto com aquelas que não estavam no PT no passado.

Sabemos quão irreal isso seria e sabemos que as distinções não existem por mera teimosia organizacional, mas por visões distintas. Portanto, a unidade teria que ser uma construção, passando por debates e sínteses regados pelo trabalho prático comum, e não um arranjo artificial organizacional.

Há consciência na esquerda radical da falta de sínteses apropriadas entre os grupos que impedem que a unidade seja construída da noite para o dia. Mesmo assim, o desejo por unidade é tão forte quanto a percepção de que o PT seria o maior impedimento para essa unidade.

Durante o trabalho de campo, era comum ouvir os militantes suspirarem que as coisas iriam melhorar "se a esquerda simplesmente se unisse" e/ou "superasse suas pequenas lutas".

Em alguns momentos, parecia prevalecer a ideia de que os conflitos da esquerda não são grandes o suficiente para justificar tal divisão e fragmentação.

Enquanto existem conflitos que devem ser repudiados, pois resultam de vanguardismo e do sectarismo, a conclusão comum era que a fragmentação da esquerda radical partia desses problemas, enquanto a fragmentação geral partia do PT.

Assim, a noção de unidade acabava sendo idealizada como uma questão de atitude e arranjo, a gravidade do vanguardismo e do sectarismo diminuída, e o PT culpado por tudo, sem nenhum reconhecimento da crise de práxis da esquerda radical e seu próprio papel na despolitização.

Nesse balanço, a formação de sínteses, que é necessária para a unidade, acabava sendo menos considerada.

No entanto, a maioria das diferenças na esquerda é complexa e tem a ver com leituras complicadas da história em relação ao que foi perdido – e como se deve avançar em uma conjuntura radicalmente diferente da que deu nascimento ao PT.

As brigas entre a esquerda moderada e a esquerda radical não são insignificantes, e os argumentos pela unidade entre eles muitas vezes se baseiam na premissa de que o PT deve ser a força homogênea e hegemônica no espaço unificador.

Mesmo assim, a resolução dessas brigas também depende da capacidade da esquerda radical de construir hegemonia, o que não é evidente até então.

Os conflitos da esquerda radical também giram em torno de quais forças devem se tornar hegemônicas. O vanguardismo é um problema notável nessas situações, e a unidade ainda é percebida como algo que poderia ser estabelecido no nível da vanguarda, ela continuará a desmoronar.

Embora o PT tenha sido criado a partir de uma iniciativa da vanguarda, a unidade começou na base que foi politizada e mobilizada o suficiente para endossar o projeto proposto por essa vanguarda.

Hoje, mesmo diante de uma conjuntura delicada e ameaçadora para a esquerda, a maior parte do debate acerca de uma resistência democrática ainda passa por convocações de atos a partir das lideranças e suas disputas de cima do carro de som (frequentemente atrapalhando a dinâmica de base nas manifestações) ou turnês de lideranças fazendo mesas pelo país – isso quando não continua equalizando diretamente a sobrevivência da democracia liberal à liberdade de Lula, o que não tem ajudado, nem a democracia, nem Lula.

O resultado dessa idealização melancólica dos arranjos de unidade é uma esquerda radical que pouco se mexe para fora de seu quadrado.

Se as tentativas de diálogo se desintegram, é frequentemente culpa da outra organização, raramente da própria.

Enquanto isso, a pequena base da esquerda radical é vista como algo que poderia crescer da noite para o dia se o PT deixasse de sabotar a esquerda radical e de cooptar espaços comuns, revelando pouca profundidade política sobre a despolitização e manipulação dessa base.

O *saudosismo* relacionado a períodos de alta mobilização gera frustração quando os números são menores do que o desejado, especialmente considerando o poder de convocatória que o PT teve no passado, mas desperdiçou.

A SOMBRA DO PT

O atual estado de fragmentação da esquerda é tão profundo que prejudica as tentativas de colaboração, fazendo-as parecer mecânicas e artificiais, com uma aparência frágil.

Parte disso se traduz em sectarismo, ao passo que outros aspectos se enquadram na dificuldade de se organizar diante da presença do PT.

Parte dessa artificialidade se relaciona com disputas no interior da esquerda radical sobre o espaço hegemônico, que são, quase sempre, negociadas em termos de ser a esquerda autêntica.

Mais do que uma questão de avaliar a práxis de esquerda, no entanto, as disputas são medidas nos termos destes dois elementos: o sectarismo e o medo de se tornar o PT ou seguir o caminho do PT.

Por hora, o medo do "caminho do PT" precisa ser considerado em relação à melancolia da esquerda radical, se quisermos entender as dificuldades de se afirmar um terceiro campo radical.

Parte do problema da traição do PT é como a justificada rejeição do partido por segmentos da classe trabalhadora também se traduziu, por seu turno, em uma rejeição geral da esquerda e de todas as coisas que restaram.

Mesmo que seja progressista para a base romper com o PT por causa dessa traição, a despolitização que acompanhou a traição não levou a base diretamente para uma opção de esquerda mais radical.

O contexto eleitoral de 2018 e a prevalência da ultrapolítica e do antipetismo evidenciam isso. Isso cria desafios particulares para a esquerda radical, que deve se diferenciar do PT, embora a afirmação de suas diferenças como uma esquerda mais autêntica possa levar a uma rejeição ainda maior, devido à conexão entre o antipetismo e o sentimento antiesquerda.

Como essa conexão é resultado da despolitização, a resposta simples é politizar as multidões sobre suas demandas e antagonismo social.

É inevitável que essas organizações sejam equiparadas ao PT por defenderem os direitos dos trabalhadores, por exemplo, mesmo que o PT tenha sido responsável por ataques a trabalhadores no passado e até mesmo pela criminalização de movimentos e protestos. Nesse caso, a contradição deriva do PT.

O problema ocorre quando as comparações entre o PT e a esquerda radical se originam das próprias contradições da esquerda radical.

Por exemplo, não é possível pensar em causar impactos imediatos na vida da classe trabalhadora sem levar a sério as eleições, ainda mais quando o crescimento do número de políticos de direita eleitos consegue levar a tantos retrocessos e arrisca até mesmo barrar a oposição de esquerda no Brasil.

No entanto, não existe uma fórmula que dita como os partidos socialistas devem abordar as eleições democráticas liberais, muito menos o governo.

A organização provavelmente terá que lidar com tentativas e erros, que vão variar de acordo com as circunstâncias da conjuntura.

Erros são possíveis, e seria despolitizador abordar todo e qualquer erro da esquerda radical frente às eleições como uma repetição direta dos passos do PT.

Todavia, é comum ouvir isso, especialmente no campo sectário e em espaços onde o marxismo deixou de ser práxis para ser deturpado como uma identidade de autoproclamação.

Construir o desejado *terceiro campo* parece ser um dos desafios mais concretos da esquerda radical: ser uma alternativa de esquerda ao PT para a sociedade.

A crise de práxis inviabiliza essa construção, mas é o contexto do interregno que a torna cada vez mais complexa. As eleições de 2018 demonstraram, dentre outras coisas, a dificuldade de se apresentar alternativas sob uma das priores correlações de forças, se não a pior, dos últimos quarenta anos.

Parte do problema está no fato de que a esquerda radical se apresenta como alternativa muito mais visível em períodos eleitorais, , mas isso não a torna viável. Tal fenômeno se deve à hegemonia do PT, mas também às relações de consciência de classe, à despolitização e à limitada construção da esquerda radical fora do período.

Não há no Brasil uma esquerda radical de massas. Aliás, a tendência parece ser o contrário. No interregno a massificação costuma se pautar ao centro, e não mais à esquerda.

É inteiramente possível que grupos identificados como esquerda radical acabem sendo tensionados mais e mais para o centro por conta da defesa, necessária, da democracia liberal neste momento.

Não há como escapar da defesa de um paradigma que garanta a sua existência política, mas há de se preocupar quanto à confusão entre tática (que responde à conjuntura) e estratégia (que responde ao horizonte do projeto de sociedade).

Quando a estratégia é submetida à tática e até mesmo absorvida por ela, a tendência é a ascensão da melancolia descrita pro Benjamin: capitulação à ordem pela crença de não haver mais espaço para a ação. O objeto, supostamente perdido (e não concretamente), paira no imaginário como um empecilho, e fomenta, assim, o empobrecimento do ego.

Estar na sombra do PT sem pensar formas de dela sair em vez de esperar perenemente que o PT se retire pode aprofundar a morbidade dos sintomas da esquerda radical no interregno: permanecerá melancólica, mas uma transição para a melancolia da esquerda moderada pode também resultar no abandono dos anseios radicais.

De fato, o problema da sombra é contraditório para a esquerda radical. Passa-se bastante tempo argumentando se que a esquerda autêntica seria autêntica por ser diferente da falsa esquerda.

Frequentemente, vemos a polêmica da esquerda radical que emprega demasiada energia em argumentar que o PT é de direita, anulando a profunda análise das contradições petistas, para, a partir daí, se afirmar como a verdadeira esquerda.

Ademais, é comum ouvir de organizações menores que o PSOL, por exemplo, está no caminho de se tornar o PT, por causa do engajamento do partido com a política eleitoral e as contradições envolvidas.

Eu ouvi o mesmo sobre o MTST em várias ocasiões, mais ainda devido à proximidade de Guilherme Boulos com o campo democrático popular e sua defesa do Lula Livre.

Nada impede, claramente, que essas organizações caminhem para a esquerda moderada, assim como nada impede que outras organizações da esquerda radical fiquem cada vez mais ultraesquerdistas, aduladas por seus próprios autoelogios e evocações de referências obscuras.

O problema de práxis se estabelece quando as movimentações de tática e estratégia de uma organização não são percebidas e pensadas de acordo com os debates (marxistas), mas principalmente em relação ao outro, que opera como régua, mas com medidas radicalmente diferentes, dependendo de quem a segura.

O resultado é a substituição de críticas construtivas por ataques baratos baseados em repetições históricas simplistas, como dizer que uma organização está se vendendo institucionalmente como o PT ou que é indulgente em relação a alianças como o PT.

Esses ataques negligenciam as histórias particulares de cada organização e o fato de que, mesmo que os mesmos erros fossem cometidos, o caminho do PT não poderia ser replicado, porque nenhuma organização na esquerda radical partiu do mesmo lugar que o PT.

Isso significa que o nível de manipulação, fisiologismo e tranformismo do PT não poderiam existir sem a unidade percebida da esquerda em torno do PT e o seu papel de agregador das massas por tanto tempo. Os erros não pertencem ao PT, mas à pobreza de sínteses da própria esquerda.

A frequência dos conflitos por hegemonia entre a esquerda moderada e a esquerda radical indica que as tentativas de estabelecer uma data de validade para o PT fracassaram, e, com isso, a esperança de que a base do PT migraria para a esquerda radical.

A questão não é somente que essas tentativas falharam, mas que a própria crença de que o velho morreria e daria lugar ao novo nega tanto o problema da morte do velho pela direita quanto o que o novo também herda do velho; ou seja, os enigmas do interregno apresentados no começo do livro.

Uma síntese adequada de como deveriam atuar todas as entidades de esquerda que se opõem ao PT, a partir de uma perspectiva crítica de esquerda, em termos da luta contínua com ou apesar do PT nunca foi perseguida além das discussões internas.

Na entrevista, João Machado (PSOL) explicou esse problema, mencionando como as derrotas do passado moldam e afetam a maneira como a esquerda interpreta os desafios à frente:

> ACHO QUE AINDA FALTA, ACHO QUE AINDA NÃO CONSEGUIMOS CHEGAR A UMA FORMULAÇÃO MAIS CLARA, MAIS CONVINCENTE EM GERAL. EU ACHO QUE ISSO TORNA TUDO MAIS DIFÍCIL. AINDA ESTAMOS NO MEIO DE UM PROCESSO DE MUDANÇA DOS PARADIGMAS DE ESQUERDA QUE, PARA PARTE DA ESQUERDA, JÁ FOI MUITO SIGNIFICATIVO, MAS O PROCESSO AINDA NÃO ESTÁ COMPLETO, NÃO ESTÁ ESTABILIZADO.[408]

Dar sentido ao PT e, mais importante, politizar sobre as sínteses formuladas é um desafio, porque o seu transformismo não é de um tipo simples.

Não representa um movimento de ser um partido genuinamente de esquerda para ser um partido de direita ou um partido de centro fixo, como normalmente se imagina um partido de ordem.

---

[408] Fernandes, "Conjunto de Entrevistas de Campo (2014-2016)".

O transformismo do PT é marcado por negociação e ambiguidade, motivo pelo qual sempre esteve tão atento a um discurso conciliatório no que se refere ao antagonismo de classes e à estratificação social.

Essa ambiguidade blindou o PT contra críticas radicais da esquerda, especialmente porque, muitas vezes, exigia uma boa dose de nuances e explicações que, então, distrairiam do argumento geral.

Como explicar que a política do PT não é o que o pt diz sobre sua política?

Como criticar a promoção do neoliberalismo pelo PT dentro de um projeto neodesenvolvimentista sem recorrer a falsas equivalências?

Como falar de duas esquerdas, em oposição uma à outra, quando, às vezes, essas duas esquerdas tiveram que trabalhar juntas contra a direita?

Como ser ouvido, quando essas exibições temporárias de colaboração costumam levar a política, o discurso e a infraestrutura do PT a ofuscar a esquerda radical?

Como fazer a mensagem da esquerda radical ser ouvida nesses espaços, se o PT pretende desfazê-la para garantir sua hegemonia da esquerda?

Esses são apenas alguns elementos do desafio de politizar a partir de uma perspectiva de esquerda quando o PT detém o poder institucional, estrutural e cultural do imaginário da esquerda.

A melancolia prejudica posicionamentos estratégicos: abordagens conflitantes sobre a base atual e passada do PT, a repetição da crença de que a História estará do lado da esquerda radical e a replicação de táticas de outros momentos históricos e o foco em ocupar o espaço do PT, em vez de trabalhar em direção a um novo local apropriado. Isso revela que também há irresponsabilidade na esquerda radical diante do fracasso do PT.

As sínteses produzidas até agora sobre o que fazer em relação ao PT são de natureza autoafirmativa ou voltadas para lidar com o PT em questões pontuais (ex.: a decisão de apoiar Haddad no segundo turno contra Bolsonaro em 2018).

Essas discussões oferecem pouco sobre como realmente superar o PT como um problema e até mesmo como fazer a esquerda avançar sem que a esquerda radical acredite que o PT tenha que deixar de existir, vítima de sua trajetória e de um modo que daria aos ressentidos da esquerda radical um improdutivo gosto de "bem feito, eu avisei!"

O que a esquerda radical deve fazer para realmente garantir que, quando o ciclo terminar, algo de valoroso na esquerda possa assumir a posição hegemônica em um ciclo inteiramente diferente, não vicioso?

Isso não implica a ocupação do lugar do PT em seus moldes, mas a ocupação do lugar hegemônico na sociedade que está em disputa pela esquerda e pela direita.

AGITAÇÃO E ANSIEDADE

A ausência de uma síntese coletiva conclusiva da esquerda radical sobre o PT leva a uma variedade de abordagens contraditórias: algumas delas capacitam ainda mais o partido para reproduzir sua base eleitoral, outras, contraditoriamente, despolitizam na tentativa de politizar.

A competição interna da esquerda radical também é reforçada sem um diálogo construtivo, e as mobilizações acabam instrumentalizadas para afirmar uma base sem estratégias claras do que deve ser alcançado.

Esta seção apresenta alguns exemplos concretos do que considero sintomas melancólicos na esquerda radical.

O medo e a ansiedade causados pela falta de síntese coletiva geram uma supervalorização de pequenas vitórias, na esperança de que elas superem as derrotas significativas ou passem a impressão de que a esquerda tem mais força.

O foco em uma política de performances é justificado como agitação, porém se enquadraria mais em uma técnica de publicidade, pois consiste menos em comunicar uma ideia concreta para a massa, como orientou Lenin, e muito mais em trabalhar com percepções midiáticas e discursivas da correlação de forças.

Muitas vezes, isso se traduz na preocupação com mostrar poder de convocatória em vez de construir poder de convocatória. Enquanto o primeiro pode ser trabalhado através de imagens e cálculos, o segundo depende de trabalho prévio, o mesmo que a esquerda radical encontra dificuldades para executar.

Ademais, como Lenin também postulava, a questão nunca foi de agitação ou propaganda, mas agitação e propaganda, e as ações de mobilização da esquerda através de significados comuns dependem da sua capacidade de difundir o trabalho teórico na classe trabalhadora.

Todavia, como mencionei anteriormente, um dos elementos da crise de práxis passa justamente pela contenção da teoria em círculos específicos na esquerda, sejam os intelectuais academicistas ou a vanguarda burocrática.

Esse panorama do foco na convocatória se apresentará conjuntamente na esquerda radical, mas também na moderada.

A aparência de maior presença na esquerda radical se dá porque a esquerda moderada foi governo por 13 anos.

Todavia, após o golpe, e até mesmo um pouco antes, passa a ser possível observar comportamentos organizacionais na esquerda que Jodi Dean associa com a mania freudiana, através de atividade incessante. Mais uma vez, *Luto e Melancolia* nos servem como referência:

> A CARACTERÍSTICA MAIS NOTÁVEL DA MELANCOLIA, E AQUELA QUE MAIS PRECISA DE EXPLICAÇÃO, É SUA TENDÊNCIA A SE TRANSFORMAR EM MANIA — ESTADO ESTE QUE É O OPOSTO DELA EM SEUS SINTOMAS. COMO SABEMOS, ISSO NÃO ACONTECE A TODA MELANCOLIA. ALGUNS CASOS SEGUEM SEU CURSO EM RECAÍDAS PERIÓDICAS, ENTRE CUJOS INTERVALOS SINAIS DE MANIA TALVEZ ESTEJAM INTEIRAMENTE AUSENTES OU SEJAM APENAS MUITO LEVES. OUTROS REVELAM A ALTERAÇÃO REGULAR DE FASES MELANCÓLICAS E MANÍACAS QUE LEVA À HIPÓTESE DE UMA INSANIDADE CIRCULAR.[409]

Baseada nessa relação, Jodi Dean escreve o seguinte sobre melancolia e gozo na esquerda, aqui pensando diretamente na esquerda melancólica descrita por Benjamin e que identificamos na esquerda moderada:

> AGORA SE SATISFAZ COM CRÍTICAS E INTERPRETAÇÕES, PEQUENOS PROJETOS E AÇÕES LOCAIS, QUESTÕES PARTICULARES E VITÓRIAS LEGISLATIVAS, ARTE, TECNOLOGIA, PROCEDIMENTOS E PROCESSOS. ELA SUBLIMA O DESEJO REVOLUCIONÁRIO EM PULSÃO DEMOCRÁTICA, EM PRÁTICAS REPETITIVAS OFERECIDAS COMO DEMOCRACIA (SEJA REPRESENTATIVA, DELIBERATIVA OU RADICAL). TENDO JÁ CONCEDIDO À INEVITABILIDADE DO CAPITALISMO, ELA ABANDONA VISIVELMENTE "QUALQUER PODER IMPRESSIONANTE CONTRA A GRANDE BURGUESIA", PARA RETORNAR À LINGUAGEM DE BENJAMIN. PARA TAL ESQUERDA, O GOZO VEM DA SUA RETIRADA DA RESPONSABILIDADE, DA SUBLIMAÇÃO DE METAS E RESPONSABILIDADES EM PRÁTICAS SEGMENTADAS E FRAGMENTADAS DA MICROPOLÍTICA, DO AUTOCUIDADO E DA CONSCIENTIZAÇÃO SOBRE PROBLEMAS. PERPETUAMENTE MENOSPREZADA, PREJUDICADA E DESFEITA, ESTA

---

[409] Freud, "Mourning and Melancholia"

ESQUERDA PERMANECE PARALISADA NA REPETIÇÃO, INCAPAZ DE ROMPER OS CIRCUITOS DE PULSÃO EM QUE ESTÁ PRESA, INCAPAZ PORQUE GOSTA DELES.[410]

Essa descrição refere-se adequadamente à substituição de esforços revolucionários na micropolítica moderada e cotidiana, que, embora com importantes benefícios materiais para a base imediata envolvida, perde o potencial por falta de foco sistêmico e serve para manter o consentimento e a lealdade na base já estabelecida.

O pouco potencial para aumentar a base por meio da politização e do enfrentamento de desafios maiores é tolerado pelo conforto da base limitada, todavia leal, mas falha ao subestimar a volatilidade da base eleitoral.

Isso passou, por exemplo, em fortalecer micropolíticas de resiliência para o MST, como cooperativas e associações, que são importantes, mas que ocorreram em troca de políticas que poderiam ter fortalecido ainda mais o movimento, de políticas amplas de fomento à própria reforma agrária.

O mesmo pode ser dito sobre as escolhas corporativistas no setor sindical que podem favorecer uma categoria de trabalhadores em detrimento de uma luta mais ampla, que segmenta a classe trabalhadora e cria obstáculos à politização e à mobilização necessárias para promover a ação coletiva no nível de uma greve geral ou uma luta organizada pela redução da jornada de trabalho.

Ferida pela "inevitabilidade do capitalismo", essa esquerda admite causas menores que melhorarão os padrões de vida da base, e um pouco além dela, mas sem perspectivas de transformação radical.

Falha por supor que essas garantias poderão ser defendidas pela permanência institucional da esquerda moderada no Estado, sendo que não pôde permanecer e tampouco conseguiu garantir essa segurança durante sua permanência (ex.: o segundo mandato de Dilma e a agenda de austeridade).

O problema com a melancolia é que, embora a da esquerda radical difira na fonte e no raciocínio em relação à da esquerda moderada, seus sintomas podem ser semelhantes.

O histórico de derrotas enfrentadas pela esquerda radical, por causa da despolitização e da barreira que é o PT quando se trata de liderança, mobilização e organização (inclusive quando os governos do PT

---

[410] Dean, *The Communist Horizon*, 174.

negociaram com movimentos de esquerda radicais de má-fé), aumenta a saudade de vitórias sistêmicas e locais.

A diferença é que vitórias locais e pequenas são mais atingíveis e ajudam a sustentar a base com a promessa de mais melhorias e um retorno para a sua luta diária.

Economias solidárias e cooperativas locais podem ser tão progressistas quanto às instituições de orçamento participativo em termos de capacitação da comunidade, melhoria de acesso e transparência sob democracia deliberativa e avanço social imediato para as partes envolvidas.

Além do fato delas servirem como pontes de resistência e solidariedade sob governos repressores, mas se transformadas em pilares de esquerda enquanto estratégias e não em táticas, essas soluções frequentemente contribuem ao fatalismo sobre a onipresença do sistema capitalista – e distraem dos desafios sistêmicos impostos às pessoas em geral, não apenas aos poucos organizados nos movimentos e partidos que promovem essas estratégias.

No caso da esquerda moderada, essas práticas se tornam ferramentas para manter a base à distância e conectadas às iniciativas políticas e de liderança das organizações.

Quando na institucionalidade, a luta é reduzida e despolitizada para pacificar as demandas e manter a base.

No caso da esquerda radical, essas ferramentas fornecem acesso suficiente às melhorias materiais e à participação democrática para manter a base esperançosa, dedicada e mobilizada para a luta, mas não conseguem alcançar o potencial politizador desejado, tão necessário na esquerda radical.

Os moderados e os radicais de esquerda fazem uso das pequenas vitórias de maneiras diferentes.

Enquanto a esquerda radical geralmente tem um objetivo maior, mas tem que se estabelecer e celebrar pequenas concessões dada uma real correlação de forças desfavorável entre austeridade e desigualdade, a esquerda moderada estabelece um padrão de metas rebaixadas e oferece concessões ao governo de esquerda moderada em troca, apesar dos interesses da classe trabalhadora.

Um exemplo foi quando a CUT e o MST desmobilizaram sua base quanto à participação dos protestos contra a Copa do Mundo (incluindo aqueles motivados pela morte de trabalhadores da construção civil e remoções nas cidades) para proteger a reputação do governo Dilma.

Mesmo nos dias atuais, a reação da esquerda moderada é culpar até mesmo essas mobilizações, as quais não contaram com a elite brasileira, que estava enclausurada nos estádios xingando a presidenta, pela onda conservadora.

Para a esquerda moderada melancólica, é preferível também culpar as mobilizações contra suas ações contraditórias a admitir o peso de sua contradição na alteração da correlação de forças que prejudicou a permanência do governo petista.

Quanto à luta organizada da esquerda radical, é possível ver como pequenas vitórias são celebradas como se fossem grandes.

Às vezes, após uma ocupação do MTST, as famílias que ocupam o terreno seriam "convidadas" a sair sob a premissa de que o governo haveria assinado um acordo para expropriar o terreno para programas habitacionais.

No entanto, havia poucas garantias além de atas de negociação, e a viabilidade dos projetos ainda dependeria dos recursos liberados do Minha Casa Minha Vida.

Mesmo assim, para evitar o desânimo das famílias após as dificuldades da ocupação, era preferível entender a situação como uma vitória.

Enquanto há razão inclusive para a moral do movimento de projetar vitórias nesse sentido, o problema se estabelece quando essa lógica passa para outras ações da esquerda radical, especialmente aquelas com objetivos menos concretos e tangíveis. Isso é notável principalmente nos atos e manifestações.

Além do foco em performances como o fazer político, atos regulares convocados por frentes e lideranças ofereceriam a sensação de que a esquerda não estava parada e que agia contra os retrocessos, especialmente na fase Fora Temer, que durou, principalmente, entre o final de 2016 e o primeiro semestre de 2018.

Essa lógica se estabelece no fetiche do espetáculo da esquerda que, ciente de sua baixa capacidade de mobilização no último período, estabelece as ruas como campo de disputa com a direita, mas acaba substituindo o meio pelo fim.

Durante os atos do Fora Temer, era notável a fadiga de muitos militantes, que participavam das manifestações mais pela regularidade do que pela possibilidade de garantir vitórias concretas frente às políticas de Temer, quiçá realmente derrubá-lo.

Mesmo o momento em que a esquerda chegou mais perto de abalar as estruturas do governo Temer, entre a paralisação (Greve Geral) de abril de 2017 e o Ocupa Brasília, um mês depois, passou por disputas midiáticas quanto ao número de participantes para garantir a impressão de que a esquerda havia retomado sua capacidade de mobilização em massa.

Era evidente para lideranças veteranas da esquerda que não havia 250 mil pessoas no Ocupa Brasília, ainda mais para aqueles que conhecem bem o trajeto de manifestações no gramado da Esplanada dos Ministérios.

Mesmo assim, as notícias deveriam ser de grande vitória em números para compensar a derrota final de mais de quatro horas de gás lacrimogêneo, balas de borracha, bombas de efeito moral e até disparos de armas de fogo efetuadas pela polícia naquela data.

Quando eu indagava a lideranças sobre o porquê dos números serem incompatíveis com a realidade, as respostas eram de duas naturezas: uns diziam que era pela "agitação," já outros repetiam que eu deveria estar enganada, pois os números eram realmente massivos.

Logo no começo do capítulo eu mencionei a ponte entre o estado melancólico e o desenvolvimento de delírios de inferioridade.

Esses delírios podem ser alimentados pelo fatalismo e pela inação, mas em períodos de mania dependem da crença na efetividade da ação incessante. Por não confrontar sua crise de práxis como o nível de autoexame necessário, a esquerda busca satisfazer seus anseios por hegemonia através de pequenas doses de hegemonia nas ruas, muitas vezes com convocatórias a esmo.

Quando essa hegemonia nas ruas se mostra nada hegemônica, com números nos poucos milhares, bastaria, então, aplicar uma embalagem engrandecida com discursos de balanço favoráveis.

Isso será visto no enquadramento de negociações fracassadas com o governo em torno de demandas imediatas como "prometedoras", no elogio do potencial político e mobilizador de uma multidão mesmo que ela estivesse pequena ou pouco envolvida com as demandas – ou nos balanços pré-escritos de campanhas eleitorais como vitoriosos, "apesar da derrota eleitoral".

Embora esses quadros possam cumprir uma função de encorajamento, também resultado contrário ao esperado, dando a impressão de que o nível atual e a qualidade dos esforços são suficientes para atrair multidões para as ruas e fazer parecer que o engajamento já é alto.

Há também outra razão para o foco em performances nas ruas e nas manifestações com carros de som, grandes balões, faixas e bandeiras e discursos apaixonados.

Num momento em que a esquerda não consegue se coordenar para formar sínteses entre suas conclusões do passado e seus projetos do futuro, ainda mais com debates confinados aos acadêmicos ou atropelados pelo sectarismo, as ruas apresentam um dos poucos espaços em que acordos mínimos resultam em algum tipo de ação.

A esquerda reconhece que precisa oferecer respostas para a conjuntura, mas com sua práxis falha, as manifestações oferecem visibilidade e coordenação pontual que respondem, pelo menos, à própria esquerda e sua ansiedade por vitórias.

No entanto, seria ideal se o processo de mobilização, tão necessário para atingir objetivos de uma política radical, fosse pensado de acordo com uma estratégia de ação.

Isso evitaria a banalização do ato e do sentido de tomar as ruas. Evitaria também a fadiga militante presente nas marchas do ponto A até o ponto B, nas quais se clama determinadas palavras de ordem sem saber se, após o ato, todos terminariam no bar ou em uma delegacia, após uma rodada de gás lacrimogêneo.

CAPÍTULO 10   A LÓGICA DA FRAGMENTAÇÃO

Enquanto o fenômeno da melancolia ajuda a explicar a fragmentação de esquerda no Brasil no nível das formulações políticas, táticas e estratégicas, é importante também compreender os elementos práticos da fragmentação no nível organizacional da esquerda.

Isso ocorre porque a esquerda radical não é fragmentada apenas em termos de objetivos, mas também como múltiplas organizações que ainda tendem a cisões e ruptura do diálogo interno, em vez de fusões ou alianças coordenadas.

Esse é, sem dúvida, o caso sempre que as forças de esquerda em todo o mundo são confrontadas com a crise, seja ela relacionada à ascensão do fascismo, traição interna, despolitização, seja uma crise de representação em meio à renovação capitalista.

É importante discutir a fragmentação da esquerda no Brasil, nesse caso particular, porque o estado atual de fragmentação, ao contrário da esquerda fragmentada durante a ditadura militar e antes dela, enfrenta desafios particulares expostos em Junho de 2013 e agravados pela eleição de Jair Bolsonaro em 2018 e suas promessas de criminalização da esquerda.[411]

Por causa da fragmentação, a esquerda radical tem dificuldade em ressoar com as multidões que espera representar e apresentar uma alternativa coesa às falhas do PT.

Além disso, as cisões que se seguiram à fundação do PT representam mais do que um firme desacordo em relação à ruptura política, já que ainda carregam a marca melancólica de ressentimento, confusão e vontade de fornecer alternativas imediatas à base sem considerar o processo árduo de transformação dessa base.

Isso também contribuiu para a renovação hegemônica da direita, que conseguiu aproveitar os benefícios da despolitização e desmobilização dos anos de governo petista e incentivar também o fenômeno antiesquerda.

Com a fragmentação e a melancolia, a esquerda radical demorou a reagir, embora o progresso possa ser identificado em setores como os movimentos estudantis, de moradia, e na atuação nos movimentos antiopressão, sobretudo nas articulações feministas

---

[411] Essas promessas passam tanto por afirmações como aquela feita em vídeo antes das eleições sobre prisão ou exílio, quanto o PL 5358/2016 de autoria de Eduardo Bolsonaro.

que buscam se integrar à esquerda, apesar dos esforços empreendidos por alguns grupos em desqualificar tais pautas como meramente identitárias.

Não são raras as ocasiões em que esses grupos afirmam que as mulheres, ou o movimento negro estão dividindo a classe trabalhadora e a esquerda.

Assim, insistem em negar a importância de abraçar essas pautas, pois elas vão além da identidade e trabalham, sobretudo, com o combate material à opressão.

Como consequência, o conflito acaba, sim, gerando fragmentação, mas na ponta contrária do debate dessas pautas e que, em razão do isolamento provocado a muitas mulheres, pessoas negras e LGBT, acabam mantendo o debate majoritariamente nas mãos das alas liberais do feminismo, movimento negro e LGBT.

Esse contexto sugere que a fragmentação interna da esquerda brasileira é demasiadamente complexa e precisa ser tratada como tal antes que um ideal de unidade possa ser desenvolvido.

O Partido dos Trabalhadores foi fundado com base na premissa de acordos mínimos entre as organizações de esquerda no Brasil, para que o trabalho político progredisse de acordo com esses princípios básicos e tudo o mais fosse determinado de acordo com as disputas internas no horizonte do partido.

Embora ideal, do ponto de vista de uma unidade geral de organizações diversas e distintas na esquerda – isto é, unidade heterogênea –, o histórico de traição, burocratização e crises de democracia interna dentro do partido gerou uma série de cisões.

Além do mais, esses "vícios" presentes no PT se espalham pelas organizações de esquerda no geral, não sendo possível para a esquerda radical alegar completa virtude em relação ao petismo.

Aqui, exploro tanto a lógica que impede a formação de sínteses como o conteúdo substancial de muitos dos dilemas que dividem a esquerda.

A LÓGICA DA CISÃO

As cisões são eventos muito comuns na história da esquerda global, desde pequenas organizações até as internacionais comunistas.

Elas também têm sido uma constante na história da esquerda brasileira, com períodos de fragmentação mais ou menos intensa.

Temos cisões como a do PCB, que levou à criação do PCdoB. E temos, mais recentemente, uma sequência de cisões dentro do PT e para fora do PT, dentro do PSOL e para fora do PSOL, assim como para fora do PSTU.

Há também cisões sindicais e em movimentos sociais, mas as cisões nos partidos, como costumam lidar com a questão de horizonte político e projeto de sociedade, acabam sendo mais complexas.

A fundação do PT levou a um breve período de unidade e estabilidade na esquerda brasileira, com um número considerável de organizações atuando diretamente dentro do partido como tendências e outras colaborando com ele durante campanhas e períodos eleitorais.

Inclusive organizações que se opunham à criação do PT, pelo tipo de colaboração vivenciada na década de 1980, mantinham certa unidade de ação na tentativa de responder às necessidades e demandas da base da esquerda em geral.

Havia sido um período de baixa fragmentação nos níveis organizacional e de consciência.

As cisões eram menos comuns do que são hoje na esquerda, porque se tratava de uma lógica de unidade estratégica em torno do PT, apoiada por uma variedade de setores progressistas no Brasil, de organizações camponesas a Igreja Católica ligada à Teologia da Libertação, ou mesmo unidade estratégica apesar do PT.

A despolitização fragmenta a consciência de classe no Brasil, mas é importante estabelecer que cisões podem ocorrer na esquerda quando há também uma consciência de classe coesa considerável.

Nesses casos, as cisões decorrem de situações mais organizacionais, como problemas de democracia interna, vanguardismo, disputas de figuras públicas e conchavos.

O caso em questão no Brasil é mais complexo, porque coloca o desafio de tentar recuperar a já difícil unidade no nível de vanguarda, quando a própria classe não tende a essa unidade, mas é fragmentada e propensa à cooptação.

Esse cenário enraíza uma lógica de cisão impregnada das dificuldades que a esquerda encontra para se pautar com seus projetos, ao mesmo tempo que grande parcela da população não se sente representada por nenhuma esquerda e, de fato, rejeita a esquerda e suas organizações.

Em vez de trabalhar internamente os problemas estratégicos para apresentar uma alternativa coesa à classe, como, por exemplo, através de posturas democráticas mais internas, debate aberto, canais de diálogo com a base e a base de outros movimentos, ouvindo vozes que muitas vezes são silenciadas por uma liderança burocrática, a esquerda encontra-se dividida e fragmentada em um esforço para filtrar o que cada grupo sente ser a personificação mais "autêntica" que seria reconhecida pelo povo para representá-los.

As várias mensagens chegam à classe trabalhadora de forma desconectada, e até mesmo contraditória, o que dá a impressão de que a esquerda, em sua normalidade, disputa mais entre si do que com a direita.

Ao mesmo tempo, a própria ideia de unidade passa por idealizações que silenciam o contraditório e impedem sínteses.

Já vimos como a melancolia molda essa idealização, mas a lógica da fragmentação, ou lógica da cisão, também o faz ao tratar unidade e frente de ação como uma questão de hegemonia do espaço pela organização e/ou liderança que tiver mais aparato e visibilidade.

A unidade ideal da esquerda corresponde à base e às organizações, de modo que a unidade de um nível é construída levando em conta a coesão do outro.

Isso implica que mesmo uma vanguarda unida na esquerda radical consistiria em unidade artificial se não fosse baseada na criação de coesão em termos de consciência de classe por meio da politização.

Sem a unificação da consciência contraditória da classe, a tendência é politizar através de nichos (por exemplo: trabalho organizado no setor automotivo, então trabalho organizado no setor educacional, depois aqueles na periferia demandando moradia) de uma forma que pode ser perigosamente economicista, voltada para interesses econômicos imediatos da categoria e que são facilmente cooptados pela classe dominante em momentos de crescimento econômico.

A articulação por categorias também impõe dificuldades à construção de solidariedade ativa entre esses vários grupos, sendo que sua interação passa a ser em atos e paralisações, e não no cotidiano da construção anticapitalista.

A atual fragmentação da classe e a contínua abordagem de suas demandas de forma pontual, isolada, ou economicista contribui para que a fragmentação de um lado também seja vista no outro.

Assim, pouco adianta falar de unidade de esquerda no Brasil se a visão de unidade considerada não é a ideal, mas a idealizada.

Unidade se constrói, não pode ser imposta. É preferível certo nível de fragmentação na esquerda do que uma unidade imposta de cima para a baixo e que continue reproduzindo tantos outros vícios também presentes nas fases mais nocivas de fragmentação.

O problema é que, no interregno, as esquerdas brasileiras estão tão longe de uma unidade ideal, que enquadrarei posteriormente como esquerda-mosaico, caracterizada por uma fragmentação construtiva, ou seja, que busca sínteses e promove trabalho de base conjunto, não apenas para a sua organização.

Ao contrário, a fragmentação atual é voltada para construção interna, as frentes e as alianças são construídas artificialmente e/ou impostas pela conjuntura, e, em vez de sínteses, impera a lógica da cisão.

O problema colocado pela lógica da cisão é que cada uma delas é pensada em relação à organização materna.

O grupo que sai se pensa mais revolucionário, mais radical, mais preparado, enquanto o grupo que fica se pensa mais consistente, mais coeso, detentor da verdade original.

Talvez isso lembre a relação melancólica da esquerda radical para com o PT, e não por acaso. A lógica da cisão também é melancólica, e a melancolia sustenta a lógica e a reproduz.

É preciso ver que, a cada cisão, tanto a nova organização quanto a organização materna saem do processo como fragmentos mais fracos (em termos de números e novos desafios), e não estão isentas da dificuldade de apresentar uma alternativa e politizar a classe sobre a adequação dessa alternativa.

A ideia de que um fragmento se tornará o representante mais autêntico em si e corresponderá às demandas e necessidades da classe para crescer e tornar-se hegemônico na esquerda é, frequentemente, cheia de fantasias de vanguarda de dirigir a revolução.

Ela impõe uma lógica de cisão na esquerda, porque propõe que um pequeno grupo pode liderar com sucesso um grande grupo a partir de uma posição hegemônica, como se esse grande grupo fosse coeso em primeiro lugar (ou como se sua politização ocorresse de forma coesa), sem as disputas, honestas e desonestas, de outros fragmentos que também se promovem como representantes autênticos.

Em vez de uma alternativa de esquerda radical, a classe se depara com uma miríade de alternativas, que são abraçadas e rejeitadas de acordo com os diferentes níveis de consciência presentes, de acordo com os aparatos de cada uma, e de acordo com a penetração de cada uma na classe diante da despolitização e mobilização antiesquerda.

A lógica da cisão é predominante na esquerda radical, mais do que na esquerda moderada que permanece hegemonizada pelo PT, porque até mesmo a posição hegemônica dentro da esquerda radical está em disputa.

As discussões sobre uma frente ampla para preencher esse espaço simplesmente não avançam, pois, mesmo assim, os fragmentos da esquerda consideram a construção da frente na perspectiva de qual organização deveria hegemonizar a frente e/ou já preocupadas em ver seu esforço ser cooptado ou apropriado por outra organização com maior aparato.

Isso também é observado nos conflitos sobre frente ampla política em outras partes do mundo, como Espanha, Grécia[412] e até mesmo Portugal – o que, mais uma vez, coloca em jogo o chamado de unidade de esquerda de Boaventura Sousa Santos, que passa tanto pelos acordos eleitorais de partidos disputando o parlamento na Europa.[413]

No Brasil, onde o presidencialismo apresenta ainda mais desafios que as coalizões parlamentaristas, a análise chega a ser irreal.

Todavia, mais ainda, por considerar não a unidade real, mas a unidade idealizada, que mistura vanguardismo com populismo (apesar da crítica rasa de Sousa Santos acerca da inexistência de um populismo de esquerda, porém, sem explicação sobre por que a análise desse populismo seria absurda).

Portanto, não é surpreendente ver como essa expectativa tem um efeito particularmente paralisante na esquerda radical brasileira, onde sugiro que a consciência de classe é significativamente mais fragmentada e desmobilizada do que nos cenários espanhol e grego.

Em vez de pensarem em frentes amplas com sinergia como princípio, a partir do acúmulo de atuação de cada organização, a ideia passa muito mais por disputar a atuação do outro, o que gera um ciclo vicioso que acaba desmobilizando as frentes criadas, passando longe de considerar sínteses mais ousadas de projetos permeadas por autocrítica.

---

[412] Particular sobre Syriza e Podemos. Curiosamente, os conflitos entre o Syriza e o KKE, por exemplo, tendem a se replicar no Brasil na crítica do PCB (o equivalente do Brasil ao KKE) do PSOL (sendo um partido amplo como o Syriza).

[413] Santos, *Esquerdas Do Mundo, Uni-Vos!*.

A questão é que, com a lógica da cisão, em vez de sinergia, acabamos tendo redundâncias, inclusive com a organização maternal e a organização que rompe disputando a mesma base por um considerável período de tempo.

É digno de nota, também, que a lógica da cisão não se manifesta sempre com cisões organizacionais, mas, muitas vezes, através da promoção de obstáculos e impedimentos ao diálogo dentro de uma determinada organização ou ambiente político.

Nessas circunstâncias, a lógica está presente por meio do desejo acrítico de um grupo disposto a manipular processos e cooptar lideranças/bloquear a participação de outros a fim de garantir sua hegemonia artificial sobre a situação.

Experiências desse tipo são frequentes em congressos partidários, e há dezenas de relatos sobre acordos artificiais e até mesmo decisões tomadas na base da gritaria nos congressos e plenárias de partidos como o PT e o PSOL.

Isso não impede a mesma lógica de afetar partidos com centralismo democrático, e as disputas que antecederam e sucederam a cisão do PSTU, em 2016, que levou à organização hoje chamada Resistência demonstram como cada cisão gera uma variedade de outros conflitos que não são resolvidos no ato do rompimento.

FRAGMENTAÇÃO E DESPOLITIZAÇÃO

A cisão é natural à história da esquerda mundial, mas seu impacto pode ser especialmente danoso durante crises de autoridade.

Nesse contexto, elas não são simples rupturas, mas também tem contribuído para o entrincheiramento de uma visão despolitizada da esquerda, já que criam obstáculos à percepção da esquerda como um espaço coerente da política e às oportunidades concretas de construir coerência através do diálogo em direção a uma alternativa.

De acordo com Murray EG Smith, as cisões enfrentadas pelo movimento trotskista na era soviética foram responsáveis por enfraquecer a capacidade do movimento de se apresentar como uma alternativa à ala stalinista na época.[414]

---

[414] Murray E G Smith, *Marxist Phoenix: Studies in Historical Materialism and Marxist Socialism* (Toronto: Canadian Scholars' Press, Incorporated, 2014), 245.

Eu argumento que o mesmo pode ser dito sobre a esquerda radical no Brasil, e não apenas as organizações trotskistas, mas toda a esquerda socialista.

As cisões no Brasil prejudicaram a possibilidade de a esquerda radical se posicionar como um terceiro campo (em vez de múltiplos campos alternativos que, em disputa, não ressoam com as multidões em um momento de alta despolitização e sentimento antiesquerda) e fragmentam ainda mais as táticas políticas, estratégias e programas na esquerda radical.

Isso significa que, embora existam cisões que levam a múltiplas organizações que ainda mantêm políticas socialistas semelhantes, mas diferem em estruturas e abordagens práticas, há também cisões que resultam em divisões evidentes entre a política da organização "mãe" e as novas tendências, grupos e frações.

Ambos os casos podem ser identificados no Brasil. Por exemplo, as cisões envolvendo tendências do PSOL, como a APS-US e a APS-NOVA Era, cujas diferenças programáticas e de atuação se acentuaram, mas que ainda são gerenciadas dentro do mesmo partido, enquanto a cisão que levou à criação do PSTU foi baseada na formação de um partido radicalmente diferente do PT – o que também pode ser atribuído à forma como a CS já se via como uma fração pública dentro do PT.[415]

O primeiro tipo de cisão mantém as organizações dentro do mesmo horizonte tático, embora a visão estratégica e de sociedade possa diferir, enquanto o segundo tipo é de uma natureza mais fragmentada, que requer que sejam vistas alternativas completamente diferentes.

Smith vê o segundo tipo como um problema relacionado às tendências trotskistas e as subsequentes dificuldades de se promoverem como uma alternativa ao stalinismo.

Esse tipo de fenômeno em torno de cisões demonstra que o desafio é interpretar a realidade de maneira um tanto coesa e também propor alternativas que sejam reconhecidas e abraçadas pelas multidões que a esquerda tenta interpelar (assim como as respectivas bases de cada fragmento organizacional).

Quanto mais cisões e divisões ocorrerem, mais difícil será formular um projeto coeso para apresentar a multidões fragmentadas que a esquerda espera transformar em um sujeito político coeso.

---

[415] Fernandes, "Conjunto de Entrevistas de Campo (2014-2016)".

A alternativa que resta é autofagia e hegemonização de algumas poucas organizações, de modo que elas possam disputar a liderança da esquerda de acordo com seu aparato, de organizações de base com recursos financeiros até representantes eleitos, e não necessariamente por terem feito as melhores sínteses.

No Brasil, isso apresenta o problema do PT, não simplesmente porque a maioria das cisões atuais saiu do Partido dos Trabalhadores, mas também devido à interação viciosa entre a fragmentação e o ciclo de despolitização que favorece alternativas de direita em vez do desejado engajamento com a esquerda autêntica.

Isso nos leva a considerar a relação entre fragmentação e despolitização em quatro casos particulares em termos das multidões que a esquerda está tentando interpelar, particularmente no contexto de Junho de 2013 e a crise da representação.

As multidões inclinadas à esquerda, aquelas atormentadas ou pelo antipetismo embora também posicionadas à esquerda, as pós-políticas e que rejeitavam o debate ideológico de projetos políticos e, por fim, as multidões interpeladas pela direita e que hoje se enquadram como antiesquerda e anticomunistas.

Curiosamente, é preciso pontuar, muitas organizações de esquerda nem consideram a tentativa de diálogo com qualquer multidão se não a primeira.

É o caso daquelas que enquadraram todos os eleitores de Bolsonaro como conservadores ou fascistas e, mais ainda, aquelas que consideram toda pessoa capturada pelo antipetismo como tão inimiga de classe quanto à cúpula da classe dominante.

Tal leitura não somente negligencia o todo da classe trabalhadora e a dinâmica da exploração capitalista na sociedade global, falhando em enxergar as relações de classe em termos dos meios de produção, como é também estúpida: se fosse tal o caso, seria melhor a esquerda se retirar e aceitar derrota, pois estaria se recusando a fazer a disputa ideológica da maioria da sociedade.[416]

Vale mencionar que essa postura não é fruto do mero acaso, mas passa também por construções teóricas dessas organizações.

---

[416] Bom, isso, ou seria a esquerda mais autoritária que pensa que com alguns grupos de trabalhadores em setores estratégicos poderá transformar o sistema econômico, apesar da consciência e existência do restante da sociedade.

No caso do PT, a rejeição a todos aqueles que participam de posições antipetistas não é somente fruto de uma reação aos ataques antipetistas.

Isso se relaciona com como o PT se recusa a examinar seu papel na geração dos lastros do antipetismo.

Também se relaciona com uma leitura cada vez menos influenciada pelo marxismo para compreender as relações de classe sob o capitalismo, já que os intelectuais petistas costumam investir cada vez mais em compreensões weberianas ou bourdieunianas dessas relações, muitas vezes vendo classe como um produto da dimensão cultural.

Um elemento disso pode ser notado no já estabelecido histórico de tensões entre análises de intelectuais do PT e a classe média brasileira.

Por outro lado, existem organizações, sobretudo na esquerda radical, que interpelam multidões somente caso haja absoluta afinidade. Isso quer dizer que, no caso de Junho de 2013, as multidões pareceram interessantes até o momento em que elas demonstraram não ter nenhum interesse naquelas organizações.

Essa falta de afinidade imediata significaria, para a vanguarda, que seriam multidões reacionárias, agentes da direita, e não a classe trabalhadora autêntica e revolucionária.

O problema dessa visão continua o mesmo que pragueja a esquerda brasileira já há muito tempo de forma melancólica: a expectativa de bases prontas, e não bases que precisam primeiro ser interpeladas, trabalhadas e, aí, organizadas.

Sobre os quatro casos de Junho que mencionei, poderia dizer que, no primeiro, o estado atual de fragmentação da esquerda operou como um obstáculo para transmitir um projeto alternativo coeso a essas multidões.

É o caso, por exemplo, da base eleitoral que deixou o PT (por traição e/ou percepção de corrupção), mas não votou ou se alinhou com o PSOL, o PSTU ou o PCB.

No caso do PSOL, seus atributos de partido pequeno, com pouca força política, ligado às classes médias e às universidades (em oposição à associação do PT com a classe trabalhadora industrial e mesmo o campesinato) ou de radical demais para o pleito eleitoral criaram obstáculos para sua projeção como representante desse segmento.

Para mudar essa perspectiva, o partido teria que abordar essas questões a partir de Junho de 2013, já que é difícil se revelar às multidões durante períodos de turbulência e disputas diretas sem contato prévio e (percebido como recém-chegado ao espectro da política de esquerda de massa).

Além disso, caso o PSOL realmente não queira ser outra versão do PT em termos de foco eleitoral, o partido não pode simplesmente apelar a essa base: precisa transformá-la, de base eleitoral para base organizada. Isso demonstra como a relação prévia e o trabalho contínuo são importantes para que a esquerda possa representar uma base.

Não basta dizer as palavras certas, muito menos o que a multidão quer ouvir, pois isso poderia levar à reprodução da despolitização.

É preciso criar laços de confiança e solidariedade autênticos, de modo que esses laços também transformarão a multidão em base. Em Belo Horizonte, o próprio PSOL e a esquerda organizada, como as Brigadas Populares, conseguiram manter mais da direção de Junho de 2013 por conta de experiências passadas de organização de massa na região, do Fora Lacerda às ocupações.

Isso demonstra como a crise de representação ocorre não simplesmente por questões da conjuntura, mas também pelo distanciamento das organizações de esquerda das multidões que deveria interpelar e transformar em base.

O caso em que o antipetismo está presente tem agravamento particular para o PT, mas também impacta a esquerda que é vista como minoritária ou até mesmo irrelevante ou demasiadamente ligada ao PT.

Trata-se das multidões que têm afinidade com questões progressistas, seja direito à moradia ou investimento em serviços públicos, mas cujo antipetismo impede de reconhecer qualquer das organizações radicais de esquerda como canais legítimos por sua indignação e luta.

Com a ampliação da traição do PT após as eleições de 2014, quando Dilma Rousseff começou a implementar uma série de ataques à classe trabalhadora através de um programa de austeridade, o desafio da esquerda radical fragmentada para politizar cresceu em tamanho e dificuldade.

Não se tratava simplesmente de separar-se do antipetismo das multidões em geral, mas também considerar o dano do antipetismo durante o trabalho de construção de base em áreas onde a ideologia de esquerda estava agora associada a mentiras, negligência e corrupção.

O crescimento do antipetismo entre Junho de 2013 e 2015 também é um crescimento na deslegitimação de demandas e propostas da esquerda como um todo.[417]

Daí o desafio da esquerda radical de contornar o antipetismo, criticando o PT, todavia sem engajar também no antipetismo, que se volta contra ela.

Contornar o crescimento do antiesquerdismo não é uma tarefa fácil. Embora haja um antipetismo muito despolitizado que foi instrumentalizado pelas forças direitistas para mudar o governo no Brasil, a razão pela qual o antipetismo cresceu tão rapidamente é porque também chegou a áreas onde o PT já foi hegemônico e esteve presente através da construção da base desde o início. Nessas áreas, o antipetismo é um sintoma de uma legítima frustração e desgosto com o projeto PT.

Isso se complica, porque tal sentimento é parte de uma mistura de leituras despolitizadas e desmobilizadas da conjuntura que foi trazida pelo modo de governo do PT, mas também pela forma como a grande mídia tem sido capaz de manipular informações ideologicamente para aumentar a contradição entre as consciências práticas e teóricas da classe trabalhadora.

A questão é que a esquerda radical precisa recuperar as experiências passadas de construção de base que pertencem ao PT e renová-las como fatores mobilizadores (ou o próprio PT deveria fazê-lo em termos das suas alas internas que levam a sério a ideia de refundação partidária à esquerda).

Porém, isso é quase impossível sob o atual estado, que combina fragmentação com o fenômeno antiesquerda; ou seja, no interregno marcado por despolitização e crise de práxis.

Isso nos leva ao problema de como a fragmentação da esquerda interage com as multidões pós-políticas, quase rejeicionistas da organização política e do debate ideológico, assim como aquelas que foram interpeladas pela direita através da ultrapolítica ou sempre estiveram no espectro da direita.[418]

As primeiras são multidões que não se identificam com a esquerda, mas se colocariam lado a lado se acreditassem que existe uma

---

[417] Mattos, "De Junho de 2013 a Junho de 2015: Elementos Para Uma Análise Da (Crítica) Conjuntura Brasileira", 106.

[418] Considerando aqui a maioria da sociedade que é capturada pela direita, mas cujos interesses de classe estariam diretamente alinhados à esquerda.

esquerda mais técnica e que se apresenta como uma alternativa aos governos do PT e à corrupção a ele associada, porém também generalizada na direita.

Pode-se dizer que, nas eleições de 2014, Marina Silva, localizada ao centro, apostou nessas multidões, mas logo perdeu por conta da prevalência da polarização. O mesmo ocorreu com Ciro Gomes em 2018, apesar de também ter sido afetado diretamente por uma disputa que ele fez com a esquerda moderada.

Essas multidões estão em uma esfera específica de despolitização na crise da representação: elas querem algo melhor, mas sua definição de melhor ainda é determinada de acordo com o senso comum.

O desafio de politizá-los é muito intenso, pois a rejeição está em toda parte: antipetismo, pânico moral em torno da corrupção, abordagens contraditórias sobre a importância dos recursos públicos *versus* liberalismo econômico, frustrações com o sistema eleitoral, que alimentou ambiguamente a contrarreforma política de Eduardo Cunha, e um flerte com a alternativa proposta pela direita de ordem, punição e uma redução neoliberal do Estado.

Devido a essas contradições, essa multidão às vezes trabalha contra as demandas de esquerda, mesmo tendo valores que poderiam ser enquadrados como progressistas. Ademais, essa multidão sente repulsa pelas disputas internas da esquerda, e é onde a lógica da cisão tende a atrapalhar não somente na intensidade da disputa, mas também pela confusão gerada na multidão entre disputa política e politicagem.

De acordo com as multidões capturadas e mobilizadas pela direita, elas são representadas pela elite e se mobilizam em favor dos interesses desta (sejam elas pessoas da elite ou não – majoritariamente não).

O desafio para a esquerda, especialmente a radical, é politizar as outras multidões contra o projeto de direita e apresentar um projeto alternativo que possa aproveitar expectativas e necessidades rumo a um projeto de esquerda.

Todavia, não se pode deixar a multidão interpelada pela direita como perdida, ainda mais em uma situação como a atual, em que tantas pessoas da classe trabalhadora foram capturadas pelo antipetismo e bolsonarismo.

Uma dificuldade é que as possibilidades de contra-ataque são diminuídas sob fragmentação, especialmente se as questões de divergência na esquerda radical puderem ser manipuladas e usadas em favor da direita.

Isso passa, sim, pelo cuidado que a esquerda radical deve ter para separar críticas ao PT dos ataques ao partido, mas também que o PT deve ter para não diminuir a importância de alternativas.

O problema é que, neste último caso, a fukuyamização de alternativas continua parte da prática dominante do PT, e a tendência é de haver piora, já que o partido está oficialmente na oposição ao governo Bolsonaro, sofrendo risco, inclusive, de perseguição e criminalização.

UMA ESQUERDA DIVIDIDA

A fragmentação da esquerda radical tem impacto direto na politização e despolitização da classe trabalhadora, pois influencia a capacidade de interpelar as multidões para se tornar um sujeito político (a classe mobilizada e organizada na formação de uma vontade coletiva).

Essa interpelação envolve a transformação da crítica atual e instâncias de resistência (contra-hegemonia) em um movimento mais permanente de "crítica sócio-histórica, cujo tema são agrupamentos sociais mais amplos – além das pessoas com responsabilidades imediatas e além do pessoal dirigente".[419]

Em uma perspectiva gramsciana, a politização envolverá a formação do bom senso, da sensatez da reflexão crítica sobre a realidade e sua implementação no lugar do senso comum.

A esquerda radical, embora consciente desse desafio, encontrou muitos obstáculos postos pela conjuntura, mas, em certos momentos, também lhe deu pouca importância diante das brigas de hegemonização da esquerda fragmentada.

Isso se traduzirá não somente na relação com a classe trabalhadora, mas também em problemas de organização. Gramsci escreve:

> TODOS OS PROBLEMAS DE ORGANIZAÇÃO SÃO PROBLEMAS POLÍTICOS. SUA SOLUÇÃO DEVE PERMITIR AO PARTIDO DESEMPENHAR SUA TAREFA FUNDAMENTAL DE ASSEGURAR QUE O PROLETARIADO ADQUIRA COMPLETA INDEPENDÊNCIA POLÍTICA, DANDO-LHE UMA FISIONOMIA, UMA PERSONALIDADE E UMA CONSCIÊNCIA REVOLUCIONÁRIA PRECISA, E DE IMPEDIR QUALQUER INFILTRAÇÃO

---

[419] Gramsci, *The Antonio Gramsci Reader: Selected Writings, 1916-1935*, 201.

OU INFLUÊNCIA DESINTEGRADORA DE CLASSES E DE ELEMENTOS QUE, MESMO QUE TENHAM INTERESSES CONTRÁRIOS AO CAPITALISMO, NÃO ESTEJAM DISPOSTOS A LEVAR A LUTA CONTRA ESTE ÚLTIMO ATÉ SUAS CONSEQUÊNCIAS FINAIS.[420]

As divisões na esquerda radical variam em natureza, mas podem ser categorizadas como divisões de um tipo teórico (por exemplo: marxistas-leninistas *versus* trotskistas, ou leituras sobre feminismo e movimentos antiopressão), de tipo tático (por exemplo: nível de envolvimento com o PT sob *governismo* nos últimos anos) e aquelas pertencentes a frações práticas na esquerda radical que estão mais frequentemente associadas ao sectarismo, vanguardismo e economicismo.

Algumas dessas divisões correspondem à pluralidade de pensamento e estratégia na esquerda radical, enquanto outras têm impacto direto no estado de fragmentação. Quanto mais elevado o estado de fragmentação, mais as divisões mesmo "saudáveis" podem ser usadas para alimentar o sectarismo e impedir a colaboração.

Quando perguntados sobre suas organizações, a maioria dos militantes com quem conversei fazia referência, em algum momento, às raízes teóricas e guias dessa organização.

Isso é mais comum em partidos políticos e organizações do tipo, embora coletivos e movimentos sociais também fizessem referência a, pelo menos, ser marxista ou internacionalista, ocasionalmente.

O PSTU, por exemplo, segue uma abordagem trotskista guiada pelo trotskismo de Nahuel Moreno, enquanto a Insurgência, organização que opera como tendência interna do PSOL, é também trotskista, mas mais ligada à tradição de Ernest Mandel.

Esse tipo de distinção tem fortes laços com a organização internacional comunista a qual um grupo é afiliado, embora haja exceções, como o MES, que tem uma forte tradição *morenista*, mas está mais próximo da Quarta Internacional de Mandel do que a LIT-QI de Moreno.

Conversando com João Machado (hoje da Comuna, no PSOL), ele disse ver essas diferenças não como determinantes da falta de diálogo entre essas organizações e que a co-existência de diferentes visões dentro do PSOL poderia ser evidência disso.[421]

---

[420] Gramsci, 157.
[421] Fernandes, "Conjunto de Entrevistas de Campo (2014-2016)".

Sua opinião é que a maior dificuldade até agora é menor, em termos de encontrar concordância programática e mais de organizações que não fazem o esforço ou consideram o esforço valer a pena.

Eu acrescentaria ainda, quanto ao PSOL, a forma como as próprias leituras teóricas e de conjuntura costumam se subordinar, no fim das contas, às disputas internas do partido.

Isso fica evidente quando se examina as diversas teses apresentadas nos congressos do partido, e que muitas vezes têm mais concordâncias que discordâncias, e, mesmo assim, as organizações não conseguem se alinhar, embora, posteriormente, se alinhem por conta de interesses táticos da disputa partidária e da direção do aparato.

Cabe então levantar a hipótese de que muitas das divisões teóricas e programáticas anteriores seriam usadas como justificativa para a falta de vontade.

Diante disso, há, claramente, questões de diferença teórica que são rígidas e que justificam a existência de horizontes estratégicos distintos e até mesmo diferenças em concepção de organização, o que explica, por exemplo, por que algumas organizações marxistas estão no PSOL e outras optam pelo modelo do partido de centralismo-democrático.

É importante que isso seja reconhecido para evitar leituras românticas de que a esquerda precisaria apenas se unir, quando unidade passa por sínteses de leituras e ações, tanto de teor tático e mais imediato, mas, também, de teor programático e estratégico.

Nem sempre uma concordância estratégica garante uma concordância tática, e vice-versa, por isso a necessidade de diálogo contínuo e sério, o qual, infelizmente, costuma ser prejudicado devido a muitas outras disputas.

Há também a questão de como os debates são tocados dentro de cada organização. No caso do centralismo democrático, quando visões distintas são levadas à maioria e quando elas devem ser absorvidas pela decisão centralizada ajudam a determinar o ponto de equilíbrio democrático.

No caso de partidos amplos, o questionamento se estende aos canais que a base teria para fazer críticas e propostas para a direção, e se eles existem para além da atuação de tendências nas instâncias de diretório e executiva.

Por exemplo, no caso do PSOL, é notável como existem muitos filiados independentes e com uma variedade de leituras sobre a realidade, mas sua possibilidade de participar ativamente dos debates partidários, sendo ouvidos de forma séria e não apenas protocolar, dependerá da atuação de cada instância de consulta e deliberação e do próprio engajamento das organizações internas naquele local, com debates para além daqueles pré-determinados dentro de cada tendência.

Essas questões de democracia interna são importantes por definirem os rumos dos debates teóricos dentro das organizações de esquerda.

Se há pouca democracia interna em cada partido, por exemplo, normalizando a ausência de debate frutífero e de novas sínteses, como esperar então sínteses avançadas *entre* os partidos? E como esperar que tais articulações no nível macro-organizacional passem também pela base, e não apenas por decisões de cúpula?

Em 2017 e 2018, o PSOL passou por vários dilemas dessa natureza ao lidar não somente com o lançamento de sua candidatura presidencial, que não se deu por consenso ao redor do nome de Guilherme Boulos, mas também com leituras de atuação junto ao PT, como a formação do programa presidencial e das táticas eleitorais.

Dito isso, contrário à percepção dos defensores mais apaixonados do centralismo-democrático, esse tipo de "drama" partidário não é exclusividade dos partidos amplos – é apenas mais visível nos partidos amplos.

A própria cisão do PSTU em 2016, que gerou a organização MAIS e que, posteriormente, passou por fusões e se tornou a Resistência, já atuando dentro do PSOL, se sucedeu a partir de diversas críticas ao estado de democracia interna dentro do partido.

Em seu manifesto de partida, os militantes que viriam a formar o MAIS se referem à deterioração de oportunidades de síntese dentro do partido e ao arrastamento de debates improdutivos.[422]

Essa interpretação os levou a acreditar que era melhor deixar o partido de maneira organizada, já que já havia muitos militantes saindo por conta própria.

O benefício das cisões organizadas, como essa, é que elas levam a avaliações internas e públicas das razões por trás de uma cisão envolvendo muitos militantes, mas não é a regra para todas as divisões dentro das organizações de esquerda, especialmente quando dissidências e cisões absorvem o calor de discussões fragmentadas e conflitos pessoais.

---

[422] É preciso arrancar alegria ao futuro, "É Preciso Arrancar Alegria Ao Futuro Manifesto", 2016, http://alegriaaofuturo.com.br/wp-content/uploads/2016/07/manifestoA3-b.pdf.

Outro tipo de divisão relacionado à tradição política/teórica que tende a se tornar ossificada e instrumentalizada em tempos de fragmentação é o diagnóstico comum dentro da esquerda radical acerca de quem é reformista e quem é revolucionário.

Diagnósticos dessa natureza, frequentemente, são empregados para justificar alianças quebradas, a recusa em estabelecer metas comuns e colaboração em ambos os arranjos pontuais e permanentes.

O debate reformista *versus* revolucionário[423] é importante na história da esquerda global e ajuda a definir prioridades e lideranças.

É também importante no contexto de uma esquerda moderada que se opõe a uma radical, argumentando que o reformismo do PT, por exemplo, é sustentado pela ausência de uma estreita relação de confiança com a base, que deixa de pressionar a organização, e que hoje traz o questionamento do partido como ainda reformista ou meramente da ordem (apesar da contínua disputa interna por organizações mais à esquerda).

É um debate que trata tanto dos horizontes estratégicos quanto das táticas empregadas atualmente; todavia, não é tão simples quanto costuma ser propagado.

Por exemplo, somente o fator da participação nas eleições não comunica muita coisa sobre o teor reformista ou revolucionário de uma organização.

Ademais, como já estabelecido antes, uma organização estar, na conjuntura, identificada com a esquerda radical também não identifica diretamente se ela é revolucionária ou reformista.

Aliás, os desvios reformistas que frequentemente ocorrem na esquerda radical, por estarem sujeitos a erros táticos, especialmente em tempos de avanços da direita, são usados para fomentar a visão ossificada de que uma organização exposta a práticas reformistas é necessariamente reformista, como se uma organização que pesasse todas as táticas para uma medida revolucionária absoluta fosse, por padrão, a vanguarda da vanguarda revolucionária.

Essa identificação de quão revolucionária é uma organização a partir da nomeação de outra como reformista é muito comum nos debates

---

[423] Rosa Luxemburgo é uma das referências mais conhecidas neste debate em conjunto com Lênin. Mais recentemente, autores como André Gorz e Carlos Nelson Coutinho foram elogiados e criticados na esquerda por contribuições sobre a noção de "reformas revolucionárias". No Brasil, André Singer falou em reformismo fraco para se referir à estratégia lulista do PT.

entre os partidos políticos, mais do que em relação aos movimentos sociais ou sindicatos.

Parte, inclusive, de um certo identitarismo revolucionário/marxista, em que o teor do debate é menos importante do que a aparência do debate e os símbolos que são erguidos.

É comum ouvir referências de um grupo como um "partido revolucionário" enquanto se estabelece que outro não é por conta de marcas de discurso (ou a ausência delas), como o uso de palavras na linha de burguesia, proletariado, socialismo e revolução.

Não poucas vezes ouvi que "calote da dívida pública" seria uma visão revolucionária, enquanto "auditoria" seria reformista, onde o parâmetro revolucionário estava na forma calote *versus* auditoria, e não na discussão adequada econômica do desenvolvimento da dívida pública brasileira.

Finalmente, as divisões teóricas também influenciam como cada ator ou facção da esquerda radical aborda a interação da base, o significado da politização e as perspectivas de organização.

Existem organizações que visam dirigir a classe a partir de uma posição de vanguarda, outras que visam dirigir as lutas, mas não a própria classe, outras mais enfocam pedagogia e *místicas* para quebrar hierarquias, e outras que flertam com o formato horizontalista que foi elogiado em 2013, em meio à rejeição de lideranças e à presença de referências políticas autonomistas.

Essas diferentes abordagens, claramente, levam a conflitos quando se trata de ação coletiva. Se a visão da entidade revolucionária é de um partido contra o outro, em vez de toda a esquerda radical como um Príncipe Moderno,[424] mesmo os pontos de convergência na esquerda radical podem se deteriorar em pontos de divergência.

Às vezes, isso é expresso em ações cotidianas pífias: que organização fala mais no microfone ou de cima do carro de som, qual organização é mais "apreciada" nas mídias sociais, qual organização é a primeira a participar das demonstrações e cujos *banners*, bandeiras e os pôsteres são maiores e mais retratados na mídia.

Em outras ocasiões, esse tipo de conflito sobre como politizar, como abordar a base e como tomar decisões levará a um aumento dos conflitos internos (e subsequentes cisões), à quebra de congressos partidários e à incapacidade de criar frentes em pé de igualdade por causa do

---

[424] Gramsci, *The Modern Prince & Other Writings*.

desejo de dirigir (mesmo que outras organizações possam apresentar uma base mais forte e maior).

Divisões táticas e teóricas podem acabar sendo usadas de forma rígida e como impedimento ao diálogo, ao esforço de consenso e de criação de sínteses na esquerda.

Todavia, essas divisões são, *a priori*, legítimas, importantes e saudáveis. A questão muda quando se examina o sectarismo e as tentativas de hegemonização organizacional. Em um estado de fragmentação, é natural que as organizações de esquerda trabalhem também em direção à sua própria autoconstrução, a fim de expandir seu raio de influência e consolidar suas próprias posições.

Todavia, isso é diferente de organizações que fazem apenas autoconstrução, com o objetivo de hegemonizar a esquerda, sendo negligente nas ocasiões em que a colaboração e o diálogo devem estar no centro das táticas empregadas e do horizonte estratégico.

Martin Jay critica o tipo de sectarismo que passa despercebido ou protegido pela teoria; para ele, esse é o "sectarismo daqueles que zelosamente guardam a pureza de sua versão da tradição contra todo o resto".[425]

Essa é a forma mais comum de sectarismo que assola a esquerda radical brasileira e a mais citada pelos entrevistados, embora existam outros tipos relacionados a pequenas divergências cotidianas, disputas pessoais e desconfiança generalizada que também afetam as possibilidades de trabalhar em conjunto e de começar a construir um programa coletivo que transcenda os limites de cada organização.

Para Gramsci, o dano do sectarismo relaciona-se com o conteúdo político das lutas: "Sectarismo é 'apolitismo' e, se você olhar para ele, o sectarismo é uma forma de 'apadrinhamento' pessoal, ao passo que falta o espírito partidário que é o elemento fundamental do 'espírito público.'"[426]

O sectarismo leva a um ambiente de crescente desconfiança em meio à fragmentação. As organizações da esquerda, desconfiadas das disputas e intenções umas das outras, já passam a praticar uma posição defensiva diante das janelas de colaboração.

Assim, gera-se um *feedback* positivo: o sectarismo reforça a desconfiança, que reforça barreiras, que reforçam práticas isoladas, que

---

[425] Martin Jay, *Marxism and Totality: The Adventures of a Concept from Lukacs to Habermas* (Berkeley and Los Angeles: University of California Press, 1984), 4.
[426] Gramsci, *The Modern Prince & Other Writings*, 145.

justificam, para alguns, purismo político e seu próprio sectarismo. Além disso, reforça a lógica da cisão.

O purismo tem raízes melancólicas. Chamar o outro de errado por princípio e por acreditar que alguém estaria certo desde o começo não é uma simples teimosia.

De certo modo, o purismo se estabelece ao olhar muito para si e pouco para as pontes materiais necessárias para convencer ou mesmo vencer o outro.

Isso se reforça no vanguardismo, pois a tarefa crítica é delegada para lideranças que concentram a tomada de decisões e o exercício intelectual em seus grupos.

Esse vanguardismo pode acabar gerando desconfiança não somente nas outras organizações, mas também internamente – mais uma vez, retroalimentando a lógica da cisão.

Sem confiança, a probabilidade de recomposição da esquerda é diminuída, especialmente quando a desconfiança se transforma em ofensas, injúrias e calúnias, e impossibilita a criação de laços de solidariedade política, que são necessários para a sobrevivência da esquerda em momentos repressivos e criminalizadores.

Quando se olha para a esquerda brasileira, essa desconfiança fica visível entre os partidos e dentro dos partidos. Isso é ampliado quando se olha para os partidos de tendências, como o PT e o PSOL.

Durante a pesquisa, foram vários os relatos de militantes narrando práticas agressivas, caluniadoras e até mesmo fraudulentas e violentas entre as organizações.

Nada disso é exclusividade da esquerda, claro, mas como a esquerda tem a obrigação de transformar a realidade, fica a indagação sobre o quanto esse anseio corresponde a uma possibilidade quando a mesma esquerda engaja em práticas problemáticas e, minimamente, aéticas.

A tensão entre as várias organizações da esquerda radical e da esquerda radical com a moderada cria a necessidade de validar a própria organização invalidando outras, muitas vezes por meio de declarações duras de linguagem e *ad hominem* que não deixam espaço para qualificação crítica.

Além disso, a prática de disputar os militantes uns dos outros ainda é comum. Isso aumenta a hostilidade e o ressentimento em ambientes militantes compartilhados. O ressentimento produz efeitos negativos e cria a necessidade de arranjar alguém para culpar.[427]

Segundo Mácia Teixeira, que era do PSTU quando foi entrevistada, essa dinâmica desvia os esforços necessários para ampliar a base de modo a promover, no lugar, a disputa pela pequena base que já pertence à esquerda radical.[428]

Embora esses fatores não impeçam que os representantes e líderes de cada organização se reúnam ocasionalmente e até colaborem pontualmente por meio de convocatórias para a base, a tensão e a concorrência impedem a ação conjunta permanente e sincera de construir a base e politizar amplamente para fora (não apenas para dentro).

De fato, se a fragmentação visível da esquerda já está confundindo as massas, as disputas visíveis, contaminadas também por práticas duvidosas e o desrespeito também afetam a capacidade da esquerda radical de trazer uma mensagem coerente e parecer confiável.

Esse tem sido um problema grave na esquerda radical em termos do posicionamento de múltiplas vanguardas. Em tempos de intensa despolitização e de mobilização quase sempre baixa, que mal ultrapassa as margens da sociedade, a esquerda radical, enquanto instituição politizada, é em si a totalidade de sua própria vanguarda.

No caso da esquerda moderada, que possui uma base mais ampla que a que a radical (e muito maior no quesito eleitoral), sua vanguarda se estabelece mais com uma vanguarda clássica, o que não impede, todavia, demonstrações de vanguardismo e a instrumentalização da base de forma despolitizada como vista nos mandatos petistas.

A questão com a esquerda radical é que sua atuação de vanguarda hoje em dia mal tem base para com qual se relacionar e, quando tem, demonstra dificuldades de organizar e interpelar essa base para aumentá-la devido à crise de práxis.

Quando se gasta mais energia e tempo lutando para ser a "vanguarda da vanguarda" do que para interpelar multidões distantes de si mesmas na classe trabalhadora, a esquerda radical se torna refém de suas próprias contradições – e acaba enfraquecendo esforços reais de politização, ligados à construção de bases e à ação orgânica na classe trabalhadora.

---

[427] Wendy Brown, *States of Injury: Power and Freedom in Late Modernity* (Princeton: Princeton University Press, 1995), 68.

[428] Fernandes, "Conjunto de Entrevistas de Campo (2014-2016)".

Embora Gramsci faça uma crítica a isso em termos de frações partidárias, sua análise pode ser considerada, nesse contexto, como uma crítica das frações de esquerda no geral: "Cada fração partidária acredita ter a receita infalível para deter o enfraquecimento do partido como um todo, e usa todos os meios para assumir a liderança ou pelo menos participar dela."[429]

Essa crítica fornece um palpite interessante sobre por que, talvez, a fragmentação seja um problema tão amplamente reconhecido na esquerda radical, mas que nunca é realmente abordado com as ferramentas necessárias para resolvê-lo.

Em vez de compreender construção de unidade de forma complexa, evitando os simplismos que claramente se demonstram inaptos (como as reduções de unidade a coalizões eleitorais), parece haver um sentimento geral na esquerda, principalmente na radical, de que, através da autoconstrução e da disputa hegemônica, uma organização ou um seleto grupo de organizações crescerá para tal hegemonia a ponto de assumir a liderança desse campo.

É quase como se a unidade pudesse ser construída somente por fagocitose.

Isso também alude a um certo distanciamento da ação diária e da consciência da classe trabalhadora, que acaba priorizando a liderança sobre a construção da base que deve fomentar, alternar, responsabilizar e interpelar de volta essa liderança.

Às vezes, isso é feito com a crença pura de que a organização de alguém tem o caminho para a revolução e, em vez de construir coletivamente esse caminho, todos os outros devem se unir.

O erro está no fato de que construir uma vanguarda sem construir uma base é tentar tomar atalhos que acabarão por mostrar sua fraqueza, porque, como me apontou Edson Índio (Intersindical-Central), a verdadeira questão nessa conjuntura não é uma crise de direção, mas uma crise da base para a qual a direção não significa muito.[430]

Quando entrevistei Guilherme Boulos (MTST) em 2015, ele relatou enxergar uma necessidade infantil de autoafirmação em alguns setores da esquerda que está relacionada a esse desejo de parecer o mais revolucionário, o diferente, de modo que o efeito acaba sendo o contrário do apelo autoproclamatório: quanto mais uma organização

---

[429] Gramsci, *The Antonio Gramsci Reader: Selected Writings, 1916-1935*, 262.
[430] Fernandes, "Conjunto de Entrevistas de Campo (2014-2016)".

tenta parecer diferente, em vez de buscar sínteses coletivas, mais divisão haverá.[431]

O problema da autoproclamação não é somente o purismo e o vanguardismo expressos ali, mas também a negação dos fundamentos básicos da representação de esquerda em forma e conteúdo radicais.

A capacidade de liderar a classe está relacionada não ao fato de que o partido "se proclama seu órgão revolucionário", mas ao fato de que "realmente" consegue, como parte da classe trabalhadora, ligar-se a ela e a todas as seções dessa classe, imprimindo nas massas um movimento na direção desejada e favorecida pelas condições objetivas.[432]

A autoproclamação de uma organização é uma ferramenta fraca para interpelar as multidões em um assunto político real e uma ferramenta ineficaz para manter a alta consciência e mobilização de classe na base.

Isso ocorre porque a liderança depende de questões concretas, materiais, para sobreviver além das exigências corporativistas e da lealdade pessoal.

Ela também fica mais distante quando embasada pela lógica sectária. Esse sectarismo, que nesse contexto particular pode ser relacionado à melancolia e ao medo do caminho do PT, é predominante em todos os tipos de tentativas de criar frentes e alianças na esquerda radical fragmentada.

Embora muito disso se refira às tentativas de frente durante a crise do impeachment, quando o setor *governista* estava tentando influenciar todos os processos, isso fica muito claro também nos períodos eleitorais.

Os impedimentos para ter uma frente de esquerda socialista coerente em 2014 formaram um exemplo disso. Enquanto o PSTU e o PCB se afastaram e favoreceram seus próprios candidatos, o PSOL também se recusou em certo grau ao hegemonizar as alianças eleitorais, de forma que seus candidatos se beneficiassem dos votos dos candidatos do PSTU e PCB, mas os candidatos do PSTU e PCB se beneficiariam em menor grau.

Isso também era preocupante, porque as propostas do PSOL teriam prioridade, e as tentativas de criar um programa de acordo mínimo

---

[431] Fernandes.
[432] Gramsci, *The Antonio Gramsci Reader: Selected Writings, 1916-1935*, 159.

entre as partes para que a frente fosse simplesmente uma plataforma para o programa do PSOL foram prejudicadas pela desconfiança, sectarismo, vanguardismo e priorização da autoconstrução.

Em 2018, muitas das dificuldades foram repetidas na esquerda radical e na moderada, o que demonstra que, se já é difícil alcançar acordos mínimos eleitorais dentro da esquerda moderada e dentro da esquerda radical, separadamente, imagine quão mais complicado isso seria no sentido de elaborar sínteses entre os dois campos com intuito programático.

O sectarismo na esquerda fragmentada leva a práticas predatórias que ameaçam o papel da esquerda radical de politizar e se mobilizar diante de retrocessos operados pelos governos do PT, mas mais ainda diante de Temer e Bolsonaro, quando a esquerda radical também se atrapalha e é atrapalhada pelas contradições da esquerda moderada como "oposição" ao governo.

Isso impede o diálogo real e a intenção de unificar as foças de esquerda em um programa conjunto, que requer a construção de uma base sólida e a reavaliação de todo um conjunto de práticas problemáticas.

O sectarismo também impede a mais simples das alianças e acordos que poderiam ser estabelecidos no nível da direção das organizações, dando a aparência de uma esquerda fraca que não pode sequer concordar entre si, muito menos levar multidões despolitizadas a um acordo político.

A IMPRECISÃO DOS GUARDA-CHUVAS

Considerando tantos problemas de divisão na esquerda, alguns justificados pelas diferenças programáticas, mas tantos outros influenciados pela melancolia e a lógica da cisão, fica sempre a pergunta de como a esquerda pode se unir.

Antes de tratar disso, reitero um ponto anterior: nem todo aspecto da fragmentação da esquerda é negativo, mas se dá como negativo numa crise de práxis que atrasa e prejudica o projeto de esquerda.

Ademais, o oposto da fragmentação não é necessariamente uma esquerda toda homogênea e centralizada em um partido único.

Existem formas de colaboração e articulação distintas, mesmo em meio à diferença, que se dão de acordo com as necessidades da conjuntura. Essas articulações ajudam a amenizar aspectos da fragmentação diante da ausência de sínteses teóricas e práticas.

Devem, portanto, existir numa perspectiva temporal, já que o objetivo deveria ser perseguir as sínteses rumo a um arranjo mais perene. Tais formas se estabelecem como coalizões e frentes.

Pretendo diferenciar as duas aqui e ainda reconhecer que ambas costumam ser tratadas como alianças também, um termo que já penso mais apropriado para arranjos permanentes.

Portanto, qualificarei o sentido de coalizões, frentes e alianças, mas cabe julgar, posteriormente, quando um arranjo denominado de coalizão, frente ou aliança realmente corresponde a essa tipologia ou não.

Coalizões são arranjos, principalmente de partidos, voltados para uma colaboração pontual devido a objetivos imediatos comuns. A articulação se dá de modo formal e não garante sintonia entre as organizações participantes.

O exemplo mais evidente de coalizão é o eleitoral, quando partidos se juntam em uma coligação que pode ou não trazer uma plataforma política unificada entre os partidos e os candidatos. As coligações, por vício linguístico, costumam ser chamadas de alianças eleitorais.

Frentes são arranjos mais amplos e fluidos, podendo conter partidos, coletivos, movimentos, sindicatos e mesmo indivíduos, cujo objetivo comum se dá nos moldes de acordos mínimos – geralmente contra algo.

É caso, por exemplo, das frentes amplas contra o fascismo que costumam conter até mesmo atores de centro ou de uma direita liberal. Frentes como a Frente Povo Sem Medo e a Frente Brasil Popular foram concebidas para reunir diversas organizações contra a retirada de direitos e, naquele momento, contra o golpe do impeachment.

Fora da frente, as organizações continuam atuando de forma independente e têm desacordos de leitura de conjuntura, mesmo na frente.

O que mantém a frente articulada é o acordo mínimo de conjuntura e a possibilidade de coordenar ações conjuntas, como manifestações, debates e a realização de convocatórias como a da Greve Geral de 2017. Frequentemente, frentes também são chamadas de alianças.

Todavia, defendo que há uma diferença definitiva entre uma frente e uma aliança: frentes correspondem a espaços mais específicos de colaboração, enquanto alianças, até mesmo devido ao significado do termo, deveriam, em tese, corresponder a espaços mais permanentes de articulação e que exigem maior proximidade entre as organizações.

Essa proximidade seria importante para fomentar uma relação dialógica em que diferenças possam ser debatidas, concluídas e retomadas. Isso seria diferente das frentes, onde a maior parte das decisões é tomada pelas lideranças e se refere a atividades que devem ser construídas.

De certo modo, o próprio PSOL, como partido amplo, existe e se comporta como uma frente, quando, talvez, deveria se aproximar da concepção de aliança para evitar os riscos de burocratização, sectarismo, disputa predatória e, pior, transformismo, que imperam sobre frentes vagamente articuladas.

Tanto frentes quanto alianças dependem de um princípio básico para poder acontecer: a capacidade de fazer concessões para criar acordos mínimos que determinem a direção do acordo.

Muitas vezes ouvi dizer que isso está no cerne do problema da esquerda radical, que associo à lógica da cisão: a liderança de grupos se reúne em ambientes destinados a fomentar a colaboração e talvez formalizar uma frente de ação, mas, em vez disso, a articulação se dá através da imposição de lideranças ou de acordo com qual organização tem mais peso de aparato (base, finanças, infraestrutura, mandatos parlamentares).

Portanto, é raro saber de frentes que escapam das tentativas de hegemonização dentro da esquerda e que representam articulações na base de diálogo genuíno.

O resultado costuma ser uma mistura entre sectarismo e desconfiança, que provoca uma intransigência interna nas frentes. Esse tipo de intransigência interna é considerado prejudicial por Antonio Gramsci e, de fato, se baseia no que ele chama de "medo de perigos".[433]

Como o compromisso envolve confiança, a ausência de diálogos e concessões envolve desconfiança e medo do que o outro pode fazer. Desse modo, é um medo que cria mais isolamento na esquerda e leva ao colapso do diálogo antes mesmo de acontecer.

Se é assim para as frentes, é de supor que para alianças, que necessitam de mais do que concessões, mas de sínteses também, a situação seja mais difícil.

---

[433] Gramsci, *The Modern Prince & Other Writings*, 160.

Essa situação em que coalizões e frentes são mais comuns que alianças, sendo, mesmo assim, frágeis em composição e articulação, simboliza tanto a crise de práxis quanto a conjuntura.

Diante da retomada da direita, com avanço da direita conservadorae a penetração de anseios fascistas na sociedade (e no governo Bolsonaro), a esquerda se vê forçada a tentar se articular melhor, porém sem perder a identidade e razão de ser de cada organização.

É como se a esquerda tivesse que se amontoar debaixo de um guarda-chuva para poder enfrentar a tempestade da conjuntura.

O problema é que, com a crise de práxis, muitas ações ficam entre pequenos passos sob a chuva e brigas internas para se posicionar melhor dentro do guarda-chuva. Enquanto isso, a tempestade se agrava e o vento ameaça levar o guarda-chuva de vez.

A falta de alianças que se estabelece na falta de sínteses concretas entre as organizações e suas concepções políticas e de utopia embaça a visão. A esquerda atual luta entre si para não se molhar, com pouca perspectiva de um abrigo melhor e maior, e menos ainda de fazer parar de chover.

CONCLUSÃO

UTOPIAS CONCRETAS

Claramente, mesmo se houvesse um acordo mínimo perfeito entre a maioria das forças de esquerda dentro da esquerda radical, isso por si só não garantiria o sucesso de qualquer frente ou mobilização sem realmente influenciar as multidões e a base. EP Thompson argumenta que qualquer discussão sobre o socialismo, por mais eloquente e crítica que possa ser, "não pode ser promovida por um encontro acolhedor pelos confortavelmente comprometidos, nem por um encontro desconfortável pelos sectários antagônicos". Ou seja, as frentes precisam se tornar espaços conectados primeiro à base, se existir alguma esperança de alianças permanentes no horizonte. O fato dessas experiências não terem sido eficazes ou bem coordenadas, nem mesmo entre as lideranças de esquerda, é evidência de como a fragmentação está impedindo o crescimento de esquerda e negligenciando a despolitização que permanece apesar de novas mobilizações no último período.

O desafio de superar a fragmentação, com uma superação realmente dialética, que não seja o mero atropelamento das diferenças e dos problemas causados pela conjuntura ou por uma organização que hegemoniza através do aparato, é muito mais complexo que fazer apelos à união ou ter argumentos centrados na capacidade do acordo formal. Trata-se de um desafio que perturba a esquerda. São inúmeros os debates que se dão ao redor da fragmentação, e espero que a análise aqui apresentada seja útil para alimentar esses debates. Todavia, mesmo sabendo que a minha tarefa aqui é examinar sintomas e apresentar diagnósticos, vale fazer um breve mergulho sobre isso neste momento final. Aqui apresento brevemente alguns horizontes e perspectivas que podem ser úteis e que, como toda proposta dentro do marxismo, devem continuar a passar por escrutínio, debate e, principalmente, pelo teste da prática.

ESQUERDA-MOSAICO

Se a esquerda fragmentada brasileira se agrega sob guarda-chuvas diante da tempestade ou se contenta com guarda-chuvas como uma forma de organização permanente, apesar de sua vulnerabilidade, passa a ser necessário imaginar que outras formas de agregar a esquerda podem ser possíveis.

Parto do pressuposto de que a unidade não pode ser imposta e, também, que experiências de organização única precisam ser construídas a partir de longos processos de síntese – não pela destruição de outras organizações ou autofagia da esquerda.

Portanto, se faz necessário imaginar uma configuração que reconheça as diferenças legítimas de posição na esquerda brasileira, ao mesmo tempo que combata a melancolia, a lógica da cisão e permita um engajamento mais coordenado e consensual em tarefas de politização.

Uma proposta interessante foi feita pelas Brigadas Populares, uma colaboração mais permanente na forma de "unidade aberta por uma nova maioria política e social para o Brasil". A proposta afirma o seguinte:

> É URGENTE A SUPERAÇÃO DA FRAGMENTAÇÃO DO CAMPO POPULAR E DE ESQUERDA EM NOSSO PAÍS, RESULTADO DA CRISE TEÓRICA, POLÍTICA E ORGANIZATIVA QUE SE ABATEU SOB OS REVOLUCIONÁRIOS NAS ÚLTIMAS DÉCADAS. NESTA PERSPECTIVA URGE A RECOMPOSIÇÃO DA PERSPECTIVA DE UNIDADE ABERTA, OU SEJA, A CONVERGÊNCIA CONSTANTE E EM DIFERENTES NÍVEIS EM TORNO DE PLATAFORMAS QUE ACUMULEM FORÇA RUMO AO SOCIALISMO.[434]

Essa proposta implica a formação de organizações socialistas coerentes, na visão de cada grupo, que devem ter como objetivo constituir, coletivamente, uma frente política que expresse unidade através de acordos mínimos e atenção direta às demandas materiais da classe.

A princípio, parece semelhante à proposta de qualquer frente, mas, na verdade, implica uma frente que não fica no nível do acordo mínimo.

---

[434] Brigadas Populares, "Manifesto Das Novas Brigadas Populares".

Ela parte do acordo mínimo para a colaboração como um objetivo principal dessas organizações socialistas coerentes, que devem entender que sua existência está ligada à criação dessa nova maioria política.

A visão é desafiadora, pois depende da superação do obstáculo da lógica da hegemonização da esquerda.

Isso quer dizer que não adianta fazer um chamado por unidade, é preciso garantir que todos pensem a necessidade de uma nova maioria política de forma conjunta, e não apenas no sentido do que atende aos objetivos específicos de cada organização.

Experiências recentes, como a Vamos, convocada pela Frente Povo Sem Medo, podem ter gerados debates importantes, mas encontraram dificuldades de formato, convocatória e composição que a impediram de agregar mais do que as perspectivas já pré-estabelecidas dos agentes envolvidos.

O desafio central, portanto, passa pelo mesmo eixo que vários outros desafios da esquerda: como construir algo na prática que consiga superar contradições materiais a ponto de corresponder melhor às propostas teóricas.

Mais ainda, fica a latente necessidade de reavaliar as propostas teóricas de acordo com a materialidade e as limitações que são postas.

A proposta das Brigadas Populares me lembra a ideia de que uma esquerda dinâmica capaz de lidar com os desafios colocados pelos vários sistemas de exploração e opressão da atualidade deve se assemelhar a um mosaico, especialmente depois de tanta fragmentação.

Mario Candeias entende que o problema atual das perspectivas sobre a unidade de esquerda passa, é que ela tenta impor a unidade como uma bandeira tão homogênea que nega as várias diferenças dentro da esquerda que realmente tendem a um ambiente produtivo e crítico.[435]

Esse projeto de unidade tenta combinar, por um lado, a diversidade de projetos na esquerda com, por outro lado, a necessidade de ação coesa, uma vez que propõe que a diversidade suscita uma esquerda mais criativa e arejada, desde que esteja orientada para debates sérios e a formação de sínteses.

Tal orientação é garantida pela urgência e provocação da classe trabalhadora; ou seja, só é garantida através da práxis, através do contato direto de organização da classe e com a formação de mais intelectuais orgânicos.

---

[435] Candeias, "From a Fragmented Left to Mosaic", 8.

Esses intelectuais orgânicos servem para impedir a homogeneização dos espaços de luta seja por lideranças tradicionais vanguardistas ou, também, por aquelas que subordinam os interesses de classe aos interesses burocráticos e fisiologistas de grupos dirigentes.

Falando do partido político, Gramsci afirma que "um partido nunca é completamente formado, no sentido de que todo desenvolvimento cria novas tarefas e funções, e no sentido de que para certos partidos o paradoxo é verdade que eles são completados e formados somente quando não existem mais".[436]

Com base nisso, a compreensão de como a esquerda deve se unir como um mosaico chama a atenção para a discussão da formação de um bloco histórico, especialmente em termos de como as sínteses e os acordos devem ser estabelecidos para que ele se torne possível. Um bloco histórico é construído, não simplesmente convocado.

> UMA INICIATIVA POLÍTICA ADEQUADA É SEMPRE NECESSÁRIA PARA (...) MUDAR, ISTO É, A DIREÇÃO POLÍTICA DE CERTAS FORÇAS QUE DEVEM SER ABSORVIDAS PARA REALIZAR UM NOVO BLOCO HISTÓRICO ECONÔMICO-POLÍTICO, HOMOGÊNEO, SEM CONTRADIÇÕES INTERNAS; E UMA VEZ QUE DUAS FORÇAS "SEMELHANTES" SÓ PODEM SER FUNDIDAS NO NOVO ORGANISMO ATRAVÉS DE UMA SÉRIE DE ACORDOS OU PELA FORÇA DAS ARMAS, SE UNINDO EM UM PLANO DE ALIANÇA OU SUBORDINANDO-SE AO OUTRO COM COERÇÃO, A QUESTÃO É SE ALGUÉM TEM ESSA FORÇA E SE É "PRODUTIVO" EMPREGÁ-LA. SE A UNIÃO DE DUAS FORÇAS É NECESSÁRIA PARA CONQUISTAR UM TERCEIRO, (...) A ÚNICA POSSIBILIDADE CONCRETA É O ACORDO, POIS A FORÇA PODE SER EMPREGADA CONTRA OS INIMIGOS, NÃO CONTRA UMA PARTE DE SI QUE SE QUER ASSIMILAR RAPIDAMENTE, PARA O QUAL "BOA VONTADE" E ENTUSIASMO SÃO NECESSÁRIOS.[437]

A esquerda radical fragmentada primeiro deve reconhecer suas partes como pertencentes a uma esquerda, em vez de muitas partes, como várias esquerdas opostas e contraditórias.

Esse reconhecimento prioriza os acordos mínimos que podem levar a uma maior homogeneidade, como uma fusão de fragmentos, embora não exija, em essência, um único partido ou organização.

A assimilação, nesse caso, deve ser lida como a síntese da síntese entre partes similares, de modo que o resultado possa ser um bloco

---

[436] Gramsci, *The Modern Prince & Other Writings*, 149.
[437] Gramsci, 161.

histórico, em vez de uma organização hegemonizando sobre outros semelhantes através de diferentes demonstrações de força.

Só a partir daí a esquerda radical conseguirá se apresentar como alternativa viável à esquerda moderada, pois a construção de um bloco histórico passa pelo deslocamento das definições de viabilidade no campo político.

A chave para interpretar a proposta de Gramsci, então, é considerar o que é ser semelhante e que encontrar um terreno comum requer uma boa vontade construtiva, em vez de um desejo destrutivo e predatório de dirigir os outros como uma organização a partir de cima.

Ser semelhante é ver os atores de esquerda como partes, em vez de fragmentos isolados, do mosaico proposto por Candeias.

Nesse exercício é ainda possível interpelar outras partes que se encontram mais distantes e até formar sínteses que alteram a disposição de certas organizações dentro da esquerda radical e dentro da esquerda moderada.

Um processo de sínteses gera filtros que denotam melhor onde cada organização se encontra diante da institucionalidade em cada conjuntura.

É esse processo, por exemplo, que vai determinar o papel do PSOL entre a esquerda radical e a moderada, já que a própria fragmentação interna do partido o coloca em posição limiar, a qual exigiu maior atenção neste livro quanto a análises de sintomas.

A esquerda-mosaico não é a soma das várias peças da esquerda fragmentada, pois, nesse caso, cada peça se movimenta, articula e interpela as multidões como um organismo autônomo.

A esquerda fragmentada hoje opera como um campo solto, em que várias organizações circulam entre si, se trombam entre si, às vezes englobando umas as outras e às vezes dividindo-se na disputa.

As organizações têm formatos menos aderentes e, assim, entram em contato umas com as outras, mas esse contato não é suficiente para formar sínteses fora de momentos peculiares em que há interesse de fusão.

Cada organização disputa um espaço no guarda-chuva e responde nesse espaço de acordo com o tempo: chuva, sol, granizo.

Já na esquerda-mosaico, existem várias peças, as tesselas, cujos formatos se complementam para formar uma imagem maior, coesa e comunicativa.

As tesselas têm função própria, mas sua função também deve corresponder à das outras, ou a imagem será confusa e perderá seu propósito.

O mosaico existe e opera independente do tempo, e o que mantém sua resiliência e permanência diante de tempo ruim é a qualidade do encaixe e do rejunte.

No caso, os encaixes correspondem às funções variadas que cada organização deve cumprir para não ser obsoleta ou simplesmente redundante.

Isso é importante para que a perspectiva apresentada pela esquerda não seja aquela conhecida como "pregar para convertido", e sim centrada na expansão de sujeitos e bases.

Já o rejunte corresponde às sínteses necessárias que mantêm a esquerda rumo a um projeto cada vez mais bem estabelecido e compreensível.

Essas sínteses não passam apenas por debates, mas também pela prática das lutas, pois é na práxis que se estabelece a coesão (e se consolida para fora de uma crise de práxis).

Assim, é possível manter uma heterogeneidade teórica, mas que se submete às sínteses através da radicalidade das práticas.

Ademais, no mosaico, padrões podem ser estabelecidos e comunicados através da sinergia de ação entre determinadas organizações, como entre aquelas que conectam a luta das mulheres com a luta de classes, ou aquelas mais bem equipadas para o debate e enfretamento ecológico.

Porém, como o mosaico deve comunicar uma imagem coesa, nenhuma das organizações se isenta dos outros debates e enfretamentos, e é onde o rejunte opera como liga concreta entre todas elas.

Não se trata de uma organização segurando o guarda-chuva e determinando para onde todas devem ir, mas de um compromisso de práxis que passa por todos os agentes da esquerda que têm algum compromisso com essa imagem/projeto (ou utopia, *a la* Bloch).

A esquerda-mosaico apresenta a construção necessária para se efetivar um bloco histórico gramsciano.

CAMPOS SEMÂNTICOS

Estabelecer o rejunte de uma esquerda-mosaico não pode ser simplesmente um processo de sínteses entre organizações estáticas a partir de seus quadros dirigentes e seus intelectuais.

Se a esquerda brasileira lida com a despolitização da sociedade, é preciso repolitizar no processo de interpelar as multidões e organizá-las como base.

Isso é fundamental para que a esquerda cresça e, assim, construa hegemonia política na formação do bloco histórico necessário para um processo revolucionário.

Repolitizar, entretanto, não é fácil.

Torna-se ainda mais complicado em um cenário de interregno em que não somente os significados foram esvaziados e os significantes preenchidos com despolitização, mas quando a própria verdade e as interpretações concretas da realidade entram em cheque.

A esquerda brasileira atual encontra o desafio de lidar com a própria fragmentação enquanto busca combater *fake news* e o contexto de pós-verdade, que não somente atrapalha a politização como questiona e deslegitima significados não autorizados pelos articuladores da pós-verdade.

A pós-verdade geralmente depende do contexto de uma era em que a cultura política é definida não por fatos, mas por emoções, apelos e discussões manipuladas.

A pós-verdade se relaciona com as *fake news*, no sentido da perda de credibilidade da reportagem de fatos que gera ceticismo na população.

Esse ceticismo, então, é manipulado de acordo com os apelos emocionais que levam a pessoa a acreditar naquilo que ela já está preparada para acreditar ou que lhe é mais confortável diante do senso comum, seus medos e que aparenta ser resposta para seu desamparo (mesmo que não seja).

As mentiras passam a ser levadas a sério, não por mera desinformação, mas porque compactuam com a versão da realidade reafirmada pelos afetos centrais do senso comum.

Meu argumento é que esse cenário não é tão novo assim e que sua suposta inauguração pela campanha e governo de Trump, nos Estados Unidos, e cópia na campanha e governo Bolsonaro não é tanto uma inauguração quanto seria, na verdade, uma radicalização dos processos de despolitização dentro do contexto fragmentado da comunicação política *online*.

Em 2010, Jodi Dean já discorria sobre os efeitos potencialmente despolitizadores causados pela perda de eficiência comunicativa da política na Internet.[438]

O grande volume de informações, disponibilizadas sem filtro crítico e sem teste de credibilidade, já apresentava desafios para o expectador

---

[438] Jodi Dean, *Blog Theory* (Cornwall: Polity Press, 2010).

pouco treinado para identificar falsificações e refletir criticamente sobre a informação apresentada.

O que Dean chama de capitalismo comunicativo se estabelece em um novo habitat comunicativo, formado pela Internet, um habitat de algoritmos e afetos. Isso se reflete nos locutores e interlocutores e nos milhões de mensagem multiplicadas, não somente em conteúdo, mas também nas cargas afetivas de cada comunicação.[439]

A era da comunicação *online* altera o ideal comunicativo teoricamente marcado por eliminar ruídos para melhor transmitir um sinal, reafirmando o contrário: sinal e ruído não se opõem, mas se retroalimentam, se o modo que a informação comunicada é encontrada na "percepção distraída" entre os dois.[440]

A era da pós-verdade na comunicação *online* (que também transborda para a comunicação *offline*) intensifica essa retroalimentação e transforma ruído em sinal, e sinal em ruído. Não é algo inteiramente novo, mas uma adaptação do que Dean chama de comunicação da comunicatividade.

A pós-verdade se dá, então, como a consolidação do que Dean considera política desgarrada da coerência e da consistência.[441]

Gibson postula que, nesse terreno fértil, é possível semear e colher a proliferação de múltiplas narrativas, a politicagem do especialista[442] e a sensação de conspiração.[443]

Assim, a pós-verdade não é a inauguração de uma nova era em que significados e significantes não mais se encontram em combinações politizadas e dotadas de credibilidade, mas da suspensão radical do encaixe entre significados e significantes.

Não há uma transição entre comunicação de fatos objetivos para

---

[439] Dean, 100.

[440] Dean, 101.

[441] Dean, 104.

[442] Essa dimensão é ilustrada tanto pela compra e venda de expertise no mercado de conhecimento, como no caso de cientistas contratados por corporações de combustíveis fósseis para propagar negacionismo climático, quanto pela exaltação de leigos bem conectados politicamente e cujas ideias chancelam o senso comum como se fossem dotados de notório saber, como no caso de subcelebridades que alcançaram desta que político através do apelo afetivo da onda conservadora.

[443] Timothy A Gibson, "The Post-Truth Double Helix : Reflexivity and Mistrust in Local Politics", *International Journal of Communication 12(2018)*, 12 (2018): 3172.

o universo das *fake news*, mas a normalização das *fake news* dentro de um habitat comunicativo já marcado por interesses e despolitização, que é complicado pelos algoritmos e pela venda de informação no capitalismo comunicativo.

A tendência, portanto, é a normalização da despolitização no meio comunicativo e o estabelecimento da comunicação como uma fronteira que a esquerda precisa compreender melhor.

Da mesma forma que não se combate o combo do liberalismo-conservador criticando as pautas de austeridade, mas fechando os olhos para o conservadorismo apenas para não ter que confrontar o senso comum das massas, a esquerda não pode fazer comunicação no século XXI achando que basta se apropriar das ferramentas capitalistas com sua própria mensagem.

Ao contrário, é necessário garantir que a comunicação da esquerda tenha objetivos politizadores, e não apenas de serviço ideológico de projetos institucionais.

É preciso que isso seja feito levando em conta os limites do uso das plataformas de capitalismo comunicativo que permitem a propagação de *fake news* não por mera incompetência diante do volume de mensagens, mas também por interesse econômico no movimento de informações e interesse político na confusão.

Outros meios de produção de comunicação precisam ser construídos, e os meios hegemônicos precisam ser democratizados e, principalmente, socializados.

Por ora, a dificuldade é navegar os sinais (trocados) e os ruídos (carregados de afetos negativos). Tanto os sinais quanto os ruídos prevalentes hoje estão contaminados por pós-política e a ultrapolítica, então, por mais que este livro tenha se estendido para lembrar a esquerda da importância de politizar o debate, há de se enfatizar que a tarefa encontra obstáculos acentuados pela radicalização da pós-verdade.

Além de lidar com significados despolitizados, a esquerda precisa pensar em táticas para lidar com a falta de aderência de significados a significantes nesse contexto.

Afinal, por mais que os mitos do "kit gay" pudessem ser desmistificados, a desmistificação não surtiu efeito suficiente nas campanhas de 2018.

E, por mais que a constatação de funcionários fantasmas e movimentações milionárias de dinheiro devessem causar alarme e espanto na população quanto à credibilidade do presidente eleito em 2018, tampouco foi o caso.

Isso coloca a questão que, para politizar, tarefa que a esquerda ainda precisa compreender como fazer (e porque fazer), é preciso reestabelecer linhas diretas de comunicação com o povo que possam restaurar e consolidar laços de confiabilidade. Para politizar é preciso construir também um campo semântico.

O campo semântico une um conjunto de palavras dando sentido a elas. A teoria da Janela de Overton, originada e advogada pela direita, sugere que só existe viabilidade eleitoral para ideias que estejam dentro da janela de tolerância do público.

A proposta de Overton seria de trazer as ideias mais radicais, situadas fora dessa janela de tolerância, de forma provocativa para o debate público de modo a deslocar a janela (para a direita, em seu caso).

Aqueles que se situam no centro normalmente se levantam contra "radicalismos de todos os lados" e buscam atuar exatamente dentro dos limites da janela, o que explica o porquê de centristas tenderem a apresentar certa anuência a posições que outrora seriam mais radicais simplesmente porque, num dado momento, se encontram afirmadas no senso comum, ou seja, dentro da janela.

Porém, um dos erros da teoria está na impressão de que esses deslocamentos se dão através de grandes esforços de atores específicos de cada campo, quando, na verdade, o que eles fazem é apelar diretamente àqueles que já se sentem contemplados pelas ideias apresentadas.

O outro erro está na suposta equalização de como a extrema-direita faz esse debate de "deslocamento" comparado a como a esquerda radical deveria fazê-lo.

Se a direita se engaja na ultrapolítica, por exemplo, não significa que a esquerda deva fazer o mesmo. Se a direita o faz através de certas emoções que apelam para o senso comum, a esquerda definitivamente não deve fazer o mesmo.

Não é surpresa que defensores "mais moderados" do *status quo* aleguem a necessidade de trabalhar dentro da janela para negar utopias e alternativas e para aprisionar grupos que poderiam, eventualmente, apresentar alternativas à ideia de que só podem trabalhar com o senso comum.

O que surpreende, na verdade, é o quanto esse pensamento tem sido internalizado por algumas figuras da esquerda brasileira para explicar a tática eleitoral petista e os elementos que levaram à vitória de Bolsonaro.

Por exemplo, logo após sua eleição, não foram poucas as declarações de que o movimento feminista, especialmente a campanha #elenão, teria ajudado a eleger Bolsonaro em vez de afetá-lo negativamente.

De acordo com essas pessoas, a população brasileira está sob um estado profundamente conservador, e ideias feministas teriam aumentado a repulsa do eleitorado à esquerda. Certamente, há dois elementos de verdade nesse pensamento: o conservadorismo do senso comum e a repulsa que esse conservadorismo tem pela luta antipatriarcal.

O problema é a ligação artificial que é feita por essas pessoas ao supor que a esquerda deveria simplesmente aceitar o senso comum, incomodando-o o mínimo possível, para manter sua viabilidade eleitoral.

Além de ser um pensamento extremamente limitado à institucionalidade, esse raciocínio negligencia o papel politizador que a esquerda deve ter se pretende realmente apresentar uma alternativa política, econômica e social, e não apenas operar como um eixo de alternância de poder dentro da democracia liberal.

Em vez de sugerirem a construção de um novo campo semântico que quebra com o conservadorismo, criando sentido capaz de interpelar multidões para, assim, politizá-las para além de uma simples janela eleitoral, eles apresentam a ideia de uma esquerda que recua diante dos desafios.

Não se trata nem mesmo de uma esquerda populista, que pode ter méritos e até mesmo politizar em curto prazo. O que eles propõem é simplesmente uma esquerda covarde.

Se a esquerda precisa reestabelecer significados em seus significantes no ato de politização, deve saber que o processo necessita de práxis.

Não basta falar para alguém o que algo significa, é preciso estabelecer sentido para esse significado, o que depende da conexão da esquerda com a realidade prática da população.

É por isso que a esquerda precisa ocupar mais espaços que apenas o institucional ou os sindicatos clássicos. É por isso que movimentos sociais precisam ser diversos e cumprir tarefas que vão além das negociações com governos eleitos.

Para reestabelecer significados é preciso que eles façam sentido primeiro, e o sentido vem da base material da classe trabalhadora e do sujeito oprimido. De certa forma, o sentido é dado pela consciência prática e o significado pela consciência teoria, se relacionarmos com a visão gramsciana.

É a isso que Andrew Feenberg se refere como "estabelecer uma estrutura de significado" de imediato.

Em vez de se esperar eternamente pelo momento certo de erupção revolucionária, como se a classe fosse emergir completamente pronta a partir das condições materiais.

Isto é, combater a despolitização não é uma abordagem de cima para baixo e exigirá trabalho contínuo de construção de base a partir de uma perspectiva não corporativista da base:

> PODEM AS LUTAS FRAGMENTADAS DESTE PERÍODO HISTÓRICO CUMPRIR O PROGRAMA DA FILOSOFIA DA PRÁXIS? A RESPOSTA A ESSA PERGUNTA DEPENDE DO TIPO DE PRÁTICA QUE DEVE SUPOSTAMENTE RESOLVER AS ANTINOMIAS. SE ESSA PRÁTICA É CONCEBIDA COMO REVOLUÇÃO NO SENTIDO TRADICIONAL, ENTÃO CLARAMENTE NENHUMA RESOLUÇÃO É PROVÁVEL NO FUTURO PREVISÍVEL. POR OUTRO LADO, UM RELATO MAIS COMPLETO DA PRÁTICA REVELA UMA DIMENSÃO OCULTA NEGLIGENCIADA NO FOCO EXCLUSIVO DA ATIVIDADE REVOLUCIONÁRIA. ESSA DIMENSÃO É O TRABALHO HORIZONTAL DE ESTABELECIMENTO DE UMA ESTRUTURA DE SIGNIFICADO DENTRO DA QUAL A ATIVIDADE CONTINUA. A REIFICAÇÃO É UM HORIZONTE ASSIM E O DESAFIO DE DESREIFICAÇÃO TAMBÉM. SE AS MUDANÇAS NESSA DIMENSÃO OCULTA SÃO ENTENDIDAS COMO ESSENCIALMENTE TRANSFORMADORAS, ENTÃO A FILOSOFIA DA PRÁXIS SOBREVIVE À PERDA DE SUA GARANTIA REVOLUCIONÁRIA.[444]

Não há como politizar sem construir um campo semântico que abra as portas para certos debates novamente.

Para poder falar da luta anticapitalista, não basta afirmar incessantemente que a esquerda está com os trabalhadores. É necessário dar sentido a essa afirmação com a presença, o contato, o diálogo, a compreensão e a solidariedade.

Um significado só pode fazer sentido quando é considerado confiável, e, atualmente, o brasileiro médio confia pouco ou nada na esquerda.

Essa desconfiança vem da despolitização, mas vem também do distanciamento da base. Por mais que a esquerda moderada tenha

---

[444] Andrew Feenberg, *The Philosophy of Praxis: Marx, Lukács, and the Frankfurt School* (London: Verso, 2014).

mantido uma base eleitoral valendo-se de diálogo e políticas públicas, a efemeridade eleitoral demonstrou sua insuficiência.

Por mais, também, que os movimentos sociais da esquerda moderada e da radical tenham feito algum trabalho de base, ambas tiveram dificuldades em expandir esse trabalho para além das demandas econômicas e imediatas.

Nenhuma chegou ainda ao ponto de garantir uma base como maioria social capaz de abalar as estruturas do sistema capitalista no Brasil, mesmo tendo o PT chegado ao ponto de garantir reformas que não foram levadas a cabo.

Portanto, a missão é dialética e contínua.

Deve-se reestabelecer certo nível de práxis na esquerda para construir campos semânticos que possam sustentar um processo mais amplo de politização e organização, os quais devem alimentar a práxis revolucionária, não somente objetivos eleitorais, se há possibilidade de evitar derrotas mais profundas ao fim do interregno.

Construir o campo semântico faz parte do famoso trabalho de base e faz parte, de certo modo, da fundação desse trabalho.

Trabalho de base no século XXI não pode mais ser visto como a mera organização de trabalhadores em seu local de trabalho através da ligação entre partidos e lideranças locais.

Já vimos que a tendência à burocratização e os moldes economicistas de muitos sindicatos tornam esse tipo de organização vulnerável a uma noção mecânica de trabalho de base que não blinda o trabalhador de outras influências ideológicas nocivas à consciência de classe.

Ademais, a fragmentação do trabalho, a dinâmica do setor de serviços e as mudanças tecnológicas também afetarão essas possibilidades cada vez mais.

Fazer trabalho de base no século XXI depende do estabelecimento de um campo semântico entre a esquerda organizada e a base em potencial (a multidão a ser interpelada).

Para interpelar alguém é preciso falar sua língua, mas é preciso também deixar de subestimar a capacidade das multidões de compreender teoria através da prática e vice-versa.

Falar a língua não é uma mera questão de palavras fáceis ou difíceis, mas sim de estabelecer um campo comum de sentido.

O Partido Panteras Negras[445], nos Estados Unidos, promovia grupos

---

[445] N. de E.: Originalmente denominado Partido Pantera Negra para Autodefesa, se tratava

de leitura ao mesmo tempo que organizava resistência contra pobreza em centros comunitários, em uma visão de práxis promovida por Newton e Seale.[446]

Em sua autobiografia, Angela Davis[447] relata um caso em que mulheres negras, presumidamente de baixa escolaridade, liam Lenin em um dos grupos de leitura do partido.

Mesmo com algumas dificuldades linguísticas, Lenin lhes era inteligível, pois, afinal, sua mensagem ressoava no campo semântico daquelas mulheres.[448]

O trabalho prático do partido e o esforço de politização, conjuntos, criavam sentido. Hoje, principalmente diante do fenômeno antiesquerda, que precisa ser derrotado, a esquerda precisa descobrir como fazer mais sentido ou mesmo como *voltar* a fazer sentido e se manter fiel a esse campo semântico.

Assim, assembleias populares, visitas domiciliares individuais, centros comunitários e de resistência, mutirões solidários, cooperativas, hortas locais, grupos de apoio, creches voluntárias e iniciativas de

---

de um partido político socialista revolucionário e internacionalista nascido nos Estados Unidos em 1966 – e dissolvido em 1982 – que chegou a ter seções na Argélia e no Reino Unido, tendo sido referência de radicalismo e enfrentamento ao segregacionismo oficial ainda vigente nos Estados Unidos dos anos 1960. A origem do seu nome está no 761º Batalhão de Blindados do Exército americano, conhecido como Batalhão Pantera Negra, pois se tratava de um agrupamento militar basicamente composto por militares negros. Apesar do reconhecido heroísmo do Batalhão Pantera Negra no teatro de batalhas europeu da Segunda Guerra Mundial, em conflito direto contra as forças nazifascistas, ele foi convenientemente esquecido e desmontado pelo oficialato branco, uma vez que consistia em um paradoxo e uma ameaça racismo de Estado vigente nos Estados Unidos. Reivindicar esse simbolismo era central para o movimento negro americano naquele período. Tanto o Partido quanto o personagem de quadrinhos da Marvel Pantera Negra têm seus nomes inspirados nesse batalhão (ver Herminio Porto & Albuquerque em *Qual o Partido do Pantera Negra?*, no blog da Autonomia Literária < https://autonomialiteraria.com.br/qual-o-partido-do-pantera-negra/>).

[446] Alondra Nelson, *Body and Soul: The Black Panther Party and the Fight against Medical Discrimination* (Minneapolis: University of Minessota Press, 2011), 17.

[447] N. de E.: Angela Yvonne Davis (Alabama, Estados Unidos, 1944) é uma ativista política e filósofa marxista americana, ligada ao Partido Comunista Americano, negra e mulher, é uma das mais relevantes militantes radicais dos séculos XX e XXI.

[448] Angela Davis, *Angela Davis: An Autobiography*, Bernard Geis Associates Book (Bantam Books, 1975).

economia solidária não somente têm o mesmo valor de assembleias sindicais e diretórios partidários, mas caráter fundamental.

As atividades de solidariedade e construção diária ajudam a trazer sentido para a tarefa de organização da classe trabalhadora.

Sem elas, debates políticos nos partidos, mesas nas universidades, panfletos bem formatados ou não, discursos nos carros de som, listas de transmissão no WhatsApp e canais no YouTube podem até trazer a mensagem correta de politização, mas talvez não farão sentido.

Para uma construção ser realmente coletiva, é preciso que a esquerda enxergue a base a ser interpelada e organizada como ator político também, e não como apenas um corpo a ser acionado quando a conjuntura chama.

Se o objetivo é organizar de forma politizada, o primeiro passo é reconhecer a enorme tarefa que é restaurar a práxis com sentido.

Ainda que não possa elaborar tão a fundo aqui, considero que o ecossocialismo é um paradigma capaz de trazer sentido e construir práxis no mundo de hoje.

Sua visão lida necessariamente com os males desse século que afetam os aspectos mais diversos da vida do povo, desde a exploração de sua mão de obra até o contraste entre secas e enchentes que ameaça deslocar milhões de refugiados ao redor do mundo.

Com o acirramento do conflito ecológico-climático, especialmente a partir do surgimento de dados que forçam o repensar do impacto humano sobre o planeta, além dos já estabelecidos problemas ecológicos como poluição e devastação ambiental, a necessidade de se pensar o problema da ação humana na Terra se expandiu para o campo revolucionário.

Enquanto pensadores e ativistas do campo ecológico o fizeram tendo como centro a questão da preservação e recuperação, as vertentes teórico-práticas anticapitalistas se enveredaram para o pensamento congruente a partir da realização de limites ao crescimento e a preocupação intergeracional.

A combinação da preocupação ambiental com a crítica ao capitalismo dá luz a uma variedade de escolas de pensamento, com o ecossocialismo, o qual surge de forma a buscar paradigmas de mudança radicais referentes ao capitalismo como estrutura de exploração de humanos e da natureza, quebrando, portanto, uma falsa dicotomia estabelecida na ortodoxia marxista de apenas dominação humana sobre a natureza.

De fato, o ecossocialismo deve se apresentar como a superação do ambientalismo de esquerda, o qual ainda aborda a questão da natureza como alheia aos eixos políticos, econômicos e sociais.

Essa visão dicotômica pragueja a abordagem da esquerda que vê o meio-ambiente como um aspecto a ser mediado (ou mesmo postergado) de acordo com as necessidades econômicas, o que muitas vezes alimenta a negligência quanto à possibilidade de um futuro saudável e socialista para o próximo século.

O desafio consiste nos limites que o ecossocialismo encontra para se expandir e influenciar no seio de seu próprio espaço de atuação: círculos e organizações marxistas, socialistas e comunistas.

A dificuldade é ainda mais gritante quando se considera a esquerda como um todo, permeada por pequenas soluções, incluindo, entre outras, programas desenvolvimentistas, o mito do desenvolvimento sustentável e o próprio projeto democrático-popular e todas as suas barreiras de alcance.

Se ainda é difícil trazer uma perspectiva ambiental, imagine uma perspectiva ecológica que reinsira o ser humano na natureza e o social no ecossistema de modo a compreender limites e potencialidades de forma integrada.

Como argumenta Michael Löwy, a ecologia e o socialismo têm muitos objetivos em comum, mas, como escolas de pensamento e ação separadas uma da outra, operam divididas pelas suas diferenças.[449]

O produtivismo associado ao marxismo é uma delas, pois é incompatível com premissas ecológicas.

Apesar desse produtivismo não ser tão central quanto suposto na obra de Marx e Engels, é fato conhecido a promoção de programas produtivistas por atores e organizações socialistas.

Para haver conciliação, é necessária também a renovação do pensamento marxista e, talvez, principalmente, dos programas socialistas em relação à ecologia.

A proposta ecológica, por outro lado, precisa se adequar à crítica do capitalismo como força hegemônica, de modo que nenhuma visão sustentável será realmente assim sob o domínio do produtivismo lucrativo que é próprio ao capital.[450]

---

[449] Michael Löwy, "What Is Ecosocialism?" *Capitalism Nature Socialism* 16, no. 2 (2005): 15, https://doi.org/10.1080/10455750500108237.

[450] Löwy, 17.

Considerando a necessidade de uma união essencialmente dialética, uma síntese, entre as duas vertentes, o ecossocialismo surge como proposta política, social e teórica.

Nas palavras de Löwy, o ecossocialismo é "uma corrente de pensamento e ação ecológica que se apropria dos ganhos fundamentais do marxismo ao mesmo tempo que descarta seus dejeitos produtivistas".[451]

O ecossocialismo consiste, então, de uma "segunda época" do socialismo, mais adequada aos desafios contemporâneos, agora reconhecidos por meio da ciência natural e social, desde Marx, e atenta às falsas soluções mercantilizadas e/ou diplomáticas que surgem ao decorrer do processo de conhecimento e conscientização.[452]

Essa sensibilidade para com a natureza e o desenvolvimento no antropoceno é uma característica que faz do ecossocialismo uma abordagem fundamentalmente holística.

O ecossocialismo não ousa separar, por exemplo, o bem-estar e a luta contra a exploração da classe trabalhadora da transição urgente para trabalhos "verdes" ou mais ecológicos, bem como a indiscutível relação entre a exploração do trabalho e a exploração da natureza e seres não humanos sob o capitalismo.

Desse modo, o ecossocialismo se estabelece como programa internacionalista no campo político e escola de pensamento global no campo teórico, haja vista que a integração das formas de exploração precisa ser considerada em todos os contextos culturais, geográficos e sociais para atender a demanda real do planeta e a reprodução da vida em condições não opressoras.

Por conta da perspectiva ecológica, ouso afirmar que o ecossocialismo se apresenta até mesmo como uma síntese entre as mais variadas lutas, incluindo aqui as lutas antiopressão (que não devem ser confundidas com sua cooptação liberal via identitarismo).

Trabalho, assim, com a seguinte definição: o ecossocialismo é uma corrente de pensamento e ação, ou seja, práxis, focada em superar a dicotomia entre seres humanos e a natureza para promover uma síntese ecológica e marxista que pode levar a um paradigma emancipatório para a construção de uma sociedade socialista global.

---

[451] Löwy, 18.
[452] Joel Kovel, "Ecosocialism, Global Justice, and Climate Change", *Capitalism Nature Socialism* 19, no. 2 (2008): 6, https://doi.org/10.1080/10455750802091123.

Löwy argumenta que o ecossocialismo apresenta uma aliança entre "vermelhos" e "verdes" e os movimentos de solidariedade com os oprimidos.[453]

Todavia, é preciso que isso seja mais do que uma aliança, e sim um entendimento profundo de que não há futuro emancipatório sem o fim da exploração capitalista das relações imperialistas e coloniais, da destruição da natureza, da dominação instrumental e egoística de animais não humanos e da estratificação justificada nas estruturas de opressão racial, étnica, de gênero, sexualidade e demais formas de controle de corpos.

Se o ecossocialismo pretende se colocar como alternativa de sociedade, inclusive incorporando novas cosmovisões ou cosmovisões resgatadas, como o *bem viver*, que reformulam a noção de abundância e nossas interpretações ontológicas, ele precisa ser um paradigma-síntese, e essa síntese precisa ser abolicionista.

Então, caso o ecossocialismo se proponha abolicionista, como eu sugiro, também será, necessariamente, utópico.

Não por acaso, Bloch, ao capitanear a retomada da utopia como bandeira marxista, sobretudo do marxismo humanista, faz uma crítica pontual à relação não ecológica de seres humanos com a natureza, especialmente quanto à função da técnica como dominação.

Como bem apontam Löwy e Sayre, isso indica uma certa sensibilidade pré-ecológica do autor, e que eu entendo ser central para a aliança entre a teoria política e filosófica do marxismo humanista e o paradigma do ecossocialismo e suas utopias.[454]

Portanto, se discuto a necessidade de um campo semântico que dê sentido para a existência da esquerda, cada vez mais radical e revolucionária, e que possa se apresentar na superação do interregno, faço isso sugerindo que sentido e utopia não estão tão distantes assim.

Por mais que a tarefa de dar sentido pareça mais imediata e a utopia pareça estar no horizonte, o papel da práxis é conectar um ao outro.

Isso passa por resistência, por prefiguração de novas relações e novas práticas, ao mesmo tempo que deve enfrentar os sistemas

---

[453] Michael Löwy, "What Is Ecosocialism?", *Capitalism, Nature, Socialism* 16, no. 2 (2005): 15–24, https://doi.org/10.1080/10455750500108237.

[454] Löwy and Sayre, *Revolta e Melancolia: O Romantismo Na Contracorrente Da Modernidade*, 247.

vigentes para sua superação e construção de um outro, abolindo as nossas próprias utopias atuais no processo de sua realização.

O que passa também por organizar as pessoas, muitas dessas que se identificam com a esquerda, mas têm se organizado de forma fragmentada e volátil via redes sociais e influenciadores, quando é necessário enfatizar o cara a cara e os laços de solidariedade e prática necessários para transformar a realidade.

Não há práxis sem isso, e será justamente a práxis que vai consolidar campos semânticos e a interpelar novos intelectuais e lideranças que substituam o desejo ultrapassado por um messias para construir a vontade coletiva.

Por mais que Junho de 2013 ainda seja um enigma, parte de minha relutância em classificá-lo de forma rígida na divisão entre progressista e reacionário também vem da percepção de que Junho não nos trouxe uma revolução, mas também não matou nossas utopias.

Aqueles que as negam hoje, embriagados pela lógica do mal menor e da viabilidade eleitoral, não perderam suas utopias ali, mas muito antes. Junho de 2013 apresentou obstáculos e oportunidades em uma nova conjuntura, e a esquerda tem se dividido entre pequenas vitórias e grandes derrotas.

Não parece ser produtivo chorar as derrotas e fantasiar a suposta grandeza das vitórias enquanto se busca algum outro alguém ou organização para culpar.

As possibilidades não se fecham enquanto a esquerda reconhecer sua potência e suas utopias, o que nos leva a pensar num breve trecho de um monólogo de Žižek, de seus documentários:

> EM LEVANTES REVOLUCIONÁRIOS, ALGUMA ENERGIA – OU MELHOR, ALGUNS SONHOS UTÓPICOS ACONTECEM, ELES EXPLODEM – E MESMO QUE O RESULTADO REAL DE UMA REVOLTA SOCIAL SEJA APENAS UMA COMERCIALIZAÇÃO DO COTIDIANO, ESSE EXCESSO DE ENERGIA, O QUE SE PERDE NO RESULTADO, PERSISTE NÃO NA REALIDADE, MAS COMO UM SONHO QUE NOS ASSOMBRA ESPERANDO PARA SER REDIMIDO.[455]

Esse excesso de energia escapa dos sintomas mórbidos, e pode muito bem se se tornar o antídoto necessário, caso consigamos dar sentido a ele. Organizemos esse sentido!

---

[455] Žižek em Sophie Fiennes, *The Pervert's Guide to Ideology* (United Kingdom: P Guide Productions and Zeitgeist Films, 2012).

Há um quadro de Paul Klee que se chama Angelus Novus. Representa um anjo que parece querer afastar-se de algo que ele encara fixamente. Seus olhos estão escancarados, sua boca dilatada, suas asas abertas. O anjo da história deve ter esse aspecto. Seu rosto está dirigido para o passado. Onde nós vemos uma cadeia de acontecimentos, ele vê uma catástrofe única, que acumula incansavelmente ruína sobre ruína e as dispersa a nossos pés. Ele gostaria de deter-se para acordar os mortos e juntar os fragmentos. Mas uma tempestade sopra do paraíso e prende-se às suas asas com tanta força que ele não pode mais fechá-las. Essa tempestade o impele irresistivelmente para o futuro, ao qual ele vira as costas, enquanto o amontoado de ruínas cresce em direção ao céu. O que chamamos de "Progresso" é justamente essa tempestade.

— Walter Benjamin,
Tese ix sobre o Conceito da História.

REFERÊNCIAS

Acioli, Patrícia. "Aldo Quer PMDB Para Formar '3a via' na Capital." *Diário Comércio Indústria e Serviços*, 2008.

Almeida, Eduardo. "As Polêmicas Surgidas em 2013 | PSTU". PSTU, January 2, 2014.

Almeida, Gelsom Rozentino de. "O Governo Lula, o Fórum Nacional do Trabalho e a Reforma Sindical". *Revista Katálysis* 10, no. 1 (2007): 54–64. Acesso em: https://doi.org/10.1590/S1414-49802007000100007.

Anderson, Kevin B. "Sources of Marxist-Humanism: Fanon, Kosik and Dunayevskaya." *Quarterly Journal of Ideology*, 1986.

Anderson, Kevin B., and Russell Rockwell, eds. *The Dunayevskaya-Marcuse-Fromm Correspondence, 1954-1978: Dialogues on Hegel, Marx, and Critical Theory*. Lexington Books, 2012.

Antunes, Ricardo. "Trade Unions, Social Conflict, and the Political Left in Present-Day Brazil". In: *The New Latin American Left: Cracks in the Empire*, edited by Jeffery R. Webber and Barry Carr. Lanham: Rowman & Littlefield Publishers, 2013.

———. *Uma Esquerda Fora do Lugar: O Governo Lula e os Descaminhos do PT*. Campinas: Autores Associados, 2006.

Badiou, Alain. *The Communist Hypothesis*. London: Verso, 2010.

Balaban, Oded. "Praxis and Poesis in Aristotle's Practical Philosophy." *The Journal of Value Inquiry* 24, no. 3 (1990): 185–98. https://doi.org/10.1007/BF00149432.

Baldini, Leandro. "Dilma Foi a Pior em Reforma Agrária, Diz Stédile." *Diário do Grande ABC*, July 4, 2016.

Batista, Vera. "Aferição das Centrais Sindicais". *Correio Braziliense* 28 (2016): 15–16.

Benjamin, Walter. "Left-Wing Melancholy". *Screen* 15, no. 2 (1974).

Bensaïd, Daniel. "Alain Badiou and the Miracle of the Event". *Alain Badiou and the Future of Philosophy*, 2004, 94–105.

———. "On a Recent Book by John Holloway". *Historical Materialism* 13, no. 4 (2005): 169–92.

Bloch, Ernst. *The Spirit of Utopia*. Stanford: Stanford University Press, 2000.

Boito, Armando, and Paula Marcelino. "Decline in Unionism?: An Analysis of the New Wave of Strikes in Brazil". *Latin American Perspectives* 38, no. 5 (2011): 62–73. https://doi.org/10.1177/0094582X11408560.

Bosteels, Bruno. "The Speculative Left". *The South Atlantic Quaterly* 104, no. 4 (2005): 751–67.

Boulos, Guilherme. *De Que Lado Você Está?* São Paulo: Boitempo Editorial, 2015.

Braga, Ruy. "A Era Da Pilhagem". In: *A Onda Conservadora*, edited by Felipe Demier and Rejane Hoeveler. Rio de Janeiro: Mauad, 2016.

Branford, Sue, and Jan Rocha. "Cutting the Wire : The Landless Movement of Brazil". In: *We Are Everywhere: The Irresistible Rise of Global Anticapitalism*, edited by Notes from Nowhere, 2001.

Brigadas Populares. "Manifesto das Novas Brigadas Populares", 2011, 14–16.

Brown, Wendy. "Moralism as Antipolitics", In: *Materializing Democracy: Toward a Revitalized Cultural Politics*, edited by Russ Castronovo and Dana D. Nelson. Durham: Duke University Press, 2002.

———. "Resisting Left Melancholy". *Boundary 2* 26, no. 3 (1999): 19–27.

———. *States of Injury: Power and Freedom in Late Modernity.* Princeton: Princeton University Press, 1995.

Brysk, Alison. *Speaking Rights to Power: Constructing Political Will.* New York: Oxford University Press, 2013.

Candeias, Mario. "From a Fragmented Left to Mosaic". *Luxemburg* 3, no. 1 (2010): 2–15.

Capital, Carta. "Publicidade Federal: Globo Recebeu R$ 6,2 Bilhões dos Governos Lula e Dilma." *Carta Capital,* June 2015.

Carvalho, Guilherme. "Labor Transformation in Brazil and in CWU Leaders' Profile *", *Revista Ciências do Trabalho* 2 (2014): 41–59.

Carvalho, Laura. *Valsa Brasileira: do boom ao caos econômico.* São Paulo: Todavia, 2018.

Chambers, S. A. "Jacques Ranciere and the Problem of Pure Politics". *European Journal of Political Theory* 10, no. 3 (2011): 303–26. https://doi.org/10.1177/1474885111406386.

Chauí, Marilena, Leonardo Boff, João Pedro Stedile, Wanderley Guilherme dos Santos, and Juarez Guimarães. *Leituras aa Crise: diálogos sobre o* PT, *a democracia brasileira e o socialismo.* São Paulo: Editora Fundação Perseu Abramo, 2006.

Chaui, Marilena, and Marco Aurélio Nogueira. "Marilena Chaui e Marco Aurélio Nogueira". *Lua Nova, São Paulo, 71: 173-228, 2007,* 2007, 173–228.

———. "O Pensamento Político e a Redemocratização do Brasil". *Lua Nova* 71 (2007): 173–228.

Claessens, Stijn, Erik Feijen, and Luc Laeven. "Political Connections and Preferential Access to Finance: The Role of Campaign Contributions". *Journal of Financial Economics* 88, no. 3 (June 2008): 554–80. Disponível em: https://doi.org/10.1016/j.jfineco.2006.11.003.

Correio do Povo. "Cpers Aprova Desfiliação da CUT e Garante Greve se Salários Forem Parcelados". *Correio do Povo*, March 27, 2015.

Coutinho, Carlos Nelson. *Gramsci's Political Thought*. Leiden: Brill, 2012.

———. "O Conceito de Vontade Coletiva em Gramsci". *Revista Katálysis* 12, no. 1 (2009): 32–40.

CPT. *Conflitos no Campo Brasil 2015*. Edited by Antonio Canuto, Cássia Regina da Silva Luz, and Isolete Wichinieski. São Paulo: CPT Nacional, 2015. https://doi.org/10.1017/CBO9781107415324.004.

CUT. "Sindicato e Ministério Ampliam Divulgação do Programa de Proteção ao Emprego – CUT – Central Única dos Trabalhadores", November 20, 2015.

Darling, Jonathan. "Asylum and the Post-Political: Domopolitics, Depoliticisation and Acts of Citizenship". *Antipode* 46, no. 1 (January 5, 2014): 72–91. https://doi.org/10.1111/anti.12026.

Davis, Angela. *Angela Davis: An Autobiography*. Bernard Geis Associates Book. Bantam Books, 1975.

Dean, Jodi. *Blog Theory*. Cornwall: Polity Press, 2010.

———. *Crowds and Party*. Verso. London, 2016.

———.*Democracy and Other Neoliberal Fantasies: Communicative Capitalism and Left Politics*. Durham: Duke University Press, 2009.

———. "Politics without Politics". *Parallax* 15, no. 3 (August 2009): 20–36.

———. *The Communist Horizon*. London: Verso, 2012.

———. "Žižek against Democracy." *Law, Culture and the Humanities* 1, no. 2 (May 1, 2005): 154–77.

Demier, Felipe. "A Revolta a Favor da Ordem: a ofensiva da oposição de direita". In: *A Onda Conservadora*, edited by Felipe Demier and Rejane Hoeveler. Rio de Janeiro: Mauad, 2016.

Diaz-Parra, Iban, Beltran Roca, and Silvina Romano. "Political Activists' Frames in Times of Post-Politics: Evidence from Kirchnerism in Argentina and Podemos in Spain". *Contemporary Social Science* 10, no. 4 (2015): 386–400. https://doi.org/10.1080/21582041.2016.1218042.

Dunayevskaya, Raya. *Marxism and Freedom: From 1776 until Today*. Amherst: Humanity Books, 2000.

Dunne, Joseph. "Theory, Techne, and Phronesis: Distinctions and Relations". In *Back to the Rough Ground: "Phronesis" and "Techne" in Modern Philosophy and in Aristotle*. Notre Dame and London: University of Notre Dame Press, 1993.

Duquette, Michel, Maurilio Galdino, Charmain Levy, Bérengère Marques-Pereira, and Florence Raes. "Collective Action at the Crossroads: The Empowerment of the Left". In: *Collective Action and Radicalism in Brazil*, edited by Michel Duquette, Maurilio Galdino, Charmain Levy, Bérengère Marques-Pereira, and Florence Raes, 156–205. Toronto: University of Toronto Press, 2005.

É preciso arrancar alegria ao futuro. "É Preciso Arrancar Alegria ao Futuro Manifesto", 2016. Disponível em: http://alegriaaofuturo.com.br/wp-content/uploads/2016/07/manifestoA3-b.pdf.

Epstein, Barbara. "Postmodernism and the Left". *New Politics* 6, no. 2 (1997).

———. "The Rise, Decline and Possible Revival of Socialist Humanism". In: *10th Annual Historical Materialism Conference*. London, 2013.

Erik Olin Wright. "How to Think About (And Win) Socialism". *Jacobin Magazine*, April 2016.

Fanon, Frantz. *The Wretched of the Earth*. New York: Grove Press, 2004.

Feenberg, Andrew. *The Philosophy of Praxis: Marx, Lukács, and the Frankfurt School*. London: Verso, 2014.

Félix Sánchez, João Machado Borges Neto, and Rosa Maria Marques. "Brazil. Lula's Government: A Critical Appraisal". In *The New Latin American Left: Utopia Reborn*, edited by Patrick Barrett, Daniel Chavez, and César Rodríguez-Garavito, 42–68. London: Pluto Press, 2008.

Ferguson, James. "The Uses of Neoliberalism". *Antipode* 41 (January 2010): 166–84.

Fernandes, Florestan. "Democracia e Socialismo". *Crítica Marxista* 1, no. 3 (1996): 1–6.

———. *Sociedade de Classes e Subdesenvolvimento*. São Paulo: Global Editora, 2008.

Fernandes, Sabrina. "Assessing the Brazilian Workers' Party". *Jacobin*, no. 25 (2017): 85–88.

———. "Conjunto de Entrevistas de Campo (2014-2016)", 2016.
Fiennes, Sophie. *The Pervert's Guide to Ideology*. United Kingdom: P Guide Productions and Zeitgeist Films, 2012.

Freire, Paulo. *Pedagogia do Oprimido*. 49th print. Rio de Janeiro: Paz e Terra, 2005.

———. *Pedagogy of the Oppressed*. New York: The Seabury Press, 1970.

Freud, Sigmund. "Mourning and Melancholia". In: *The Standard Edition of the Complete Psychological Works of Sigmund Freud, Volume XIV (1914-1916): On the History of the Psycho-Analytic Movement, Papers on Metapsychology and Other Works*, 237–58, 1957.

Fromm, Erich. *Marx's Concept of Man*. Mansfield Centre: Martino Publishing, 2011.

———. "Preface". In: *Socialist Humanism: An International Symposium*, edited by Erich Fromm, vii–xiii. Garden City: Anchor Books, 1966.

G1. "Veja Pesquisa Completa do Ibope sobre os Manifestantes". *G1 Brasil*. 2013.

Gajanigo, Paulo. "Junho Como Enigma, Ainda | Blog Junho". Blog Junho, 2016. http://blogJunho.com.br/Junho-como-enigma-ainda/.

Gibson-Graham, J. K. "An Ethics of the Local". *Rethinking Marxism* 15, no. March 2014 (2003): 49–74. https://doi.org/10.1080 /0893569032000063583.

———. *Postcapitalist Politics*. Minneapolis: University of Minnesota Press, 2006.

Gibson, Timothy A. "The Post-Truth Double Helix : Reflexivity and Mistrust in Local Politics". *International Journal of Communication 12(2018),* 12 (2018): 3167–85.

Gill, Nick, Phil Johnstone, and Andrew Williams. "Towards a Geography of Tolerance: Post-Politics and Political Forms of Toleration". *Political Geography* 31, no. 8 (2012): 509–18.

Gramsci, Antonio. *Prison Notebooks: Volume* III. Edited and translated by Joseph A. Buttigieg. New York: Columbia University Press, 2007.

———. *Selections from the Prison Notebooks of Antonio Gramsci*. New York: International Publishers, 1971. Disponível em: https://doi.org/10.1080/10286630902971603.

———. "Selections From the Prison Notebooks of Antonio Gramsci." *Elec Book* 73, no. 3 (1999): 453. Disponível em https://doi.org/10.2307/479844.

———. *The Antonio Gramsci Reader: Selected Writings, 1916-1935.* Edited by David Forgacs. *New York University Press.* New York: New York University Press, 2000.

———. *The Gramsci Reader: Selected Writings 1916-1935.* Edited by David Forgasc. *New York University Press.* New York: New York University Press, 2000.

———. *The Modern Prince & Other Writings.* New York: International Publishers, 2007.

Gross, Jacob P. K. "Education and Hegemony: The Influence of Antonio Gramsci". In: *Beyond Critique: Exploring Critical Social Theories and Education,* edited by Bradley Levinson. Boulder: Paradigm Publishers, 2011.

Guimarães, Juarez. "A Estratégia da Pinça | Teoria e Debate". In: *Teoria e Debate,* 1990.

Harvey, David. *Rebel Cities: From the Right to the City to the Urban Revolution.* New York: Verso, 2012.

———. *Spaces of Hope.* Berkeley: University of California Press, 2000.

Hesketh, Chris, and Adam David Morton. "Spaces of Uneven Development and Class Struggle in Bolivia: Transformation or Trasformismo?" *Antipode* 46, no. 1 (January 6, 2014): 149–69. Disponível em: https://doi.org/10.1111/anti.12038.

Holloway, John. *Change the World Without Taking Power.* Vol. 0. London: Pluto Press, 2002.

Holst, John D. *Social Movements, Civil Society, and Radical Adult Education.* 1st ed. Westport: Bergin & Garvey, 2002.

IBGE. "Em 2015, PIB Cai 3,8% e Totaliza R$ 5,9 Trilhões". *Sala de Imprensa* IBGE, March 3, 2016.

Jay, Martin. *Marxism and Totality: The Adventures of a Concept from Lukacs to Habermas*. Berkeley and Los Angeles: University of California Press, 1984.

Karepovs, Daniel, and Murilo Leal. "Os Trotskismos No Brasil: 1966-2000". In: *História do Marxismo no Brasil (v. 6)*, edited by Marcelo Ridenti and Daniel Aarão Reis, 153–237. Campinas: Editora da Unicamp, 2007.

Katz, Claudio. "Socialist Strategies in Latin America". In: *The New Latin American Left: Cracks in the Empire*, edited by Jeffery R. Webber and Barry Carr. Lanham: Rowman & Littlefield Publishers, 2013.

Kioupkiolis, Alexandros. "Podemos: The Ambiguous Promises of Left-Wing Populism in Contemporary Spain". *Journal of Political Ideologies* 9317, no. June (2016): 1–22. Disponível em: https://doi.org/10.1080/13569317.2016.1150136.

Kolakowski, Leszlek. *Toward a Marxist Humanism*. New York: Grove Press, 1968.

Kosik, Karel. *Dialectics of the Concrete: A Study on Problems of Man and World*. Boston: D. Reidel Publishing Company, 1976.

Kovel, Joel. "Ecosocialism, Global Justice, and Climate Change". *Capitalism Nature Socialism* 19, no. 2 (2008): 4–14. Disponível em: https://doi.org/10.1080/10455750802091123.

Laclau, Ernesto, and Chantal Mouffe. *Hegemony and Socialist Strategy: Towards a Radical Democratic Politics*. 2nd ed. New York: Verso, 2001.

Ladosky, Mario Henrique. "CUT and Corporatism in Brazi". *Revista Ciências do Trabalho* No. 3, no. december (2014): 109–37.

Ledwith, Margaret. "Community Work as Critical Pedagogy: Re-Envisioning Freire and Gramsci". *Community Development Journal* 36, no. 3 (2001): 171–82. Disponível em: https://doi.org/10.1093/cdj/36.3.171.

Löwy, Michael. "What Is Ecosocialism?" *Capitalism Nature Socialism* 16, no. 2 (2005): 15-24. Disponível em: https://doi.org/10.1080/10455750500108237.

———. "What Is Ecosocialism?" *Capitalism, Nature, Socialism* 16, no. 2 (2005): 15-24. Disponível em: https://doi.org/10.1080/10455750500108237.

Löwy, Michael, and Robert Sayre. *Revolta e Melancolia: O Romantismo na Contracorrente da Modernidade*. São Paulo: Boitempo Editorial, 2015.

Lukács, Georg. *History and Class Consciousness: Studies in Marxist Dialectics*. Cambridge, Mass: MIT Press, 1971.

Lula da Silva, Luis Inácio. *A Verdade Vencerá: O Povo Sabe Por Que me Condenam*. São Paulo: Boitempo Editorial, 2018.

Marcuse, Herbert. *One-Dimensional Man*. Boston: Beacon Press, 1991.

———. *Reason and Revolution: Hegel and the Rise of Social Theory*. New York: Oxford University Press, 1941.
———. "Socialist Humanism?" In *Socialist Humanism: An International Symposium*, edited by Erich Fromm, 107-17. Garden City: Anchor Books, 1966.

———. "The Foundation of Historical Materialism". In: *Studies in Critical Philosophy*. Boston: Beacon Press, 1973.

Martinez, Paulo Henrique. "O Partido dos Trabalhadores e a Conquista do Estado: 1980-2005". In: *História do Marxismo no Brasil (v. 6)*, edited by Marcelo Ridenti and Daniel Aarão Reis, 239-89. Campinas: Editora da Unicamp, 2007.

Marx, Karl. *Capital: Volume III*. London: Penguin Books, 1981.
———. *Economic and Philosophic Manuscripts of 1844*. Edited by Erich Fromm. Translated by T. B. Bottomore. *Marx's Concept of Man*. Mansfield Centre: Martino Publishing, 2007.

———. *Grundrisse*. Middlesex: Penguin Books, 1973.

———. "Theses on Feuerbach". In: *Selected Writings*. Hackett Publishing Company, 1994.

Marx, Karl, and Friedrich Engels. *The German Ideology*. Amherst: Prometheus Books, 1998.

Mattos, Marcelo Badaró. "De Junho de 2013 a Junho de 2015: Elementos Para Uma Análise Da (Crítica) Conjuntura Brasileira". In: *A Onda Conservadora*, edited by Felipe Demier and Rejane Hoeveler. Rio de Janeiro: Mauad, 2016.

Mayo, Peter. "Antonio Gramsci and His Relevance to the Education of Adults". In: *Gramsci and Educational Thought*, edited by Peter Mayo, 21–37. West Sussex: Wiley-Blackwell, 2010.

———. "Transformative Adult Education in an Age of Globalization: A Gramscian-Freirean Synthesis and Beyond". *The Alberta Journal of Educational Research* 42 (1996): 148–60.

Mclaren, Peter, and Nathalia E Jaramillo. *Pedagogy and Praxis in the Age of Empire: Towards a New Humanism*. Rotterdam: Sense Publishers, 2007.

Melito, Leandro. "Eduardo Bolsonaro Apresenta Projeto Que Criminaliza Comunismo". *Portal* EBC, May 24, 2016.

Melo, Demian. "'Escola Sem Partido' Ou Escola Com 'Partido Único'?" *Blog Junho*, October 2015.

———. "Para Além da Marolinha: A Crise e a Onda Conservadora no Brasil". *Blog Junho*, January 2016.

Meszaros, George. "Taking the Land into Their Hands : The Landless Workers ' Movement and the Brazilian State." *Journal of Law and Society* 27, no. 4 (2000): 517–41.

Mizanzuk, Ivan. "Entrevista Com Gleisi Hoffman". *Anticast*, 2018.

Morais, Lecio, & Alfredo Saad Filho. "Lula and the Continuity of Neoliberalism in Brazil: Strategic Choice, Economic Imperative or Political Schizophrenia?" *Historical Materialism* 13, no. 1 (2005): 3-32. Disponível em: https://doi.org/10.1163/1569206053620924.

———. "Lula and the Continuity of Neoliberalism in Brazil: Strategic Choice, Economic Imperative or Political Schizophrenia?". *Historical Materialism* 13, no. 1 (2005): 3-32.

———. "Da Economia Política à Política Econômica: O Novo-Desenvolvimentismo e o Governo Lula". *Revista de Economia Política* 4, no. 124 (2011): 507-27. Disponível em: https://doi.org/10.1590/S0101-31572011000400001.

Mouffe, Chantal. *Agonistics: Thinking the World Politically*. London: Verso, 2013.

Moura, Pablo Thiago Correira de. "As Razões Da Esquerda Radical – PCB, PSTU e PSOL: Estrutura Organizativa e Objetivos Políticos". Universidade Federal do Rio Grande do Norte, 2011.

Nelson, Alondra. *Body and Soul: The Black Panther Party and the Fight against Medical Discrimination*. Minneapolis: University of Minessota Press, 2011.

Nuzzi, Vitor. "Líder do MST considera 'erro político' fazer mobilização durante a Copa — Rede Brasil Atual". *Rede Brasil Atual*, February 6, 2014.

Paipais, Vassilios. "Between Politics and the Political: Reading Hans J. Morgenthau's Double Critique of Depoliticisation". *Millennium: Journal of International Studies* 42, no. 2 (2014): 354-75.

Paulo Netto, José. "Relendo a Teoria Marxista Da História". In: *Anais Do IV Seminário Nacional HISTEDBR*, 74-84, 1998.

Paulson, Justin. "The Uneven Development of Radical Imagination". *Affinities: A Journal of Radical Theory, Culture, and Action* 4, no. 2 (2010): 33-38.

Paulson, Justin, and Rebecca Schein. "Justin Paulson and Rebecca Schein's Response to 'the Left after Politics'". *Studies in Political Economy*, no. 89 (2012): 131–37.

PCB. "Breve Histórico do PCB," 2014. Disponível em: http://pcb.org.br/portal/docs/historia.pdf.

PCR. "História – Partido Comunista Revolucionário – PCR", 2016. Disponível em: http://pcrbrasil.org/pcr/historia/.

Peron, Isadora. "Lula Diz que Financiamento Privado na Eleição Deveria Ser 'Crime Inafiançável' – Política – Versão impressa ". *Estadão*. 2013.

Petras, James. *Brasil e Lula: Ano Zero*. Translated by Aleksandra Piasecka-Till. Blumenau: Edifurb, 2005.

Pinto, Rodrigo Sampaio, and Jean Rodrigues Sales. "O PCdoB no Primeiro Governo Lula: Considerações das Lideranças Partidárias". *Anais Do XV Encontro Regional de História da ANPUH-RIO*, 2002, 1–18.

Piza, Paulo Toledo, Paula Paiva Paulo, Glauco Araújo, and Roney Domingos. "Manifestação de Apoio ao Governo Federal Fecha Avenida Paulista, em SP". *G1 São Paulo*, March 18, 2016.

Prevost, Gary, Harry E. Vanden, and Carlos Oliva Campos. *Social Movements and Leftist Governments in Latin America: Confrontation or Co-Option?* New York: Zed Books, 2012.

Rabelo, Renato. "Previdência: O Voto do PCdoB Na CCJ". ADITAL, June 5, 2003.

Rancière, Jacques. *Disagreement*. Minneapolis: University of Minessota Press, 1999.

Reis, Daniel Aarão. "Marxismo, Sociedade e Partidos Políticos Hoje". In: *História do Marxismo no Brasil (v. 6)*, edited by Marcelo Ridenti and Daniel Aarão Reis, 439–61. Campinas: Editora da Unicamp, 2007.

Reis, Fábio Wanderley. "Identidade Política, Desigualdade e Partidos Brasileiros". *Novos Estudos* 87 (2010): 61–75.

Ricci, Rudá. "As Origens das Tendências do PT". Blog do Rudá, January 5, 2015. Disponível em: http://www.rudaricci.com.br/origens-das-tendencias-pt/.

———. "Lulismo: Mais que um Governo", 2010, 141–44.

———. "Lulismo: Três Discursos e um Estilo*". *Lutas Sociais* 15/16 (2006): 171–83.

———. *Lulismo*. Brasília: Contraponto, 2013.

Ricci, Rudá, and Patrick Arley. *Nas Ruas: A Outra Política que Emergiu em Junho de 2013*. Belo Horizonte: Editora Letramento, 2014.

Ridenti, Marcelo. *Política Pra Quê?* 1st digita. São Paulo: Editora Atual, 2013.

Riethof, Marieke. "Changing Strategies of the Brazilian Labor Movement: From Opposition to Participation". *Latin American Perspectives*, 2004, 31–47. Disponível em: https://doi.org/10.1177/0094582X04269910.

Saad Filho, a. "Mass Protests under 'Left Neoliberalism': Brazil, June-July 2013". *Critical Sociology* 39, no. 5 (2013): 657–69. Disponível em: https://doi.org/10.1177/0896920513501906.

Saad Filho, Alfredo. "Mass Protests under 'Left Neoliberalism': Brazil, June-July 2013". *Critical Sociology* 39, no. 5 (August 29, 2013): 657–69. Disponível em: https://doi.org/10.1177/0896920513501906.

Saad Filho, Alfredo & Armando Boito. "Brazil: The Failure of the PT and the Rise of the 'New Right'". *Socialist Register* 52, no. 52 (2015): 213–30.

———. "Brazil: The Failute of the PT and the Rise of the 'New Right'". *Socialist Register* 52, no. 52 (2015): 213–30.

Saad Filho, Alfredo, & Lecio Morais. "Mass Protests: Brazilian Spring or Brazilian Malaise?". *Socialist Register* 50, no. June (2013): 227–46.

———. *Brazil: Neoliberalism versus Democracy*. London: Pluto Books, 2018.

Saccarelli, Emanuele. *Gramsci and Trotsky in the Shadow of Stalinism: The Political Theory and Practice of Opposition*. Edited by Robert Bernasconi. *Studies in Philosophy*. New York: Routledge, 2007.

Safatle, Vladimir. *A Esquerda que não Teme Dizer seu Nome*. São Paulo: Três Estrelas, 2012.

———. "A Falsa Onda Conservadora". *Folha de São Paulo*, December 25, 2015.

———. *O Circuito dos Afetos: Corpos Políticos, Desamparo, e o Fim do Indivíduo*. São Paulo: Autêntica, 2016.

Samuels, David. "Money, Elections, and Democracy in Brazil". *Latin American Politics and Society* 43, no. 2 (2001): 27–48.

Sánchez, Félix, João Machado Borges Neto, and Rosa Maria Marques. "Brazil. Lula's Government: A Critical Appraisal". In: *The New Latin American Left: Utopia Reborn*, 42–68. London: Pluto Press, 2008.

Santana, Marco Aurélio. "Partidos e Trabalhadores Na Transição Democrática: A Luta Pela Hegemonia na Esquerda Brasileira". *Dados – Revista de Ciências Sociais* 55, no. 3 (2012): 787–826.

Santana, Marco Aurélio, and Ricardo Antunes. "O PCB, os Trabalhadores e o Sindicalismo na História Recente do Brasil". In: *História do Marxismo no Brasil (v. 6)*, edited by Marcelo Ridenti and Daniel Aarão Reis, 375–410. Campinas: Editora da Unicamp, 2007.

Santos, Boaventura de Sousa. *Esquerdas do Mundo, Uni-Vos!* São Paulo: Boitempo Editorial, 2018.

Santos, Fabiano. "Do Protesto ao Plebiscito: Uma Avaliação Crítica da Atual Conjuntura Brasileira". *Novos Estudos – CEBRAP*, no. 96 (July 2013): 15–25.

Santos, Fabio Luis Barbosa dos. *Além do* PT. 2nd Editio. São Paulo: Editora Elefante, 2016.

Semeraro, Giovanni. "Da Libertação à Hegemonia: Freire e Gramsci no Processo de Democratização do Brasil". *Revista de Sociologia e Política*, no. 29 (2007): 95–104. Disponível em: https://doi.org/10.1590/S0104-44782007000200008.

Simões, Guilherme, Marcos Campos, and Rud Rafael. MTST: *20 Anos de História*. São Paulo: Autonomia Literária, 2017.

Singer, André. "A Segunda Alma do Partido dos Trabalhadores". *Novos Estudos*, no. 88 (2010): 89–111. Disponível em: https://doi.org/10.1590/S0101-33002010000300006.

———. *O Lulismo em Crise*. São Paulo: Companhia das Letras, 2018.

———. "Os Sentidos do Lulismo No Brasil", 2006, 232.

———. "Raízes Sociais e Ideológicas do Lulismo". *Novos Estudos*, 2009.

———. "Rebellion in Brazil: Social and Political Complexion of the June Events". *New Left Review* 85, no. Jan-Feb (2014): 19–37.

Sluyter-Beltrão, J. *Rise and Decline of Brazil's New Unionism: The Politics of the Central {Ú}nica dos Trabalhadores*. Trade Unions Past, Present and Future. Bern: Peter Lang, 2010.

Smith, Murray E G. *Marxist Phoenix: Studies in Historical Materialism and Marxist Socialism*. Toronto: Canadian Scholars' Press, Incorporated, 2014.

Solano, Esther, ed. *O Ódio Como Política: A Reinvenção das Direitas no Brasil*. Coleção Tinta Vermelha. Boitempo Editorial, 2018.

Soto, Emiliano. "Aqui Jaz a União Nacional dos Estudantes | PSTU". PSTU, November 7, 2007.

Spronk, Susan. "Neoliberal Class Formation(s): The Informal Proletariat and 'New' Workers' Organizations in Latin America".

In: *The New Latin American Left: Cracks in the Empire*, edited by Jeffery R. Webber and Barry Carr. Lanham: Rowman & Littlefield Publishers, 2013.

Sul 21. "Balanço dos Vereadores Eleitos Aponta Crescimento da Esquerda no País « Sul21". *Jornal Sul 21*. October 8, 2012.

Swyngedouw, Erik. "Apocalypse Forever?: Post-Political Populism and the Spectre of Climate Change". *Theory, Culture and Society* 27, no. 2 (2010): 213–32.

———. "The Antinomies of the Postpolitical City: In Search of a Democratic Politics of Environmental Production". *International Journal of Urban and Regional Research* 33, no. 3 (2009): 601–20.

Terron, Sonia Luiza, and Gláucio Ary Dillon Soares. "As Bases Eleitorais de Lula e do PT: do Distanciamento ao Divórcio". *Opinião Pública* 16, no. 2 (2010): 310–37. Disponível em: https://doi.org/10.1590/S0104-62762010000200002.

Thompson, Edward Palmer. *The Making of the English Working Class*. London: Penguin Books, 1991.

———. "The Poverty of Theory". In: *The Poverty of Theory & Other Essays*, 1–205. New York: Monthly Review Press, 1978.
Traverso, Enzo. *Left-Wing Melancholia*. New York: Columbia University Press, 2016.

Tsavkko, Raphael. "Contradictions and Challenges of the Podemos Phenomenon". *Open Democracy*, April 2015.

Vázquez, Adolfo Sánchez. *Filosofia da Práxis*. São Paulo: Expressão Popular, 2011.

Vianna, Alexander Martins. "As Multidões de Junho de 2013 no Brasil: O Desafio de Explicar e Compreender". *Revista Espaço Acadêmico*, no. 146 (2013): 36–48.

Webber, Jeffery R., and Barry Carr. "Introduction: The Latin American Left in Theory and in Practice". In: *The New Latin American Left: Cracks in the Empire*, edited by Jeffery R. Webber and Barry Carr, 1–27. Lanham: Rowman & Littlefield Publishers, 2013.

———, eds. *The New Latin American Left: Cracks in the Empire*. Lanham: Rowman & Littlefield Publishers, 2013.

Wills, Jane. "The Left, Its Crisis and Rehabilitation". *Antipode* 38, no. 5 (November 2006): 907–15. Disponível em: https://doi.org/10.1111/j.1467-8330.2006.00485.x.

Wilson, Japhy, and Erik Swyngedouw. "Seeds of Dystopia". In: *The Post-Political and Its Discontents*. Edinburgh: Edinburgh University Press, 2015.

Wright, Erik Olin. "Compass Points: Towards a SocialistAlternative". *New Left Review* 41 (2006): 93–124.

"Transforming Capitalism through Real Utopias". *American Sociological Review* xx, no. X (2012): 1–25. Disponível em: https://doi.org/10.1057/978-1-137-56873-1_9.

———. *Understanding Class*. London: Verso, 2015.
Žižek, Slavoj. "A Leftist Plea for Eurocentrism". *Critical Inquiry* 24, no. 4 (1998): 988–1009.

———. *Event: Philosophy in Transit*. London: Penguin Books, 2014.

———. "For a Leftist Appropriation of the European Legacy". *Journal of Political Ideologies* 3, no. 1 (1998): 63–78.

———. *In Defense of Lost Causes*. London: Verso, 2008. Disponível em: https://doi.org/10.1037/h0037882.

———. *The Ticklish Subject. Verso*. London: Verso, 1999.

———. *The Year of Dreaming Dangerously*. London: Verso, 2012.

———. *Welcome to the Desert of the Real*. London: Verso, 2002.

ESTE LIVRO FOI COMPOSTO EM SABON E IMPRESSO
EM OFSETE PELA GRAPHIUM SOBRE PAPEL AVENA PARA
A EDITORA AUTONOMIA LITERÁRIA EM MAIO DE 2019